JN411850

현대사회와 민법

정상현·박석일·성덕근·손명지·이성범·이승현 공저

박영사

머리말

우리 모두는 태어나서 생을 마감할 때까지 법 제도가 규율하는 테두리 안에서 생활한다. 출생신고를 해야 대한민국 국민 중 한 사람으로 권리를 향유할 수 있다. 부동산이나 동산 등 물건을 소유할 수 있고 금융거래를 할 수 있다. 한 사람이 살아가는 일생 중 어느 시점, 어떤 장소에서든 접할 수 있는 법률문제는 그 수를 헤아리기 어렵다. 우리는 거의 매일 교통수단을 이용하고, 식사를 하거나 커피를 마시며, 인터넷이나 휴대전화를 이용하고, 온라인 또는 오프라인으로 물건을 구입하며, 학교를 다니고 은행계좌를 개설하기도 한다. 졸업 후에는 취직을 하고 월급을 받으며, 자동차를 구입하거나 보험에 가입하고, 아파트를 빌리고 월세를 송금하며, 혼인을 하거나 자녀를 출산한다. 때로는 토지를 구입하여 주택을 신축하기도 하고, 쓰러진 행인에게 도움을 주기도 하며, 다른 사람이 잃어버린 물건을 찾아주기도 하고, 각종 사고에 연루되기도 한다. 한 사람 한 사람이 한 이러한 행동들은 대부분 법률문제와 결부된다.

법이나 법률이라 해도 좋을 법규범은 인간이 더불어 살아가는 모든 사회에 없어서는 안 될 제도적 가치이다. 법은 개인이 갖는 권리를 보장받기 위해서나 사회질서를 유지하기 위하여 필요한 많은 규범 중 하나이다. 법규범은 도덕이나 윤리, 종교와 성격이 다를 뿐 그 궁극적인 목적은 유사하다. 법은 선험적 가치를 공유하는 사회 구성원 전체가 의제라는 원리에 따라 인정하거나 승인한 규범 체계이다. 모든 사람이 본성적으로나 생래적으로 보유하는 가치라기보다는 대부분 후행적이고 의식적인 교육활동을 통해 얻을 수 있는 인식 산물 중 하나이다. 따라서 모든 사람이 슬기로운 법 생활을 영위할 수 있도록 법이나 법률, 법규범에 대한 충실한 교육은 필수적으로 요구된다.

안타까운 우리 현실이지만, 대학 입학 전에 법 교육을 제대로 받을 수 있는 환경은 충분하게 조성되어 있지 않다. 대학에 진학하지 않은 중학교나 고등학교 졸업생에게도 기본적인 법 교육이 필요한 것은 더할 나위가 없다. 대학에 진학하더라도 만족할 만한 법 교육을 받을 수 있는지는 의문이다. 최근에 큰 사회적 문제로 등장한 이른바 전세사기 사례에서 피해자들이 등기부 열람 방법을 알았더라면, 임차인이 자기 권리를 보호받기 위하여 기본적인 법 교육을 받았더라면, 그 많은 피해는 충분히 막을 수 있었다. 이러한 사실은 법 교육에 대한 사회적 필요성을 보여주는 적나라한 실례이다. 법 교육은 법학과나 법과대학 또는 법학전문대학원에 진학한 학생들에게만 부여되는 전공 영역이 아니다. 일상을 살아가는 모든 사람에게 필요하다. 기본적인 법 교육은 국가와 사회, 교육기관이 이행해야 할 의무 중 하나라고도 할 수 있다. 특히 민사 관련 법률이나 제도에 대한 교육 내용은 슬기로운 법 생활을 위하여 모든 사람에게 필요한 상식이다.

과거 대부분 대학에서 생활법률, 법학개론 등 일반교양으로 법 교육이 이루어졌다. 그러다가 법학전문대학원 출범과 함께 이러한 법학 교양과목이 사라지기 시작하였다. 모든 법 교육은 법학전문대학원에 집중된 반면, 법학과나 법과대학에서는 경찰이나 행정 공무원 등을 배출하는 교육에 편중되었다. 교양으로서 법학 과목은 설 자리를 잃었고 지금까지 본래 위치를 찾지 못하고 있다. 국가와 사회가 적어도 기본적인 법 교육이 이루어질 수 있는 환경은 조성해주어야 한다. 대학은 물론이고 중학교나 고등학교에서도 법학, 특히 민법 교육을 위한 강의가 개설되어야 한다. 이를 위한 교육교재도 개발해야 한다. 이것은 법 교육자의 의무인 동시에 사명이라고 생각한다.

긴 여정에서 우여곡절 끝에 이 책이 빛을 본다. 모든 사람이, 적어도 학교 교육에서 슬기로운 법 생활에 적응할 수 있는 교양교재로 민법에 관한 대략적 내용을 담았다.

저자 중 한 사람인 정상현은 25년 넘게 민법을 공부하고 강의하면서 교양 법학에 대한 아쉬움을 담아 제1장 '서론'과 제2장 '법률관계'를 집필하였다. 먼 길을 오면서 홀로 되어 외로울 때 함께 걸었던 플라타너스를 생각하였다.

제3장부터는 오랜 인연으로 맺어진 후학들이 집필하였다. 성명 순으로 박석일은 제7장 '물건거래'와 제8장 '금전거래', 제10장 '주택과 토지 이용'을 썼다. 현재 국립목포대학교 교수이고 변제자대위에 관한 주제로 박사학위를 받았으며, 대리권 남용이나 명의신탁에 관심이 많다.

성덕근은 제12장 '혼인'과 제13장 '혼인 해소'를 집필하였다. 현재 한국법학원 연구위원이고 성균관대학교에서 '현대사회와 법', '디지로그재산권' 과목을 강의하고 있다. 채권자취소권으로 박사학위를 받았고 가상자산과 인공지능 등 IT 관련 민법 분야를 주로 연구하고 있다.

손명지는 제3장 '계약 주체'와 제4장 '계약 성립', 제5장 '계약 효력'을 집필하였다. 현재 성균관대학교 법학연구원 선임연구원이고 같은 대학에서 '현대사회와 법'을 강의하고 있다. 계약해제를 주제로 박사학위를 받았고, 비교법사학과 함께 과학기술 진보가 민법에 요구하는 제도적 대응에 관심을 두고 있다. 진리는 내 것이 아니라 내가 진리 안에 있어야 한다는 명제를 좋아한다. 학문과 삶에서 자아가 갖는 의지보다 더 큰 질서와 의미에 겸허히 응답하는 태도를 되새긴다는 의미란다.

이성범은 제9장 '금전거래와 담보', 제14장 '부모와 자녀', 제15장 '상속'을 썼다. 현재 서울대학교 법학전문대학원 교수이고 독일 브레멘대학에서 박사학위를 받았으며, 법학 기초개념에 대한 법철학적 의미에 관심이 많다.

이승현은 제6장 '계약 위반'과 제11장 '각종 사고와 손해배상', 제16장 '민사소송절차와 민사집행절차'를 집필하였다. 현재 동국대학교 법과대학 교수이고 대법원 재판연구관과 법무부 연구위원 등을 역임하였다. 전용물소권이라는 주제로 박사학위를 받았고 보증인이 갖는 구상권이나 소비자계약에 관심이 많다.

이 책은 대부분 일상생활에서 접하게 되는 민사 관련 법률문제를 거스러미 제거하는 마음으로 기술하였다. 우리 법률환경에서 소홀히 할 수 없고 직접 적용할 수 있는 내용을 현실적인 측면에 부합하도록 주안점을 두고 설명하였다. 우리가 알고 있는 법학 관련 내용을 독자들이 이해하기 쉽게 쓰려고 노력하였다. 각종 신고서나 계약서 양식을 견본으로 제시하여 법률생활에 활용할 수 있도록 첨부하였다. 모두 16개 장으로 꾸며 한 학기 법학 교양강의에 적합하도록 맞추었다. 그럼에도 급변하는 현실에 법이 적응하는 시간적 간격은 부족함을 더할 것이다. 용기를 북돋운 박영사 안종만 회장과 안상준 대표에게 고맙다는 말씀을 전한다. 글자 한 자 한 자, 문장 하나 하나 꼼꼼하게 다듬어 준 이수연 대리, 출판과정에서 시작과 끝을 함께해 준 정성혁 과장에게 감사드린다. 법학을 공부하고 싶은 예비 독자들뿐만 아니라 저자들 역시 읽고 싶었으나 전에 없던 책이라고 생각한다. 그런 간절함에 스스러운 마음에도 출간을 감행하였다. 독자 여러분께서 너그러운 감상과 비평, 이해와 격려를 보내주시길 바란다.

2025년 8월 15일

명륜동 연구실에서 정상현

목차

제1장 서론

제4장 계약 성립

제5장 계약 효력

제6장 계약 위반

제9장 금전거래와 담보

제10장 주택과 토지 이용

제12장 혼인

제13장 혼인 해소

제14장 부모와 자녀

제15장 상속

제1장

서론

제1절

법의 개념

I 법의 정의

(i) 법은 사회적 현상에 대한 규범체계이다. 복잡하고 다양한 사회구조로 법의 적용과 해석이 일률적이지 않으므로 법을 정의하는 것은 단순하지 않다. 사회현상에 대한 법의 역할과 기능을 분석하는 것 역시 다원적이고 고차원적인 가치 개념을 고려해야 하는 어려움이 있다. 법 외에도 인간 사회의 당위를 추구하고 질서 유지를 위한 규범으로 도덕이나 윤리, 종교, 관습 등이 있다. 법은 인간의 공동생활을 통제하고 질서를 유지하기 위하여 국가권력으로 담보된 강제성을 갖는다는 점에서 이들과 구별된다. 법은 이러한 강제력에 기반하여 개인의 권리를 보호하는 굳건한 보루가 되고 이를 통하여 시민사회의 건전한 공공재로 기능한다.

(ii) 법을 정의하기 위해서는 다양한 관점에 따라 달리 해석될 수 있는 가치체계를 고려해야 한다. 첫째, 법은 사회의 다수 인간 군상으로 구성된 정치, 경제, 사회, 문화의 전반적인 체계를 기초로 한다. 흔히 "사회가 있는 곳에 법이 있다"(ubi societas, ibi ius)고 말하는 것처럼, 법의 기능은 인간의 행위를 규율하여 사회생활에서 야기될 수 있는 분쟁을 해결하고 전체 질서를 유지하는 데에 있다. 독일의

법철학자 라드부르흐(Radbruch)가 '법에서의 인간'(Der Mensch im Recht)이라는 저서를 통하여, 중세의 법은 종교적 인간상에 기초하였고 근대의 법은 상인으로서의 인간상에 기초하고 있음을 피력한 바 있다. 둘째, 법은 같은 시기의 철학적 기반에 많은 영향을 받기도 한다. 자연법론은 법의 본질에 관하여 현상을 초월하는 선험적 가치 혹은 정언적 명령에 기초하고, 법의 원천을 그러한 가치나 명령에 기반한 근본사상에서 찾는다. 반면 법실증주의는 법의 본질을 상위의 권위에 따른 명령으로 이해하고, 법의 원천을 확인 가능한 경험에서 찾는다. 셋째, 법은 국가의 권력을 존재근거로 하여 국가사회의 제도로 나타난다. 국가는 시대와 지역에 따라 다양한 모습으로 나타날 수 있다. 정교일치의 신권국가와 정교분리의 세속국가에서 법은 근본적으로 다른 성격을 띠게 되고, 개입적 국가관과 방임적 국가관 사이에 법의 본질은 큰 차이가 있다.

[구스타프 라드브루흐, Gustav Radbruch, 1878-1949]

독일의 형법 및 법철학자로 바이마르공화국(Weimarer Republik)의 국회의원과 두 번의 법무장관을 역임하고, 쾨니히스베르크(Königsberg), 킬(Kiel), 하이델베르크(Heidelberg) 대학에서 교수로 재직하였다. 법무장관으로 형법 초안을 기초하였고, 나치정권에 의해 추방과 복직을 반복하였다. 존재와 당위, 비판적 지성, 인식과 신앙의 이원론, 자유주의적 경향 등에서 칸트 정신의 계승자이다. '법학입문'(Einführung in die Rechtswissenschaft, 1910), '영국법의 정신'(Der Geist des englischen Rechts, 1946) 등 다수의 저작을 남겼고, 역작 '법철학'(Rechtsphilosophie, 1932)을 통하여 자신의 철학적 기반과 법인식을 표출하였다.

(iii) 다양한 사회의 특성에 따라 달리 나타날 수 있는 법의 원천과 본질은 단순하게 설명하기 어려울 뿐만 아니라 온전히 이해하는 것은 쉽지 않다. 잘 이해되지 않지만 지켜야 하는 법의 의미를 보여주는 문학적 표현을 소개한다. 영국 시인 오든(Auden)은 '법은 사랑처럼'(Law, Like Love, 1939)에서 법을 은유적으로 잘 표현하였다. 농부들은 법을 태양이라 말하고, 노인들은 법을 어른의 지혜라 한다. 법은 젊은이들의 감각이기도 하고, 성직자의 경전 속 말씀이기도 하다. 법관은 법을 법일 뿐이라고 하고, 법학자는 일상으로 입는 옷, 아침 저녁으로 나누는 인사라고 한다. 어떤 이는 우리의 운명, 우리의 국가라고도 하고, 어떤 이는 법은 사라졌고 죽어 버렸다고 한다. 성난 군중은 우리가 법이라고 하고, 유순한 바보는 내

가 바로 법이라고 한다.

“사랑하는 이여, 만약 우리가 법이 무엇인지를,
그들 이상으로 알지 못함을 우리가 안다면…
내 비록 완곡하게 유사함을 읊조리는 것으로
그대와 나의 헛된 꿈을 묻어 두려 하지만,
그래도 우리 자랑스럽게 말하리;
법은 마치 사랑과 같다고.
사랑처럼 어디에 있는지, 왜 있는지 알지 못하고,
사랑처럼 억지로는 안 되고, 벗어날 수도 없는 것,
사랑처럼 우리는 흔히 울지만,
사랑처럼 대개는 못 지키는 것”이라고.

[http://m.cafe.daum.net/engdps/QNm/1476]

[위스턴 휴 오든, Wystan Hugh Auden, 1907-1973]

영국의 시인, 옥스퍼드대학을 졸업하고 제2차 세계대전 직전 미국의 시민권을 얻었다. T. S. 엘리엇이 대표하는 1920년대의 모더니즘에 반기를 들고 마르크시즘을 시에 포함시키는 '오든그룹'의 지도적 존재로 문학에 정신분석과 사회의식을 더하고, 말년에 앵그리칸(Anglican) 종교에 심취하여 인간 존재를 사랑으로 고찰하는 많은 시를 발표하였다.

Ⅱ 법의 규범성

1 법규범의 본질

(i) 법은 하나의 사회적 규범으로 긍정적이고 가치 있는 사회체계를 예정하여 이에 적합한 당위를 부여한다. 규범의 당위성은 설령 그에 반하는 사회적 상황이 발생하더라도 지속되어야 한다. 법의 규범성과 당위성은 인간의 일반적인 사회생활을 통하여 구현된다. 법규범을 통하여 지속 가능한 사회의 당위성이 보장될 수 있다. 법은 그러한 당위를 직접적이고 강제적 언어로 표현한 규범이다. 도

덕이나 윤리, 종교는 당위를 간접적이고 심리적으로 설파한다. 반면 자연과학은 자연현상에 대한 사실적 탐구를 목적으로 한다. 자연법칙에 반하는 현상의 발생은 기존의 자연법칙을 부정하는 증거이고, 새로운 자연법칙에 의하여 재해석될 수 있다. 포퍼(Popper)는 '반증 가능성이 없는 과학은 사이비'(The falsifiability is what distinguishes science from pseudoscience)라 하였고, 파인먼(Feynman)은 '종교가 믿음의 문화라면 과학은 의심의 문화'(The religion is a culture of faith; science is a culture of doubt)라고 표현하였다.

[칼 포퍼, Karl Raimund Popper, 1902-1994]

영국의 과학철학자, 유대인 부모 사이에 태어나 1922년 빈(Wien) 대학에 입학하였고, 26세이던 1928년 철학 박사학위를 취득, 2차대전 후 영국 런던정치경제대학교(London School of Economics and Political Science)에서 23년간 교수를 역임하였다. 나치의 잔혹한 인종차별 행위를 비판한 '열린 사회와 그 적들'(The Open Society and Its Enemies)을 집필하고, 그의 과학철학적 입장이 20세기 전반의 논리 실증주의와 20세기 후반 분석철학 및 과학철학 사이의 교량 역할을 하였으며, 이를 위한 역작이 '과학적 발견의 논리'(The Logic of Scientific Discovery, 1934)와 '추측과 논박'(Conjectures and Refutations, 1963)이다.

[리처드 파인먼, Richard Phillips Feynman, 1918-1988]

미국의 과학자, 유대인 부모 아래 출생, 1935년 MIT에 입학하였고 24세에 프린스턴대학교에서 물리학 박사학위를 취득하였다. 제2차 세계대전 중 원자폭탄 제조계획인 맨해튼 프로젝트의 일원으로 활동하였고, 이후 코넬대와 캘리포니아공대에서 교수로 재직하였다. 다이어그램을 창안하여 양자전기역학(QED, Quantum ElectroDynamics)을 완성함으로써 1965년에 노벨물리학상을 수상하였다.

(ii) 법규범은 내용에 따라 행위규범, 조직규범, 분배규범, 재판규범 등의 성격을 갖는다. 행위규범은 사회 구성원에게 일정한 행위를 해서는 안 된다는 등의 금지를 명하거나 일정한 행위는 해야 한다거나 해도 된다는 당위나 강제 혹은 허용을 명한다. 조직규범은 국가와 사회의 필수적이거나 필요한 체계를 구성하고 그 조직이 활동할 수 있는 근거를 제시한다. 분배규범은 사회 구성원 각자에게 그의 몫을 나누어 주기 위한 내용을 담는다. 권리를 부여하고 의무를 지우며, 일정한 경우에 책임을 지도록 한다. 재판규범은 분쟁이 발생한 경우 이를 해결하기 위한 기준을 제시한다. 행위규범과 조직규범, 분배규범에 반하는 행위로 인하여 발생하는 분쟁은 궁극적으로 재판규범에 의하여 해결 가능성을 갖는다.

2 법규범과 도덕·윤리·종교의 관계

사회질서를 유지하기 위하여 정치, 경제, 사회, 문화 전반에 걸친 인간의 활동 준칙으로 법 외에 도덕이나 윤리, 종교, 관습 등 다양한 규범이 존재한다. 이들은 일종의 행위규범이라는 공통성이 있으나, 법이 강제성을 띠고 재판규범이 된다는 점에서 다른 규범들과 구분된다. 역사적으로 도덕이나 윤리, 종교, 관습을 토대로 법규범이 태동할 수 있었다.

가. 법과 도덕·윤리

(i) 법과 도덕, 윤리는 그 내용에 비추어 일치하는 면모도 있고 그렇지 않는 경우도 있다. 살인을 해서는 안 된다거나 절도를 해서는 안 된다는 명제는 법이나 도덕, 윤리 규범이 공통적으로 금지하는 내용이다. 반면 부모를 공경하라거나 이웃을 사랑하라는 명제는 훌륭한 도덕, 윤리 규범의 내용이지만 법규범의 일반적인 규율대상은 아니다. 도로교통법 제8조 제4항에서 보행자는 보도에서는 우측통행을 원칙으로 한다고 규정하고, 자동차의 경우에도 같은 법 제13조 제3항에서 부득이한 경우를 제외하면 중앙선의 우측 부분을 통행하여야 한다고 규정한다. 이는 도로나 보행로의 통행을 위한 질서유지 목적의 단속적인 법규범일 뿐 도덕이나 윤리 규범이 규율하는 내용은 아니다. 자기 소유의 부동산을 다른 사람 이름으로 등기하는 명의신탁은 원칙적으로 금지되지만, 이는 비도덕적이거나 비윤리적이어서가 아니라 이를 금지하는 법규범에 반하기 때문이다. 명의신탁은 부동산 실권리자명의 등기에 관한 법률(부동산 실명법)에서 금지하고 있다.

[등기]

등기는 토지나 건물 같은 부동산의 소유권 등 권리관계를 누구든지 알 수 있도록 공적 장부인 등기부에 기재함으로써 알리는 공시방법이다. 부동산등기부는 토지등기부, 건물등기부, 아파트와 같은 집합건물에 대한 등기부로 구분된다. 그 외 법인등기부, 선박등기부, 동산채권담보등기부, 입목등기부 등이 있다.

[부동산 실권리자명의 등기에 관한 법률]

부동산에 관한 소유권과 그 밖의 물권을 실체적 권리관계와 일치하도록 실권리자 명의로 등기하도록 강제하기 위하여 제정되었고, 1995년 7월 1일 시행되어 기존의 비실명등기에 대한 실명전환을 위하여 1년의 유예기간을 두었다. 명의신탁약정과 그에 따른 물권변동은 무효로 하고, 이러한 무효는 제3자에게 대항하지 못하며, 계약등기명의신탁은 매도인이 선의인 경우 물권변동은 유효하다(제4조). 예외적으로 종중이 보유한 부동산에 관한 물권을 종중 외의 자의 명의로 등기한 경우, 배우자 명의로 부동산에 관한 물권을 등기한 경우, 종교단체의 명의로 그 산하 조직이 보유한 부동산에 관한 물권을 등기한 경우에는 조세 포탈, 강제집행의 면탈 또는 법령상 제한의 회피를 목적으로 하지 아니하면 명의신탁을 허용한다(제8조). 부동산 실명등기의 위반행위에 대하여 5년 이하의 징역 또는 2억 원 이하의 벌금이나(제7조) 부동산 가액의 100분의 30에 해당하는 금액의 범위에서 과징금을 부과하고(제5조), 그럼에도 해당 부동산을 자기 명의로 등기하지 않으면 과징금을 부과받은 날부터 1년이 지난 때에 부동산평가액의 100분의 10에 해당하는 금액을, 다시 1년이 지난 때에 부동산평가액의 100분의 20에 해당하는 금액을 각각 이행강제금으로 부과한다(제6조).

(ii) 도덕이나 윤리 규범을 위반한 경우 도덕적, 윤리적 비난의 대상이 되지만, 형벌이나 행정적 과태료와 같은 강제적 제재의 대상은 아니다. 반면 법규범을 위반한 경우는 형사처벌과 행정제재의 대상이 된다. 살인죄에 대해서는 형법 제250조에서 사형, 무기 또는 5년 이상의 징역에 처하고, 절도죄에 대해서는 형법 제329조에서 6년 이하의 징역 또는 1,000만 원 이하의 벌금에 처할 수 있다.

(iii) 도덕이나 윤리 규범을 보완하는 법규범도 존재한다. 부모에 대한 효도나 자녀에 대한 사랑을 법으로 강제할 수는 없지만, 상호 부양의무를 인정하여 간접적으로 이러한 명제를 유도한다. 민법에 따르면 직계혈족 및 그 배우자 사이에 서로 부양할 의무가 있다(제974조 제1호). 부모에게는 미성년의 자녀에 대한 부양의무가 있고 성년의 자녀에게는 부모에 대한 부양의무가 있다. 각자는 상대방에 대한 부양을 청구할 권리를 가진다. 이는 법규범으로서 권리와 의무가 인정되는 것이고, 도덕이나 윤리는 그 기초원리라고 할 수 있지만 직접적인 근거가 될 수는 없다. 사회질서를 유지하기 위하여 도덕이나 윤리의 최소한을 법으로 규제하고 법적 제재의 대상으로 삼아야 한다. 이와 관련하여 옐리네크(Jellinek)는 '윤리나 도덕의 최소한으로서 법규범'을 추구하였다. 반면 경제학자 슈몰러(Schmoller)는 '윤리나 도덕의 최대한으로서 법규범'을 주장하였다.

[게오르그 옐리넥, Georg Jellinek, 1851-1911]

독일의 헌법·행정법 학자, 종래의 형이상학적 국가이론에서 벗어나 신칸트학파의 이원론적 방법에 기초하여 법학적이고 실증주의적 국가론을 전개하고, 빈(Wien)과 바젤(Basel), 하이델베르크(Heidelberg) 대학에서 교수를 역임하며, 1900년 '일반국가학'(Allgemeine Staatslehre)을 집필하였다.

[구스타프 슈몰러, Gustav von Schmoller, 1838-1917]

독일의 경제학자이자 프로이센의 정치인 및 과학 아카데미 회원으로 튀빙겐(Tübingen) 대학에서 경제학, 법학, 역사학, 행정학 박사학위를 받고 훔볼트(Humboldt) 대학교 교수를 역임하였다. 독일 경제역사학파의 지도자로 1875년부터 1910년 사이 학술정책, 경제, 사회개혁, 경제학에 큰 영향을 미쳤다.

나. 법과 종교

종교는 초월적 존재의 인식과 그에 귀의하기 위한 교리를 따르는 인간의 사회적 활동이라고 할 수 있다. 근세 이전에 인간의 일반적인 생활 양식에 대하여 종교가 끼치는 영향은 절대적이었다. 가톨릭교회의 교황은 세속 정치의 황제와 맞먹는 권력을 가지고, 교회법은 세속법 못지 않은 영향력을 행사하였다. 근대에 들어와서 종교는 인간 중심의 계몽사상과 자연과학의 발전에 따라 그 진리성과 존재의식을 위협받았고 그에 따른 비판도 활발해졌다. 그 결과 예술이 종교로부터 분화되고, 정교분리의 원칙이 자리 잡았으며, 경제활동이나 교육영역 등 사회제도 전반에서 종교의 영향력은 약화되었다. 법규범과 종교규범의 역할 및 기능은 매우 다르다. 법이 사회질서를 유지하기 위한 목적을 갖는다면 종교는 절대자에 귀의하기 위한 규율이다. 법을 지키기 위한 기준은 일반적인 평균인을 대상으로 설정되지만, 종교는 이를 능가하는 종교인을 대상으로 한다. 법에는 신앙의 요소가 없으나, 종교는 신앙의 요소를 필수로 요구한다.

3 법의 일반적 특성

(i) 도덕이나 윤리, 종교 규범은 개인의 양심에 따라 판단될 수 있는 내면적 규율이 일반적이지만, 법은 형식적이며 외부적 행위를 규율하는 데 주안점이 있

다. 그 결과 도덕이나 윤리, 종교 규범은 도덕적이거나 윤리적인 행위와 비도덕적이거나 비윤리적인 행위, 종교적인 행위와 비종교적인 행위의 구별기준이 불명확한 반면, 법규범에 따른 적법행위와 위법행위의 구별기준은 상대적으로 명확하다. 이웃을 사랑해야 하는 명제에서 이웃에게 어느 정도로 사랑을 베풀어야 도덕적이거나 윤리적인 행위가 되는지 명확하지 않다. 반면 민법에서 19세에 이른 자는 성년이 되므로(제4조), 출생 후 18세 11개월 20일 된 자는 미성년자이지만, 19세가 되면 성년자로 인정받아 단독으로 유효한 법률행위를 할 수 있는 행위능력자가 된다.

[미성년자]

단독으로 유효한 법률행위를 할 수 있는 능력을 행위능력이라 하고, 이를 할 수 없는 자를 제한능력자라고 한다. 미성년자는 제한능력자이므로 단독으로 계약이나 단독행위 등 법률행위를 할 수 없다. 친권자나 후견인 같은 법정대리인의 동의 없이 단독으로 법률행위를 한 경우 법률행위는 취소 대상이 되고(제5조 제2항), 미성년자 소유의 재산이라도 법정대리인의 처분 허락을 받거나 특정한 영업에 관하여 허락을 받은 경우에는 미성년자가 단독으로 법률행위를 할 수 있다(제6조, 제8조). 민법은 미성년자 외 피성년후견인(제9조)과 피한정후견인(제12조) 역시 제한능력자로 규정한다.

(ii) 법규범을 위반한 경우의 효과로서 형벌이나 징계, 계약의 무효나 손해배상의 내용 역시 명확하게 지시된다. 형법상 범죄에 대한 처벌은 죄형법정주의에 따라 엄격하게 규율된다. 민법에서 선량한 풍속이나 사회질서에 위반한 법률행위는 무효로 한다(제103조). 채무자가 채무의 내용에 좇은 이행을 하지 아니한 때에는 채권자는 손해배상을 청구할 수 있고(제390조), 고의 또는 과실로 인한 위법행위로 타인에게 손해를 가한 자는 그 손해를 배상할 책임이 있다(제750조).

[죄형법정주의]

죄형법정주의는 어떤 행위가 범죄로 되고 그 범죄에 대하여 어떻게 처벌할 것인지 미리 성문의 법률에 규정되어 있어야 한다는 원칙이다. 구체적으로 관습형법금지의 원칙, 소급효금지의 원칙, 명확성의 원칙, 유추해석금지의 원칙으로 발현된다. 헌법 제12조 제1항에서 "누구든지 법률에 의하지 아니하고는 처벌을 받지 아니 한다", 형법 제1조 제1항에서도 "범죄의 성립과 처벌은 행위 시의 법률에 따른다"라고 명시하여 죄형법정주의를 표현하고 있다.

Ⅲ 법규범의 기본가치

법은 가치판단에 관한 관념의 산물이다. 법이 왜 존재하는지, 어떤 가치를 보호하기 위하여 법이 필요한지, 그 이념이나 목적에 대한 고찰이 선행되어야 한다. 법을 포함한 도덕이나 윤리, 종교 등 형이상학적 가치 개념을 일률적으로 파악하는 절대주의 사조와 달리 오늘날의 가치철학은 상대적이다. 플라톤은 윤리적 절대주의의 대표적인 철학자로서 이데아 세계에 기반한 도덕적 진리를 주장한 반면, 아리스토텔레스는 윤리적 상대주의에 가까운 입장을 취하면서 인간의 이성과 경험을 바탕으로 해야 한다고 주장하였다. 상대적 가치철학은 정치, 경제, 사회, 문화의 다양한 조건에 따라 가치 판단 또는 정의의 기준이 달라진다는 사상을 의미한다. 상대적 가치철학의 기초에서 법이론을 전개한 라드브루흐(Radbruch)는 법의 기본적 가치로 정의, 합목적성, 법적 안정성 세 가지에 근거하여 자신의 철학이론을 전개하였다. 정의는 다른 형이상학적 가치로부터 연역되지 않는 절대적이고 궁극적인 가치이다. 법의 이념이나 목적이 정의에서 출발하고 법적 개념의 전개 역시 마찬가지다. 법의 이념은 사회적 정의의 실현에 있다. 정의는 시간과 공간, 과거, 현재, 미래의 가치에도 절대적이어야 한다. 다만 법이 규율하는 것은 절대적 정의 외에 상대적으로 존재할 수 있는 가치체계를 포함한다.

Ⅳ 법규범의 타당성과 실효성

1 법의 타당성과 실효성의 관계

법규범은 그 내재적 가치에 따라 정립되고 지시된 대로 인간에게 사회생활을 영위하도록 명령한다. 인간 생활의 추상적 현실에 근거한 규범적 구속력을 법의 타당성이라고 한다(Geltung des Rechts). 반면 추상적 구속력을 가진 법규범의 내용이 그에 대한 복종을 통하여 인간의 현실생활에 구체적이고 타당하게 반영되는 것을 법의 실효성(Wirksamkeit des Rechts)이라고 한다. 법은 타당성이 있어야 인간의 사회생활에 실효성 있게 적용될 수 있고, 법이 실효적으로 적용된다면 법의 타당성이 반영된 것으로 파악할 수 있다. 법의 타당성은 실효성을 담보하는 근거이고, 법의 실효성은 법의 타당성을 보장하는 증거이다.

2 악법도 법인가?

법의 타당성과 실효성을 보여주는 의미 있는 명제가 있다. 악법도 법이다. 법실증주의가 추구하는 이 명제는 법이 타당성을 결여하였더라도 실효성을 가진다는 의미이다. 소크라테스(Socrates)는 당시 집권세력에 의하여 청소년선동죄와 불경죄로 기소되어 사형선고를 받았다. 그에게 탈옥을 권유하는 동료들의 요청을 뿌리치고 독배를 마시고 사망하였다. 이러한 행동은 악법도 법이라는 명제로 이해되었고, 적어도 법실증주의 입장에서는 법규범의 실효성을 형성하는 데 큰 영향을 미쳤다. 그는 인류 역사에서 사회질서 유지와 법적 판단의 존중으로 법적 안정성과 절차적 정당성을 확보할 수 있도록 하였고, 자기책임의 원리를 확보할 수 있는 계기를 제공하였다.

[소크라테스, Socrates, BC469-BC399]

서양 철학의 선구자로 철학적 사고의 기초적인 틀을 제공하였다. 철학서적이나 논문을 발표한 적이 없고 그의 사상은 플라톤(Platon)이나 크세노폰(Xenophon) 등의 기록을 통해서 전해진다. 정치에 참여하지는 않았으나 고대 아테네의 의회라고 할 수 있었던 500인회에서 활동하였다. 사람들에게 확정된 진리를 알려주는 것이 아니라 질문을 던지며 대화를 통하여 스스로 무지를 깨닫게 하였다. 소크라테스는 자신이 그리스에서 가장 현명하며 그 이유는 자신만이 아무것도 모른다는 사실을 알고 있기 때문이라고 자처하였다. 당시 아테네의 종교적 권위와 가부장적 전통, 관직제도를 무시했다는 이유로 재판을 받고 사망하였다.

[악법도 법]

악법도 법이라는 명제는 고대 로마의 법격언인 '법은 엄하지만 그래도 법'(Dura lex, sed lex)이라는 말에서 유래하였다. 2세기경 로마 법률가 도미티우스 울피아누스(Domitius Ulpianus)는 "이것은 진실로 지나치게 심하다. 그러나 그게 바로 기록된 법이다"(quod quidem perquamdurum est, sed ita lex scripta est)라고 쓴 바 있다. 흔히 소크라테스가 한 말로 알려져 있지만, 실제로는 델포이 신전에 새겨져 있던 법격언이었다. 일본의 법철학자 오다카 도모오(尾高朝雄, おだか ともお)가 1930년대에 출판한 '법철학'(法哲學)에서 실정법주의를 표현하며 '악법도 법'이라고 인용하였다.

3 시민불복종

(i) 시민불복종은 공개적이고 집단적으로 공익을 위하여 특정 법규를 의식적으로 위반함으로써 그 법규의 부당성을 알리고 법의 시정을 요구하는 행위이다. 인도의 비폭력 저항 운동이나 남아프리카 공화국의 인종차별 반대 투쟁 등이 대표적인 예이다. 이러한 행위의 허용 가능성에 대한 견해는 법적 사조에 따라 다르게 형성된다. 실정법의 절대적 우위를 주장하는 법실증주의는 정당한 재판절차나 청원절차, 위헌법률심사 등의 각종 합법적인 항의 방법이 있으므로 이를 벗어난 시민불복종 행위는 법규 위반행위로서 허용될 수 없다고 한다. 반면 자연법론은 실정법 만능주의를 비판하면서, 불복종 운동은 부당한 법제도와 집행에 대한 시민의 기본적 인권의 발로이므로 허용되어야 한다는 입장이다.

(ii) 물론 오늘날의 이러한 사조들은 실정법을 만능으로 보거나 전혀 무시하는 태도가 아니라 어느 정도 엄격성이 완화된 접근을 통하여 상호 보완적 입장을 견지하므로 시민불복종에 대한 평가가 일률적이지는 않다. 시민불복종이 정당화되기 위해서는 비폭력적이어야 하고 다른 방법이 없는 최후의 수단이어야 한다. 시민불복종은 오히려 정부의 권위를 존중한다는 의미에서 저항권의 행사와 다르고, 단지 개인적 차원에서 법의 집행을 부정하는 양심적 거부와 구분된다. 개인적 이해관계를 떠난 공적 이익 활동이어야 하므로 단지 자신의 이익을 추구하기 위한 집단적 압력 행사는 포함되지 않는다. 시민불복종은 궁극적으로 개인의 기본권과 헌법의 기본질서를 보호하기 위한 행위이므로 정부는 시민의 권리를 지켜주기 위하여 노력해야 한다.

4 법과 국가권력

(i) 법의 규범적 구속력이라 할 수 있는 타당성과 실효성은 현실적으로 국가권력에 의하여 담보될 수 있다. 법의 내용이 아무리 정의롭더라도 국가권력에 의한 그 집행이 형평성을 잃고 불공정하게 되면 우리 사회생활에 항상 그대로 반영되거나 집행되어서는 안 된다. 이것은 법 자체의 효력보다는 국가권력이 지니고 있어야 할 정당성에 따르므로 국가기관은 법의 집행이 남용되지 않도록 주

의해야 한다. 법 자체의 타당성과 실효성이 상처를 입게 되면 법의 권위나 신뢰를 해쳐 그 존립을 위태롭게 한다. 물론 법의 존재가 항상 국가기관에 의하여 발현되는 것은 아니다.

(ii) 사회 구성원인 개인 역시 다양한 법률생활을 통해 법규범의 타당성과 실효성을 확보할 수 있다. 어느 사회의 법문화 수준은 국가와 사회 전반의 역할로 가늠된다. 국가와 사회 구성원 모두가 법을 향한 도덕적이고 윤리적인 특성(ethos)을 유지하며 정의를 구현하기 위한 개별적 노력을 경주해야 한다(pathos). 앞에서 본 소크라테스의 행동이 그 표본이 될 수 있다. 권리행사나 의무이행의 성실성, 즉 권리가 남용 없이 적합하게 행사되고 의무가 신의와 성실에 따라 적정하게 이행되는 척도는 그 사회의 법문화 수준을 결정한다.

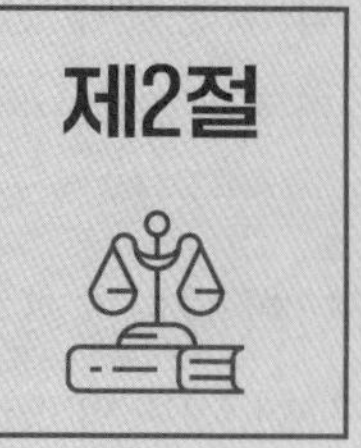

제2절 법의 형성과 역사

I 법의 형성 이념

(i) 법 형성의 근거에 대하여 몇 가지 다른 설명이 있다. 법을 이기적인 개인들의 타협에 따른 산물이라고 설명하는 입장이 있다. 이기적인 개인들은 자신만의 이익을 추구하는 습성으로 사회는 혼란에 빠지고 결국 전부가 불이익에 빠질 수밖에 없다고 한다. 이에 개인들은 일정한 법규범을 생성시켜 법질서를 형성하면 그러한 불이익을 타파하고 모두에게 이익이 될 수 있는 상태를 추구할 수 있다는 것이다. 물론 사람들이 이러한 사실을 반드시 의식하고 행동하는 것은 아니지만, 이익 추구를 위한 당위적 논리가 반영된 법규범의 원칙과 신뢰를 통하여 각자의 이익을 안정적으로 추구할 수 있게 된다. 이러한 설명의 뿌리에는 사회계약론이 있고, 현대사회의 합리적 선택이론 또는 게임이론에서 강조된다.

(ii) 법은 강자에 의한 지배의 산물로 설명되기도 한다. 일찍이 고대 그리스의 소피스트(sophist)는 법을 강자가 약자를 지배하는 수단으로 생각하였다. 근대에도 법은 지배계급의 이익에 부합하도록 조직된 사회체계로서 소수의 권력자가 다수 민중을 희생시켜 그 이익을 얻을 목적으로 형성하였다고 보기도 한다. 특히 공산주의 이론에서는 상위계급인 자본가 그룹의 지배원리로 법을 제정하고,

이를 하위계급인 노동자 그룹의 소극적인 승인과 타협으로 합리성을 얻는다는 것이다. 이탈리아의 공산주의자 그람시(Gramsci)는 강자의 헤게모니를 유지하기 위하여 법은 그 관념적 체계에 지배자와 피지배자의 타협 및 지배계급의 이데올로기를 위한 피지배계급의 승인을 추가함으로써 형성된다고 설명하였다.

[소피스트, sophist]

그리스의 교사를 총칭하는 용어였다. 소피스트에 대한 그리스어의 본래 의미는 현명한 사람, 지식을 주고 가르치는 사람이었으나 철학자에 따라서는 궤변을 늘어놓는 자로 평가되기도 한다. 당시 철학자들이 우주의 원리를 규명하지 못한 데 따른 회의론을 비판하였고 외국과의 교류 등 다양한 사회의 변화와 더불어 무지한 대중을 깨우친다는 명분으로 등장하였다. 대표적으로 프로타고라스(Protagoras)는 개인을 중심으로 한 지식의 상대성을 강조하였고, 고르기아스(Gorgias)는 존재에 대한 회의주의적 태도와 언어가 갖는 사회적 공감을 바탕으로 시사적 활동에 주력하였다.

[안토니오 그람시, Antonio Gramsci, 1891-1937]

사회주의와 공산주의를 주장한 정치인이자 이탈리아 공산당의 창설자, 무솔리니 집권기에 파시스트 정권에 의해서 투옥되었고, 자본주의 사회를 비판하는 문화적 헤게모니 개념으로 널리 알려져 있다.

(iii) 법은 사회적 승인에 의하여 형성된다는 설명이 있다. 법은 공동의사의 소산이고 단체의 법의식 또는 법적 확신에 의하여 그 효력이 부여된다. 법을 어떤 민족의 역사와 함께 생성되고 민족 공동체의 확신으로 효력을 인정받으며 민족의 특질이 상실되면 법도 함께 소멸한다는 역사법학파의 인식도 동일한 취지에 근거를 두고 있다. 그들은 법규범도 인간 사회의 생활양식 속에 동화되는 가치체계이므로 언어나 풍속과 같이 역사적 관행과 함께 구성원의 민족정신(Volksgeist)을 계승하여 형성된다고 한다.

[민족정신, Volksgeist]

법의 형성이 민족 공동체의 일반적이고 공통적인 인식 또는 사람들의 정신에 근거한다는 이론으로 자비니(Savigny)가 제창하였다. 프리드리히 칼 폰 자비니(Friedrich Carl von Savigny, 1779-1861)는 독일의 법학자이고 역사가이다. 프랑크푸르트(Frankfurt am Main)에서 출생하여 마르부르크(Marburg) 대학에서 법학 박사학위를 취득한 후 베를린(Berlin) 대학에서 로마법 교수로 재직하면서

'점유권'(Das Recht des Besitzes, 1803), '입법과 법학에 대한 우리 시대의 소명'(Vom Beruf unserer Zeit für Gesetzgebung und Rechtswissenschaft, 1814)을 집필하고, 평생의 역작 '현대로마법 체계'(System des heutigen römischen Rechts, 1840)를 완성하였다. 독일민법 제정 당시 로마법과 게르만법에 관한 티보(Thibaut)와의 논쟁으로 유명하다.

(iv) 종래 중세와 그 이전의 법은 봉건적 신분제도와 기독교적 종교관, 그리고 이러한 종속에서 벗어나고자 한 절대주의적 국가관에 지배되었다. 근세에 이르러 봉건사회의 몰락과 시민의식의 성장이 정치와 종교에 영향력을 끼치게 되고 국민에 의한 정치적 감성이 시민계급을 탄생시켰다. 시민들은 국가로부터의 자유와 입법, 행정, 사법의 분립을 추구하며 민주주의적 법질서를 형성하기 시작하였다. 이것은 계몽사상에 고무된 인간 자아의 각성과 인간의 존엄성 및 개인의 인격존중 이념을 형성하고 법 앞에 평등을 추구하는 계기가 되었다.

(v) 현대 민주국가에서 법은 국민의 의사 또는 그 의사의 대변자인 의회에서 제정되고, 이에 대하여 규범적 효력이 부여되는 것도 국민 전체의 의사가 법을 승인한 결과라고 해야 할 것이다. 구체적으로 국민주권의 원리를 선언하고, 국민의 자유(freedom)와 평등(equity)에 입각한 기본권을 확립하며, 국가권력의 비대화를 경계하기 위하여 입법, 사법, 행정 등의 분립을 통한 상호 견제와 균형(check and balance), 국가권력의 발동에 대한 국민의 예견가능성을 확보하기 위하여 법치주의(rule of law)와 적법절차(due process of law)를 기본원리로 삼았다.

Ⅱ 법전의 형성과 역사

1 법전 형성의 시초

(i) 세계 최초의 법전은 BC 1760년경 제정된 함무라비법전으로 알려져 있다. 다만 비공식이지만 고대 수메르의 법전도 있다고 한다. 메소포타미아 지역의 고대 왕국인 우르-남무(Ur-Nammu) 법전으로 BC 2100년 살인이나 절도 등 형벌 법규와 이혼에 대한 벌금 규정 57개 항이 점토판에 기록되었다고 한다. 이후

종교법으로 십계명이나 BC 400년경 로마의 12동판법은 자세한 민사규정을 두었고, BC 200년경 인도의 마누법전은 12장 2,685개의 종교적, 관습적 조항을 두었다. 중국 최초의 성문법으로 춘추전국시대 정나라의 형정(刑鼎)을 들 수 있고, 한반도에서는 한서지리지에 기록된 고조선의 팔조금법(八條禁法)에서 생명, 신체에 관한 형사법 규정과 재산에 관한 민사법 규정이 발견된다.

[함무라비법전]

고대 바빌로니아 제1왕조의 제6대 왕인 함무라비왕이 제정한 것으로 추정되는 높이 2.25m의 돌기둥에 쐐기문자로 작성된 법전이다. 전문과 후문 외에 282개 조항의 규정으로 계급적 법제도, 동해보복형(탈리오 법칙, 눈에는 눈 이에는 이), 농업법, 운송, 중개 등 상사법을 포함하고 있다. 1901년 프랑스 탐험대가 페르시아의 고도 수사(SUSA)에서 발견하여 루브르 미술관에 소장 중이다.

[우르-남무법전]

남메소포타미아의 우르왕조를 창시한 수메르 왕 우르-남무가 제정한 것으로 알려진 현존하는 가장 오래된 점토판 법전, BC 2100년에서 BC 2050년 사이에 수메르어로 기록되었다고 한다. 57개 조항 중 40개 이상이 번역되었고 “살인을 저지른 사람은 사형되어야 한다”, “절도를 하면 사형될 것이다”는 등의 조항과 서문에 “고아는 부유한 이에게는 보내지지 않았다. 과부는 힘센 이에게는 보내지지 않았다”는 등의 내용을 포함하고 있다.

[십계명]

노예생활을 하던 이스라엘 민족을 이끌고 BC 1446 이집트에서 탈출한 모세가 시나이산에서 받은 계시로, 자기 형 아론과 백성들이 금송아지 우상을 만들어 숭배하고 있는 모습을 보고 화가 난 모세는 십계명이 새겨진 석판을 깨뜨리고 우상숭배자를 몰살시켰다고 한다. “너희는 내 앞에서 다른 신을 모시지 못한다”, “어떤 우상도 만들지 말고 절하지 마라”는 등 10개 계명이 있다.

[12동판법]

BC 400년경 로마의 귀족과 평민이 타협하여 제정한 법전으로 갈리아전쟁 당시 원본이 소실되고 후에 복원되었다. 12개의 동판에 법조항을 새겨 시장에 게시하였다고 한다. 관습법을 중심으로 공법, 가족법, 거래법, 소송법, 상린관계 등을 규정하였다.

[마누법전]

BC 200년경 인도에서 만든 법전으로 전체 12장 2,685개 조문으로 구성되었다. 신분제도인 카스트에 관한 규정과 민법, 형법 등을 포함한다. 종교법 또는 관습법적 성격이 강하다고 한다.

[형정, 刑鼎]

BC 536년 중국 정(鄭)나라의 재상인 자산(子産)이 제정한 것으로 솥에 형법조문을 새겼다고 한다. 자산은 이사(李斯), 상앙(商鞅) 등 법가(法家)의 시조가 되어 후에 유가(儒家)와 대립하였다.

[팔조금법, 八條禁法]

중국 한서지리지에 수록된 한반도 고조선의 8개 조항으로 구성된 법전으로 현재 남아 있는 것은 가부장 중심의 계급사회, 사유재산, 응보주의 형법 등을 수록한 3개 규정이다. “사람을 죽인 자는 즉시 사형에 처한다”, “남에게 상해를 입힌 자는 곡물로써 배상한다”, “남의 물건을 훔친 자는 데려다 노비로 삼는다”고 규정하였다.

(ii) 로마는 세계를 세 번 통일했다고 한다. 예링(Jhering)은 다양한 발전 단계에서 나타난 ‘로마법의 정신’(Geist des roemischen Rechts)에서 “로마는 민족의 결집으로 세계를 세 번 통일하였다. 첫 번째는 무력을 바탕으로 한 국가의 통일이고, 두 번째는 교회의 통일이며, 세 번째는 로마법의 계수를 통한 법(Recht)의 통일”이라고 하였다. 그만큼 로마법이 세계 역사와 법문화에 끼친 영향은 지대하다. 로마법의 법문 중에 잘 알진 것으로, ‘사회가 있는 곳에 법이 있다’(ubi societas, ibi ius)거나 ‘법은 정의의 근원에서 생긴다’(est autem ius a iustitia appelatum), ‘법은 선과 형평의 조화의 기술’(ius est ars boni et aequi), ‘법은 각자에게 자신의 몫을 분배하는 불변의 영원한 의지’(iustitia est constans et perpetua voluntas ius suum cuique tribuendi), 악법도 법이라는 격언으로 알려진 ‘매우 부당하지만 그게 바로 기록된 법’(quod quidem perquam durum est, sed ita lex scripta est) 등이 있다.

[루돌프 폰 예링, Rudolph von Jhering, 1818-1892]

독일의 법학자로 역사법학파(Historische Rechtsschule)의 일원이며 이익법학(Interessenjurisprudenz)의 선구자이다. 바젤(Basel), 로스토크(Rostock), 킬(Kiel), 기센(Gießen), 빈(Wien), 괴팅겐(Göttingen) 대학교에서 교수를 역임하였고, ‘로마법의 정신’(Geist des römischen Rechts, 1858)으로 알려진 저서 외에 ‘법을 위한 투쟁’(Der Kampf ums Recht, 1872), ‘법의 목적’(Der Zweck im Recht, 1877)으로 유명하다.

2 로마법의 역할

로마법은 로마법대전을 통하여 그 실체가 확인된다. 동로마제국의 황제 유스티니아누스(Justinianus) 1세는 530년경 당시 법학자들의 학설을 모은 학설휘찬

(Digesta)과 법학교에서 교제로 사용한 법학제요(Institutiones), 그때까지 황제의 칙법 모음인 칙법휘찬(Codex)을 정리하여 로마법대전(Corpus Iuris Civilis)을 편찬하였다. 이를 바탕으로 그 이후 황제의 칙법을 추가하여(신칙법, Novellae) 로마법대전을 집대성하였다. 그 과정의 책임자였던 법학자 트리보니아누스(Tribonianus)의 무분별한 수정(interpolatio)으로 실제 로마법이 상당 부분 왜곡되었다는 주장이 많다. 그러나 로마법은 유럽의 근대법전 편찬에 절대적 영향을 끼쳤고, 이를 통해 현재 대륙법계 국가의 법전에 남아 법학이론의 기초를 제공한다.

[로마법대전]

530년 전후, 동로마제국의 유스티니아누스(Justinianus) 1세가 로마법을 편찬한 법전의 이름으로 정식명칭은 시민법대전(Corpus Iuris Civilis)이었다. 로마법대전은 후에 근세에 일어났던 유럽 여러 나라의 민법전 편찬에 결정적인 영향을 미쳤다. 이에 대응하여 그레고리오(Gregorius) 13세 교황은 12세기부터 16세기까지 주요 교회 법령집들을 집대성하여 1580년 교회법대전(Corpus Iuris Canonici)을 공포하였다.

[트리보니아누스의 수정]

로마 고전기의 법제도를 이후 로마법대전으로 편찬하면서 수 세기 동안 변화한 로마의 사회상에 법을 적응시키기 위하여 고전기의 학설을 학설휘찬에 수록할 때 많은 수정을 가하였다. 칙법휘찬을 편찬할 때에도 법문의 중복과 저촉을 피하여 당시의 실정에 적합하지 않은 칙법 또는 법학자의 학설에 대하여 필요한 삽입, 삭제, 변경을 가하여 다소 왜곡된 법전이 편찬될 수밖에 없었다고 한다. 이러한 권한이 부여된 편찬자 중 트리보니아누스(Tribonianus, 500-547)가 주축이 되어 수정되었다. 트리보니아누스는 그리스인으로 콘스탄티노플(Constantinople)에서 법학을 공부하여 당대 최고의 법학자가 되었고 유스티니아누스 1세의 절친한 친구로 그 통치기간 동안 로마제국의 법전개정을 감독했다고 한다. 콘스탄티노플은 현재 터키 이스탄불(Istanbul)로 동로마제국의 비잔티움(Byzantium)이다.

3 프랑스민법

프랑스는 중세 로마의 집정관 케사르(Gaius Julius Caesar)의 칙령에 따른 로마법과 프랑크왕국을 통한 게르만법의 영향을 받았다. 프랑스의 남쪽은 로마법을 기초로 한 제정법이 주류를 이루고 북쪽은 게르만법의 영향을 받은 관습법으로 규율되었다. 12세기경 로마법의 부흥으로 북부도 로마법의 영향을 받게 되고, 1796년 프랑스혁명을 통한 구체제(ancien régime)의 붕괴와 더불어 1804년 3월 21일 프랑스민법전(Code civil des français, C. c.)이 완성되었다. 프랑스민법은 로마법의 법학제요, 즉 인스티투찌오네스(Institutiones) 형식에 따라 제1편 인법, 제2편 물법, 제3편 소송법으로 구성된다. 민법전이 편찬된 후 그에 대한 주석서가 발간되자 나폴레옹(Napoléon)은 "주석이 나의 법전을 못쓰게 만들었다"(Un commentaire, mon Code est perdu)고 한탄하였다는 일화가 전해진다.

4 독일민법

여러 개의 분방(Bund)으로 구성된 독일은 15세기 이후 로마법의 포괄적 계수를 통하여 이를 일반법으로 적용하였다. 18세기에 이르러 각 분방이 별도의 법전 편찬에 돌입하였다. 1756년 바이에른시민법전(CMBC)이나 1794년 프로이센일반주법(ALR)이 그것이다. 이와 함께 1907년과 1911년의 스위스민법전(ZGB) 및 채무법전(OR), 1811년 오스트리아민법전(ABGB)이 편찬되었다. 독일은 통일과 함께 독일민법 편찬작업이 시작되어 1898년 완성하고 1900년 1월 1일부터 시행하였다. 독일민법(BGB)은 로마법대전의 일부인 학설휘찬(Pandecten)의 형식에 따라 제1편 민법총칙, 제2편 채무법, 제3편 물권법, 제4편 친족법, 제5편 상속법으로 구성되었다. 민법전의 편찬 이유서(Motive)와 자세한 감정서(Protokoll)가 존재하여 이를 통한 입법취지의 추론이 가능하다.

5 일본민법

일본은 도쿠카와(德川) 막부가 붕괴되고 1867년 메이지(明治) 정부가 수립되면서 근대적 법전편찬 작업을 시작하였다. 그 일환으로 메이지 정부의 법률고문으로 초빙된 프랑스학자 봐소나드(Boissonade)에 의하여 1879년 '일본민법전 초안'(Projet de Code civil pour l'empire du Japon)이 완성되었다. 프랑스법에 바탕을 둔 이 법전은 시행 연기 논쟁으로 결국 효력을 갖지 못하였다. 이어 1893년 독일과 영미 법학자의 추가 논의를 거쳐 1896년 4월 27일 새로운 민법전이 제정되고 1898년 7월 16일 시행되었다. 일본민법의 내용은 프랑스민법전의 영향 아래 있었으나 그 형식은 판덱텐체계에 따라 제1편 민법총칙, 제2편 물권법, 제3편 채권법, 제4편 친족법, 제5편 상속법으로 구성되었다. 한편 일본은 1931년 만주에 괴뢰정권인 만주국을 건국한 후, 일본민법전을 기본으로 하고 중화민국, 독일, 스위스 등의 민법전을 참고하여 만주국민법전을 제정하였다.

[구스타프 봐소나드, Gustave Emile Boissonade, 1825-1910]

프랑스법학자로 파리대학 교수 시절 일본 법학자 우메 겐지로(梅謙次郎)의 초청으로 도일하여 메이지 정부의 법률고문이 되었고 프랑스민법에 바탕을 둔 일본민법전 초안을 작성하였다. 동경법학교에서 강의를 하는 등 근대 일본법학의 형성에 지대한 영향을 끼쳤다. 그는 국제법 전문가였으며 1874년 대만에 원정하여 대만정부의 법률고문을 역임하고 1895년 고향 프랑스로 돌아갔다. 일본 호세이(法政) 대학의 설립자 중 한 명으로 추대되어, 호세이대학 이치가야(市ケ谷) 캠퍼스에 2000년 26층 건물이 완공되었고, 그의 이름을 따서 봐소나드타워로 명명되었다.

[법전연기논쟁]

메이지정부 수립으로 새로운 정치체제가 정비되면서 근대적 법전 편찬사업의 일환으로 민법전 편찬작업이 시작되었다. 1879년 메이지정부의 법률고문이었던 봐소나드에 의하여 민법초안이 완성되었으나, 1889년 독일 및 영미 법학자의 비판으로 민법전 시행의 연기 논쟁이 촉발되었고, 결국 그 시행이 연기되었다. 이후 법전조사회를 조직하여 민법전 제정작업을 다시 시작하였고, 1896년 일본 민법전이 완성되고 1898년 시행되었다.

[만주국민법]

1931년 만주사변의 결과 일본의 괴뢰정권으로 중국 만주에 만주국이 건국되었고, 만주국에서 일본민법을 모법으로 한 민법전이 제정되었다. 이것은 구법인 중화민국 및 독일, 스위스 등의 민법을 참고하여 근대적인 색채의 민법전으로 제정되었다고 한다. 일본 민법전의 시행 결과를 참조하여 수정, 보완된 만주국 민법전은 근대 여러 법전 중의 백미라고 알려져 있다.

6 한국민법

한반도에 대한 일본의 국권침탈로 당시 조선의 법령이 효력을 상실하고, 1912년 조선민사령에 따라 일본민법을 적용하도록 강제되었다. 1945년 광복과 함께 미군정청이 설치되었으나 한반도에 적용할 법이 부재한 상태라 여전히 일본민법이 적용되는 상황이었다. 대한민국 정부가 수립된 1948년에 이르러 법전편찬위원회의 구성으로 근대법의 제정작업을 시작하였다. 한국전쟁을 거쳐 완성된 민법전은 1957년 국회의 의결을 얻고 1958년 공포되어 1960년 1월 1일 시행되었다. 우리 민법은 일본민법, 특히 만주국민법전과 매우 유사하고, 판덱텐체계에 따라 제1편 민법총칙, 제2편 물권법, 제3편 채권법, 제4편 친족법, 제5편 상속법으로 구성되었다.

[조선민사령]

일제 강점기 조선에 적용할 민사에 관한 법률을 의용하기 위하여 1912. 3. 18. 공포되어 같은 해 4. 1. 시행한 통감부 제령이었다(제7호). 이를 통해 한반도에는 민사에 관한 기본법으로 일본의 민법, 상법, 민사소송법을 적용하였다(조선민사령 제1조). 시행 초기에는 조선의 관습을 승인하고(제10조), 특히 친족관계나 상속에 관해서는 원칙적으로 조선의 관습을 따르도록 하였으나(제11조), 공포 후 17차례의 개정을 거듭하면서 일본 민법을 대부분 적용하도록 변경되었다.

7 영미법

대륙법이 성문법주의에 따라 법전을 형성하고 그 해석에 따른 법원리를 탐구함에 반하여, 영미법은 법원이 만든 법(court-made law)으로 판례의 유형화를 통해 획득한 법원리를 형성하고 선례에 따른 사안의 적용을 원칙으로 한다. 판례법 원리는 1060년대 노르만족이 체계화하였고, 일반적인 법원리를 형성한 보통법(common law)과 형평법원에 의하여 보충적으로 형성된 형평법(equity law) 원리를 기초로 한다. 영국에서는 1875년 법원법(Judicature Act)에 따라 형평법원의 관할사항이 보통법까지 확대되어 법적용에서 이들의 구분은 무의미해졌다. 미국에서는 1923년 미국법률협회(American Law Institute)를 중심으로 각 주법의 통일을 위하여 부문별로 법조문 형식의 성문법인 리스테이트먼트(Restatement)와 통일상법전(Uniform Commercial Code) 등을 제정하여 각 주에서 비준하여 사용하도록 권고하고 있다.

8 국제규범

세계 각국의 국내법은 그 내용이나 형식이 서로 달라 통일화 필요성이 제기되었다. 국내법의 개별성을 보완하기 위하여 국제단체가 법전 등의 형식으로 통일법안을 제시하고 이를 각국이 비준하는 형식을 취하고 있다. 주요한 것으로 '유엔의 국제물품매매협약'(United Nations Convention on Contracts for the International Sale of Goods, CISG, 1980)이 제시된 바 있고, 사법통일을 위한 국제연구소(Institut international pour l'unification du droit privé, InternationalInstitute for the Unification of Private Law, UNIDROIT)의 '국제상사계약에 관한 원칙 초안'(Draft UNIDROIT Principles of International Commercial Contracts, PICC, 2010), 유럽계약법위원회(Commission on European Contract Law, CECL)의 '유럽계약법원칙'(The Principles of European Contract Law, PECL, 1998), 유럽위원회(European Commission, EC)의 '공통참조기준초안'(Draft Common Frame of Reference, DCFR, 2010) 등을 들 수 있다.

제3절

법원(法源)

I 의의

(i) 법원(法源)이라 함은 법의 연원(sources of law) 또는 법의 인식근거라고 할 수 있다. 재판이 이루어지는 공간으로서 법원(法院), 즉 court와는 구별해야 한다. 법이 행위규범인 동시에 재판규범의 역할을 할 때 인간의 행위를 규율하는 근거와 재판의 전제가 되는 것을 법원(法源)이라고 한다. 대륙법계 국가에서 대표적인 법원은 성문의 법전이 되고 영미법계 국가에서는 판례의 집적이 동일한 역할을 한다. 대륙법계 국가에서 성문법을 법원으로 할 때에는 법적 명확성과 법적 안정성이 보장되는 반면, 법의 경직화로 인하여 사회변화에 탄력적으로 대응하지 못하는 단점이 있다. 영미법계 국가에서 판례 중심의 불문법을 법원으로 할 때에는 대륙법계의 장점과 단점이 반대로 나타난다.

(ii) 우리나라는 대륙법계 국가에 속하므로 성문법을 중심으로 한 법원(法源) 체계를 갖고 있다. 다만 모든 법 부문의 법원을 소개하기 곤란하므로 민법에 한정한다. 민법 제1조는 '법원'을 "민사에 관하여 법률에 규정이 없으면 관습법에 의하고 관습법이 없으면 조리에 의한다"라고 규정하였다. 제1의 법원을 '법률규정', 제2의 법원을 '관습법', 제3의 법원을 '조리'라고 규정한 것이다. 물론 국가

조직이나 기본권에 관해서는 헌법, 상사에 관해서는 상법, 행정행위에 대해서는 다양한 관련 행정법들도 있다. 불문법으로 관습헌법이 있고 상사관습도 법원이 된다. 형사에 관해서는 형법이 주요한 법원이 되지만 죄형법정주의에 따라 형사 관습법의 적용은 배제된다.

[관습헌법]

노무현 대통령이 2003년 취임 후 현재의 세종시로 행정수도를 이전하기 위한 '신행정수도의 건설을 위한 특별조치법'을 제정하고 수도이전을 계획하였다. 이에 야당 주도로 법률에 대한 위헌법률심판이 제청되었고, 헌법재판소는 2004. 10. 21. 헌법에서 대한민국의 '수도가 서울'이라는 명문의 규정은 없으나 이에 대한 관행의 존재, 충분한 기간의 반복성과 계속성, 지속적이고 반대되는 관행이 존재하지 않는 항상성, 명확한 내용을 가진 명료성, 국민들의 승인 내지 확신을 가진 국민적 합의에 따라 행정수도를 이전하는 것은 관습헌법의 위반이라는 이유로 위 법률의 위헌을 결정한 바 있다(헌법재판소 2004. 10. 21. 자 2004헌마554 결정). 그로부터 불과 5개월 후인 2005. 3. 18. 여야 합의를 통해 '신행정수도 후속대책을 위한 연기·공주지역 행정중심복합도시 건설을 위한 특별법'이 제정되고, 역시 헌법소원이 제기되었으나 각하결정을 받고 현재의 세종특별자치시를 형성하게 되었다.

[상사관습]

물건을 운송할 때 송하인이 운송인에게 물건을 인도하고 이를 증명하기 위하여 받은 유가증권을 송하인이 수하인에게 보내면 수하인이 운송인에게 이를 제시하여 물건을 받을 수 있도록 한다. 운송인이 발행한 이 증서를 선하증권이라고 하는데, 수하인에게 이러한 선하증권이 없더라도 물건의 인도를 보증한 신용장개설은행이 있다면 그 은행의 보증에 따라 수하인이 물품을 수령할 수 있도록 하는 것을 '보증도'라고 한다. 이 보증도가 국제해운업계에서 일반적으로 행하여지는 세계적인 상관습이다(대법원 1991. 12. 10. 선고 91다14123 판결). 또한 보험회사(원보험자)가 보험계약의 위험을 보장받기 위하여 다른 보험회사(재보험자)에 재보험을 가입한 후, 사고 발생에 따른 보험금을 재보험자가 지급하고 사고를 유발한 가해자에 대하여 구상권을 취득한다. 이때 재보험자가 직접 그 구상권에 대한 보험자대위권을 행사하지 않고 원보험자가 가해자를 상대로 구상권을 행사하여 회수한 금액을 재보험자에게 교부하는 방식 역시 상관습이다(대법원 2015. 6. 11. 선고 2012다10386 판결).

Ⅱ 성문법원

1 법률규정

2025년 6월 현재 우리나라의 법률은 1,677건, 대통령령 1,950건, 총리령 79건, 부령 1,400건, 기타 국회규칙 등 377건 있고, 자치법규로서 조례가 123,973건, 자치단체 규칙 27,284건, 훈령 등 1,518건에 이른다(https://www.moleg.go.kr/ 법제업무정보, 법령현황 및 통계 참조). 이러한 법령의 개수는 그 제정과 폐지절차에 따라 지속적으로 변경되고 있다. 이하의 법률은 그 효력의 우열에 따른다.

가. 민법전

민사에 관한 법원으로 민법전이 가장 중요하다. 우리 민법은 1958년 2월 22일 법률 제471호로 공포되고 1960년 1월 1일 시행되었다. 제정 당시 5개 장 1,118개 조문으로 구성되었으나, 현재까지 개정을 거쳐 일부 삭제되거나 추가된 내용이 다수 있다. 민법전의 모든 규정은 형식적인 의미의 민법에 포함되지만, 민법 규정 중에는 법인의 이사, 감사 또는 청산인에 대한 과태료 처분을 규정하거나(제97조) 채무불이행에 대한 강제이행을 규정한 내용은(제389조) 실질적인 의미의 민법에는 포함되지 않는다. 민법은 개인의 민사에 관한 권리의무관계 규정을 본질적인 내용으로 하는 데 반하여, 위 두 규정은 금지행위에 대한 처벌을 내용으로 하는 형사 또는 행정 법규의 성질을 갖거나 민사집행 절차에 관한 것이기 때문이다.

나. 민사특별법

민법전이 민사에 관한 일반법인 반면 특별법도 다양하게 존재한다. 민사특별법도 국회에서 제정되어 민법과 동일한 효력이 있지만, 특별법우선의 원칙에 따라 일반법인 민법에 비하여 우선적으로 적용된다. 민사에 관한 특별법으로 '가등기담보 등에 관한 법률'(가등기담보법), '가족관계의 등록 등에 관한 법률'(가족관계등록법), '공익법인의 설립·운영에 관한 법률'(공익법인법), '국가배상법', '금융실명거래 및 비밀보장에 관한 법률'(금융실명법), '농지법', '동산·채권 등의 담보에 관한 법률'(동산채권담보법), '민사소송법', '민사집행법', '보증인 보호를 위한 특별법'(보증인보호법), '부동산등기법', '부동산등기특별조치법', '부재선고 등에 관한 특별조치법'(부재선고법), '소송촉진 등에 관한 특례법'(소송촉진법), '신원보증법', '실화책임에 관한 법률'(실화책임법), '약관의 규제에 관한 법률'(약관규제법), '유실물법', '이자제한법', '입목에 관한 법률'(입목법), '자동차손해배상보장법'(자배법), '제조물책임법', '주택임대차보호법(주임법)', '상가건물 임대차보호법'(상임법), '집합건물의 소유와 관리에 관한 법률'(집합건물법), 부동산실명법 등이 있다.

다. 대통령의 긴급명령

국회에서 제정된 법률이 아니라도 대통령의 긴급명령 역시 법률과 동일한 효력을 가진다(헌법 제76조). 현재는 법률로 대체되었지만 1993년 발령된 '금융실명거래 및 비밀보장에 관한 긴급재정경제명령'이 이에 해당한다.

라. 헌법재판소 결정

헌법재판소의 위헌결정을 받은 법률 또는 그 조항은 그날부터 효력을 상실한다(헌법재판소법 제47조). 헌법재판소 결정은 법률을 개폐하는 효력이 있어 법률과 동일한 효력으로 이해된다. 민법 제764조에 따르면 타인의 명예를 훼손한 경우 피해자의 청구에 따라 법원은 손해배상에 갈음하거나 손해배상과 함께 명예회복을 위한 적당한 처분을 명할 수 있는데, 헌법재판소는 그러한 처분에 사죄광고를 명하는 판결은 위헌이라고 결정하였다(헌법재판소 1991. 4. 1. 자 89헌마160 결정). 친생부인의 소의 제척기간에 관하여 그 사유 있음을 안 날부터 1년으로 규정한 민법 제847조 제1항은 위헌결정으로 효력을 상실하였고(헌법재판소 1997. 3. 27. 자 95헌가7 결정) 그 후 2년으로 개정되었다. 개정되기 전 실화책임법은 연소에 의한 손해에 대하여 가해자의 중대한 과실에 대해서만 손해배상책임을 인정하였는데, 경과실이 있는 경우에는 피해자의 구제에 적절하지 않다는 비판에 따라 헌법재판소의 헌법불합치결정으로 적용이 중단되었다(헌법재판소 2007. 8. 30. 자 2004헌가25 결정). 실화책임법은 2009년 실화자에게 중대한 과실이 없는 경우 손해배상액을 경감시킬 수 있도록 개정되었다.

[헌법불합치결정]

헌법재판소법은 법률 또는 법률조항의 위헌결정을 규정할 뿐(제45조), 헌법불합치 결정은 규정하지 않는다. 위헌결정은 소급효가 있어서 제정 후 이미 적용된 위헌법규의 효력을 모두 소멸시켜야 하는 측면이 있다. 실제 필요성에 따라 위헌결정의 소급효를 인정하지 않고 그 이전 적용의 결과를 유효하게 존속시키기 위하여 헌법불합치결정을 하기도 한다.

[친생부인의 소]

민법 제844조에 의하여 친생자로 추정되는 자, 즉 혼인관계 중에 출생한 자(제1항), 혼인 성립일부터 200일 후에 출생한 자(제2항), 혼인관계가 종료된 날부터 300일 이내에 출생한 자(제3항)에 대하여 친생자 관계를 부정하기 위한 재판절차를 의미한다. 친생자의 추정은 반대증거에 의하여 번복되지 않는 강력한 효력이 있어서 이를 번복하려면 부부의 일방이 그 자를 상대로 그 사유가 있음을 안 날부터 2년 내에 친생부인의 소(제846조 이하)를 제기해야 한다. 친생자 추정을 받는 자에 대하여 친생자관계존부확인의 소를 제기하는 것은 허용되지 않고, 친생자 추정을 받지 않는 자는 친생자관계부존재확인의 소(제865조)를 통해 부자관계를 부정할 수 있다.

마. 조약

헌법에 의하여 체결, 공포된 조약과 일반적으로 승인된 국제법규는 국내법과 같은 효력을 가진다(헌법 제6조 제1항). 유엔의 1980년 '국제물품매매계약에 관한 협약'(CISG)에 관하여 우리나라에서는 2004년 2월 17일 국회의 비준을 거쳐 2005년 3월 1일 효력이 발생되었다.

2 명령

(i) 행정부의 명령에는 대통령령, 총리령, 부령이 포함된다. 일반적으로 법률이 제정되면 세부적인 내용을 보충하기 위하여 대통령령으로 그 시행령을 제정하고 시행령의 보충을 위하여 총리령이나 부령으로 시행규칙을 제정한다. 명의신탁을 금지하기 위한 부동산실명법이 1995년 3월 30일 제정되고, 이를 보충하기 위하여 대통령령인 동법 시행령이 같은 해 5월 19일 제정되었으며, 총리령인 동법 시행규칙이 1995년 6월 17일 제정되어 각각 시행되었다. 시행규칙이 부령으로 제정된 예는 '어장관리법 시행규칙'이 해양수산부령, '여권법 시행

규칙'이 외교통상부령, '우편법 시행규칙'이 정보통신부령, '의료법 시행규칙'이 보건복지부령, '주민등록법 시행규칙'이 행정안전부령, '주택법 시행규칙'이 국토교통부령으로 제정된 예가 있다. 이들은 주로 법률의 집행에 필요한 절차를 규정하는 경우가 많으므로 집행명령이라고 한다.

(ii) 법률의 내용 중 특정 내용을 명령에 위임하는 경우도 있다. 이를 위임명령이라고 한다. 이자제한법의 경우 1965년 제정되었다가 금융위기 상황에서 1998년 폐지된 후 2007년 3월 29일 다시 제정되었다. 동법 제2조 제1항에서 제한 최고이율로 연 40%를 초과하지 않는 범위를 정하고, 같은 해 6월 28일 대통령령으로 '이자제한법 제2조 제1항의 최고이자율에 관한 규정'(제한최고이자규정)을 제정하여 제한 최고이자율을 연 30%로 정하였다. 그 후 제한 최고이자율은 2014년 연 25%, 2017년 연 24%, 2021년 연 20%로 개정되어 현재에 이르고 있다. 시행령은 대법원 규칙으로 정해지기도 한다. 예를 들어 소송촉진법이 1981년 1월 29일 제정되고, 같은 해 2월 23일 동법 시행령은 대법원 규칙으로 제정되었다. 여기서 소송상 법정이율과 관련하여 동법 제3조 제1항은 대통령령에 위임하였고, 같은 해 3월 2일 대통령령으로 '소송촉진 등에 관한 특례법 제3조 제1항의 법정이율에 관한 규정'(소송촉진법정이율규정)을 제정하고 법정이율을 연 25%로 규정하였다. 그 후 소송상 법정이율은 2003년 연 20%, 2015년 연 15%, 2019년 연 12%로 개정되어 현재에 이르고 있다.

3 규칙

국회는 의사와 내부규율을 위하여, 대법원은 소송절차와 내부규율 및 사무처리를 위하여, 헌법재판소는 심판절차와 내부규율 및 사무처리를 위하여, 중앙선거관리위원회는 선거관리, 국민투표관리 또는 정당사무처리를 위하여, 법률에 저촉되지 않는 범위에서 규칙을 제정할 수 있다(헌법 제64조, 제108조, 제113조, 제114조). 위에서 본 바와 같이 소송촉진법은 그 시행령을 대법원규칙으로 제정하였다. 대법원 규칙은 법률의 시행규칙으로 제정되기도 하고, 법률의 내용을 보충하기 위한 위임 내용을 규정하기도 한다. '부동산등기법 시행규칙'은 앞의 예이고, '가사소송규칙'이나 '공탁사무처리규칙', '민사집행규칙'은 뒤의 예이다. 헌법재판소는 1989년 공직

자윤리법의 시행에 관한 헌법재판소 규칙을 제정한 바 있다. 행정부도 관련 업무의 지침을 마련하기 위하여 행정규칙을 제정할 수 있다. 대검찰청은 예규로 2006년 위헌법률심판의 제청이나 헌법소원 세부처리를 위하여 헌법소원 등과 관련된 업무처리지침을 제정하였고, 국무총리는 훈령으로 2017년 헌법개정에 관한 정부입장 처리를 위해 헌법개정지원협의회 구성 및 운영에 관한 규정을 제정하였다.

4 자치법규

지방자치단체가 제정하는 자치법규로 조례와 규칙이 있다. 지방자치법은 지방의회의 의결을 거쳐 자치단체의 장이 공포함으로써 조례를 제정한다(제32조). 규칙은 지방자치단체의 장이 법률과 조례의 범위에서 그 권한에 속하는 사무에 관하여 제정한다(제29조). 법률로 정한 지방자치단체는 특별시와 광역시, 특별자치시·도·특별자치도 및 시·군·구로 나눈다(제2조). 앞의 분류를 광역자치단체라로 하고, 뒤의 분류를 기초자치단체라고 한다. 경상남도에서는 '헌법읽기 장려 및 지원 조례', 세종특별자치시에서는 '헌법교육 활성화 지원 조례'를 제정한 바 있다.

[광역자치단체]

특별시(1개)는 서울특별시(1946), 광역시(6개)는 부산광역시(1981), 대구광역시(1981), 인천광역시(1981), 광주광역시(1986), 대전광역시(1989), 울산광역시(1995), 특별자치시(1개)는 세종특별자치시(2012), 도(6개)는 경기도, 충청남도, 충청북도, 경상북도, 경상남도, 전라남도, 특별자치도(3개)는 제주특별자치도(2006), 강원특별자치도(2023), 전북특별자치도(2024)이다.

[기초자치단체]

수원, 고양, 용인, 창원, 청주 특례시를 포함하여 2025년 6월 현재 전국 기초자치단체는 226개가 있다.

Ⅲ 불문법원

불문법은 인간 사회의 행위규범과 재판규범이 될 수 있는 체계로서 성문화되지 않은 것을 의미한다. 법규범의 역할을 할 수 있는지 논란은 있으나 관습법과 판례법, 조리가 이에 해당한다.

1 관습법

가. 관습법과 관행의 구별

(i) 관습법은 일정한 사회의 관행으로 발생한 사회생활 규범이 성문화되지 않고 법으로 승인된 것을 말한다. 관습법은 일종의 법규범이므로 그 특성, 즉 행위규범인 동시에 재판규범이고 강제성을 띤다. 관습법은 관행 또는 관습, 민법에서는 '사실인 관습'이라고 표현되는 생활양식이 법적 규범성을 획득하여 형성된다. 민법 제106조는 법률행위의 해석과 관련하여 당사자의 의사가 명확하지 않은 경우 임의규정(선량한 풍속 기타 사회 질서와 관계 없는 규정)과 다른 관습이 있으면 그 관습에 따른다고 규정한다.

(ii) 관행은 오랜 기간 다수인에 의하여 동일하게 반복적으로 행사되고 집적된 생활양식을 의미한다. 관행의 형성에는 오랜 시간이 필요하다는 공통점이 있고, 전국적으로 행해지거나 널리 우리 국민 모두에게 인정되는 일반관습일 수도 있으며, 일부 지역에서만 행해지거나 특정 직업 등에 따라 한정된 국민에게 인정되는 특별관습도 있다. 이것은 선례를 존중하고 이를 이용하는 동시에 타인의 행위를 모방하려는 인간의 주관적인 인식과 이를 통하여 사회생활의 안정을 유지할 수 있다는 객관적 사고가 결합한 결과에서 발현된다. 관습법은 역사적으로 형성된 관행에 대하여 법적 규범성을 인정하므로, 법을 역사적 산물로 보는 역사법학파의 입장에서는 법규범성 인정이 용이하지만, 성문화된 법체계에 의존하는 법실증주의 입장에서는 관습법의 인정에 인색하다.

나. 법규범성의 획득

(i) 관습법은 관행, 관습, 즉 사실인 관습에 더해진 특정 요소로 법규범성을 획득한다. 그 사유에 대하여 몇 가지 견해가 나뉜다. 관행 그 자체가 법적 규범성의 근거라고 주장하는 견해도 있고(관행설), 국가의 승인이나 국민의 합의된 의사가 필요하다는 견해(승인설)도 있으나, 일반적으로는 관습이 법적 규범성을 가지기 위한 사회의 법적 확신이 필요하다는 견해가 유력하다(법적 확신설). 이들 견해는 모두 관습법의 법규범성 획득을 설명하는 데 무리가 없다. 다만 관습이 법규범성을 획득하는 것은 사회의 법적 확신이고, 그러한 법적 확신을 구체적으로 표현할 때 국가의 승인이나 국민의 합의라고 할 수도 있다. 헌법에서 규정하는 국민투표를 이용하면 관습법을 형성하기 위한 국민의 합의를 도출할 수도 있을 것이다(제72조).

(ii) 우리나라에서 인정되는 관습법은 모두 재판의 판시사항을 통하여 법적 확신을 얻는다. 대법원은 "관습법이란 사회의 거듭된 관행으로 생성한 사회생활규범이 사회의 법적 확신과 인식에 의하여 법적 규범으로 승인·강행되기에 이른 것"이라거나(대법원 2005. 7. 21. 선고 2002다1178 전원합의체판결), "오랜 기간 동안 사회 구성원들의 법적 확신에 의하여 뒷받침되고 유효하다고 인정해 온 관습법의 효력"이라고 판시하였다(대법원 2017. 1. 19. 선고 2013다17292 전원합의체판결).

[대법원 전원합의체판결]

대법원의 전원합의체는 대법관 14명 중 법원행정처장인 대법관을 제외한 13명의 2/3 이상으로 구성되는 재판부이다. 재판장은 대법원장이 맡고 출석 과반수의 의견에 따라 재판한다. 전원합의체가 아닌 소부(小部)는 대법원장 및 법원행정처장을 제외한 대법관 4인으로 구성되고, 구성원 전원의 의견일치에 따라 재판한다. 소부에서 의견이 일치되지 못한 경우, 명령이나 규칙이 헌법 또는 법률에 위반된다고 인정하는 경우, 종전에 대법원에서 판시한 헌법이나 법률, 명령 또는 규칙의 해석적용에 관한 의견을 변경할 필요가 있다고 인정하는 경우, 소부에서 재판함이 적당하지 않다고 인정하는 경우에 전원합의체판결을 한다.

다. 관습법의 유형

(i) 판례에서 관습법으로 인정된 내용은 주로 전통적인 종중, 제사, 분묘 등과 관련된 것이 많다. 대법원은 종중 구성원의 자격을 성년 남자만으로 제한하던 판례의 효력을 부정하고 성별의 구별 없이 성년이 되면 당연히 종중의 구성원이 되는 것으로 판시하였다(대법원 2005. 7. 21. 선고 2002다13850 전원합의체판결). 제사주재자에 관하여 종전에는 망인의 장남이 우선하고, 장남이 없는 경우 장손자, 아들이 없는 경우 장녀가 제사주재자가 된다고 하였으나(대법원 2008. 11. 20. 선고 2007다27670 전원합의체판결), 최근에는 직계비속 중 남녀를 불문하고 최근친의 연장자를 제사주재자로 보았다(대법원 2023. 5. 11. 선고 2018다248626 전원합의체판결). 분묘기지권과 관련하여 타인 소유의 토지에 분묘를 설치한 경우 20년간 평온하고 공연하게 분묘의 기지를 점유하면 지상권과 유사한 관습상의 물권으로 분묘기지권을 시효로 취득한다는 관습 또는 관행이 법적 규범으로 승인되어 왔다고 판시하였다(대법원 2017. 1. 19. 선고 2013다17292 전원합의체판결).

(ii) 토지와 건물이 동일한 소유자에게 속하였다가 매매 기타의 원인으로 양자의 소유자가 다르게 된 경우, 건물 소유자가 토지 소유자에 대하여 그 건물을 위한 관습상의 법정지상권을 취득한다(대법원 1984. 9. 11. 선고 83다카2245 판결). 동물에 대하여 권리능력을 인정하는 관습법이 존재하지 않으므로 동물 자체는 위자료청구권의 귀속 주체가 될 수 없고, 이는 애완견과 같은 반려동물이라고 하더라도 마찬가지라고 판시하였다(대법원 2013. 4. 25. 선고 2012다118594 판결).

라. 관습법의 효력

(i) 관습법의 근거는 민법과 상법에서 발견될 수 있다. 이를 통하여 관습법과 사실인 관습의 효력이나 그 적용의 우열 관계도 파악할 수 있다. 민법은 제1조 '법원'을 규정하면서 법률의 규정이 없으면 관습법에 의하고 관습법이 없으면 조리에 의하도록 하고, 제106조는 '사실인 관습'을 규정하면서 당사자의 약정이 명확하지 않은 경우 임의규정과 다른 사실인 관습이 있으면 그 관습에 의하도록 하며, 제185조에서는 '물권의 종류'에 관하여 법률 또는 관습법에 따르지 않으면 물권은 임의로 창설하지 못하도록 규정한다. 상법 제1조에 따르면 '상사적용법규'에 관하여 상사에 관하여 우선 상법을 적용하고 상법이 없으면 상관습법,

상관습법이 없으면 민법을 적용한다.

(ii) 상법은 민법의 특별법이므로 민법 규정보다 상관습법이 우선하고, 물권은 법정주의에 따르므로 법률규정과 관습법을 동등하게 취급하는 규정이 이해될 수 있다. 그런데 민법 제1조와 제106조를 비교하면 법원의 우열에 다소 모순적인 관계가 발견된다. 제1조는 법률규정 → 관습법 → 조리의 순이 되고 제106조는 당사자 의사 → 사실인 관습 → 임의규정의 순이 된다. 법률규정은 강행규정과 임의규정을 모두 포함하고 강행규정은 임의규정에 비하여 그 법적 효력이 강하다. 이에 따라 제1조를 다시 해석하면 강행규정 → 임의규정 → 관습법 → 조리의 순이 된다. 관습법은 일정한 관행에 법적 확신이 추가되어 법규범이 되므로 사실인 관습에 비하여 우선적 효력이 있다. 그런데 제1조에서 임의규정이 관습법보다 우선이라면 제106조에 의할 때 사실인 관습이 임의규정보다 앞서고, 결국 사실인 관습이 관습법보다 우선시 되는 결과가 나타나 다소 모순적인 관계가 설정된다.

(iii) 이러한 모순을 해결하는 방법으로 제1조의 법률규정을 강행규정으로 해석하면 된다. 이에 따라 제1조와 제106조를 다시 조합하면, 강행규정 → 당사자 의사 → 관습법 → 임의규정 → 사실인 관습 → 조리 순으로 정리될 수 있을 것이다. 물론 제1조는 법률의 적용에 관한 규정이고 제106조는 법률행위의 해석기준이어서 서로 성격을 달리하는 규정이므로 모순관계로 볼 필요가 없다는 주장도 가능하다. 관습법 역시 오랜 관행으로서 법적 효력이 있다는 관행설에 의하면 관습법과 사실인 관습은 존재형식이 다를 뿐 그 효력에 차이가 없으므로 규정 사이의 모순은 완화될 수 있을 것이다.

[법규적용 순서]

강행규정도 효력규정과 단속규정으로 나눌 수 있고, 관습법도 강행적 성격과 임의적 성격으로 구분할 수 있다면 보다 세부적으로 우열순위가 정해질 것이다. 강행규정 → 강행적 관습법 → 당사자 의사 → 단속규정 → 단속적 관습법 → 임의규정 → 임의적 관습법 → 사실인 관습 → 조리 순이다.

(iv) 관습법의 효력과 관련하여 제정법에 반할 수 없는 보충적 효력에 그친다는 견해도 있고, 제정법과 동등한 변경적 효력을 인정하는 견해도 있다. 대법원

은 관습법의 보충적 효력을 인정한다. 즉 관습법은 "헌법을 최상위 규범으로 하는 전체 법질서에 반하지 아니하는 것으로서 정당성과 합리성이 있다고 인정될 수 있는 것"이라고 판시하였다(대법원 2003. 7. 24. 선고 2001다48781 전원합의체판결). 나아가 관습법이 "법원(法院)에 의하여 발견되고 성문의 법률에 반하지 아니하는 경우에 한하여 보충적인 법원(法源)이 되는 것에 불과하여 관습법이 헌법에 위반되는 경우 법원(法院)이 그 관습법의 효력을 부인할 수 있으므로 결국 관습법은 헌법재판소의 위헌법률심판의 대상이 아니라 할 것"이라고 한다(대법원 2009. 5. 28. 자 2007카기134 결정. 이와 다른 내용으로 헌법재판소 2013. 2. 28. 자 2009헌바129 결정 참조). 구체적으로 관습법과 사실인 관습의 관계에 대하여 관습법은 법령에 저촉되지 않는 한 법칙으로서의 효력이 있으며, 당사자의 주장이나 증명 없이 법원이 직권으로 확정하는 반면, 사실인 관습은 사회의 법적 확신에 의하여 법적 규범으로서 승인된 정도에 이르지 않은 것이고, 법령으로서의 효력이 없는 단순한 관행으로서 당사자의 의사를 보충함에 그치며, 그 존재를 당사자가 주장하거나 증명해야 하고, 그와 다른 강행규정이 있는 경우 법적 효력을 부여할 수 없다고 한다(대법원 1983. 6. 14. 선고 80다3231 판결). 나아가 사실인 관습은 일상생활에서 일종의 경험칙에 속하는 것으로 그 유무를 판단함에는 당사자의 주장이나 증명에 구애됨이 없이 법관 스스로의 직권에 의하여 판단할 수 있다고도 한다(대법원 1977. 4. 12. 선고 76다1124 판결).

2 판례법

(i) 판례법은 법원에 의한 판례의 형태로 존재하는 법규범을 말한다. 법률문제에 대한 동일한 취지의 판결이 되풀이되어 지속적으로 유지되면 그 판례의 내용이 법규범의 역할을 할 수 있다는 것이다. 판례는 법원이라는 특정 영역에서 되풀이되는 관행이라는 측면에서 특별관습으로 볼 수도 있지만, 일반관습과 구분되는 의미에서 '법관이 만든 법'(judge made law), '법원이 만든 법'(court made law)이라고도 한다. 판례는 구체적인 사실을 해결하는 과정에서 법원의 판단에 구속력이 부여되므로 성문법에 부여되는 구속력과 차이가 있다. 이를 Case Law라고 부르는 이유이기도 하다.

(ii) 영국이나 미국 등 법원(法源)이 대부분 판례의 축적으로 구성되는 판례법 국가에서는 판결의 축적이 매우 중요한 의미를 갖는다. 어떤 법률문제에 대한

상급법원의 판결이 동일한 내용의 다른 사건에서 그대로 적용되어 하급법원 역시 그에 따라야 하는 기속력이 있다. 이를 '선례구속의 원칙'(doctrine of stare decisis)이라고 한다. 반면 독일이나 프랑스, 일본과 마찬가지로 우리나라는 대륙법계 국가이고 성문법 위주의 법원(法源)을 구성하므로 판례법의 법원성 인정에 대하여 소극적이다. 원칙적으로 법원(法院)은 상급법원의 판결에 법률상 구속력을 인정하지 않는 재판제도를 취하고 있기 때문이다.

(iii) 우리나라에서는 판례법의 법원성에 관하여 견해가 나뉜다. 이를 긍정하는 입장에서는 법원조직법이 상급법원의 판단은 해당 사건에 관하여 하급심을 기속하고(제8조), 대법원 판례의 변경을 법원행정처장을 제외한 대법관 13인 중 2/3가 참석한 합의체에서 하도록 신중한 판결을 규정하였으며(제7조), 소액사건심판법에서도 대법원판결에 상반되는 판결에 대하여 상고할 수 있도록 규정한 점에 비추어(제3조), 판례의 법원성을 인정한다. 반면 판례의 법원성이나 선례구속의 원칙을 인정하는 명문의 규정이 없고, 법관은 헌법과 법률에 의하여 양심에 따라 독립적으로 심판할 수 있으며(헌법 제103조), 법원은 법을 적용할 뿐 법을 제정할 수 있는 권한은 없으므로 판례의 법원성을 부정하는 입장도 있다.

(iv) 법원조직법 제8조 규정은 '해당 사건'에 한정될 뿐 같은 성질의 사안에 대하여 동일한 구속력을 인정하지 않으므로 일반적인 선례구속의 원칙을 인정하지 않는다. 다만 상급심 법원은 법적 안정성과 사법의 위상을 유지하기 위하여 특별한 사정이 없는 한 종래 판결을 변경하려 하지 않고, 하급심 법원도 파기될 우려 때문에 기존의 상급법원 판례와 다른 판결을 잘 하지 않음으로써 상급법원의 판결을 존중한다. 우리나라에서 법 원리나 규정에 따라 선례구속의 원칙을 인정하지 않고 판례의 법원성에 의문이 있더라도 그 동안 축적된 판례법 원리가 재판과정에서 실효를 갖고 그 중요성이 증가하는 현실에 비추어 판례법의 법원성을 부정할 수는 없을 것이다.

(v) 민법 관련 판결에 한정하여 판례법으로 인정될 수 있는 내용을 보면 다음과 같다. 불확정채무의 계속적 보증계약에서 사정변경법리에 따라 계약의 변경 또는 해지를 인정하는 판결(대법원 1994. 12. 27. 선고 94다46008 판결), 의료과오에 따른 불법행위책임에서 인과관계를 추정하는 판결(대법원 1999. 9. 3. 선고 99다10479 판결), 사용자 배상책임에서 사용자의 피용자에 대한 구상권을 제한하는 판결(대법원 1996. 4. 9. 선고 95다52611 판결), 책임능력 있는 미성년자의 불법행위에 대한 감독의무자의 손해배상책임을 민법 제750조에 따라

인정하는 판결(대법원 1994. 8. 23. 선고 93다60588 판결) 등이 고려될 수 있다.

3 조리

(i) 조리는 사물의 본질 또는 자연의 이치를 의미한다. 인간의 합리적인 이성에 따라 판단할 수 있는 사물의 자연적 이치이며 사회통념에 의하여 판단되는 사물의 자연적 원리이다. 법관은 구체적인 재판에서 판단기준이 되는 법률이나 관습법이 존재하지 않더라도, 당해 사건의 판결을 거절할 수 없다. 모든 국민은 헌법과 법률이 정한 법관에 의하여 법률에 따른 재판을 받을 권리를 가지기 때문이다(헌법 제27조 제1항). 이러한 경우 법관은 사물의 본질 또는 자연의 이치로서 조리에 따라 판단할 수밖에 없다. 따라서 조리는 일반적으로 사람들이 상식이라고 표현하는 원리이고, 법의 흠결을 보충하거나 불명확한 법개념의 해석 기준 또는 가치 척도를 의미한다. 민법에서 조리로 평가될 수 있는 원리는 정의와 형평, 신의성실, 공서양속, 사회통념, 사회상규, 이익교량 등이다.

(ii) 조리의 법원성을 인정할 것인가에 대하여 견해가 나뉜다. 이를 긍정하는 입장은 민법 제1조에서 조리가 법원임을 명문으로 규정하고 있고, 법관은 최후의 재판기준으로 조리를 제시할 수밖에 없다는 근거를 든다. 이에 반하여 조리에 의한 재판을 법규범에 의한 재판으로 볼 수 있을지 의문이고, 재판규범으로서 법원은 명백하고 객관적인 형태를 취해야 하는데 조리는 그러한 실정성이 없다고 하여 조리의 법원성을 부정하는 입장도 있다. 판례는 조리의 법원성을 긍정하는 태도로 보인다. 즉 외국적 요소가 있는 법률관계에 관하여 적용되는 준거법으로서 외국법은 사실이 아니라 법으로서 법원은 직권으로 그 내용을 조사하고, 그러한 직권조사에도 불구하고 외국법의 내용을 확인할 수 없는 경우에 한하여 조리 등을 적용해야 한다고 판시하였다(대법원 2019. 12. 24. 선고 2016다222712 판결).

제4절

법의 분류

I 공법과 사법

(i) 법을 구분할 때 널리 공법과 사법으로 구분한다. 공법관계에 대한 법률문제는 행정법원에서 재판을 하고 재판절차와 집행에 대하여 행정소송법과 행정대집행법이 적용된다. 반면 사법관계에 대해서는 민사법원에서 재판하고 민사소송법과 민사집행법이 적용된다. 공법과 사법을 구별하는 기준에 대한 견해가 다양하게 나뉜다. 주체설은 법률관계의 주체가 누구인가에 따라 국가나 공공단체 사이 그리고 이들과 개인 사이에 적용되는 법은 공법이고, 개인 사이의 법률관계를 규율하는 법은 사법이라고 한다. 이익설은 법의 보호 목적에 따라 공익을 목적으로 하는 법은 공법이고 사익을 목적으로 하는 법은 사법이라고 한다. 성질설은 당사자의 법률관계가 불평등하면 공법이고 평등하면 사법이라고 한다. 생활관계설에 의하면 국가에 대한 국민의 생활관계를 규율하면 공법이고 인류로서의 생활관계를 규율하는 것은 사법이다. 자기결정설은 기속적이고 자유롭지 못한 의사결정이 개입되는 법률관계를 규율하는 것은 공법이고 자유로운 의사결정을 하는 법률관계를 규율하는 것은 사법이라고 한다. 적용법규설에 의하면 행정소송법이 적용되어야 할 경우는 공법이고 민사소송법이 적용되어야

할 경우는 사법이다.

(ii) 주체설은 주택공사가 건축한 서민아파트를 개인에게 분양하는 계약을 체결하는 것처럼 국가가 사적 기업의 지위에서 하는 경우 분양계약의 당사자로서는 개인과 동일한 지위를 가지므로 공법과 사법의 구별기준으로 적합하지 않다. 이익설 역시 형법은 공법이지만 범죄의 처벌을 통하여 사회질서가 유지되는 동시에 개인의 권리를 보호하는 이익도 있으므로 부적당하다. 사회적으로 접촉하는 법률관계가 불평등하거나 평등한 경우로 구분하는 것 또는 국민의 생활관계와 인류의 생활관계를 구별하는 것 자체가 모호하므로 성질설이나 생활관계설도 설득력이 없다. 국제법은 공법이지만 국가 사이는 평등관계라고 해야 하고 민법은 사법이지만 그 규율대상인 친자관계와 같이 평등하지 않은 경우도 포함한다. 현대적 계약에는 부합계약으로 체결되는 경우가 많아 사법이 규율하는 경우라도 자유로운 의사표시가 수반되지 않을 수 있다는 지적이 있고, 적용법규를 구분하는 것 자체가 공법과 사법을 구분하는 것이라면 이는 순환론에 빠진다는 비판이 있다. 결국 공법과 사법은 어느 하나의 기준으로 나눌 수 없으므로 복수의 여러 기준을 종합적으로 고려하여 구분할 수밖에 없다는 복수기준설이 가장 설득력이 있다고 할 것이다. 더욱이 현대국가에서 공법과 사법의 어디에도 속하지 않는 사회법의 등장은 그 구별을 더욱 모호하게 한다.

(iii) 대체로 국가기관과 국민의 기본권을 규정한 헌법이나 각종 행정규율을 담고 있는 행정법, 범죄의 유형과 국가의 처벌을 규정한 형법, 형사재판 절차를 규정한 형사소송법, 민사사건에 관한 것이지만 국가의 재판절차를 규정한 민사소송법과 그 집행에 관한 민사집행법, 부동산을 공시하기 위한 국가의 등기절차를 규정한 부동산등기법이나 부동산등기특별조치법, 가족관계를 확인할 수 있도록 등록절차를 규정한 가족관계등록법 등은 공법에 속한다. 반면 민법이나 상법, 가등기담보법, 동산채권담보법, 부동산실명법, 주택임대차보호법, 상가건물임대차보호법, 신원보증법, 신탁법, 실화책임법, 약관규제법, 이자제한법, 자동차손해배상보장법 등은 사법에 속한다. 법률 시행령이나 시행규칙 중 집행을 위한 것은 국가기관이 주도하므로 대체로 공법에 속하지만, 법률의 위임에 따라 그 내용을 구체화하는 것으로 소송촉진법의 법정이율을 연 12%로 정한 소송촉진법정이율규정은 사법에 속한다.

Ⅱ 일반법과 특별법

1 구별의 상대성

(i) 법의 효력이 미치는 범위에 따라 일반법과 특별법으로 구분된다. 법의 효력은 인적, 물적, 장소적 효력으로 구분되지만, 어떤 사람이든 어떤 물건에 대한 것이든 어떤 장소에서든 모두 적용될 수 있는 법은 일반법이다. 반면 법의 효력에 특별한 인적, 물적, 장소적 제한이 있는 경우 특별법이다. 일반법과 특별법의 구별실익은 '특별법 우선의 원칙'에 따라 일반법에 비하여 특별법이 우선 적용된다는 점이다. 민법이나 형법은 국내의 모든 사람에게 적용되므로 일반법이지만, 상법은 상거래를 하는 사람에게 적용되므로 민법의 특별법이다. 자동차로 인한 교통사고의 경우 피해자의 손해배상청구와 관련하여, 운전자인 가해자는 민법 제750조의 일반불법행위자로서 책임을 져야 한다. 자동차사고로 인한 신체와 생명 침해의 경우 피해자 구제를 위하여 운행을 지배하는 자에게는 자동차손해배상보장법의 책임을 지기도 한다. 이때 민법이 일반법이고 자동차손해배상보장법은 특별법이므로 민법에 우선하여 자동차손해배상법이 적용된다. 만일 사고를 발생시킨 운전자가 공무원이라면 국가배상법이 적용되어 피해자에게 국가가 배상책임을 진다. 국가배상법의 책임은 민법의 불법행위책임에 대하여 특별법의 관계에 있지만, 국가배상법에 대해서는 자동차손해배상보장법이 특별법의 관계에 있다.

(ii) 일반법과 특별법의 구별은 상대적이다. 상법이 민법에 대해서는 특별법이지만, 상거래의 유형 중 보험이나 은행, 신탁에 적용되는 보험법, 은행법, 신탁업법이 상법에 대하여 특별법이 되고 상법은 이들에 대해서는 일반법이 된다. 앞에서 본 교통사고 손해배상책임에서 국가배상법은 민법의 특별법이지만, 자동차손해배상보장법에 대해서는 일반법이다.

2 규정 사이의 관계

일반법과 특별법의 구분은 주로 법령 사이에 존재하지만, 그에 한정되지 않고 같은 법령 안에 있는 각 규정 사이에도 인정된다. 민법은 일반적인 채권의 소멸시효를 10년으로 규정하는데(제162조), 채권 중에도 이자 등은 소멸시효를 3년으로 규정하고(제163조), 음식료 등의 채권은 소멸시효를 1년으로 규정한다(제164조). 예를 들어 상인이 음식을 판매하고 손님에 대한 외상채권을 취득했을 때, 그 외상채권은 일반적인 금전채권으로서 제162조에 따라 10년의 소멸시효에 걸리고, 상인이 판매한 상품의 대가 채권으로서는 제163조 제6호에 따라 3년의 소멸시효에 걸리며, 음식료 채권으로서는 제164조 제1호에 따라 1년의 소멸시효에 걸린다. 이때 제162조가 일반규정이고, 제163조 제6호는 제162조에 대한 특별규정이며, 제164조 제1호는 제163조 제6호에 대한 특별규정이므로, 최종적으로 그 외상채권의 소멸시효는 1년이 된다.

3 법조경합과 청구권경합

(i) 특별법과 일반법의 관계에서 특별규정이 우선 적용되고 일반규정의 적용이 배제되는 것은 이들 사이의 관계가 법조경합이기 때문이다. 법조경합의 관계에 있으면 특별법규가 적용되고 일반규정은 적용이 배제된다. 이에 반하여 권리의 보호를 위해 청구권의 경합을 인정하는 경우가 있다. 민법상 불법행위로 인한 손해배상책임은 누구든지 타인에게 불법행위를 통하여 손해를 발생시키면 책임을 져야 하는 일반규정이고(제750조), 채무불이행으로 인한 손해배상책임은 채무자라는 특수한 신분을 가진 자가 채무를 불이행하여 그 채권자에게 손해를 발생시켜서 지는 책임이다(제390조). 예를 들어 승객 甲이 개인택시 운전자 乙의 부주의로 인한 사고로 손해를 입은 경우, 甲에게는 운송계약 위반에 따른 손해배상청구권과 불법행위에 따른 손해배상청구권이 모두 인정될 수 있다. 이때 두 청구권이 법조경합 관계라면 특별규정에 따른 채무불이행의 손해배상청구권이 인정될 뿐 불법행위의 손해배상청구권은 적용이 배제된다. 그러나 피해자의 구제를 위하여 청구권의 경합이 인정되면 甲은 두 청구권 중 어느 것이라도 먼저 배상을 청구하되 그것으로 전부 배상을 받지 못하면 다른 청구권을 행사하여 배상을 받을 수 있도록 한다.

(ii) 하나의 사실에서 발생하는 두 개 이상의 청구권 중 특별법 또는 특별규정

에 따른 권리를 인정하고 일반법이나 일반규정에 따른 권리를 배제하는 견해를 법조경합설이라 하고, 이들 권리를 모두 인정하여 선택적으로 행사할 수 있도록 하는 견해를 청구권경합설이라고 한다. 판례는 앞에서 본 민법과 국가배상법, 자동차손해배상보장법은 법조경합관계로 보아 자동차손해배상보장법을 적용하는 반면(대법원 1996. 3. 8. 선고 94다23876 판결), 채무불이행에 따른 손해배상청구권과 불법행위에 따른 손해배상청구권은 각각 요건과 효과를 달리하는 별개의 법률관계에서 발생하는 것이므로 청구권의 경합관계에 있는 것으로 판단한다(대법원 2021. 6. 24. 선고 2016다210474 판결). 또한 법률행위가 사기에 의한 것으로서 취소되는 경우에 그 법률행위가 동시에 불법행위를 구성하는 때에는 취소의 효과로 생기는 부당이득반환청구권과 불법행위로 인한 손해배상청구권은 경합하여 병존하는 것이므로, 채권자는 어느 것이라도 선택하여 행사할 수 있지만 중첩적으로 행사할 수는 없다고 하여 청구권의 경합관계를 인정한다(대법원 1993. 4. 27. 선고 92다56087 판결).

Ⅲ 실체법과 절차법

(i) 법의 내용이 당사자의 권리와 의무의 확정에 있는 것을 실체법이라 하고 확정된 권리를 구체적으로 실현하는 절차를 규정한 것을 절차법이라고 한다. 실체법에서는 권리와 의무의 성질 결정, 권리의 내용·종류·주체, 권리의 발생·변경·소멸 등과 같은 실체적 관계를 정한다. 절차법은 실체법을 적용하는 과정을 규정한다. 실체법에 의하여 형성된 권리가 절차법을 통하여 구체적으로 실현되므로 법의 목적은 실체법과 절차법의 연합 작용으로 달성된다. 민법, 상법, 형법 등은 실체법에 속하고, 재판절차를 규정한 민사소송법, 가사소송법, 소송촉진법, 형사소송법 그리고 재판결과의 집행을 위한 민사집행법, 부동산등기 절차를 규정한 부동산등기법은 절차법이다.

(ii) 매매 등에 따라 부동산의 소유권 변동이 있는 경우 소유자가 누구인지는 실체법인 민법에 의하여 확정되지만, 그 부동산에 대한 등기를 통하여 소유권을 공시하는 것은 절차법인 부동산등기법에 따른다. 만일 부동산의 소유권에 대

한 분쟁이 발생하면 적법한 소유권을 확보하기 위하여 절차법인 민사소송법에 따른 재판절차를 통해야 하고, 빼앗긴 점유를 회복하기 위해서는 절차법인 민사집행법에 따라 강제집행을 실시할 수 있다. 부부관계를 해소하기 위하여 이혼을 선택한 경우 배우자로서의 지위를 상실하는 법률관계의 소멸은 실체법인 민법에 따라 확정되고, 이혼의 현실적 실현을 위해 절차법인 가족관계등록법에 따라 가족관계등록부를 정리하며, 당사자 중 일방이 이혼에 동의하지 않으면 절차법인 가사소송법에 따라 재판을 진행하게 된다.

Ⅳ 기타의 구분

1 강행법과 임의법

(i) 강행법은 당사자의 의사와 무관하게 그 적용과 효력이 강제되는 것이고, 임의법은 당사자의 의사에 따라 그 적용과 효력이 강제되지 않는 것을 말한다. 일반적으로 국가기관과 국민의 기본권을 규정한 헌법이나 각종 행정규율을 담고 있는 행정법, 범죄의 유형과 국가의 처벌을 규정한 형법, 형사재판 절차를 규정한 형사소송법, 민사사건에 관한 것이지만 국가의 재판절차를 규정한 민사소송법 등 공법에 속하는 법령은 대부분 강행법이고, 민법이나 상법 등 사법에 속하는 법령은 대체로 임의법이다.

(ii) 법령 자체가 강행법 또는 임의법의 성격을 갖지만, 특정 법령에 있는 개별 규정이 강행규정인지 임의규정인지 구분될 수도 있다. 민법 중에도 물권법이나 가족법에 속하는 규정은 권리의무의 명확성이 보장되어야 하므로 강행규정이 많고, 채권법은 당사자의 의사가 우선적으로 고려되는 요소가 많아 임의규정이 많다. 강행규정도 그에 위반되는 법률행위의 효력을 부정하는 효력규정과 법률행위의 효력과 관계 없이 일정한 제재를 규정한 단속규정으로 구분된다. 효력규정에 속하는 것으로는 부동산실명법 제4조에서 금지하는 명의신탁약정, 부동산중개 수수료의 상한을 정한 공인중개사법 제32조 제4항 위반행위가 이에 속

한다. 부동산중개 수수료는 국토교통부령이 정하는 범위 내에서 특별시·광역시 또는 도의 조례로 정한다. 증권거래법 제52조에서 금지하는 투자수익 보장약정(대법원 2021. 9. 15. 선고 2017다282698 판결), 최저임금법 제6조를 위반하는 최저임금 제한행위, 근로기준법에 반하는 퇴직금의 사전 포기약정(대법원 2018. 7. 12. 선고 2018다21821, 25502 판결)은 효력규정 위반에 해당하여 무효이다. 반면 부동산등기특별조치법 제8조에서 금지하는 중간생략등기, 금융실명법 제3조에 위반한 비실명거래, 증권거래법 제107조를 위반하는 투자일임 매매약정, 공인중개사법 제33조에 위반한 개업공인중개사와 중개의뢰인의 직접 거래(대법원 2017. 2. 3. 선고 2016다259677 판결), 여객자동차 운수사업법 제12조를 위반한 지입차량 계약(대법원 2018. 7. 11.선고 2017다274758 판결)은 단속규정에 위반한 것으로 일정한 제재가 있을 뿐 그러한 행위 자체가 무효는 아니다.

2 고유법과 계수법

법이 형성되는 근거에 따라 고유법과 계수법으로 구분될 수 있다. 특정 국가의 고유한 관습이나 도덕 기타 사회적 조건을 내용으로 하여 성립된 법은 고유법이고, 외국의 법을 받아들여 형성된 법은 계수법이다. 계수법은 자법(子法)이 되고 받아들인 외국법은 모법(母法)이 된다. 오늘날 외국과 법문화의 교류가 빈번하고 외국법의 연구가 활발하여 선진 법제도를 도입하는 경우가 많으므로 순수한 고유법으로 인정될 만한 법규를 찾아보기 어렵다. 민법 중 우리의 가족관계를 보여주는 친족, 상속 관련 규정이나 고유의 장례문화를 법제화한 '장사 등에 관한 법률'(장사법)은 고유법이라고 할 수 있다.

3 국내법과 국제법

(i) 국내법은 특정 국가에 의하여 인정되고 그 범위 내에서 효력을 갖는 반면, 국제법은 둘 이상의 국가 사이에 적용되고 효력이 인정된다. 국제법은 국가들 사이의 질서를 유지하고 거래관계를 통일적으로 규율하기 위하여 제정된다. 국내법의 인정 주체가 단일 국가임에 반하여 국제법의 인정 주체는 다수의 국가이고, 국내법은 특정 국가의 단독 의사에 따라 형성되지만, 국제법은 다수 국가

의 합의로서 성립한다. 국내법은 한 국가와 그 국민에 대하여 효력을 가지는 반면, 국제법은 주권을 가진 다수 국가에 대하여 효력을 갖는다. 따라서 국내법은 특정 국가의 주권이 미치는 영역에서 그 적용과 집행에 관한 강제기관과 절차가 국내에서도 비교적 보장될 수 있는 반면, 국제법은 이를 강제하기 위한 기관이나 절차가 구비되지 못하여 강제성의 담보가 약한 측면이 있다.

(ii) 국제법은 일반적으로 국제공법을 의미하고, 이는 국제사법 또는 섭외사법과는 구별된다. 국제사법은 국제사회의 교류가 증가하여 국적이나 혼인, 매매 등 복수 국가의 국민 사이에 발생하는 법률관계에 대하여 자국법과 외국법 중 어느 나라의 법을 적용할 것인지 준거법을 결정하는 국내법이다.

제5절 법의 효력 범위

법이 갖는 효력은 그 타당성과 실효성이지만 그 효력이 미치는 범위는 시간과 사람과 장소에 따라 구분된다.

I 시간적 효력

(i) 법은 일정한 시기에 효력을 발생시켜 일정 기간 효력을 유지한다. 효력을 가지는 기간이 짧을 수도 있고 길 수도 있다. 법의 효력이 미치는 시간적 효력은 불문법과 성문법에 따라 차이가 있다. 관습법과 같은 불문법은 법으로 존재함과 동시에 효력을 가지고 그 법규범성을 상실함으로써 효력도 소멸하기 때문에 그 존재시기와 시간적 효력은 거의 동일하다. 반면 성문법은 그 법규범의 성립이 바로 그 시간적 효력의 발생시기라고 말할 수 없다. 법률은 국회에서 의결되었을 때, 그리고 명령은 제정권자가 내용을 최종적으로 확정했을 때 성립하지만, 그 효력이 발생하는 것은 공포절차를 거치고 어떤 경우에는 시행시기가 도래해야 한다. 헌법에 의하면 법률은 특별한 규정이 없는 한 공포한 날로부터 20일을 경과함으로써 효력을 발생한다(제53조 제7항). '법령 등 공포에 관한 법률'(법령공포법)에 따르

면 대통령령이나 총리령, 부령은 특별한 규정이 없는 한 공포한 날부터 20일이 경과함으로써 효력을 발생하고(제13조), 국민의 권리 제한 또는 의무 부과와 직접 관련되는 경우 등에는 공포일부터 30일이 경과하면 시행된다(제13조의2). 다만 법령 중에는 시행시기를 부칙으로 정하는 경우가 많고 공포와 동시에 시행되는 것으로 규정하기도 한다. 예를 들어 주택임대차보호법은 1981년 3월 5일 제정되었는데 그 부칙에서 공포한 날부터 시행하는 것으로 규정하였고, 2016년 5월 29일 법률 제14175호에 따라 개정될 때에는 2017. 5. 30부터 시행하는 것으로, 그리고 2023년 4월 18일 개정될 때에는 공포 후 6개월이 경과한 날부터 시행하는 것으로 규정하는 등 시행일에 관하여 다양한 방법을 이용한다.

(ii) 법률은 원칙적으로 시행 전에 이미 발생한 사항에 소급하여 적용되어서는 안 된다. 이를 '법률불소급의 원칙'이라고 한다. 기존의 법률관계에 대한 교란을 방지하고 법률생활의 안정을 유지하기 위한 법원리이다. 특히 이미 발생된 범죄를 처벌하기 위하여 새로운 법률을 제정하는 것은 범죄가 아니었던 행위를 신법 제정으로 범죄를 구성하여 처벌하는 것이어서 죄형법정주의의 근간을 파괴한다. 헌법도 행위시의 법률에 의하여 범죄를 구성하지 아니하는 행위로 소추되지 않는다고 규정하였다(제13조). 다만 예외적으로 사회정의를 실현하거나 국민에게 이익이 되는 한도에서 예외적인 소급효가 인정될 수는 있다. 예를 들어 1948년 9월 22일 제정된 반민족행위처벌법은 부칙 제30조에서 한일합병 전후부터 1945년 8월 15일 이전의 친일 반민족 행위에 적용하는 것으로 규정하였다가, 1951년 2월 14일 폐지하였다. 법률불소급의 원칙은 비단 형벌법규에서만 적용되는 것은 아니고 모든 법률 분야의 일반원칙이다. 1958년 2월 22일 제정된 우리 민법은 부칙 제2조 본문에서 특별한 규정이 있는 경우 외에는 본법 시행일 전의 사항에 대하여도 적용되는 것처럼 정하였지만, 그 단서에서 이미 구법에 의하여 생긴 효력에는 영향을 미치지 않는 것으로 규정하여 불소급원칙을 유지하였다.

Ⅱ 인적 효력

(i) 법의 인적 효력은 특정 국가의 국내에 거주하는 자국민에게 적용되는 것을 원칙으로 한다. 외국에 거주하는 자국민과 국내에 거주하는 외국인에 대하여 법의 효력을 인정할 것인가? 이에 대하여 속인주의와 속지주의가 거론된다. 속인주의는 특정 국가의 법적 효력을 사람의 국적을 표준으로 인정하기 때문에, 거주지가 국내인지 국외인지 관계 없이 그 국가의 국적을 가진 사람에게 모두 적용한다. 속지주의는 특정 국가의 주권이 미치는 영토를 표준으로 하므로, 내국인과 외국인을 구별하지 않고 국내에 있는 모든 사람에게 그 법적 효력을 인정한다.

(ii) 로마법 이래 고대나 중세, 근세에 이르기까지 속인주의를 원칙으로 인정해 왔으나 오늘날에는 국제적 교류가 빈번하고 외국인의 국내 체류가 일반화되어 이를 유지할 수 없게 되었다. 그리하여 대체로 속지주의를 기본으로 하면서 국제법상의 요구 등에 따라 속인주의를 가미하는 법제를 취하는 국가가 많다. 우리 형법은 대한민국 영역 내에서 죄를 범한 내국인과 외국인에게 적용하는 속지주의를 원칙으로 하고(제2조), 외국에서 죄를 범한 내국인에게 적용하는 속인주의를 보충적으로 규정한다(제3조). 물론 외국에 거주하더라도 그 국가의 법을 적용받지 않고 자기 국적 국가의 법을 적용받는 예외적인 경우가 있다. 예를 들어 외국의 군주, 대통령, 외교사절, 적법하게 주둔하는 외국군대 등에 대해서는 국제법상 관례나 조약 등에 의하여 접수국의 법령이 적용되지 않는다. 우리나라에 주둔하는 미군에 대해서는 우리 법의 형사재판권이 미치지 않는다.

[외국인에 대한 형법 적용]

형법은 대한민국 영역 외에서 내란, 외환, 국기, 통화, 유가증권, 우표와 인지, 문서, 인장에 관한 죄를 범한 외국인에게 적용하며(제5조), 대한민국 영역 외에서 대한민국 또는 대한민국 국민에 대하여 앞의 범죄 이외의 죄를 범한 외국인에게 적용한다(제6조).

[주한미군에 대한 우리 형법 적용]

대한민국과 미국의 상호방위조약 제4조에 의한 시설과 구역 및 대한민국에서 미국 군대의 지위에 관한 협정(Agreement under Article IV of the Mutual Defense Treaty between the Republic of Korea and the United States of America, regarding Facilities and Areas and the Status (of United States Armed Forces in the Republic of Korea)이 있는데, 이를 흔히 소파(SOFA)라고 한다. 그것은 이런 종류의 행정협정에 대한 약칭이 Status Of Forces Agreement로 SOFA이기 때문이다. 이 협정의 제22조에서 미국 당국이 미군의 구성원, 군속 및 그들의 가족에 대하여 미국 법령이 부여한 모든 형사재판권 및 징계권을 대한민국 안에서 행사할 권리를 가지는 것으로 명시한다(1.가). 다만 예외적으로 대한민국은 그 영역 내에서 범한 범죄로 대한민국 법령에 의하여 처벌할 수 있는 경우 재판권을 가지며(1.나), 대한민국 법령에 의하여 처벌할 수 있으나 미국 법령에 의하여 처벌할 수 없는 범죄에 대해서는 전속적 재판권을 행사할 수 있다(2.나)고 규정한다.

(iii) 국내법의 인적 효력과 관련하여 우리나라는 다른 외국과 달리 취급해야 할 특성이 있다. 헌법이 대한민국의 영토를 한반도 전체로 규정하였음에도, 북측이 한반도의 일부를 사실상 실효 지배하고 있는 상황 때문이다. 종래 탈북자가 북측에 거주하는 주민을 상대로 이혼 또는 친자관계확인을 구하거나 북측 주민이 대한민국 국민의 상속을 주장하는 소송이 제기된 예가 빈번하였다. 예를 들어 이산가족의 상속재산분할청구소송에서 우리 법원이 북한에 있는 상속인의 존재를 인정하고 그를 상속인에 포함한 판결이 있는 반면(대법원 1982. 12. 28. 선고 81다452, 453 판결), 유사한 사건에서 서울가정법원은 재북 상속인들의 생존이 불명확하고 이를 확인할 자료가 없으므로 재북 상속인을 제외한 상속재산분할이 정당하고 재북 상속인이나 그 상속인은 별도의 상속회복청구로 권리를 회복할 수밖에 없다고 판시하였다(서울가법 2004. 5. 20. 자 98느합1969, 2000느합25 심판).

(iv) 한국전쟁 당시 월남한 피상속인의 사망으로 북한에 생존한 상속인 및 그 상속인의 대리인이 제기한 친생자관계존재확인소송에 대하여 원고승소로 판결하고(서울중앙지방법원 2020. 11. 11. 선고 2019가합526021 판결), 상속회복청구에 대해서는 결국 조정절차로 해결하였다. 이를 계기로 2012년 '남북 주민 사이의 가족관계와 상속 등에 관한 특례법'(남북가족관계상속법, 2012. 2. 10. 법률 제11299호 제정, 2012. 5. 11. 시행)이 제정되었다. 여기서 북측 주민에 대한 중혼의 특례(제6조, 제7조)와 친자관계확인 및 인지 청구(제8조, 제9조), 상속재산반환 및 상속회복 청구(제10조, 제11조), 단순승인의 특례(제12조), 북한주민이 상속, 유증, 상속재산반환청구에 따라 취득한 남한 내 재산의 관리(제13조부터 제21조), 그 관리를 위반한 행위에 대한 벌칙과 과태료를 규정하고 있다(제22조, 제23조).

Ⅲ 장소적 효력

(i) 특정 국가의 법은 그 국가의 전 영토와 영해 및 영공에 미친다. 속지주의 원칙이다. 이에 대해서는 공해상에 있는 본국 선적의 선박 내이거나 공해 상공에 있는 본국 등록의 항공기 내에도 적용되는 예외가 있다. 형법에 따르면 대한민국 영역 외에 있는 대한민국의 선박 또는 항공기 내에서 죄를 범한 외국인에 대하여 우리 형법이 적용된다(제4조). 특히 우리나라는 한반도가 사실상 분리되어 있기 때문에 북측 지역에 대한 대한민국 법령의 효력이 문제된다. 헌법에 따르면 대한민국의 영토를 한반도와 그 부속도서로 규정하여(제3조) 한반도 전체에 대한민국 법령이 효력을 미칠 수 있다. 그러나 실효적으로 지배하지 못하는 북측에 대해서는 사실상 대한민국 법령의 효력이 미칠 수 없는 상태이다.

(ii) 한국전쟁 당시 북한으로 이송되어 강제노역을 한 국군 포로들이 북측 정부를 상대로 제기한 손해배상금청구소송에서 서울중앙지방법원은 2020년 북측 정부를 비법인사단으로 보아 손해배상책임을 인정한 바 있다(서울중앙지방법원 2020. 7. 7. 선고 2016가단5235506 판결). 북측은 헌법상 국가로 인정되지 않지만, 손해배상 의무의 주체가 될 수 있는 단체성을 갖추고 있다는 것이 재판부의 판단이었다. 그런데 동부지방법원은 2022년 북측 정부를 비법인사단으로 볼 수 없어 손해배상의무의 주체가 될 수 없다고 판결하여(서울동부지방법원 2022. 8. 10. 선고 2021가합106706 판결) 혼란이 야기되고 있다.

제6절 법의 해석

I 법해석의 필요성

(i) 법의 해석은 그 법이 가지고 있는 의미와 내용을 구체적으로 명백하게 하는 것을 말한다. 이는 특정 사안에 적용되어야 할 법의 존재를 확인하는 단계뿐만 아니라 법을 적용하여 그 효과를 확정하는 단계에서도 필요하다. 입법자가 아무리 완전한 법을 구상하더라도 장래에 발생할 수 있는 사건을 모두 예견하고 이를 구체적으로 망라하여 법에 규정할 수는 없다. 법을 제정할 때 시기의 차이를 두고 발생 가능한 사회현상의 일반적인 경우를 전제로 규정할 수밖에 없다. 입법에는 이러한 법의 흠결 또는 불비가 없지 않으므로 법의 해석을 통하여 법규의 구체적인 의미와 내용을 보완해야 한다. 이는 정도의 차이가 있더라도 관습법과 같은 불문법에서도 동일하게 나타날 수 있다. 어떤 관습법의 배경이 된 사회적 관행이 수정될 때 이러한 관행이 예상 가능한 모든 사회현상을 일반화하여 성립될 수 없고, 법원의 재판에 따라 법적 확신이 부여되더라도 이것이 모든 상황을 예상하고 형성될 수는 없기 때문이다. 법의 해석은 그 방법에 따라 유권해석과 학리해석으로 구분되고, 학리해석은 문리해석과 논리해석으로 나뉜다.

(ii) 법의 해석이 필요한 분야는 다양하다. 우리 법률용어는 사회의 일반인이

사용하는 일상적인 용어와 다소 차이가 있다. 법률적으로는 집을 가옥, 땅을 토지, 돈을 금전, 비행기는 항공기, 배는 선박, 중기는 건설기계, 오토바이는 원동기장치자전거, 빚은 채무, 결혼은 혼인, 친척은 친족이라고 해야 한다. 최근 전세사기라는 사회적 문제가 큰 반향을 일으켰는데, 사실상 대부분의 이러한 사기는 임대차에 의한 보증금 사기 사건이었다. 일상적으로 임대차를 채권적 전세라고 표현하지만 그 보증금에 대한 사기를 전세사기라고 말하는 것은 정확한 용어법이 아니다. 법률용어 중에는 문리해석으로도 그 의미를 제대로 파악할 수 없는 것도 있다. 선의(善意)와 악의(惡意)는 일상적으로 해석하면 좋은 뜻과 나쁜 뜻으로 인식되어야 할 것이지만, 법률적으로는 어떤 사실을 알지 못하는 것과 아는 것을 구분하는 용어이다. 나아가 그 용어만으로는 무슨 의미를 표현한 것인지 알 수 없는 경우도 있다. 판례에서 나타나는 용어로서 토지가 강물 등에 떨어져 나가 원상복구가 불가능한 포락(浦落, 대법원 2009. 8. 20. 선고 2007다64303 판결)이나 차로 뭔가를 밟고 지나가는 것을 역과(轢過, 대법원 2014. 6. 12. 선고 2014도3163 판결), 목에 난 끈자국을 삭흔(索痕, 대법원 1998. 11. 13. 선고 96도 1783 판결)이라고 한다. 민법에서도 도랑을 구거(溝渠, 제229조, 제239조, 제244조)라 하고, 물을 막기 위해 쌓은 제방을 언(堰, 제230조)이라 한다. 몽리자(蒙利者, 제233조)는 몽니나 부리는 심술궂은 사람이 아니라 단지 이익을 보는 사람을 의미한다고 설명하면 우리 사회의 구성원 중 몇 명이나 이를 이해할까?

(iii) 법률규정에 대한 해석이 필요한 실제 사례를 두 가지 제시한다. 이들을 보면 현실과의 괴리에서 벗어난 엄격한 법문의 해석이 아니라 논리적이고 목적론적 해석도 절실하게 필요하다는 사실을 이해할 수 있을 것이다.

[동시사망과 대습상속에 관한 사례]

1. 사실관계

甲은 부인, 아들과 며느리, 손자와 손녀, 딸, 외손자와 함께 괌 여행을 가던 중 1997. 8. 6. 항공기 추락으로 본인과 가족 전부가 사망하였다. 甲은 부동산을 포함하여 수백억 원의 재산을 보유하고 있었고, 유일하게 생존한 가족으로 甲의 사위 피고 乙과 공동원고인 7인의 형제자매가 있었다. 乙은 상속을 근거로 甲 소유 부동산에 관한 소유권이전등기를 자기 명의로 넘겼다. 이에 甲의 형제자매 7인이 공동원고가 되어 乙을 피고로 소유권이전등기 말소를 구하는 소를 제기하였다. 소송에서 甲의 상속재산에 대한 정당한 상속인이 누구인지 문제되었다.

2. 민법규정에 따른 상속인 결정

민법에 따르면 상속순위는 1순위 직계비속, 2순위 직계존속, 3순위 형제자매, 4순위 4촌 이내의 방계혈족이고(제1000조), 배우자는 1순위와 2순위 상속인과 공동상속을 할 수 있다(제1003조 제1항). 상속개시 전에 사망하거나 상속결격이 된 상속인의 배우자는 그 상속인과 같은 순위로 상속인이 될 수 있는데(제1003조 제2항), 이를 대습상속이라고 한다. 사안에서 1순위, 2순위 상속인, 피상속인의 배우자가 모두 사망한 상태이고, 3순위 형제자매가 상속인이 될 수 있지만, 1순위 상속인인 甲의 딸이 사망하였으므로 그 배우자인 피고 사위 乙이 1순위를 대습상속으로 승계하면 3순위인 형제자매보다 우선하여 상속인이 될 수 있다. 그런데 대습상속이 인정되기 위해서는 피상속인의 '상속개시 전'에 상속인이 사망해야 하므로, 甲의 딸로서 乙의 배우자가 甲보다 '먼저 사망'하여야 한다. 항공기 추락으로 甲과 그 딸은 누가 먼저 사망하였는지 알 수 없으므로 민법 제30조에 따라 이들은 동시에 사망한 것으로 추정되고, 동시사망의 경우에는 서로 상속인이 될 수 없을 뿐만 아니라 서로 대습상속도 불가하다. 왜냐하면 피상속인 甲의 '상속개시 전'에 甲의 딸이 사망한 것이 아니라 이들은 동시에 사망하였기 때문이다. 그러면 甲의 적법한 상속인은 3순위 원고 형제자매일까, 甲의 1순위 상속인 딸을 대습상속한 사위 피고 乙일까?

3. 소송의 결과

제1심 법원(서울지방법원 1998. 4. 3. 선고 97가91172 판결)과 원심법원(서울고등법원 1999. 2. 11. 선고 98나21825 판결), 대법원 모두 피고 사위의 대습상속을 인정하였다. 대법원은 甲의 사망 전에 딸이 사망하였다면 피고 사위가 대습상속을 하고 甲의 사망 후에 딸이 사망하면 상속의 순위에 따라 피고 사위가 본위상속을 하는데, 甲과 딸이 동시에 사망한 것으로 추정된다고 하여 피고 사위의 대습상속을 인정하지 않으면 피고에게 불공평하고 불합리하므로 대습상속제도와 동시사망 추정 규정의 입법 취지에 비추어 동시사망으로 추정되는 경우에도 대습상속을 인정하는 것이 합목적적 해석에 부합한다고 판시하였다(대법원 2001. 3. 9. 선고 99다13157 판결).

4. 평가

대법원 판결은 법규의 합목적적 해석에 의한 결과이지만 민법의 명문규정에는 반하는 태도이다. 참고로 일본민법은 대습상속에 관하여 우리와 달리 피상속인의 상속개시 '이전'에 상속인이 사망한 경우로 규정하고(제887조 제2항, 제890조) 대습상속이 피상속인의 상속개시 '전'과 '동시' 모두를 포함하고 있다. 따라서 일본민법은 동시사망으로 인한 대습상속 문제를 입법적으로 해결한다. 이를 보면 우리 민법의 대습상속 규정은 동시사망의 경우를 고려하지 않은 입법의 불비임을 알 수 있다.

[임대주택법의 해석에 관한 사례]

1. 사실관계

공동피고 甲의 딸인 공동피고 乙은 1999년 甲이 거주할 임대주택에 관하여 甲을 대신하여 乙 명의로 원고 주택공사 丙과 임대차계약을 체결하였다. 甲이 노쇠하고 그 재산을 乙

이 대신 관리하고 있었기 때문이다. 甲이 임대주택법에서 정한 임대주택 의무거주기간이 경과한 후 주택의 분양전환을 청구하자, 丙은 이를 거부하면서 甲은 법률에서 규정한 적법한 권리자가 아니라고 주장하였다. 임대주택법은 임대주택의 분양전환을 청구할 수 있는 권리자에 대하여 제15조에서 대통령령으로 정한 임차인, 즉 '입주일 이후부터 매각 당시까지 당해 임대주택에 거주한 무주택자인 임차인'으로 규정되어 있는데(시행령 제13조 제2항 제1호), 임대차계약의 당사자인 乙은 무주택자가 아니고 실제 거주하지도 않았으며, 甲은 실제 거주한 무주택자이지만 임대차 계약의 당사자가 아니어서 이에 해당하지 않는다는 이유였다. 이에 따라 주택공사 丙은 원고로서 임대차계약의 종료에 근거하여 甲과 乙을 공동피고로 임대주택의 명도와 퇴거를 구하는 소를 제기하였다.

2. 소송의 경과

제1심 법원은 피고 甲과 乙 모두 임대주택법과 동법 시행령에서 규정한 분양전환 권리자에 해당하지 않는다고 판단하여 원고 승소 판결을 선고하였다(대전지방법원 2005. 12. 20. 선고 2005가단40737 판결). 원심법원은 피고 甲과 乙이 처한 현실을 감안하여 완화된 법률규정 해석을 통해 원고 패소 판결을 선고하였다(대전고등법원 2006. 11. 1. 선고 2006나1846 판결). 대법원은 제1심 법원의 판결이유에 따라 원심법원 판결을 파기, 환송하였다(대법원 2009. 4. 23. 선고 2006다81035 판결).

3. 원심법원 판결이유 감상

비록 피고 甲과 乙은 엄격한 법규정과 현실의 괴리를 극복하지 못하고 임대주택에서 퇴거해야 하는 운명에 처해졌지만, 법규정의 해석을 통해 현실에 접근하려고 노력한 원심법원 판결이유를 생각해볼 여유를 가져본다. 원심법원은 "가장 세심하고 사려 깊은 사람도 세상사 모두를 예상하고 대비할 수는 없는 법이다. 가장 사려 깊고 조심스럽게 만들어진 법도 세상사 모든 사안에서 명확한 정의의 지침을 제공하기는 어려운 법이다. 법은 장래 발생 가능한 다양한 사안을 예상하고 미리 만들어두는 일종의 기성복 같은 것이어서 아무리 다양한 치수의 옷을 만들어 두어도 예상을 넘어 팔이 더 길거나 짧은 사람이 나오게 된다. 미리 만들어 둔 옷 치수에 맞지 않다고 하여 당신의 팔이 너무 길거나 짧은 것은 당신의 잘못이니 당신에게 줄 옷은 없다고 말할 것인가? 아니면 다소 번거롭더라도 옷의 길이를 조금 늘이거나 줄여 수선해 줄 것인가? 우리는 입법부가 만든 법률을 최종적으로 해석하고 집행하는 법원이 어느 정도 수선의 의무와 권한을 갖고 있다고 생각한다. 이는 의회가 만든 법률을 법원이 제멋대로 수정하는 것이 아니라 그 법률이 의도된 본래의 의미를 갖도록 보완하는 것이고 대한민국헌법이 예정하고 있는 우리 헌법체제의 일부"라고 판시하였다. 이어서 "가을 들녘에는 황금물결이 일고, 집집마다 감나무엔 빨간 감이 익어 간다. 가을걷이에 나선 농부의 입가엔 노랫가락이 흘러나오고, 바라보는 아낙의 얼굴엔 웃음꽃이 폈다. 홀로 사는 칠십 노인을 집에서 쫓아내 달라고 요구하는 원고의 소장에서는 찬바람이 일고, 엄동설한에 길가에 나앉을 노인을 상상하는 이들의 눈가엔 물기가 맺힌다. 우리 모두는 차가운 머리만을 가진 사회보다 차가운 머리와 따뜻한 가슴을 함께 가진 사회에서 살기 원하기 때문에 법의 해석과 집행도 차가운 머리만이 아니라 따뜻한 가슴도 함께 갖고 하여야 한다고 믿는다. 이 사건에서 따뜻한 가슴만이 피고들의 편에 서있는 것이 아니라 차가운 머리도 그들의 편에 함께 서 있다는 것이 우리의 견해"라고 하면서 피고 甲과 乙의 손을 들어주었다.

Ⅱ 법해석의 방법

1 유권해석과 학리해석

(i) 유권해석은 법의 집행권한을 가진 국가기관에 의하여 이루어지는 해석방법이다. 사법해석과 행정해석으로 구분된다. 사법해석은 법원이 구체적인 소송사건을 심리할 때 법의 적용에 대하여 갖는 해석이다. 법원은 사건을 심리할 때 그 사건의 한도에서 구체적인 해석에 관한 최종적 권위를 갖는다. 그렇다고 이러한 사법해석이 다른 사건에 대해서도 일반적인 해석적 권위를 갖는 것은 아니다. 행정해석은 행정관이 법을 적용하는 과정에서 발견되는 법규정의 보충을 위하여 필요한 해석이다. 행정해석이 구체적인 법규를 적용하는 데 실효적 기준이 되더라도 이것이 법률적으로 법원이나 기타 제3자를 구속하는 효력을 갖는 것은 아니다.

(ii) 학리해석은 이론적인 의미에서 법의 구체적인 내용을 밝히고 보충하는 해석이다. 그 방법에 따라 문리해석과 논리해석으로 구분된다. 문리해석은 법규의 문장이나 용어를 기초로 하여 법문이 가지는 진정한 의미를 탐구하는 해석이고, 논리해석은 개별 조문의 의미를 법의 전체 체계와 조화될 수 있도록 해석함을 의미한다. 문리해석과 논리해석의 관계에 관하여 판례는 다음과 같은 입장을 취한다. 즉 대법원은 법해석의 목표가 어디까지나 법적 안정성을 저해하지 않는 범위 내에서 구체적 타당성을 찾는 데 두어야 하고, 그러기 위해서는 가능한 한 법률에 사용된 문언의 통상적인 의미에 충실하게 해석하는 것을 우선으로 하여야 하며, 문언의 통상적 의미를 벗어나지 아니하는 범위 내에서는 법률의 입법 취지와 목적, 제정 및 개정 연혁, 법질서 전체와의 조화, 다른 법령과의 관계 등을 고려하는 체계적이고 논리적인 해석방법을 추가적으로 활용할 수 있다고 판

시한다(대법원 2017. 12. 22. 선고 2014다223025 판결).

2 논리해석

가. 반대해석

서로 반대되는 두 사실이 있는데 그 중 하나의 사실에 대한 규정만 있고 다른 사실에 대한 규정이 없을 때, 다른 사실에 대해서는 그 하나와 반대의 결과를 인정하는 방법으로 법을 해석할 수 있다. 예를 들어 민법 제755조 제1항에서 책임능력 '없는' 미성년자의 불법행위에 대하여 감독의무자의 책임을 인정하였다면, 책임능력 '있는' 미성년자의 불법행위에 대해서는 위 규정에 따른 감독의무자의 책임을 인정할 수 없다고 해석하는 것과 같다.

나. 유추해석

서로 유사한 두 사실이 있는데 그 중 하나의 사실에 대한 규정만 있고 다른 사실에 대한 규정이 없을 때, 하나의 사실에 대한 규정의 적용 효과를 다른 사실에도 인정하는 해석이 가능하다. 예를 들어 책임능력 있는 미성년자의 불법행위에 대하여 감독의무자의 책임을 인정하기 위한 방법으로 민법 제750조를 적용할 수 있지만, 이 규정에서는 감독의무자의 의무위반이 있다는 사실을 추정할 수 없으므로, 이때 책임능력 없는 미성년자의 불법행위 책임을 규정하는 제755조 제1항 단서를 유추적용하여 감독의무자의 의무위반을 추정할 수 있도록 해석할 수 있다.

다. 확장해석과 축소해석

확장해석은 법규의 문언 그 자체가 가지는 의미보다 넓게 해석하는 방법이고, 축소해석은 법문이 가지는 의미보다 좁게 해석하는 방법이다. 이러한 해석이 법률의 명문 규정에는 반할 수 있지만, 규정의 입법취지나 다른 규정과의 관계 등을 고려한 논리적 해석의 일환이 될 수는 있다. 예를 들어 확장해석은 민법 제752조에서 타인의 생명침해에 대한 피해자의 직계존속이나 직계비속 또는 배우자의 위자료청구권을 규정하는데, 여기서 배우자의 개념에 법률상의 배우자 외에 사실상의 배우자도 포함시키는 해석을 들 수 있다. 축소해석의 예는 제250조에서 선의취득의 대상이 되는 물건이 도품이나 유실물인 경우에는 선의취득이 인정되지 않지만, 그 단서에서 규정하는 것처럼 도품 또는 유실물이 금전인 경우에는 선의취득이 인정된다. 이때 금전의 의미에 관하여 가치의 표상으로 거래되는 보통의 금전이 아니라, 예를 들어 1966년 발행한 10원 동전의 가치가 액면보다 커서 특정한 물건처럼 거래되는 금전으로 제한하여 해석하는 것을 들 수 있다.

라. 물론해석

어느 하나의 사실에 적용될 수 있는 법규의 해석이 다른 사실에 대해서도 당연히 적용될 수 있다는 내용의 해석을 물론해석이라고 한다. 예를 들어 민법 제396조에서는 채무불이행에 관하여 채권자에게 과실이 있으면 법원이 손해배상의 책임 및 금액을 정할 때 이를 참작하는 과실상계를 규정하고 있다. 이때 채권자의 과실보다 더한 고의가 있다면 채권자의 고의를 손해배상의 책임이나 금액의 결정에서 참고하는 것은 당연하다.

마. 보정해석

법문의 잘못된 표현을 다른 의미로 변경하여 해석하는 것을 보정해석 또는 변경해석이라고 한다. 예를 들어 민법 제7조에서 미성년자가 법률행위를 하기 전에는 법정대리인이 준 동의나 재산처분에 대한 허락을 취소할 수 있는데, 여기서 말하는 취소는 소급효가 없는 철회의 의미를 가진다고 해석하는 것이다. 취소는 이미 행해진 법률행위의 효력을 상실시키는 것이고, 철회는 법률행위가 행해지기 전에 그 효력의 발생을 저지하는 것이다. 위 규정에서 취소라고 규정되어 있지만, 이는 미성년자가 법률행위를 하기 전에 그 효력의 발생을 저지하는 것이므로 그 실질은 철회에 해당한다.

바. 목적론적 해석

법의 근본취지나 그 목적에 맞도록 해석하는 방법을 목적론적 해석이라고 한다. 예를 들어 2005년 민법 개정으로 삭제된 제811조는 여자의 경우 혼인관계가 종료한 날로부터 6월을 지나지 않으면 혼인하지 못하도록 재혼금지기간을 규정하였다. 그런데 재혼을 금지한 이유는 혼인관계가 종료된 여자가 일정기간 자숙해야 하기 때문이 아니라, 재혼으로 인하여 출생한 자녀의 부성(父姓) 충돌, 즉 어떤 배우자의 자녀인지를 확정하기 위하여 둔 규정이라고 할 수 있다. 민법 제844조 제2항에 의하면 혼인이 성립한 날로부터 200일 후 또는 혼인관계가 종료한 날부터 300일 내에 출생한 자는 혼인 중의 출생자로 추정한다. 그런데 이 기간에 출생한 자녀가 혼인 중의 출생자로 추정되기 위해서는 적어도 전혼(前婚)의 종료일 이후 6개월, 즉 180일이 경과한 후 재혼이 되어야 하기 때문이다. 목적론적 해석은 넓은 의미에서 유추해석이나 확장해석, 축소해석 등 다양한 논리적 해석 방법을 통해 구현되기도 한다.

사. 역사적 해석

법의 역사적 의미를 탐구하여 법규의 취지를 명확하게 포착하는 해석방법을 의미한다. 일반적으로 법을 제정할 때는 입법자가 그 이유서(Motive) 또는 감정서(Protokoll) 등을 작성하는 경우가 많은데 이로써 법규의 취지를 파악하는 데 큰 도움이 될 수 있다. 그 외 입법자료로 편찬된 요강이나 국회 심의록 또는 의사속기록, 연구회의 의견서, 공청회 자료 등이 역사적 해석의 자료가 될 수 있다. 우리 민법의 경우 입법 이유서와 감정서가 없어 역사적 해석에 많은 아쉬움이 있다.

제2장

법률관계

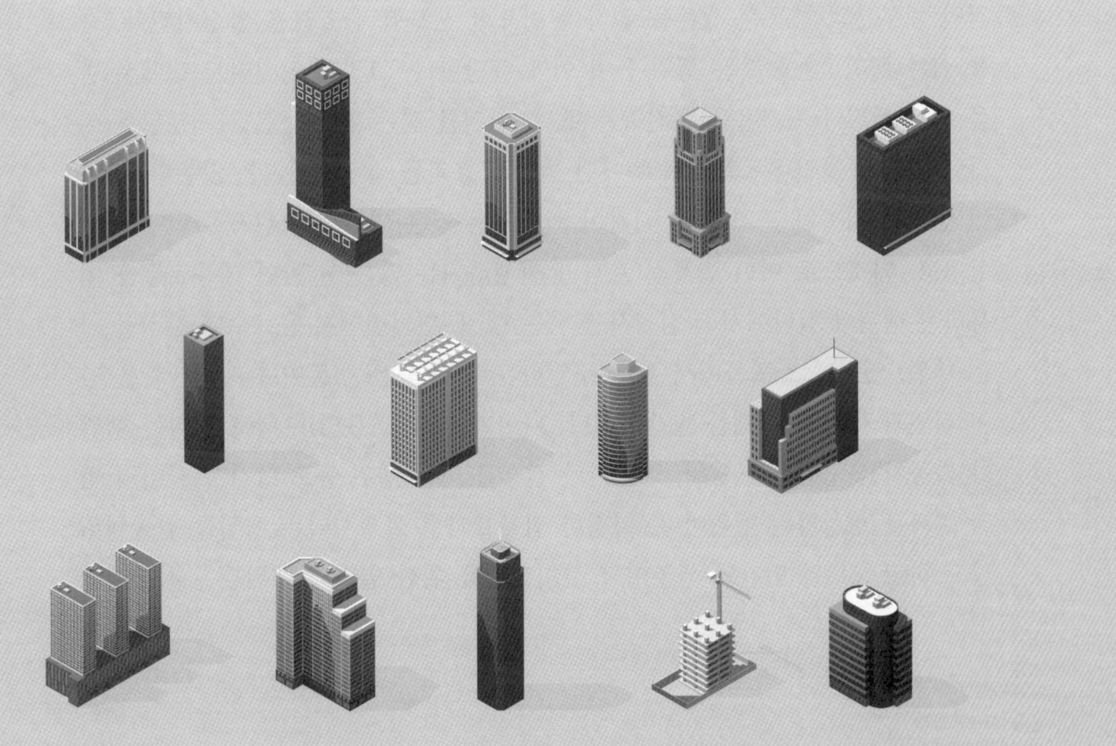

제1절 법률관계와 호의관계

I 법률관계의 형성원리

(i) 인간은 일상생활과 사회활동을 통해 다양한 인적, 물적 관계를 맺는다. 인간의 행동은 분류기준에 따라 그 의미나 법적 성격에 많은 차이가 있다. 일상적인 대부분의 행동은 생존을 위하여 필요한 생물학적 효과를 발생시킨다. 숨을 쉬는 행위, 잠을 자는 행위 등이 이에 해당한다. 그렇지 않더라도 집에서 밥을 먹는 행위나 자가용을 운전하는 행위, 거리를 걷는 행위 등은 사회생활을 위하여 필요한 것일 뿐 그 자체로 어떤 법률적 효과를 발생시키지는 않는다. 심지어 인간의 의사와 관계 없이 시간이 지나가는 것은 인간의 행위가 아닌 자연현상이고, 이것으로 어떤 법률적 효과가 발생하지는 않는다. 반면 대중교통을 이용하는 행위나 식당에서 점심식사를 하는 행위, 편의점에서 음료수나 간식을 사는 행위, 인터넷 쇼핑몰에서 책을 구입하는 행위 등은 생존이나 사회생활을 넘어 타인과의 법적 관계를 발생시킨다. 나아가 타인 소유의 주택을 빌리는 행위나 자동차를 구입하는 행위, 약혼이나 결혼을 하는 행위 등도 당사자 사이의 법적 효과를 형성하는 행위이다. 일정한 법률효과를 발생시키는 행위를 법률행위라고 하고, 그 외 인간의 생존이나 사회생활을 위한 일련의 행위들은 사실행위

라고 한다.

(ii) 법률행위는 어떤 법적 효과를 발생시키기 위하여 자신의 의사를 표시하는 것이다. 법률행위는 의사표시를 필수적 요소로 하는 법률요건이다. 법률요건이 충족되면 특별한 사정이 없는 한 그 의사표시에 따른 법률효과가 발생한다. 예를 들어 甲이 자신의 사망을 전제로 자기 소유의 토지 X를 자녀 乙에게 넘겨주겠다는 유언의 의사를 표시한 후 甲이 사망하면 X는 乙의 소유로 넘어간다. 토지를 구입하려는 丙은 소유자 乙에게 X의 매수 의사를 표시하고, 乙 역시 X를 丙에게 매도하려는 의사를 표시하여 이들 대립적인 의사표시가 합치되면 매매계약이 성립한다. 甲의 유언도 법률행위이고, 乙과 丙 사이에 체결된 매매계약도 법률행위이다. 유언은 甲의 의사표시 한 개만 있으면 되고, 매매계약은 丙의 의사표시로서 청약과 乙의 의사표시로서 승낙이 필요하다. 한 개의 의사표시로 성립하는 법률행위를 단독행위라고 하고, 두 개의 대립적인 의사표시로 성립하는 법률행위를 계약이라고 한다. 그 외 해석의 논란은 있지만 합동행위라고 하는 사단법인 설립행위가 있고, 사원총회와 같은 결의도 있다. 유언이 성립하면 甲의 사망으로 X의 소유권이 乙에게 이전될 가능성이 있는 법률효과가 발생한다. 매매계약의 성립으로 乙은 X의 소유권을 丙에게 넘겨줘야 하는 채무가 발생하고, 丙은 乙에게 매매대금을 지급해야 하는 채무가 발생하는 한편, 乙은 丙으로부터 매매대금의 지급을 요구할 수 있는 채권을 취득하고 丙은 乙에 대하여 X의 소유권을 넘겨달라고 요구할 수 있는 채권을 취득한다. 이러한 단독행위와 계약이라는 법률행위, 즉 법률요건의 성립에 따라 당사자 사이에 채권채무관계라는 법률효과가 발생한다. 채권채무관계의 발생을 그 법적 효과로 하는 법률행위를 채권행위라고 한다. 이러한 채권채무관계를 근거로 실제 X의 소유권을 넘겨주고 매매대금을 넘겨받음으로써 소유권의 이전이라는 물권의 변동이 이루어진다. 물권변동이라는 법률효과를 발생시키는 법률행위를 물권행위라고 한다. 물권행위는 채권행위와 관련하여 독자성과 유인성에 관한 논의가 있다. 혼인과 같이 미혼에서 기혼으로 신분의 변동이라는 법률효과를 발생시키는 법률행위는 신분행위라고 할 수 있다. 법률행위는 의사표시를 어떤 내용으로 할 것인지에 따라 무수히 많은 종류로 분화될 수 있다. 이를 '법률행위 자유의 원칙'이라 한다.

(iii) 법률효과가 반드시 법률행위에 의해서만 발생하는 것은 아니다. 앞에서

본 사실행위나 심지어 자연현상에 대해서도 일정한 법률효과를 부여하는 법률규정을 둘 수 있다. 자가용을 운전하는 행위는 그 자체로서 어떤 법률효과를 발생시키지 않는 사실행위이지만, 운전자가 교통사고를 유발하면 피해자에 대한 배상책임을 져야 한다. 즉 가해자는 피해자에게 손해를 배상해야 할 채무를 지게 되고, 피해자는 가해자를 상대로 손해배상을 청구할 수 있는 채권을 취득한다. 자동차운전을 통한 교통사고로 채권채무관계라는 법률효과를 발생시킨다. 그러나 여기에는 앞에서 본 법률행위를 찾아볼 수 없다. 법률행위는 법률효과를 발생시키기 위한 의사표시, 즉 의욕의 표시를 본질적 요소로 하는데 그것이 없기 때문이다. 그렇다면 이 경우의 법률요건은 무엇인가? 그것은 불법행위라는 법률의 규정이다. 민법 제750조는 고의 또는 과실로 인한 위법행위로 타인에게 손해를 가한 자는 손해를 배상할 책임이 있다고 규정한다. 이 규정에서 '손해를 배상할 책임'은 법률효과이고, '고의 또는 과실로 인한 위법행위로 타인에게 손해를 가한 자'는 법률요건에 해당한다.

(iv) 제750조에서 법률요건을 구성하는 개개의 요소를 보면 고의 또는 과실, 위법행위, 타인의 손해 등으로 구성된다. 이와 같이 법률요건을 구성하는 개개의 요소를 법률사실이라고 한다. 법률행위라는 법률요건을 구성하는 요소는 본질적으로 의사표시이므로 이 역시 법률사실이 된다. 계약이라는 법률행위에서 청약과 승낙이 법률사실이다. 민법은 채권의 발생원인인 불법행위 외에도 의무 없이 타인의 사무를 관리함으로써 그 비용상환의 채권채무관계를 발생시키는 사무관리(제734조), 법률상 원인 없이 타인의 재산 또는 노무로 인하여 이익을 얻고 이로 인하여 타인에게 손해를 가하는 경우 그 반환채무관계를 발생시키는 부당이득(제741조)이 있다. 법률행위, 즉 채권행위에 의한 채권의 발생·변경·소멸을 약정채권관계라 하고, 법률규정에 의한 채권의 발생·변경·소멸을 법정채권관계라고 한다.

(v) 법률규정에 의하여 물권변동을 일으키기도 한다. 민법은 20년간 소유의 의사로 평온·공연하게 부동산을 점유하는 자는 등기함으로써 소유권을 취득하는 것으로 규정한다(제245조). 20년의 시간 경과, 소유의 의사, 평온 공연한 부동산 점유, 등기라는 법률사실이 결합한 제245조의 법률요건이 충족되면 법률효과로 소유권의 취득이라는 물권변동이 생긴다. 물권행위에 의하여 물권변동이

생기는 경우를 약정물권변동이라 하고, 법률규정에 따라 물권변동이 생기는 경우를 법정물권변동이라고 한다. 취득시효 외에 동산 선의취득(제249조), 무주물선점(제252조), 유실물습득(제253조), 매장물발견(제254조), 부합(제256조, 제257조), 혼화(제258조), 가공(제259조) 등이 법정물권변동 사유이다. 신분관계도 출생에 의하여 친생자관계가 성립되고 친권이 인정되거나(제909조 이하) 일정한 가족의 범위에서 부양의무가 인정된다(제974조). 법률의 규정에 따라 신분관계가 변동될 수 있고, 혼인과 같은 의사표시에 의하여 변동될 수도 있다. 이들 역시 법정신분관계와 약정신분관계로 구분할 수 있다.

Ⅱ 호의관계

(i) 외형상 법률행위와 유사한 사실적 관계가 형성되었으나 법률행위의 성립, 즉 계약이 체결된 것으로 볼 수 없는 경우가 있다. 예를 들어 투자수익을 얻은 甲이 친구 乙을 식사에 초대하기 위하여 丙레스토랑을 예약하고 예치금 50만 원을 지급하였는데, 乙이 약속을 어기는 바람에 예약이 취소되고 甲은 丙으로부터 예치금도 환불받지 못하였다. 이때 甲은 약속 위반에 근거하여 乙을 상대로 예치금 상당의 손해배상을 청구할 수 있는가? 甲과 乙 사이의 약속에 관하여 법률효과의 발생을 의욕한 법률행위, 즉 적법하고 유효한 계약이 성립된 것으로 해석할 수 있을까? 일반적으로는 甲이 乙의 약속 위반으로 손해를 입어도 그에 대하여 배상을 청구할 수 있는 채권을 취득하였다고 볼 수는 없을 것이다. 甲은 乙과의 식사약속을 법률적 구속보다는 호의로 베푼다는 인식에 기반했다고 보는 것이 논리적이고 합리적이기 때문이다. 이를 법률관계에 대비하여 甲과 乙의 식사약속으로 인한 호의관계라고 한다.

(ii) 판례에서 등장하는 호의관계의 예로 자동차 호의동승 사례를 들 수 있다. 일상생활에서 카풀처럼 출근할 때 운전자의 호의로 직장 동료가 동승하는 경우를 가끔 볼 수 있다. 이때 누구도 운전자와 동승자 사이에 법률행위로서 여객운송계약이 체결된 것으로 보지는 않을 것이다. 나아가 이런 상황에서 운전자의

부주의로 인한 교통사고로 동승자가 손해를 입더라도 운전자에게 운송계약 위반에 따른 손해배상책임을 인정할 수는 없을 것이다. 물론 운전자의 과실에 의한 손해이므로 손해배상책임을 면할 수는 없다. 고의 또는 과실로 인한 위법행위로 타인에게 손해를 입히면 불법행위로서 그에 대한 책임을 져야 하기 때문이다(제750조). 당사자가 호의관계에 있더라도 법률행위에 따른 법률효과가 인정되지 않을 뿐 사실행위에 적용될 수 있는 법률규정의 요건 충족으로 그에 따른 법률효과는 인정될 수 있다. 다만 호의관계에 근거하므로 손해배상책임을 경감할 수 있을 것인지 논의는 가능할 것이다(과실상계설, 운행자성비율조각설). 대법원은 호의동승자라도 운전자의 안전운전을 촉구할 주의의무는 없으므로 호의동승을 이유로 운전자의 책임을 감경할 수 없다고 판시한다(대법원 2012. 4. 26. 선고 2010다60769 판결).

(iii) 호의동승 사례에서 운전자와 동승자의 관계를 법률행위의 성립으로 해석하려는 주장이 있다. 이는 독일에서 형성된 '사실적 계약관계론'으로 호의동승 차량 운전자의 과실에 따른 동승자의 손해를 불법행위책임이 아니라 계약책임으로 배상하려는 시도이다. 독일은 불법행위책임을 인정하는 것보다 계약위반의 채무불이행책임을 인정하는 것이 피해자의 구제에 유리하기 때문이다. 독일의 법학자 하우프트(Günter Haupt)는 1941년 사실적 계약관계론을 처음 주장하면서, 호의동승과 같은 사회적 접촉이나 사실적 조합과 같은 공동체의 가입, 전기·수도·가스 등 공공급부계약에서 명백한 계약의 성립이 없더라도 계약에 따른 법률효과와 채무불이행에 따른 손해배상책임을 인정하고자 하였다. 그러나 이는 많은 비판에 직면하여 그 인정범위가 매우 축소되었고 현재는 거의 유명무실하게 되고 말았다.

[권터 하우프트, Günter Haupt, 1904-1946]

독일의 법학자로 1941년 '사실적 계약관계에 관하여'(Über faktische Vertragsverhältnisse)라는 논문을 통하여 세상에 알려졌다. 알베르투스(Albertus) 대학에서 헌법과 국제법 분야로 박사학위를 취득하고 1935년 같은 대학에서 독일은행의 일반약관에 관한 논문으로 교수자격을 취득하였다. 쾨니히스베르크(Königsberg), 라이프치히(Leipzig), 예나(Jena) 대학에서 강사로 재직하고 1939년 라이프치히 대학에서 민법, 상법 교수가 되었고 학장을 역임하였다.

[불법행위책임과 채무불이행책임]

독일의 불법행위책임은 절대권 침해에만 인정되어 피해자의 배상청구권이 인정되지 않는 예외가 있다. 반면 우리 민법은 불법행위책임에 관한 제750조가 일반규정으로서 침해 법익과 관계 없이 손해배상청구가 가능하다. 채무불이행에 비하여 불법행위 손해배상채권의 소멸시효가 짧고, 불법행위책임의 경우 채권자인 피해자가 가해자의 고의나 과실 또는 손해발생 사이의 인과관계를 증명해야 한다는 내용은 차이가 없다.

제2절

법률관계 형성의 기본원리

I 민법의 기본원리

(i) 동서양을 막론하고 고대와 중세 봉건사회에서 노예나 농노 등 하층민 계급은 동산이나 부동산 등 모든 재화의 개인적 소유권이 부정되었다. 근세에 이르러 계몽주의 철학의 영향으로 인간중심의 권리의식이 형성되기 시작하였고, 자본주의의 발달에 힘입어 부를 축적한 시민계급은 왕과 귀족 계급의 전횡에 불만을 품고 시민이 중심이 되는 개혁을 통하여 근대 시민사회를 형성하였다. 이들은 개인적 소유권 확보가 시민사회의 근간이 될 것임을 확신하고, 이를 실현하기 위하여 계약의 자유와 과실책임의 원리를 주창하였다. 근대 시민혁명의 결과 대부분의 국가에서 이러한 원칙이 법제도의 기본원리로 자리 잡았다. 즉 개인의 소유권은 천부적인 권리로 어느 누구에 의해서도 침해될 수 없다는 소유권 절대의 원칙이 근대 시민사회와 자본주의 국가의 기초가 되었다. 재화와 용역의 취득과 이전을 위한 계약은 자유로운 의사로 하자 없이 체결되면 효력을 발생시킨다는 계약자유의 원칙으로 확립되어 개인의 소유권을 확보할 수 있는 수단이 되었다. 누구든지 자신에게 과실이 있는 경우에 한하여 책임을 질 뿐 과실 없는 행위로는 어떤 책임도 지지 않는다는 과실책임의 원칙에 따라 개인의 소유권을 유지할 수 있다.

(ii) 근대 시민사회와 근대국가의 법제도로 형성된 소유권 절대의 원칙과 계약자유의 원칙, 과실책임의 원칙도 급격하게 변화하고 복잡 다양하게 전개되는 사회의 변화에 따라 수정이 불가피하였다. 과도한 자본주의 경제의 이면에는 소외된 계층의 눈물이 고였다. 소유권을 가졌다는 이유로 권리를 남용하여 사회 전체의 이익을 해치는 경우가 적지 않다. 이른바 알박기와 같이 개인의 토지 소유권 주장이 남용되어 다수의 공중에게 이익이 될 수 있는 공공토지 개발사업을 방해하는 행위가 소유권의 절대라는 이름으로 허용되어서는 안 된다. 계약은 자유로운 의사에 따라 체결되어야 한다는 핑계로 경제적 지위를 악용하여 공정하지 못한 계약이 강제되어서도 안 된다. 사용자와 근로자 사이의 근로계약이나 임대인과 임차인 사이의 임대차계약이 의사의 자유라는 이름으로 불공정하게 체결되는 것을 계약자유의 원칙이라는 명분으로 허용되어서는 안 된다. 공동의 이익에 반하는 경우에는 과실이 없더라도 책임을 져야 하는 예외적인 상황이 발생할 수 있다. 기업활동으로 막대한 이득을 취하면서 법의 규제 범위 내의 오염물질을 배출하더라도 이로써 국민 전체의 환경이 침해되고 이로 인한 손해가 발생되는 경우에 단지 법적으로 허용되므로 과실이 없다고 하여 책임을 지지 않는다는 논리 역시 그대로 수용될 수 없다.

(iii) 현대 자본주의 경제체제에서는 근대 민법에서 확고하게 자리잡은 소유권 절대의 원칙과 계약자유의 원칙, 과실책임의 원칙이 일정 부분 수정되었다. 남용된 소유권의 행사는 제한될 수 있다는 소유권 상대의 원칙으로, 경제적 지위에 따라 불공정하게 체결되는 계약은 계약의 자유를 일부 후퇴시킨 계약 공정의 원칙으로, 산업기술의 고도화로 위험한 작업이 요구되는 현장에서는 과실이 없더라도 책임이 인정될 수 있는 무과실책임의 원리도 예외적으로 수용되고 있다.

Ⅱ 소유권의 절대성과 상대성

(i) 소유권의 절대성은 인간이 이성적이고 인격적인 존재로서 인식될 수 있는 재산적 기초라고 할 수 있다. 헌법은 모든 국민의 재산권을 보장하고 그 내용과

한계는 법률로 정한다(제23조 제1항). 민법은 소유자가 법률의 범위 내에서 그 소유물을 사용, 수익, 처분할 수 있다고 규정한다(제211조). 소유물을 침탈당한 경우 그 반환을 청구할 수 있고(제213조), 소유권을 방해하는 자에 대하여 방해의 제거를 구하고, 방해할 염려가 있는 행위를 하는 자에 대하여 그 예방이나 손해배상의 담보를 청구할 수 있다(제214조).

(ii) 그렇다고 이러한 소유권의 행사가 무제한으로 보장될 수는 없다. 소유권 보장의 수정원리를 반영하여 헌법은 재산권이 공공복리에 적합하도록 행사되어야 한다고 규정한다(제23조 제2항). 재산권의 행사에 대한 상대성을 고려해야 한다는 의미이다. 종래 우리나라는 토지의 소유와 처분에 관하여 공익을 위해 제한할 수 있다는 '토지공개념'을 도입한 적이 있다. 이것은 토지의 개인적 소유권을 인정하지만 그 이용은 공공복리에 적합하도록 해야 한다는 것으로 정부가 토지시장에 개입할 수 있는 근거로 작용하였다. 이를 위해 1989년 이른바 토지공개념 3법을 제정하고 시행하였다. '택지소유 상한에 관한 법률'(택지소유 상한법)을 제정하여 개인이나 법인의 택지취득 한도를 제한하였고, '토지초과이득세법'은 각종 개발사업으로 인한 지가 상승의 경우 그 초과이익에 대하여 세금을 부과하며, '개발이익 환수에 관한 법률'(개발이익 환수법)로 토지에서 발생하는 개발이익을 정부가 환수하였다. 그런데 택지소유상한법은 헌법재판소의 위헌결정을 받았고 토지초과이득세법은 헌법불합치결정을 받아 1998년 모두 폐지되었다. 개발이익환수법은 아직 시행되고 있지만 실제로 거의 적용되지 않거나 그 개정으로 제한이 상당 부분 약화되었다.

Ⅲ 계약의 자유와 공정

(i) 계약의 자유는 자유주의적 정치사상과 자유방임주의 경제사상, 근대 자연법론에 근거하여 인간 중심의 기본원리로 인정되었다. 사적 자치의 한 내용으로 계약을 체결할 자유, 계약 상대방 선택의 자유, 계약 방식의 자유, 계약 내용 결정의 자유로 표출된다. 헌법에 따르면 모든 국민은 인간으로서의 존엄과 가치를

가지며 행복을 추구할 권리를 가진다(제10조). 여기서 행복추구권 속에 함축된 일반적인 행동자유권은 자기 의사를 결정하는 자유뿐만 아니라 원치 않으면 계약을 체결하지 않을 자유, 즉 원치 않는 계약의 체결은 법이나 국가에 의하여 강제받지 않을 자유인 이른바 소극적인 계약자유의 원칙도 일반적 행동자유권으로부터 파생되는 것이라고 한다(헌법재판소 1991. 6. 3. 자 89헌마204 결정). 민법은 법률행위의 당사자가 법령 중의 선량한 풍속 기타 사회질서에 관계 없는 규정과 다른 의사표시를 한 때에는 그 의사에 따른다고 규정한다(제105조). 이로써 우리 법체계는 원칙적으로 계약자유의 원칙을 인정한다.

(ii) 계약의 자유도 무제한 인정되어서는 안 된다. 자유로운 의사에 따른다는 명목으로 경제적 지위의 우월함을 이용하여 불공정한 계약을 체결할 가능성이 있기 때문이다. 근로자에 비하여 경제적으로 우위에 있는 사용자나 임차인에 비하여 우위에 있는 임대인이 근로계약이나 임대차계약을 체결하면서 그들에게 유리한 내용을 포함하도록 강요하더라도 현실적으로 근로자나 임차인이 이를 거부할 수 없을 것이다. 이런 경우 계약의 공정을 위하여 근로기준법은 법률로 정한 기준에 미치지 못하는 근로조건을 포함한 근로계약을 무효로 하고(제15조), 민법 규정에 위반한 임대차계약으로 임차인에게 불리한 약정 역시 무효로 하며(제652조), 여행계약에서도 동일한 내용을 규정한다(제674조의9). 계약의 불공정은 그 내용뿐만 아니라 방식이나 계약 체결 자체에서도 발생할 수 있다. 독점기업인 전기, 수도, 가스 등의 공급계약이나 의사나 약사, 변호사 등 공익 목적의 업종은 그 계약의 체결이 강제된다. 일정 지역의 토지 거래계약에서는 국가의 허가를 요하고(부동산 거래신고 등에 관한 법률 제11조), 농지의 취득을 위해서는 농지취득자격증명을 필요로 한다(농지법 제8조).

Ⅳ 과실책임과 무과실책임

(i) 과실책임주의는 손해의 발생에 대하여 고의 또는 과실과 같은 자기의 귀책사유가 있는 경우에 한하여 손해배상책임을 지고, 귀책사유가 없는 한 책임이

없다는 원칙을 의미한다. 행위자의 측면에서 자기책임의 원리에 부합한다. 고대에는 형사책임과 민사책임이 미분화된 상태였고 자신의 책임이 없는 경우에도 책임을 져야 하는 이른바 결과책임주의가 지배하고 있었다. 중세 이후의 로마법이 교회법의 의사주의와 결합하여 과실 개념이 명확해지고 과실책임의 성립이 가능한 역사적 기초가 마련되었다. 근세에 이르러 계몽주의적 자연법 사상과 자유방임주의가 과실책임의 원칙을 형성하는 철학적 기초가 되었다. 과실책임의 원칙이 인정됨으로써 누구든지 일반인으로서 필요한 주의를 기울이면 얼마든지 자유로운 활동을 할 수 있게 되고, 자유경쟁을 가능하게 하여 산업자본가의 이윤추구와 자본주의 경제의 발달에 기여하였다. 행위자로 하여금 사고 및 손해가 발생하지 않도록 주의를 기울이도록 경고함으로써 불법행위를 예방할 수도 있다. 민법은 제750조에서 고의 또는 과실로 인한 위법행위로 타인에게 손해를 가한 자는 그 손해를 배상할 책임이 있다고 규정함으로써, 과실책임주의를 불법행위법의 원칙으로 채택하였다.

(ii) 현대 사회의 과학기술 발달과 위험한 설비를 갖춘 기업의 증가로 인간의 경제활동은 대량의 피해자를 양산할 가능성이 현저히 증가하였다. 고도로 발달한 첨단과학이나 중공업 분야에서는 기업주가 아무리 주의를 기울인다고 하여도 손해의 발생을 회피할 수 없기 때문에, 이러한 경우 오로지 과실의 존재에 따라 배상책임을 부담시키는 것은 손해의 전보나 공평의 원칙에 어긋난다. 손해가 타인의 행위 또는 천재지변과 같은 불가항력적인 원인에 의하여 발생된 경우나 가해자가 불분명하거나 부존재하는 경우에는 과실책임주의에 입각하는 한 손해배상청구가 불가능하다. 과실책임 원칙의 기초는 가해자의 과실을 전제로 하므로 그 고의 또는 과실을 피해자가 증명해야 하는데, 생산시설이나 인적 조직의 복잡화로 과실의 소재를 피해자가 증명하는 것은 사실상 거의 불가능하고, 이로 인하여 피해자가 손해배상을 받을 수 없는 결과는 직관적으로 불합리하다.

(iii) 가해자에게 고의나 과실이 없더라도 책임을 인정해야 할 필요성이 있다. 과실책임의 원칙을 수정한 무과실책임의 원리가 추가적으로 인정되어야 할 근거이다. 우리 법제에서도 환경오염 손해(환경정책기본법 제44조)나 원자력 손해(원자력손해배상법 제3조)에 대하여 무과실책임을 명문화하고, 민법에서는 해석상 공작물소유자의 책임에 대하여 무과실책임을 인정한다(제758조 제1항 단서). 무과실책임의 근거에 대해서는 이익을 얻

는 과정에서 타인에게 손해를 주는 경우 그 이익으로부터 손해를 배상하는 것이 공평하다는 견해(보상책임설), 위험한 시설을 관리하는 자는 그로부터 발생하는 손해에 대하여 책임을 져야 한다는 견해(위험책임설) 등이 있다.

제3절 신의성실과 권리남용금지

I 신의성실의 원칙(신의칙)

1 의의

(i) 민법 제2조 제1항은 권리의 행사와 의무의 이행은 신의에 따라 성실하게 해야 한다고 규정한다. 이는 법률관계의 당사자가 상대방의 정당한 이익을 배려하여야 하고 신뢰를 저버리는 권리의 행사나 의무의 이행을 지양해야 한다는 원칙이다. 사람의 행동이나 태도에 대한 윤리적이고 도덕적인 평가를 법적 평가의 내용으로 도입한 법원리이다. 다만 어떤 행위가 신의칙에 합치되는 것인지, 그에 반하는 것인지, 추상적인 일반규정으로 나타낼 뿐 개별적인 사안에서 구체적으로 판단하기는 쉽지 않다. 판례의 축적으로 신의칙 위반 여부를 판단하기 위한 기준을 구체화할 필요가 있다. 예를 들어 민법 제103조에서 선량한 풍속 기타 사회질서와 같이 다른 규정에서 이미 표현되어 있는 법률적 평가나 신뢰보호의 법리, 법적 안정성, 거래관행 등 일반화된 가치판단이 구체적 기준으로 작용할 수 있다. 행사하려는 권리나 이행하려는 의무와 상대방의 이익 사이에 어떤 상관관계가 있는지 구체적인 사정을 고려하여 그 적용 여부를 결정해야 한다.

(ii) 신의칙은 조리와 같은 법의 일반원칙이므로 모든 법 영역에서 적용될 수

있다. 민사소송법도 당사자와 소송관계인은 신의에 따라 성실하게 소송을 수행하여야 한다고 규정한다(제1조 제2항). 신의칙에 위반한 소권의 남용은 허용되지 않고(대법원 1999. 5. 28. 선고 98재다275 판결, 대법원 2016. 11. 24. 선고 2016수64 판결), 행정적 법률관계에서 관청의 행위에 대해서도 신의칙이 적용된다(대법원 2004. 7. 22. 선고 2002두11233 판결). 신의칙은 주로 당사자의 의사가 중요하게 작용하는 채권법에서 중심적 역할을 한다.

2 신의칙의 기능

(i) 신의칙은 윤리적이고 도덕적으로 인정되는 당위성을 법적 규범으로 변경한 추상적 일반규정이다. 다양하게 전개되는 개별적인 권리행사나 의무이행에서 구체적으로 당사자가 어떤 자세로 임해야 하는지 입법자가 모든 상황에 대비하여 법규를 제정할 수는 없다. 실제로 발생 가능한 사회현상과 제정법규의 괴리를 신의칙과 같은 일반규정으로 메울 수 있다. 예를 들어 여행계약의 본질상 채무자는 여행과 관련된 채무를 질 뿐 여행과정에서 발생하는 손해까지 배상해야 하는 채무를 지는 것은 아니다. 민법에서도 여행계약은 '운송, 숙박, 관광 또는 그 밖의 여행 관련 용역을 결합하여 제공'할 것을 여행업자의 채무 내용으로 규정한다(제674 조의2). 여행약관에서 손해배상 내용이 약정되더라도 이는 여행계약의 '부수의무'로 '신의칙에 근거한 안전배려의무'를 구체적으로 명시한 것이다(대법원 2011. 5. 26. 선고 2011다1330 판결). 이때 신의칙은 채무자의 주된 급부의무 외의 부수의무에 대한 근거로 작용하여 민법이 규정한 채무자의 책임범위를 확장시킨다. 결국 신의칙은 법률규정이나 당사자의 약정을 구체화하거나 보충하는 기능을 한다.

(ii) 신의칙은 당사자의 형평을 배려하는 기능도 한다. 매매계약에 따른 대금을 2,000만 원으로 약정하였으나 10만 원 정도가 미지급되었다는 이유로 매매계약의 해제가 문제된 사례가 있다. 이에 대하여 대법원은 매매계약 당시 매도인이 경제적으로 심히 궁박한 사정에 있었고 미지급액 10만 원이 결코 적은 금액은 아니지만 이를 이유로 매매계약을 해제하는 것은 신의칙에 반한다고 판시하였다(대법원 1971. 3. 31. 선고 71다352, 353, 354 판결). 손해담보계약에 의한 담보책임은 손해배상책임이 아니라 담보계약에 의한 이행책임의 일종이므로 채권자에게 과실이 있는 경우에도 과실상계를 할 수 없으나 채권자의 과실을 근거로 신의칙상 책임을 경감할

수는 있다(대법원 2002. 5. 24. 선고 2000다72572 판결). 이때 신의칙은 계약 내용의 위반 사실이 있더라도 급부와 반대급부의 형평을 고려하여 권리의 내용을 제한하기도 하고, 법규의 경직성을 완화하여 당사자의 책임 내용을 변경하기도 한다.

(iii) 신의칙에 근거하여 법관에게 법형성 또는 법 수정적 기능을 부여할 수도 있다. 예를 들어 민법 제398조 제2항은 손해배상액의 예정이 부당하게 과도한 경우 법원의 감액을 인정하는데, 약정된 위약금도 과도한 경우 법원의 감액이 인정될 것인지 문제된 사안이 있다. 이에 대하여 대법원의 다수의견은 위약금이 손해배상액의 예정과 성질을 달리한다는 이유로 감액을 부정하였으나, 대법관 14명 중 6명은 신의칙에 따른 법관의 법형성 기능에 비추어 위약금에 대해서도 제398조 제2항의 유추적용을 긍정하였다(대법원 2022. 7. 21. 선고 2018다248855, 248862 전원합의체판결). 민법에 따르면 피용자가 타인에게 손해를 입힌 경우 사용자가 대신 피해자에게 배상을 하고 사용자는 피용자에 대하여 구상할 수 있다(제756조 제3항). 그런데 판례는 사용자의 피용자에 대한 구상권 행사가 신의칙에 반하여 허용되지 않는다고 하여 법규정을 수정적으로 해석하였다(대법원 1994. 12. 13. 선고 94다17246 판결).

(iv) 신의칙의 적용은 구체적인 상황에 대처할 수 있는 탄력적 법적용이 가능하고 법 규정의 경직성을 완화하여 획일적인 법 적용의 부작용을 최소화할 수 있는 장점이 있다. 반면 적용대상이나 요건, 효과가 명확하지 않으므로 법 적용에 따른 예측 가능성이 적고 법적 안정성을 해칠 우려가 있다. 나아가 법률문제에 대한 신중하고 구체적인 판단의 곤란을 회피하기 위하여 신의칙과 같은 일반규정으로의 도피(Flucht in die Generalklauseln)는 극히 지양해야 한다.

3 신의칙의 효력

(i) 신의칙의 기능에 비추어 이를 법규범으로 인정하여 충돌하는 법률규정이나 당사자의 약정에 대한 개폐 또는 수정이 가능한지, 아니면 불명확한 내용을 보충하는 수단에 불과한지 견해가 나뉜다. 민법에서 신의칙은 대표적인 조리의 일종이므로 조리에 대한 법원성을 긍정하는 입장에서는 신의칙의 법 규범성을 인정할 수 있을 것이고, 이를 부정하는 입장에서는 신의칙의 법 규범성 역시 부정할 것이다. 관념적으로 신의칙은 법 보충적 기능에 그쳐야 할 것으로 보

이지만, 우리 대법원의 입장은 신의칙의 법 규범성을 인정하고 이를 강행규정의 성격으로 파악하여 법규나 당사자의 약정에 대한 수정적 기능을 인정한다. 결국 신의칙은 우리 법체계의 기본규범으로서 법규정이나 당사자의 의사를 보충하는 일반적 형평규범일 뿐만 아니라 개별적인 재판을 통하여 이를 수정하는 법형성적 행동원리로 이해될 수 있다.

(ii) 신의칙에 반하는 법률행위는 무효이다. 우리 대법원은 신의칙이 강행규정적 성질을 가지므로 당사자의 주장이 없더라도 법원이 직권으로 그 위반 여부를 판단할 수 있다고 한다(대법원 1995. 12. 22. 선고 94다42129 판결). 따라서 신의칙 위반행위는 강행규정, 즉 효력규정 위반행위로서 무효라고 할 수 있다. 예를 들어 변호사와 의뢰인 사이의 보수약정이 사건처리 경과나 난이도, 노력의 정도, 소송물 가액, 의뢰인이 승소로 얻게 되는 이익 등에 비추어 부당하게 과다한 경우, 신의칙에 비추어 적당한 범위를 초과하는 보수액은 무효이므로 변호사가 이를 청구할 수 없다고 한다(대법원 2023. 8. 31. 선고 2022다293937 판결). 물론 강행법규를 위반한 자가 스스로 그 약정의 무효를 주장하는 것은 신의칙에 반하지 않는다. 즉 증권거래법에서 금지하는 투자수익보장약정이 강행법규 위반으로 무효이지만, 그러한 약정을 한 증권회사 직원이 고객에게 손실이 발생하자 그 약정의 무효를 주장하는 것은 신의칙에 반하지 않는다는 것이다. 만일 이러한 무효 주장을 배척한다면 오히려 강행법규에 의하여 배제하려는 결과를 실현시키는 셈이 되어 입법 취지를 완전히 몰각하게 될 염려가 있기 때문이다(대법원 1999. 3. 23. 선고 99다4405 판결).

(iii) 신의칙에 반하는 행위로 인한 불이익은 그 행위자 스스로 부담해야 한다. 예를 들어 채무이행 측면에서 신의칙 위반은 채무불이행을 구성한다. 매수인이 채무를 불이행하고 상대방의 계약해제권 행사를 회피할 목적으로 매매계약 체결 당시부터 자신의 주소를 허위로 기재하거나 매도인에게 알리지 아니하여 매도인이 이행의 최고를 하지 못하고 이행기가 경과한 경우, 신의칙에 비추어 매도인은 이행의 최고 없이 바로 계약을 해제할 수 있다(대법원 1990. 11. 23. 선고 90다카14611 판결).

4 신의칙의 구체화

가. 사정변경의 법리

(1) 의의

(i) 사정변경은 계약의 성립 후 그 이행 전에 계약 성립의 기초가 된 사정이 당사자가 예견할 수 없었던 환경의 변화로 변경되는 것을 의미한다. 이러한 상황에서 본래 계약 내용대로 구속력을 유지하면 당사자 중의 일방에게는 극히 불리한 결과가 초래될 수 있다. 이때 불리한 계약의 당사자로 하여금 일방적으로 계약 내용을 수정하거나 계약의 해소를 주장할 수 있도록 배려하는 것이 사정변경의 법리이다. 뒤에 서술하는 바와 같이 사정변경에 따른 계약의 수정이나 해소가 일반적인 법원리로 인정되지는 않으므로 이를 '사정변경의 원칙'이라 하지 않고 '사정변경의 법리'라고 표현하기로 한다.

(ii) 사정이 변경되었더라도 당사자가 약정한 계약을 이행하는 것 자체는 가능하므로 급부가 멸실되는 등의 불능과는 구별되어야 한다. 사정변경에서는 변경된 사정을 고려하지 않고 계약의 이행을 강제하는 것이 곤란할 뿐 급부의 이행이 불가능한 것은 아니다. 그러나 사정변경의 법리를 인정하는 것이 당사자의 형평을 고려할 때 타당할 수 있지만, 이를 인정함으로써 계약의 구속력이 약화되는 부작용도 고려해야 한다. 왜냐하면 사정의 변경을 예상하지 못하였더라도 계약 당시 당사자는 자유로운 의사에 근거하여 그 내용에 아무런 하자가 없는 유효한 계약을 체결하였고, 이러한 계약을 준수해야 하는 것은 무엇보다 중요한 계약법의 기본원칙이기 때문이다. 사정변경의 법리를 인정하는 것은 '계약은 지켜야 한다'(Pacta sunt servanda)는 계약법의 기본원칙을 후퇴시키는 결과를 초래하므로 그 적용에 신중을 기해야 한다.

(2) 인정 여부

(가) 법률의 규정

(i) 민법에는 사정변경의 법리에 근거한 많은 규정이 있다. 예를 들어 증여계약 후 증여자의 재산상태가 현저히 변경되어 그 이행으로 생계에 중대한 영향을 미칠 경우 계약을 해제할 수 있고(제557조), 임대차계약 후 경제사정의 변동으로

차임이 상당하지 않게 된 경우 그 차임의 증감을 청구할 수 있다(제628조). 그 외 민법은 상린관계의 수도 등 시설의 변경권(제218조 제2항), 지상권에서 지료증감청구권(제286조), 임차물의 일부멸실로 인한 임차인의 차임감액청구권(제627조), 부득이한 사유가 있는 경우 고용계약(제661조)이나 위임계약의 해지(제689조), 조합의 임의탈퇴(제716조) 또는 해산(제720조) 등을 규정한다. 나아가 신원보증계약의 해지(신원보증법 제5조 제3호), 사정변경 등에 따른 가압류 취소 등의 내용도 있고(민사집행법 제288조), 본래 행정처분의 존속 필요성이 없게 된 사정변경이 있으면 행정행위를 철회할 수도 있다(대법원 2021. 1. 14. 선고 2020두46004 판결).

(ii) 이와 같이 법률로 규정된 내용에 대하여 사정변경의 법리를 인정하는 것은 이론이나 학설로 부정할 수 있는 사항이 아니다. 문제는 법률 규정이 없는 일반적인 모든 계약에 사정변경의 법리를 인정하여 계약 내용을 변경하거나 계약 자체를 해소하는 것이 가능한지 문제된다.

(나) 인정 여부에 대한 견해

모든 계약에 일률적으로 사정변경의 법리를 적용할 수 있는가에 대하여 이를 긍정하는 견해, 제한적으로 긍정하는 견해, 부정하는 견해로 나뉜다. 일반적인 견해는 긍정설인데 이 역시 계약체결 후 이행 전에 현저한 사정의 변경이 있고, 당사자가 그러한 사정의 변경을 예상하지 못하였으며, 그럼에도 계약의 효력을 강요하는 것이 당사자 일방에게 극히 불리하다는 조건을 전제로 사정변경의 법리를 긍정한다. 제한적으로 긍정하는 견해는 요건 측면에서 사정변경의 내용이 전시에 준하는 매우 급박하고 현저한 경우로 극히 제한하여 인정하거나 효과 측면에서 당사자의 의사에 비추어 계약의 해소는 인정하지만 계약의 수정은 부정해야 한다는 입장이다. 부정하는 견해는 사정변경이 있는 경우 개별적으로 이에 대처할 수 있는 신속한 행정명령 등 예외적인 조치를 통하여 계약의 효력을 수정하거나 해소하면 되므로 굳이 모든 계약에 대한 일반원칙으로서 계약의 구속력을 약화시키는 것은 타당하지 않다는 입장이다.

(다) 판례의 태도 변화

(i) 판례는 종래 사정변경법리에 관하여 부정적인 입장을 견지하다가 언젠가 예외적으로 허용하는 판결을 거쳐 최근에 이를 긍정하는 몇몇 판결이 나타났다.

처음 대법원은 물가폭등(대법원 1955. 4. 14. 선고 4286민상231 판결)이나 부동산 시가의 급등으로 인한 매매계약의 해제 사안(대법원 1992. 6. 12. 선고 92다12384, 912391 판결) 등에서 사정변경 법리의 적용을 전면 부정하였다(대법원 1991. 2. 26. 선고 90다19664 판결). 다만 채무액이 불확정적이고 계속적인 거래로 인한 채무에 대하여 보증채무를 부담한 이사 등이 사직을 한 경우, 사정변경을 이유로 보증계약의 해지를 인정하는 예외적인 사례가 있었다(대법원 1994. 12. 27. 선고 94다46008 판결). 그런데 채무액이 확정적인 경우에는 사정변경 법리의 적용을 부정한 판결과 비교하면, 과연 이 판결이 사정변경 법리에 따른 것인지 의문이다. 왜냐하면 어느 경우이든 사정의 변경은 이사가 퇴직한 것인데, 이를 사정변경으로 본다면 확정채무이든 불확정채무이든 모두 계약의 해지를 인정해야 하기 때문이다.

(ii) 이후 토지매매계약에 관하여 사정변경의 법리를 적용하기 위한 요건을 구체적으로 나타낸 판결이 있었다. 즉 개발제한구역의 해제를 예상하고 토지매매계약을 체결하였으나 그 해제 후 공공용지로 다시 지정되어 토지를 사용할 수 없게 된 경우, 매수인이 사정변경을 이유로 매매계약의 해제를 주장한 사안이었다. 이에 대하여 대법원은 계약성립 당시 당사자가 예견할 수 없었던 현저한 사정의 변경이 발생하였고 그러한 사정의 변경이 당사자에게 책임 없는 사유로 인한 것이며 계약내용대로 구속력을 인정한다면 신의칙에 현저히 반하는 결과가 생기는 경우에 계약준수 원칙의 예외로서 사정변경의 법리가 인정될 수 있다고 판시하였다(대법원 2007. 3. 29. 선고 2004다31302 판결). 물론 이 사안은 사정변경 법리가 적용될 요건이 충족되지 않아 계약의 해제가 부정되었다. 이러한 판례의 태도에 비추어 사정변경 원칙이 아니라 사정변경법리로 명명한 것이다.

(iii) 최근에 모델하우스 건축을 위한 토지 임대차계약에서 행정적 사유로 건축이 불가능하게 된 경우 사정변경에 따른 임대차계약의 해제를 인정한 판결이 있었다(대법원 2020. 12. 10. 선고 2020다254846 판결). 그 외 해외취업을 위한 알선계약을 체결한 후 해외 이민과 취업이 불가능하게 된 경우에 사정변경에 따라 알선계약의 해제를 인정하였으며(대법원 2021. 6. 30. 선고 2019다276338 판결), 재개발사업의 추진을 위하여 금전을 대여하는 계약을 체결한 후 재개발사업의 추진이 불가능하게 된 경우에도 동일한 이유를 들어 금전대여계약의 해제를 인정하기에 이르렀다(대법원 2021. 10. 28. 선고 2017다224302 판결).

나. 모순행위의 금지원칙

(i) 모순행위 금지원칙은 선행행위와 모순되는 행위의 금지를 의미한다. 어떤 자의 권리행사가 이미 선행하는 행위와 모순되어서 후행행위에 따른 법률효과를 인정하게 되면 선행행위로 인하여 야기된 상대방의 신뢰를 해치게 되는 경우, 후행행위에 따른 권리행사를 제한하는 원칙이다. 이는 영미 계약법에서 구속력을 인정하기 위한 법리로 제시되었고(estoppel), 대륙법에서 이를 선행행위와 모순되는 행위의 금지원칙으로 수용하였다. 이 원칙이 신의칙의 내용이 된 것은 선행행위로 인하여 상대방에게 발생한 신뢰를 후행행위로 변경하는 것이 신의칙 위반이라는 데 근거한다.

[금반언의 법리, Estoppel]

영미법의 일반적인 계약은 약인(consideration)에 따라 구속력이 인정되고, 쌍방의 급부가 존재하는 경우는 급부의 균형원리(bargain)가 적용되며, 일방의 급부만 인정되는 계약에 구속력을 부여하기 위한 법리가 선행행위와 모순되는 행위의 금지원칙이었다(estoppel).

(ii) 예를 들어 농지법에 따르면 농지는 자신의 농업경영에 이용하거나 이용할 자가 아니면 소유하지 못하도록 하고(제6조 제1항), 이를 위하여 농지취득자격증명을 발급받아야 취득이 가능하다(제8조). 그런데 농지의 취득 당시에는 이러한 자경의사가 있는 것처럼 농지취득자격증명을 발급받아 소유권등기를 넘겨받았는데, 그 후 매매대금이 아버지의 금전으로 지급된 사실이 밝혀져 높은 세율의 증여세가 부과되자, 이를 면탈할 목적으로 당초 자경의사가 없었고 농지취득자격증명이 무효라고 주장하는 것은 모순행위에 해당한다는 판결이 있다(대법원 1990. 7. 24. 선고 89누8224 판결).

(iii) 그 외 임차인이 임대인의 부탁으로 임대차가 무상이라는 확인서를 작성해 준 후 임대인이 무상 임대차를 근거로 임대 목적물을 손쉽게 담보로 제공하였는데, 그 후 담보권 실행에 따른 경매절차에서 건물이 처분되자 임차인이 경매매수인에 대하여 유상임대에 근거한 임차권의 대항력을 주장하는 것은 모순행위에 해당하여 허용될 수 없다고 판시하였다(대법원 2016. 12. 1. 선고 2016다228215 판결). 또한 친딸에게는 대지 위에 건물 신축을 승낙하여 건물이 신축되었는데 그 후 건물이 경매되

어 경매매수인에게 소유권이 이전되자 건물의 철거를 청구하는 것은 모순행위에 해당하고(대법원 1991. 6. 11. 선고 91다9299 판결), 취득시효 완성 사실을 모르고 토지에 대하여 어떠한 권리도 주장하지 않기로 한 후 취득시효 완성을 주장하는 것 역시 모순행위에 해당한다(대법원 1998. 5. 22. 선고 96다24101 판결).

다. 실효의 원칙

(i) 일정한 기간 권리자가 자신의 권리를 행사하지 않는 경우 상대방의 신뢰를 보호하기 위하여 권리를 상실시키는 것을 실효의 원칙이라고 한다. 즉 권리자가 실제로 권리를 행사할 수 있음에도 상당한 기간 권리를 행사하지 아니하여 상대방이 더 이상 권리행사가 없을 것으로 신뢰할 만한 정당한 기대를 가지게 된 후 느닷없이 권리를 행사하는 것은 허용되지 않는다는 원칙이다. 이 역시 권리의 불행사에 대한 상대방의 신뢰를 해치기 때문에 신의칙의 구체화로 인정될 수 있다.

(ii) 일정한 기간의 권리 불행사로 권리가 실효되는 다른 제도로 소멸시효가 있다. 소멸시효는 법률에 의하여 명확한 권리소멸 기간을 정하고 있어 그 적용의 탄력성이 없다. 실효의 원칙은 이러한 소멸시효의 엄격성을 완화하기 위하여 판례에 의하여 보충적으로 활용되는 원칙이다. 다만 이 원칙이 적용되기 위해서는 소멸시효와 달리 일정한 기간의 경과 외에 상대방에게 권리자가 더 이상 권리행사를 하지 않을 것이라는 기대 혹은 신뢰가 있어야 한다는 특별한 사정이 존재해야 한다. 그리하여 토지소유자가 점유자에 대하여 부당이득반환청구권을 장기간 행사하지 아니하였다는 사정만으로는 이른바 실효의 원칙에 따라 권리가 소멸한 것은 아니라고 한다(대법원 2002. 1. 8. 선고 2001다60019 판결). 나아가 당사자가 포기할 수 없는 권리에 대해서는 실효의 원칙이 적용되지 않는다. 인지청구권은 본인의 일신전속적인 신분관계에 따른 권리로서 포기할 수 없으며 포기하였더라도 그 효력이 발생할 수 없는 것이므로 인지청구권의 포기가 허용되지 않는 이상 실효의 법리가 적용될 여지도 없다고 한다(대법원 2001. 11. 27. 선고 2001므1353 판결).

[인지청구권]

생부나 생모가 혼인 외의 출생자를 자신의 자녀로 인정하여 법률상 친자관계를 발생시키는 일방적 의사표시를 인지라고 한다(제855조 제1항 제1문). 이러한 인지를 특히 임의인지라 하고, 인지청구를 인용하는 판결이 확정되어 친자관계가 창설되는 강제인지와 대비된다(제863조, 제864조).

(iii) 실효의 법리가 적용되는 사례로 근로자가 부당해고 또는 면직으로 퇴직금을 수령하였으나 5년 정도 경과한 후 해고의 무효 등을 주장하는 것은 실효의 원칙에 해당하여 허용되지 않는다(대법원 2005. 10. 28. 선고 2005다45827 판결). 다만 이러한 판결이 앞에서 본 모순행위의 금지원칙의 적용과 구별하기 쉽지 않다. 선행행위로서 부당한 해고를 수용하고 퇴직금도 수령한 후 후행행위로 해고의 부당함을 주장하는 것은 선행행위와 모순될 수 있기 때문이다.

Ⅱ 권리남용 금지의 원칙

1 의의

민법 제2조 제2항에 따르면 권리는 남용하지 못한다. 권리남용 금지의 원칙은 외형상 권리행사인 것처럼 보이지만 실질적으로는 권리의 공공성이나 사회성에 반하는 권리의 행사, 즉 권리 본래의 사회적 목적을 벗어난 것이어서 정당한 권리행사로서 인정할 수 없는 행위는 금지된다는 의미이다. 권리의 남용은 무권리자의 권리행사와 다르다. 권리가 없으면 남용할 수도 없고 권리를 남용한다는 것은 권리가 존재하는 것을 전제로 하기 때문이다. 권리를 행사함으로써 권리를 남용할 수도 있지만 권리의 불행사가 권리의 남용이 될 수도 있다. 즉 친권자가 친권을 적법하게 행사하지 않는 경우 친권의 상실 또는 정지가 가능하고(제924조), 일부 제한될 수도 있다(제924조의2). 권리남용의 금지는 권리뿐만 아니라 일정한 법적 지위를 남용하는 것도 포함한다. 대표권이나 대리권은 법인이나 타인을 대리할 수 있는 법적 지위를 나타내는 것이므로, 민법은 대표권의 남용이나 대리권의 남용에 대하여 그 법적 효과의 발생을 방지하기 위한 이론을 인정한다.

2 기능

(i) 권리의 남용으로 타인에게 손해를 발생시킬 수 있다. 예를 들어 점유취득 시효가 완성된 토지의 원소유자가 시효취득 사실을 알면서 타인에게 토지를 매각하여 소유권등기를 넘기면 시효취득자에 대한 소유권이전등기가 불능이 되어 시효취득자에게 손해를 입히므로 원소유자는 시효취득자에 대하여 불법행위에 따른 손해배상책임을 져야 한다(대법원 1995. 6. 30. 선고 94다52416 판결). 자기의 토지가 시효취득에 따라 소유권이 곧 넘어갈 상황인데 자신에게 소유권이 있다는 이유로 이를 남용하여 타인에게 처분하는 것은 불법행위가 된다는 의미이다. 다만 이때 대법원은 원소유자와 시효취득자 사이에 계약상의 채권채무관계가 없으므로 원소유자의 시효취득자에 대한 채무불이행책임은 성립하지 않는다고 한다(대법원 1995. 7. 11. 선고 94다4509 판결).

(ii) 민법에 따르면 임차인은 임대인의 동의없이 임차물을 전대하지 못하고, 이에 위반한 경우에 임대인은 임대차계약을 해지할 수 있는 것으로 규정한다(제629조). 임차인이 임대인의 동의 없이 임차물을 전대하자 임대인이 임대차계약의 해지를 주장한 사안에서 대법원은 이를 인용하였다(대법원 1972. 1. 31. 선고 71다2400 판결). 그런데 이 사안의 원심법원은 임대인의 해지권 행사가 권리남용으로 인정될 수 있는 경우에는 그와 같은 해지권의 범위가 축소된다고 판시하였다. 즉 임차인이 임대인의 동의 없이 임대물을 전대하더라도 그것이 임대인에 대한 배신행위라고 인정할 충분한 사정이 없으면 동의 없는 무단전대를 이유로 하는 임대인의 계약해지는 허용되지 않는다고 판시한 것이다(서울민사지방법원 1971. 10. 15. 선고 70나637 판결).

(iii) 권리남용이 있는 경우 그 권리의 행사를 인정하더라도 이를 통한 이익과 상대방의 이익을 강제적으로 조정하는 기능도 있다. 권리행사에 의하여 권리자가 얻게 되는 이익과 상대방 또는 사회적 불이익을 비교 형량하여 후자의 불이익이 훨씬 큰 경우에는 권리의 남용으로 취급하는데, 이때 권리남용금지의 원칙은 권리자와 상대방의 이익을 상호 조정하기 위하여 구체적인 대안을 제시한다. 예를 들어 자기 소유의 토지 위에 무단으로 건립된 학교의 철거를 구하는 소송에서 법원은 학교건물의 철거로 인한 사회적 불이익이 상당하여 권리남용이지만 학교 측이 토지를 적정가격으로 매수하거나 임차하기 위한 대응책을 시도하는 조정안을 제시하도록 판시하였다(대법원 1975. 10. 7. 선고 75다1571 판결).

3 권리남용의 성립요건

(i) 권리남용이 성립하기 위해서는 주관적인 요건과 객관적인 요건이 필요하다. 주관적인 요건은 오로지 타인에 대한 가해를 목적으로 하는 권리행사를 의미한다. 객관적인 요건은 구체적 사안의 다양한 사정을 종합적으로 고려할 때 권리행사로 얻을 수 있는 이익에 비하여 그로 인하여 침해되는 상대방 또는 사회의 불이익이 현저하게 큰 것을 의미한다. 판례는 주관적 요건과 관련하여 원고가 도로에 인접한 상가건물을 신축하자 피고 상인조합이 그 건물의 출입을 방해할 목적으로 상가건물 앞의 피고 소유 토지 위에 길이 30미터 높이 1미터 60센티미터의 블록 담장을 설치한 것은 오로지 원고의 건물 사용을 방해하고 괴롭힐 목적으로 행한 것으로 권리의 사회성에 반하여 용인될 수 없다고 판시하였다(대법원 1973. 8. 31. 선고 73다91 판결). 객관적인 요건과 관련하여 대법원은 피고가 학교부지로 사용하는 토지에 관하여 원고가 그러한 사정을 알면서 이를 매수한 후 자기 소유권에 근거하여 학교건물의 철거를 구하는 것은 그로 인하여 원고가 얻을 수 있는 이득보다 학교가 다른 곳으로 이전함에 따른 피고의 손실이 월등히 클 뿐만 아니라 그로 인하여 학생들의 심리와 사회에 미칠 영향은 형언할 수 없을 정도로 지대하므로 원고의 청구는 권리남용에 해당한다고 판시하였다(대법원 1978. 2. 14. 선고 77다2324 판결).

(ii) 대법원은 권리남용의 성립을 위하여 주관적 요건과 객관적 요건의 필요성에 대하여 다소 엇갈린 판결을 한다. 이를 유형적으로 구분하여 네 가지로 나눌 수 있는데, 그 중 주관적 요건만으로 권리남용을 인정한 사례가 있다. 원고 소유 대지 위에 건립된 건물 부분을 철거한다면 건물 전체가 붕괴될 위험이 있어 원고에게는 이득이 없으면서 오직 피고에게 손해만을 주기 위하여 소송에 이른 사정이 인정되는 경우에 권리남용이 된다고 판시하였다(대법원 1980. 5. 27. 선고 80다484 판결). 또한 객관적 요건만으로 권리남용을 인정한 사례도 있다. 권리남용의 법리가 인정되려면 권리의 행사가 신의성실의 원칙에 따르지 아니하고 그 권리의 행사가 사회적 한계를 초월하였다고 인정되어야 할 것이라고 한다(대법원 1966. 3. 15. 선고 65다2329 판결). 주관적 요건과 객관적 요건을 선택적으로 요구한 판결도 있다. 권리남용이 되는 것은 상대방에게 손해를 가할 것만을 목적으로 하거나 객관적으로 우리의 사회통념상 도저히 용인될 수 없는 부당한 결과를 자아내는 등 공공복리를 위한 권리의 사

회적 기능을 무시하고 신의성실의 원칙과 국민의 건전한 권리의식에 반하는 행위를 뜻한다고 판시한다(대법원 1978. 2. 14. 선고 77다2324, 2325 판결). 나아가 주관적 요건과 객관적 요건을 모두 요구하는 사례도 있다. 토지 소유권의 행사가 권리남용이 되기 위해서는 그 권리행사가 사회질서에 위반된다고 볼 수 있는 객관적 요건 이외에 주관적으로 그 권리행사의 목적이 오로지 현재 토지를 이용하고 있는 자에게 고통이나 손해를 주는 데 그칠 뿐 소유자에게는 아무런 이익이 없는 경우라야 한다고 판시하였다(대법원 1988. 12. 27. 선고 87다카2911 판결).

(iii) 주관적 요건을 권리남용의 요건으로 보는 판례에 따르더라도 가해 의사나 목적과 같은 권리자의 내부심리는 용이하게 증명할 수 없음을 감안하여, 권리자의 정당한 이익을 결여한 권리행사, 부당한 이익의 획득을 목적으로 하는 권리행사 등 객관적 사정에 기하여 가해 의사나 목적의 추정이 가능하다고 판시한다(대법원 1993. 5. 14. 선고 93다4366 판결). 권리남용의 요건에 대한 증명책임은 권리행사가 남용되었다고 주장하는 자, 즉 대부분 권리행사의 상대방이 부담하지만, 당사자가 권리남용을 주장하지 아니하였더라도 현출된 증거자료에서 권리남용을 인정할 수 있는 경우에는 법원이 직권으로 판단할 수도 있다(대법원 1989. 9. 29. 선고 88다카17181 판결). 권리남용에 해당하는지 여부는 권리행사 당시를 기준을 한다.

4 권리남용의 효과

권리의 행사가 남용으로 인정되면 그러한 권리행사는 위법한 것으로 평가되어 법적 보호가 거절되고 정상적인 권리행사에 따르는 법적 효과가 발생하지 않는다. 창고나 울타리 등을 건축하여 다른 사람의 통행이나 통풍, 채광 기타 생활을 방해한 경우에는 그 상대방은 불법행위에 따른 손해배상청구가 가능하고 침해행위에 대한 배제청구도 가능하다. 형성권의 행사가 남용되면 그 형성권 행사에 따른 법률관계의 발생, 변경, 소멸의 효과가 발생하지 않는다. 동시이행항변권과 같은 권리가 남용되면 그에 따른 효과로서 동시이행관계가 인정되지 않는다. 대표권이나 대리권을 남용한 경우에는 다양한 견해의 대립이 있지만(비진의표시 유추적용설, 신의칙 또는 권리남용설, 대표권 또는 대리권 제한설), 법인이나 본인에 대한 대리효과가 발생하지 않는다. 친권을 남용한 경우에는 친권의 상실이나 일시정지(제924조) 또는 제한(제924조의2)을 받고, 대리권이나 재산관리권의 상실도 가능하다(제925조). 만일 민사소송에서 권리남용이 발견되면 청구기각 판결을 받는다.

제3장

계약 주체

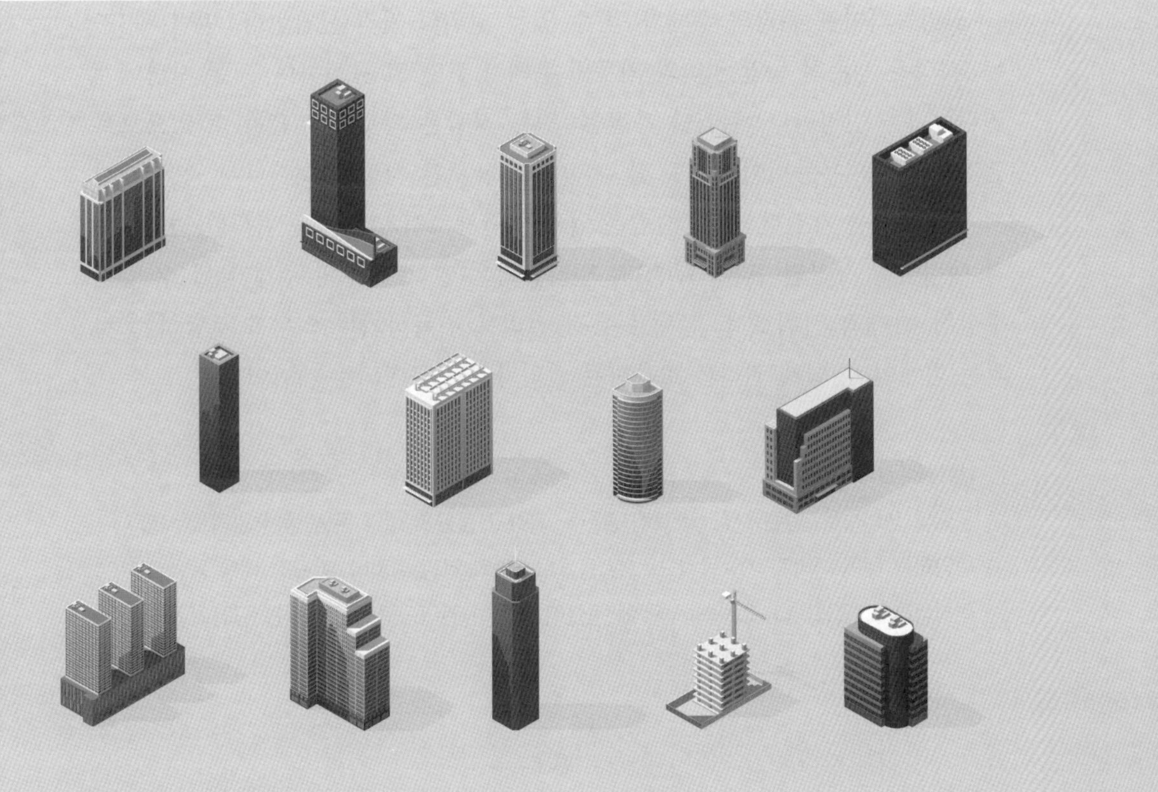

제1절

자연인

I 능력

1 권리능력

권리능력이란 권리의 주체가 될 수 있는 지위나 자격을 말한다. 민법 제3조는 "사람은 생존한 동안 권리와 의무의 주체가 된다"고 규정하여, 모든 사람에게 권리능력을 인정한다. 권리를 가질 수 있는 사람은 의무도 부담할 수 있으므로 권리능력은 의무능력이라고도 할 수 있다. 즉 모든 사람은 태어나서 죽을 때까지 권리능력을 가진다. 이때 사람은 일정한 단체로서 법인격을 취득한 법인(法人)과 대비하여 자연인이라고 부른다. 권리능력은 권리·의무의 주체가 될 수 있는 추상적·잠재적 지위로서, 실제로 특정 권리를 취득하거나 의무를 부담하는 것과는 별개이며, 실제 권리를 보유하는 권리자와도 구별되는 개념이다.

[동물의 권리능력]

동물의 생명보호, 안전 보장 및 복지 증진을 꾀하고 동물의 생명 존중 등 국민의 정서를 함양하는 데에 이바지함을 목적으로 한 동물보호법의 입법 취지나 그 규정 내용 등을 고려하더라도, 민법이나 그 밖의 법률에 동물에 대하여 권리능력을 인정하는 규정이 없고 이를 인정하는 관습법도 존재하지 아니하므로, 동물 자체가 위자료 청구권의 귀속주체가 된다고 할 수 없다. 그리고 이는 그 동물이 애완견 등 이른바 반려동물이라고 하더라도 달리 볼 수 없다(대법원 2013. 4. 25. 선고 2012다118594 판결).

2 의사능력

(i) 모든 권리능력자가 계약을 체결하는 등 자기의 의사에 의해 권리를 취득하거나 의무를 부담할 수 있는 것은 아니다. 예를 들어 중증 알츠하이머 환자가 지인에게 그의 부동산을 증여하겠다고 한 경우 또는 유아가 타인과 매매계약을 체결하는 경우에 그 증여와 매매계약이 유효한지를 생각해볼 수 있다.

(ii) 민법의 기본원리인 사적자치(私的自治)는 사람의 의사에 대해 법적 효력을 부여하는 제도인데, 이는 자신의 의사표시가 어떤 효과를 가져오는지에 대해 이해하거나 판단할 수 있는 능력을 전제로 한다. 즉 사람이 행위에 의해 권리를 취득하거나 의무를 부담하려면 적어도 자신의 행위가 어떤 의미인지를 이해할 수 있는 지적 능력이 필요하다. 이렇듯 '자기의 행위의 의미나 결과를 합리적으로 예견할 수 있는 정신적 능력'을 의사능력이라고 한다.

(iii) 의사능력의 유무는 연령 등의 객관적 기준이 아니라 구체적·개별적으로 판단한다. 같은 연령의 사람이라도 동일한 행위에 대해 정신적 능력에 따라 의사능력이 있을 수도 없을 수도 있다. 같은 사람이라도 어떤 행위에 대해서는 의사능력이 있는데 다른 행위에 대해서는 의사능력이 없을 수도 있다. 예를 들어 어떤 초등학생이 문방구에서 학용품을 사는 경우는 의사능력이 있으나, 그 초등학생이 증여받은 부동산을 매도하는 행위에는 의사능력이 없다. 의사능력이 없는 사람의 행위는 무효이다. 따라서 초등학생이 부동산을 매도하는 행위는 무효이고, 전술한 예에서 중증의 알츠하이머 환자가 이웃과 체결한 증여계약과 유아가 타인과 체결한 매매계약 역시 모두 무효이다.

3 행위능력

(i) 의사무능력자가 한 계약 등 법률행위는 무효이다. 그런데 의사능력의 판

단은 구체적인 행위마다 달라지기에, 의사능력이 없었음을 증명하기가 어려울 뿐 아니라, 의사능력이 없음을 알기 어려운 거래상대방에게 예상하지 못한 손해를 끼칠 수 있다. 민법은 이러한 문제를 해결하기 위해 행위능력제도 또는 제한능력자제도를 채택하였다.

(ii) 연령 등 객관적·획일적 기준에 해당하는 사람을 제한능력자로 정하여 제한능력자가 단독으로 계약을 체결한 경우, 그 계약은 취소할 수 있고, 그 취소로 선의의 제3자에게 대항할 수 있다. 예를 들면, 19세의 나이를 기준으로 정해 19세가 되지 않은 사람이 타인과 체결한 계약은 취소할 수 있으며, 제3자가 나이를 몰랐다고 하더라도 취소는 그 제3자에게도 효력을 미친다. 제한능력자에 속하는 않는 사람을 행위능력자라 하고, 그러한 상태를 행위능력이라 한다. 즉 행위능력이란 '단독으로 완전하고 유효하게 법률행위를 할 수 있는 지위 또는 자격'이다.

4 불법행위능력

(i) 법률행위에 의사능력이 있는 것처럼, 불법행위에는 불법행위능력 또는 책임능력이 있다. 과실책임원칙에 따라 불법행위책임이 발생하기 위해서는 자기 행위의 결과를 변식할 수 있는 정신적 능력 내지 판단능력이 있어야 한다. 즉 자신의 책임을 인식할 수 있는 능력이 불법행위능력이다. 자신의 행위에 대한 법률상의 책임을 인식할 능력이 없다면, 가해자의 의사작용에 대한 책임인 자기책임이 무의미하다. 따라서 불법행위능력이 없는 사람의 행위는 타인에게 손해를 발생시켰더라도 불법행위로 되지 않으며, 따라서 손해배상책임이 발생하지 않는다(제753조, 제754조).

(ii) 불법행위능력은 의사능력과 마찬가지로 자기 행위에 대한 책임을 질 능력이며 개별적으로 판단되나, 의사능력은 의사의 내용대로 법률효과를 부여할 것인가의 관점에서, 불법행위능력은 타인에게 발생한 손해를 부담시킬 것인가의 관점에서 문제된다.

Ⅱ 제한능력자

(i) 행위능력제도 내지 제한능력자제도는 법적 거래에서 제한능력자를 보호하기 위한 것이다. 제한능력자를 보호하기 위하여 민법은 제한능력자가 독자적으로 계약을 체결한 경우에 이를 취소하여 계약의 구속에서 벗어날 수 있도록 하는 한편, 제한능력자를 보호하고 대리하는 법정대리인을 두도록 한다. 제한능력자가 단독으로 계약을 체결한 경우 그 계약은 취소할 수 있지만, 법정대리인의 동의를 얻고 계약을 체결한 경우 그 계약은 취소하지 못하며, 확정적으로 유효하다.

(ii) 민법상 제한능력자에는 연령에 의해 일률적으로 제한능력자가 되는 미성년자와 일정한 요건이 갖추어진 경우에 가정법원의 심판에 의해 제한능력자가 되는 피성년후견인과 피한정후견인이 있다. 제한능력자에 대한 규정은 강행규정으로, 2011년 3월 7일 민법 개정(2013년 7월 1일 시행)을 통해 '행위무능력자'인 미성년자·금치산자·한정치산자에서 '제한능력자'로 변경되었다.

[제한능력자제도의 취지]
행위무능력제도는 사적자치의 원칙이라는 민법의 기본이념, 특히 자기책임원칙의 구현을 가능케 하는 도구로서 인정되는 것이고, 거래의 안전을 희생시키더라도 행위무능력자를 보호하고자 함에 근본적인 입법취지가 있다(대법원 2007. 11. 16. 선고 2005다71659 판결).

1 미성년자

가. 미성년자의 행위능력

(1) 원칙

민법은 19세를 기준으로 획일적으로 행위능력의 유무를 정한다. 19세에 이르면 성년이 되어 행위능력자로 인정되고, 성년에 이르지 않은 사람은 미성년자로서 제한능력자이다(제4조). 미성년자는 단독으로 유효한 법률행위를 하지 못하며, 미성년자가 법률행위를 하려면 법정대리인의 동의를 얻어야 한다(제5조 제1항). 미성년자가 법정대리인의 동의 없이 법률행위를 한 경우, 그 법률행위는 일단 유효하지만, 미성년자나 법정대리인이 그 행위를 취소할 수 있고(동조 제2항), 법률행위가 취소되면 취소된 법률행위는 소급하여 처음부터 무효가 된다.

(2) 예외

미성년자라도 다음과 같은 경우에는 법정대리인의 동의 없이 단독으로 유효하게 법률행위를 할 수 있다. 물론 이러한 경우에도 의사능력은 필요하다.

(가) 권리만을 얻거나 의무만을 면하는 행위

권리만을 얻거나 의무만을 면하는 행위는 미성년자에게 이익만을 주는 것이므로, 미성년자가 독자적으로 하더라도 미성년자에게 조금도 불리할 것이 없다(제5조 제1항 단서). 예를 들어 부담이 없는 증여를 받는 것은 권리만을 얻는 행위이고, 채권자로부터 채무면제를 받는 것은 의무만을 면하는 행위이다. 그런데 어떤 행위가 미성년자에게 이익이 되는지는 경제적 관점이 아니라 법적 효과를 기준으로 판단해야 하므로, 경제적으로 유리한 매매계약을 체결하는 것은 이에 해당되지 않는다.

(나) 처분을 허락한 재산의 처분행위

부모님께 받은 용돈과 같이, 법정대리인이 범위를 정하여 처분을 허락한 재산은 미성년자가 임의로 처분할 수 있다(제6조). 예를 들어 미성년자라도 용돈으로 필요한 물건을 구입하는 행위는 독자적으로 할 수 있다. 이때 '범위'는 목적의 범위가 아니라 재산의 범위를 의미하는 것으로 해석되며, '처분'은 본래 의미의 처분행위뿐만 아니라 사용·수익을 포함한다. 따라서 처분이 허락된 범위 내에서 채무를 부담하는 행위 역시 확정적으로 유효한 법률행위로 인정된다.

(다) 영업의 허락을 받은 경우의 그 영업에 관한 행위

미성년자가 영업을 할 때, 영업에 관한 행위 전부에 관하여 일일이 법정대리인의 동의가 필요하다면, 지나치게 번잡하여 신속한 영업을 해 나갈 수 없을 것이다. 이러한 점을 고려하여, 민법은 미성년자가 법정대리인으로부터 특정한 영업을 허락받은 경우, 그 특정한 영업에 관해서는 성년자와 동일한 행위능력을 가진다고 규정한다(제8조 제1항). 이때 영업이란 널리 영리를 목적으로 하는 독립적·계속적 사업을 말하며, 여기에는 상업뿐만 아니라 농업이나 자유업도 포함한다.

(라) 미성년자가 동의 없이 한 법률행위의 취소

미성년자는 법정대리인의 동의 없이 단독으로 한 법률행위를 취소할 수 있다(제140조).

(마) 성년의제

미성년자라도 18세 이상이면 혼인할 수 있다(제807조). 혼인의 독립성을 보장하기 위해, 미성년자가 혼인을 한 때에는 성년자로 본다(제826조의2). 따라서 성년으로 의제(擬制)되는 미성년자는 성년자처럼 단독으로 확정적으로 유효한 법률행위를 할 수 있다.

(바) 대리행위

대리인은 행위능력자임을 요하지 아니한다(제117조). 따라서 미성년자가 타인의 대리인으로서 행하는 법률행위는 제한을 받지 않는다. 대리행위의 법률효과가 본인에게 직접 귀속되므로, 미성년자를 보호할 필요성이 없기 때문이다.

(사) 유언

17세가 되면 유언을 할 수 있다(제1061조).

(아) 근로계약 체결과 임금의 청구

법정대리인은 미성년자의 근로계약을 대리할 수 없다(근로기준법 제67조 제1항). 미성년자는 독자적으로 임금을 청구할 수 있다(동법 제68조). 이는 근로계약의 인격적 성질과 노무급부의 특성을 고려한 것으로, 근로계약의 체결과 임금청구는 미성년자 자신의 의사와 판단에 맡기는 것이 타당하다는 법정책적 판단에 기초한다. 판례도 이를 미성년자의 인격 존중과 경제적 독립을 보장하기 위한 특별규정으로 해석하여 민법상 제한능력자 보호규정의 예외로 인정하고 있다(대법원 2006. 12. 7. 선고 2006다41615 판결).

나. 법정대리인

(1) 법정대리인이 되는 사람

미성년자의 법정대리인은 1차적으로 친권자가 되며(제911조), 친권자가 없거나 법률행위의 대리권과 재산관리권을 행사할 수 없는 경우에는 2차적으로 미성년후견인이 법정대리인이 된다(제928조).

(가) 친권자

부모는 미성년자인 자녀의 친권자가 되고, 양자의 경우 양부모(養父母)가 친권자가 된다(제909조 제1항). 친권은 부모가 혼인 중인 때에는 부모가 공동으로 행사한다. 부모의 의견이 일치하지 않는 경우에는 당사자의 청구에 의하여 가정법원이 친권자를 정한다(동조 제2항). 부모의 일방이 친권을 행사할 수 없을 때에는 다른 일방이 이를 행사한다(동조 제3항).

(나) 후견인

미성년자에게 친권자가 없거나 친권의 전부 또는 일부를 행사할 수 없는 경우에는 미성년후견인을 두어야 하며(제928조), 미성년후견인의 수는 한 명으로 제한된다(제930조 제1항). 후견인은 지정후견인, 선임후견인의 순으로 된다. 지정후견인은 친권자가 유언에 의해 지정하는데, 친권자가 유언으로 지정한 미성년후견인이 있는 경우에도 미성년자의 복리를 위하여 필요하면 법원은 생존하는 부 또는 모, 미성년자의 청구에 의하여 후견을 종료하고 생존하는 부 또는 모를 친권자로 지정할 수 있다(제931조). 유언으로 지정된 미성년후견인이 없는 경우, 법원은 직권으로 또는 미성년자, 친족, 이해관계인, 검사, 지방자치단체의 장의 청구에 의하여 미성년후견인을 선임한다(제932조).

(2) 법정대리인의 권한

(가) 동의권과 대리권

(i) 법정대리인은 미성년자의 법률행위에 동의할 권리가 있고(제5조 제1항), 처분이나 영업을 허락할 수 있다(제6조, 제8조 제1항). 판례에 의하면, 법정대리인의 동의는 묵시적으로도 가능하다(대법원 2007. 11. 16. 선고 2005다71659 판결). 동의는 사전에 해야 하지만, 사후 동의는 추

인(追認)의 성격을 가진다.

(ii) 법정대리인은 미성년자의 재산상 법률행위를 대리할 권한이 있고, 동의한 행위도 대리할 수 있으며, 대리행위시 미성년자의 승낙이 필요하지 않다(대법원 1962. 9. 20. 선고 62다333 판결).

(나) 제한

1) 공동친권

친권은 부모가 혼인 중인 때에는 공동으로 행사한다(제909조 제2항). 부모가 공동으로 친권을 행사하는 경우 부모의 일방이 공동명의로 자녀를 대리하거나 자녀의 법률행위에 동의한 때에는 다른 일방의 의사에 반하는 때에도 그 효력이 있다. 그러나 상대방이 악의인 때에는 그러하지 아니한다(제920조의2).

2) 자녀의 행위를 목적으로 하는 채무부담행위

자녀의 행위를 목적으로 하는 채무를 부담하는 행위는 본인인 자녀의 동의가 필요하다(제920조 단서). 판례는 친권자의 대리행위가 미성년자에게 경제적 손실만 초래하고 친권자나 제3자에게 이익을 가져오는 행위이며 상대방이 이를 알았거나 알 수 있었을 때는 본인인 미성년자에게 친권자의 대리행위의 효력이 미치지 않는다고 한다(대법원 2018. 4. 26. 선고 2016다3201 판결).

3) 이해상반행위

친권자와 그 자녀 사이에 또는 그 친권에 따르는 여러 자녀 사이에 이해가 상반되는 행위의 경우, 법원에 특별대리인의 선임을 청구하여야 한다(제921조). 특별대리인의 선임 없는 친권자의 이해상반행위는 무효이다(대법원 2013. 1. 24. 선고 2010두27189 판결).

[이해상반행위의 판단]

(1) 이해상반행위로 본 경우

친권자인 모(母)가 자신이 연대보증한 차용금 채무의 담보로 자신과 자(子)의 공유인 토지 중 자신의 공유지분에 관하여는 공유지분권자로서, 자의 공유지분에 관하여는 그 법정대리인의 자격으로 각각 근저당권설정계약을 체결한 경우, 위 채권의 만족을 얻기 위하여 채권자가 위 토지 중 자의 공유지분에 관한 저당권의 실행을 선택한 때에는, 그 경매대금이 변제에 충당되는 한도에 있어서 모의 책임이 경감되고, 또한 채권자가 모에 대한 연대보증책임의 추구를 선택하여 변제를 받은 때에는, 모는 채권자를 대위하여 위 토지 중 자의 공유지분에 대한 저당권을 실행할 수 있는 것으로 되는바, 위와 같이 친권자인 모와 자 사이에 이해의 충돌이 발생할 수 있는 것이, 친권자인 모가 한 행위 자체의 외형상 객관적으로 당연히 예상되는 것이어서, 모가 자를 대리하여 위 토지 중 자의 공유지분에 관하여 위 근저당권설정계약을 체결한 행위는 이해상반행위로서 무효라고 보아야 한다(대법원 2002. 1. 11. 선고 2001다65960 판결).

(2) 이해상반행위로 보지 않은 경우

민법 제921조의 이해상반행위란 행위의 객관적 성질상 친권자와 그 자(子) 사이 또는 친권에 복종하는 수인의 자(子) 사이에 이해의 대립이 생길 우려가 있는 행위를 가리키는 것으로서, 친권자의 의도나 그 행위의 결과 실제로 이해의 대립이 생겼는지의 여부는 묻지 않는다. 친권자인 모(母)가 자신이 대표이사로 있는 주식회사의 채무 담보를 위하여 자신과 미성년인 자(子)의 공유재산에 대하여 자의 법정대리인 겸 본인의 자격으로 근저당권을 설정한 행위는, 친권자가 채무자 회사의 대표이사로서 그 주식의 66%를 소유하는 대주주이고 미성년인 자에게는 불이익만을 주는 것이라는 점을 감안하더라도, 그 행위의 객관적 성질상 채무자 회사의 채무를 담보하기 위한 것에 불과하므로 친권자와 그 자 사이에 이해의 대립이 생길 우려가 있는 이해상반행위라고 볼 수 없다(대법원 1996. 11. 22. 선고 96다10270 판결).

(다) 취소권

법정대리인은 미성년자가 동의 없이 단독으로 한 법률행위를 취소할 수 있으며(제5조 제2항, 제140조), 친권은 부모가 혼인 중에는 공동으로 행사해야 하지만, 취소는 친권자가 각자 단독으로 할 수 있다.

2 피성년후견인

가. 의의

피성년후견인은 질병, 장애, 노령 그 밖의 사유로 인한 정신적 제약으로 사무를 처리할 능력이 지속적으로 결여된 사람으로서 일정한 자의 청구에 의해 가정법원으로부터 성년후견개시의 심판을 받은 자이다(제9조 제1항). 정신적 제약이 아닌 신체적 제약만 있는 사람은 이에 해당하지 않는다.

나. 후견개시심판

성년후견개시심판을 청구할 수 있는 자는 본인, 배우자, 4촌 이내의 친족, 미성년후견인, 미성년후견감독인, 한정후견인, 한정후견감독인, 특정후견인, 특정후견감독인, 검사 또는 지방자치단체의 장이다(제9조 제1항). 가정법원이 성년후견개시의 심판을 할 때에는 본인의 의사를 고려하여야 한다(동조 제2항).

다. 피성년후견인의 행위능력

(1) 원칙

피성년후견인은 정신적 제약으로 사무처리능력이 지속적으로 결여된 사람이므로, 원칙적으로 유효하게 법률행위를 할 수 없으며 그가 한 법률행위는 취소할 수 있다(제10조 제1항). 법정대리인인 성년후견인의 동의를 얻고서 한 행위라고 할지라도 피성년후견인이 동의한 대로 법률행위를 할 것이라는 기대가 없는 점에서 마찬가지로 취소할 수 있다. 그 취소는 피성년후견인 또는 성년후견인이 할 수 있다(제140조).

(2) 예외

① 가정법원이 취소할 수 없는 법률행위의 범위를 정한 경우 그 한도에서 피성년후견인은 행위능력을 가진다(제10조 제2항). 이 규정에 의해 피성년후견인이 구체적으로 보유한 정신적 능력을 고려하여 후견제도가 탄력적으로 운용될 수 있다. 사무처리능력이 지속적으로 결여된다고 할지라도, 개인마다 정신적 능력의 범위가 다르기 때문이다. ② 일용품의 구입 등 일상생활에서 필요하고 대가가 과도하지 않은 법률행위는 성년후견인이 취소할 수 없다(동조 제4항). 이는 피성년후견인의 자기결정권을 존중하고 거래안전도 고려한 예외이다. ③ 약혼, 혼인 등 일정한 친족법상의 행위는 성년후견인의 동의를 얻어 스스로 할 수 있다. 이러한 가족법상의 행위는 본인의 의사가 절대적으로 중요하며, 대리할 수 없는 성질의 것이기 때문이다. ④ 17세 이상의 피성년후견인은 의사능력이 회복된 때에 단독으로 유언할 수 있다(제1063조).

라. 성년후견인

피성년후견인의 경우 성년후견인을 두어야 하며, 성년후견인은 피성년후견인의 법정대리인이 된다(제929조, 제938조 제1항). 성년후견인은 후견개시심판을 하면서 법원이 직권으로 선임한다.

(1) 재산에 관한 권한

성년후견인은 피성년후견인의 법률행위에 대한 동의권은 가지지 않고, 대리권과 취소권만 가진다.

(2) 신상결정 등에 관한 권한

(i) 피성년후견인은 자신의 신상에 관해 상태가 허락하는 범위에서 단독으로 결정한다(제947조의2 제1항). 이는 후견제도의 기본원리인 본인의 의사존중 원칙을 구현한 것이다. 피성년후견인이 스스로 신상결정을 할 수 없는 경우에는 성년후견인이 보충적으로 이를 대신할 수 있으나, 정신병원 등에 격리하는 중대한 결정에는 가정법원의 허가라는 사법적 통제가 요구된다(동조 제2항).

(ii) 신체를 침해하는 의료행위에 대해서는 1차적으로 피성년후견인이 동의해야 하나, 그가 동의할 수 없는 경우에는 성년후견인이 대신하여 동의할 수 있다(동조 제3항). 생명이나 심신에 중대한 위험이 있는 의료행위에는 가정법원의 허가를 원칙으로 하되, 긴급상황에서는 사후허가를 청구할 수 있는 예외를 두고 있다(동조 제4항). 피성년후견인의 주거 안정성 보장을 위해 거주 건물이나 대지에 관한 중요한 법률행위에 가정법원의 허가를 요구한다(동조 제5항).

3 피한정후견인

가. 의의

피한정후견인은 질병, 장애, 노령, 그 밖의 사유로 인한 정신적 제약으로 사무를 처리할 능력이 부족한 사람으로서 일정한 자의 청구에 의해 가정법원으로부터 한정후견개시의 심판을 받은 자이다(제12조 제1항). 피성년후견인의 경우에는 그의 사무처리 능력이 지속적으로 결여되었음에 비해, 피한정후견인의 경우에는 그의 사무처리능력이 부족하다는 점에서 양자는 정도의 차이가 있다.

나. 피한정후견인의 행위능력

(1) 원칙

피한정후견인은 원칙적으로 행위능력을 가진다. 즉 피한정후견인은 원칙적으로 단독으로 유효하게 법률행위를 할 수 있다.

(2) 예외

가정법원은 피한정후견인이 한정후견인의 동의를 받아야 하는 행위의 범위를 정할 수 있다(제13조 제1항). 이를 한정후견인의 '동의유보'(同意留保)라고 한다.

다. 한정후견인

(i) 피한정후견인은 보호자로 한정후견인을 두어야 한다(제959조의2). 그런데 한정후견인이 당연히 피한정후견인의 법정대리인이 되는 것은 아니다. 가정법원은 한정후견인에게 대리권을 수여하는 심판을 할 수 있고, 그러한 심판이 있는 경우에만 그 범위에서 법정대리권을 가진다(제959조의4).

(ii) 원칙적으로 피한정후견인의 행위능력이 인정되므로, 한정후견인은 법률행위의 동의권, 대리권 및 취소권이 없다. 한정후견인은 동의유보의 경우에만 동의권과 취소권을 갖고, 대리권을 수여하는 심판이 있는 경우에만 대리권을 가진다.

4 피특정후견인

가. 의의

피특정후견인은 질병, 장애, 노령, 그 밖의 사유로 인한 정신적 제약으로 일시적 후원 또는 특정한 사무에 관한 후원이 필요한 사람으로서 일정한 자의 청구에 의해 가정법원으로부터 특정후견의 심판을 받은 자이다(제14조의2 제1항). 피특정후견인은 일시적이고 개별적으로 보호를 받는 점에서 지속적이고 포괄적으로 보호를 받는 피성년후견인, 피한정후견인과 차이가 있다.

나. 특정후견의 심판

특정후견은 피특정후견인인 본인의 의사에 반해서는 할 수 없다. 가정법원이 특정후견의 심판을 하는 경우 특정후견의 기간 또는 사무의 범위를 정해야 한다(제14조의2 제3항). 예를 들어 피특정후견인이 질병으로 입원한 기간 동안 또는 피특정후견인의 부동산 처분에 관하여 특정후견의 심판을 할 수 있다.

다. 특정후견인

피특정후견인의 후원을 위해 필요하다고 인정되면, 가정법원은 기간이나 범위를 정해 특정후견인에게 대리권을 수여하는 심판을 할 수 있다(제959조의11 제1항).

라. 피특정후견인의 행위능력

특정후견의 심판이 있어도 피특정후견인의 행위능력은 전혀 제한되지 않는다. 이는 특정후견인이 선임되고 법정대리권이 부여된 경우에도 마찬가지이다.

[참고] 권리능력, 의사능력, 행위능력의 비교

	권리능력	의사능력	행위능력
의의	권리와 의무의 주체가 되는 자격	자기 행위의 의미나 결과를 합리적으로 예견할 수 있는 정신적 능력	단독으로 완전하고 유효하게 법률행위를 할 수 있는 지위 또는 자격
기준	권리와 의무의 주체가 될 수 있는 추상적인 가능성	구체적인 행위에 대해 개별적으로 판단	객관적, 획일적 기준에 의해 의사능력을 객관적으로 획일화
범위	자연인, 법인	의사능력 없는 사람의 법률행위는 무효	제한능력자: 미성년자, 피성년후견인, 피한정후견인

[참고] 제한능력자별 비교

<table>
<tr><th></th><th>정신적 제약 정도</th><th>행위능력</th><th>동의 없는 법률행위</th></tr>
<tr><td>피성년후견인</td><td>사무처리 능력의 지속적 결여</td><td>크게 제한</td><td>동의 있는 법률행위도 취소가능</td></tr>
<tr><td>미성년자</td><td>19세 미만</td><td>제한: 동의요함</td><td rowspan="2">취소가능</td></tr>
<tr><td rowspan="2">피한정후견인</td><td rowspan="2">사무처리 능력 부족</td><td>제한: 동의유보</td></tr>
<tr><td>원칙: 행위능력有</td><td rowspan="2">유효</td></tr>
<tr><td>피특정후견인</td><td>일시적 또는 특정 사무에 후원이 필요</td><td>제한 없음</td></tr>
</table>

5 제한능력자의 상대방 보호

가. 상대방 보호의 필요성

제한능력자의 법률행위는 취소될 수 있으므로 제한능력자와 거래한 상대방은 매우 불안정한 상태에 놓인다. 법률행위가 취소되면 취소의 소급효로 인하여 부당이득반환이 문제되는데, 제한능력자는 이익이 현존하는 한도에서만 반환의무를 부담하므로, 더욱 그러하다(제141조 단서). 민법은 제한능력자의 상대방을 보호하기 위한 특칙으로 상대방의 확답촉구권과 철회권 및 거절권을 규정한다.

나. 상대방의 확답촉구권

제한능력자의 상대방은 제한능력자측에 대해 1개월 이상의 유예기간을 정하여 취소할 수 있는 행위를 추인할 것인지 여부에 관한 확답을 촉구할 수 있다(제15조 제1항). 확답촉구의 상대방은 법정대리인이며, 제한능력자는 능력자가 된 후에만 확답촉구의 상대방이 될 수 있다(동조 제2항). 상대방의 확답촉구를 받고 유예기간 내에 추인 또는 취소의 확답을 하면 그에 따른 효과가 발생하여 법률행위는 확정적 유효가 되거나 소급하여 무효로 된다. 이는 추인 또는 취소라는 의사표시의 효과이다. 확답촉구의 효과는 유예기간 내에 확답이 없는 경우 그 행위를 추인한 것으로 본다(동조 제1항). 즉 제한능력자측이 취소할 수 있음에도 불구하고 아무런 조치를 취하지 않은 것에 대해, 현재의 유효상태에 이의가 없다는 당사자의 의사를 추측하여 추인을 의제한다고 볼 수 있다. 예를 들어 20세 A가 18세 B에게 자신의 중고 노트북을 50만원에 매도하는 계약을 체결한 경우, A는 B의 법정대리인에게 1개월 이상의 유예기간을 정하여 확답을 촉구할 수 있다. 만약 B의 법정대리인이 기간 내에 취소도 추인도 하지 않으면, 추인으로 간주되어 A와 B의 매매계약은 확정적으로 유효하게 된다.

[상대방의 확답촉구권]

참고로 제15조의 제목은 민법이 2011년 3월 7일에 개정되기 전에는 '무능력자의 상대방의 최고권'이었지만, 개정 후에는 '제한능력자의 상대방의 확답을 촉구할 권리'라고 되어 있다. 즉 과거의 최고(催告)를 확답촉구로 개정하였다. 제952조 등 제15조 이외의 규정에는 '최고'라는 표현을 여전히 사용한다. 이러한 최고 내지 확답촉구는 의사를 표명하는 점에서 의사표시와 비슷하지만, 그에 대한 효과가 촉구자의 의사와는 관계 없이 민법에 의하여 주어지는 점에서 의사표시와 다르며 그 성질은 준법률행위의 일종인 의사의 통지에 해당된다.

다. 상대방의 철회권과 거절권

민법은 상대방이 법률행위의 효력 발생을 원치 않으면 벗어날 수 있도록 하고 있다. 제한능력자와 계약을 체결한 경우, 선의의 상대방은 제한능력자측에서 추인하기 전에는 그의 의사표시를 철회할 수 있다(제16조 제1항). 제한능력자가 단독행위를 한 경우, 상대방은 제한능력자측에서 추인할 때까지 이를 거절할 수 있다(동조 제2항). 철회와 거절의 의사표시는 제한능력자에 대해서도 할 수 있다(동조 제3항). 위의 예에서 B가 미성년자임을 A가 몰랐다면, A는 추인이 있기 전까지 B에 대해 매도의 의사표시를 철회할 수 있다.

Ⅲ 사망

1 권리능력의 소멸

사람은 생존한 동안 권리와 의무의 주체가 된다(제3조). 따라서 사람이 사망하는 때에는 권리능력을 상실하게 된다. 사람이 사망하는 순간 가지고 있던 권리와 의무는 유언 또는 상속법이 정하는 바에 따라 누군가에게 돌아간다.

2 사망의 시기

어느 시점을 사망의 시기로 볼 것인지는 상속과 관련하여 매우 중요한 문제이다. 민법은 사망의 시기를 규정하고 있지 않다. 이에 관하여 뇌 전체의 기능이 불가역적으로 정지된 상태를 사망으로 보는 뇌사설(腦死說)과 뇌기능이 정지되더라도 심폐기능이 유지되는 한 사망으로 인정하지 않고 호흡과 혈액순환이 영구적으로 정지한 때를 사망시기로 보는 전통적 견해인 심장사설(心臟死說)이 대립한다.

[장기등 이식에 관한 법률]

1999년 2월 8일 제정되어 2000년 2월 9일부터 시행되어 오던 '장기등 이식에 관한 법률'(장기이식법)이 2010년 5월 31일자로 전부 개정되어 2011년 6월 1일부터 시행되고 있다. 장기이식법이 뇌사를 인정했다는 견해도 있다. 그런데 장기의 적출과 이식에 관한 사항을 규율함을 목적으로 하는 동법이 '뇌사'라는 표현을 사용한다고 해서 뇌사를 일반적인 사망시기로 보기는 어렵다. 동법은 제4조 등에서 뇌사와 사망을 구분하고 있으며, 동법 제21조 제1항(개정 전의 제17조)에서는 '뇌사자가 이 법에 따른 장기 등의 적출로 사망한 경우에는 뇌사의 원인이 된 질병 또는 행위로 인하여 사망한 것으로 본다'고 규정하고 있다.

3 사망사실 또는 사망시기의 증명곤란에 대비한 제도

가. 동시사망의 추정

2인 이상이 동일한 위난으로 사망한 경우에는 동시에 사망한 것으로 추정된다(제30조). 이러한 동시사망 추정제도는 2인 이상이 사망한 때에 특히 상속과 관련하여 발생할 수 있는 불합리한 결과를 막기 위하여 두어졌다. 동시사망자 상호 간에는 상속이 생기지 않는다. 동시사망 규정이 없다면, 서로 유리한 사망시간을 주장하거나, 사망시기의 선후에 대한 증명이 곤란한 문제가 생길 수 있다. 다만 판례는 동시사망자 상호간에 상속을 인정하지 않는 예외로 대습상속을 인정하여, 제1001조 "상속인이 될 직계비속이 상속개시전에 사망한 경우"에 '상속인이 될 직계비속이 상속개시와 동시에 사망한 것으로 추정되는 경우'도 포함되는 것으로 해석한다(대법원 2001. 3. 9.선고 99다13157 판결).

나. 인정사망

인정사망(認定死亡)은 수해·화재나 그 밖의 재난으로 인하여 사망한 사람이 있는 경우에, 이를 조사한 관공서의 사망통보에 의해 가족관계등록부에 사망의 기록을 하는 것을 말한다(가족관계등록법 제87조). 이때의 재난은 생존의 가능성이 거의 없는 사고를 의미한다. 이 제도는 사람이 사망했을 확률이 매우 높음에도 사체를 발견하지 못하는 등 사망 여부를 명확하게 증명하기 어려운 경우, 굳이 실종선고절차를 거치게 하는 것은 적당하지 않기 때문에 마련된 절차적 특례제도로서 강한 사망추정적인 효과를 인정한다.

다. 부재선고

법원은 부재선고에 관한 특별조치법에 따라 명백하게 '군사분계선 이북 지역에 거주하는 것으로 표시된 사람'(잔류자, 殘留者)에 대해 가족이나 검사의 청구에 의해 '부재선고'(不在宣告)를 해야 한다. 부재선고를 받은 사람은 가족관계등록부가 폐쇄되는데, 이 경우 민법상 상속개시원인의 적용과 혼인에 관하여 실종선고를 받은 것으로 된다(부재선고에 관한 특별조치법 제2조 내지 제4조).

라. 실종선고

(1) 의의

부재자의 생사불명 상태가 오랫동안 계속되어 사망의 개연성은 크지만 사망의 확증이 없는 경우에 이를 방치하면 이해관계인에게 불이익을 준다. 이에 민법은 일정한 요건 하에 실종선고(失踪宣告)를 하고, 일정시기를 표준으로 하여 사망한 것과 같은 효과를 발생하게 하고 있다. 이를 실종선고제도라고 한다.

(2) 요건

(가) 부재자의 생사 불분명

부재자의 생사가 분명하지 않아야 한다. 즉 생존도 사망도 증명할 수 없어야 한다.

(나) 실종기간의 경과

생사불분명의 상태가 일정기간 동안 계속되어야 한다. 이 기간을 실종기간이라고 하며, 보통실종은 5년, 특별실종은 1년이다(제27조). 특별실종은 전쟁터, 선박의 침몰, 항공기의 추락 등 사망가능성이 높은 특수한 위험상황에서 발생하므로 보통실종에 비해 실종기간을 단축한 것이다.

(다) 청구권자의 청구

이해관계인이나 검사가 실종선고를 청구하여야 한다(제27조). 여기에서 이해관계인은 배우자, 제1순위의 법정상속인 등 부재자의 사망으로 권리를 취득하거나 의무를 면하는 법률상의 이해관계인을 말한다.

(3) 효과

(가) 사망의제

민법은 실종자의 사망을 추정하지 않고, 그가 사망한 것으로 의제한다(제28조). 따라서 본인의 생존 기타 반증을 들어서 실종선고의 효과를 다투지 못하며, 사망의제의 효력을 번복하기 위해서는 실종선고를 취소하여야 한다.

(나) 사망의제 시기

실종자의 사망의제 시기에 관하여, 민법은 실종기간 만료시를 기준으로 한다(제28조).

[사례]

A가 2015년 1월 1일 해외에 탐험을 떠나고, 한국에 있는 배우자 B와 2017년 1월 1일

마지막으로 통화하였는데, B가 2023년에 1월 1일에 실종선고를 청구하여, 2024년에 1월 1일 A에게 실종선고가 내려진 경우, A는 언제 사망한 것으로 의제되는가?

(다) 사망의제 범위

실종선고는 실종자의 종래의 주소를 중심으로 하는 실종기간 만료시의 사법적 법률관계에 관하여 사망의 효과를 발생시킨다. 따라서 실종선고는 선거권, 납세의무, 범죄 등 공법상의 관계에는 영향을 미치지 않는다.

(4) 실종선고의 취소

(가) 요건

실종선고가 취소되기 위해서는 다음 세 가지 중 어느 하나의 증명이 있어야 한다. 민법에 규정된 내용으로는 ① 실종자가 생존하고 있는 사실, ② 실종기간의 만료시와 다른 시기에 사망한 사실이 있어야 한다(제29조 제1항 본문). 민법 규정에는 없지만 해석상 ③ 실종기간의 기산점 이후의 어떤 시기에 생존하고 있었던 사실이 증명되어도 실종선고의 취소가 가능하다.

(나) 효과

(i) 실종선고가 취소되면 처음부터 실종선고가 없었던 것과 같은 효과가 발생한다. 즉 실종선고로 생긴 법률관계는 소급적으로 무효가 된다. 그러나 실종선고 후 그 취소 전에 선의로 한 행위의 효력에는 영향을 미치지 않는다(제29조 제1항 단서). 즉 실종선고 후 그 취소 전 선의인 행위는 실종선고의 취소로 무효로 되지 않는다.

(ii) 법률행위가 '실종선고 후 그 취소 전'에 이루어져야 한다. '실종기간 만료 후 실종선고 전'에 행하여진 행위는 소급효 제한의 대상이 아니다. 위 사례에서 A가 2025년 1월 1일 기적적으로 귀환하고, 2025년 2월 1일 실종선고가 취소되었다면, '실종선고 후 취소 전'은 2024년 1월 1일 이후부터 2025년 2월 1일 이전까지의 기간이 된다.

(iii) 그 행위가 '선의'로 행하여졌어야 한다. 여기서 선의란 실종선고가 사실에 반함을 알지 못하는 것이다. 일반적인 견해는 계약의 당사자 쌍방이 선의여야 한다고 한다. 위 사망의제시기에 제시된 사례에서 B가 2024년 5월 15일에

C와 혼인하였고, B와 C가 모두 A가 살아있다는 사실을 몰랐다면, B와 C의 혼인은 무효로 되지 않고 유효하다. 대법원 가족관계등록예규 제155호 '중혼에 관한 가족관계등록사무 처리지침'도 "배우자의 일방이 실종선고를 받아 혼인관계가 해소된 후 생존배우자가 재혼을 하였으나 그 후에 그 실종선고가 실종자의 생존을 원인으로 하여 취소된 경우 … 전혼관계는 부활하지 않는 것으로 본다. 따라서 원칙적으로 이 경우에는 중혼관계는 성립되지 않게 된다. 잔존배우자가 실종선고의 취소 전에 재혼을 한 경우에는 일단 재혼당사자가 모두 선의인 것으로 추정하여 실종선고가 취소되어도 전혼관계는 부활하지 않는 것으로 보아 처리한다"고 하여 같은 취지를 밝히고 있다. 하지만 만약 재혼당사자 쌍방 또는 일방이 악의임이 증명되면 가족관계등록부를 정정하여 전혼을 부활시킨다.

(다) 실종선고를 직접원인으로 재산을 취득한 사람의 반환범위

(i) 실종선고가 취소되면 실종선고를 직접원인으로 하여 재산을 취득한 사람은 선의·악의를 불문하고 재산권을 상실하므로 이를 실종자에게 반환하여야 한다. 여기에서 '직접원인'이란 실종선고를 1차적 원인으로 하여 실종자의 재산을 취득했음을 의미한다. 위 사례에서 2024년 9월 1일에 A의 소유였던 부동산을 B가 선의의 D에게 5억 원에 팔았다면, D는 '실종선고'가 아니라 '매매계약'이 직접적인 원인이 되어 A의 부동산을 취득하였으므로 실종선고를 직접원인으로 재산을 취득한 사람에 해당하지 않는다. 여기에 해당하는 사람은 A의 부동산을 상속받은 B이다.

(ii) 재산이 현존하는 경우에는 권리대상인 목적물 그 자체를 반환하여야 하며, 처분하여 목적물을 보유하고 있지 않은 때에는 목적물의 가액을 부당이득으로 반환하여야 한다. 다만, 실종선고의 취소가 있을 때에 실종의 선고를 직접원인으로 하여 재산을 취득한 사람이 선의인 경우에는 그 받은 이익이 현존하는 한도에서 반환할 의무가 있고, 악의인 경우에는 그 받은 이익에 이자를 붙여서 반환하고 손해가 있으면 이를 배상하여야 한다(제29조 제2항). 위 사례에서 B가 부동산을 판 돈 5억 원 중 1억 원을 써 버렸다면, 선의인 B는 현존이익인 4억 원을 반환하면 된다.

제2절

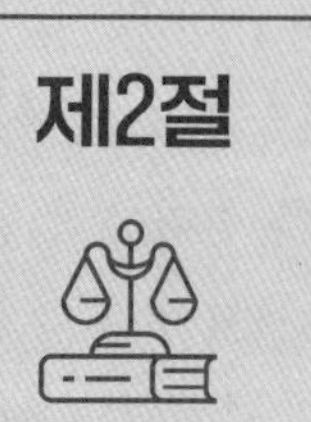

법인

I 법인의 의의와 본질

1 법인의 의의

제1절에서 권리의 주체로서의 사람, 즉 자연인을 살펴보았다. 그런데 개인의 능력에는 한계가 있어, 사람은 사회생활을 하면서 일정한 공동목적의 달성을 위해 단체를 결성한다. 이 경우 단체에서 권리와 의무의 주체는 누구인가라는 문제가 발생한다. 단체의 모든 구성원을 법률관계의 주체로 인정할 경우, 구성원의 수가 다수이거나 구성원의 변동이 빈번한 경우에는 거래관계에서 현저한 불편과 법적 불안정성이 초래될 수 있다. 그래서 구성원과는 독립된 주체로서 단체 자체를 인정하고, 여기에 권리의무의 주체로서의 지위를 부여하는 것이 법인제도이다. 법인은 사람 또는 재산으로 구성되는 구성물로서, '재산관계에 대하여' 법률에 의해 자연인처럼 권리의무의 주체가 되고, 따라서 독립한 권리주체로서 법적 거래에 참여할 수 있다. 법에 근거해 성립하는 의인화된 추상으로서, 자연인에 대비하여 이를 법인(法人)이라고 부른다. 영어로 법인이라는 뜻의 corporation의 어원이 육체라는 뜻의 라틴어 corpus라는 점을 생각하면, 이는 아이러니한 작명이다.

2 법인의 본질

법인이 왜 구성원이나 출연자로부터 독립한 권리주체로 인정되는지를 밝히는 것이 법인의 본질론이다. 이에 대해서는 권리의무의 주체는 자연인에 한하며 법인은 법률에 의해 자연인으로 의제된 것에 불과하다는 법인의제설과 법인을 권리주체로서의 실질을 갖는 사회적 실체로 보는 법인실재설이 대립하나, 어느 학설에 의하더라도 단체를 권리주체로 보는 점에서는 차이가 없다. 법인을 '사람의 집단' 또는 '일정한 목적에 바쳐진 재산'을 둘러싼 법률관계를 간편하게 처리하기 위한 법기술로 보는 것이 이해하기 쉬울 것이다. 판례는 "법인은 기관에 의하여 독자의 행위를 할 수 있는 실재체"라고 판시한 점에 비추어 볼 때, 법인실재설의 입장을 취하는 것으로 이해된다(대법원 1978. 2. 28. 선고 77누155 판결).

Ⅱ 법인의 종류

1 공법인과 사법인

공법인(公法人)은 법인의 설립이나 관리에 국가의 공권력이 관여하는 국가나 지방자치단체 등이고, 그 밖의 법인이 사법인(私法人)이다. 한국은행이나 한국토지주택공사 등과 같은 공법인과 사법인의 중간적 법인도 있다.

2 영리법인과 비영리법인

사법인을 세분화하면, 법인의 목적이 경제적 이익의 추구에 있느냐에 따라 영리(營利)법인과 비영리법인으로 나뉜다. 영리를 목적으로 한다는 것은 법인이 영리적인 사업을 한다는 의미가 아니라, 구성원인 사원(社員)에게 이익을 분배하는 것을 목적으로 한다는 의미이다. 영리법인은 전부가 사단법인이고, 이익을 분배받을 사원이 없는 재단법인은 성질상 영리법인이 될 수 없다. 재단법인에서 일하는 사람은 재단법인의 사원이 아니라 그 직원일 뿐이다. 또한 전형적인 영리법인인 주식회사의 사원은 이익을 분배받는 주주이며, 그 회사에 다니는 사람은 법인인 그 회사와 고용계약을 맺은 직원이다. 주식회사나 유한회사는 영리법인으로 상법의 규율을 받으며, 민법상의 법인은 비영리법인이다.

3 사단법인과 재단법인

사단법인(社團法人)은 일정한 목적을 위한 인적 결합에 권리능력이 부여된 것이고, 재단법인(財團法人)은 일정한 목적에 바쳐진 재산에 권리능력이 부여된 것이다. 사단법인은 그 구성원인 사원들의 통합된 의사인 총의(總意)에 의해 자율적으로 활동하는데 비해, 재단법인은 설립자의 의사에 의해 타율적으로 활동한다. 둘의 중간적 법인은 인정되지 않는다.

4 법인 아닌 사단과 재단

(i) 실제 사회에서는 법인으로서의 실질을 갖추고 있으면서 법인이 아닌 사단과 재단이 많다. 이들이 존재하는 이유는 주로 주무관청의 허가를 얻지 못한 경우, 행정관청의 규제를 받고 싶지 않은 경우, 법인이 설립 도중에 있는 경우가 있기 때문이다. 우리나라에는 종중(대법원 1991. 8. 27. 선고 91다16525 판결), 교회(대법원 2006. 4. 20. 선고 2004다37775 전원합의체판결), 아파트 부녀회(대법원 2006. 12. 21. 선고 2006다52723 판결), 공동주택의 입주자대표회의(대법원 2007. 6. 15. 선고 2007다6307 판결) 등 법인 아닌 사단이 매우 많이 존재한다. 법인 아닌 사단으로 인정되려면 단체로서의 조직을 갖추고, 대표의 방법, 총회의 운영, 재산 관리 등 중요한 점이 정관이나 규칙으로 확정되어 있어야 한다. 법인 아닌 사단은 권리능력 없는 사단 또는 비법인사단(非法人社團)이라고도 한다.

(ii) 사람의 결합체로 사단 외에 조합도 있다. 조합은 구성원 사이의 계약관계로 규율되는데, 사단과 조합은 단체성의 강약에 의해 구별된다. 단체법의 법리에 따른 사단은 단체성이 강한 반면, 계약법리에 의한 조합은 단체성보다 구성원의 개인성이 강하다.

(iii) 비법인사단의 경우 당사자능력이 인정되어 단체의 이름으로 소송의 당사자가 될 수 있고(민사소송법 제52조), 단체의 명의로 부동산을 등기할 수도 있다(부동산등기법 제26

조 제1항). 비법인사단은 법인격을 전제로 하는 것을 제외하고는 사단법인에 관한 규정을 유추적용한다. 법인 아닌 재단인 비법인재단도 마찬가지로 당사자능력과 등기능력을 가지며, 재단법인에 관한 규정이 유추적용된다.

(iv) 법인 아닌 사단의 재산귀속형태는 총유(總有)이다(제275조). 총유는 관리·처분의 권능은 단체에 속하고, 사용·수익의 권능은 각 사원에게 속하는 단체주의적인 공동소유형태이다(제276조). 그 결과 비법인사단의 사원은 지분권이나 재산의 분할청구권을 갖지 못한다.

[교회재산의 분열]

우리 민법이 사단법인에 있어서 구성원의 탈퇴나 해산은 인정하지만 사단법인의 구성원들이 2개의 법인으로 나뉘어 각각 독립한 법인으로 존속하면서 종전 사단법인에게 귀속되었던 재산을 소유하는 방식의 사단법인의 분열은 인정하지 아니한다. 그 법리는 법인 아닌 사단에 대하여도 동일하게 적용되며, 법인 아닌 사단의 구성원들의 집단적 탈퇴로써 사단이 2개로 분열되고 분열되기 전 사단의 재산이 분열된 각 사단들의 구성원들에게 각각 총유적으로 귀속되는 결과를 초래하는 형태의 법인 아닌 사단의 분열은 허용되지 않는다. 교회가 법인 아닌 사단으로서 존재하는 이상, 그 법률관계를 둘러싼 분쟁을 소송적인 방법으로 해결함에 있어서는 법인 아닌 사단에 관한 민법의 일반 이론에 따라 교회의 실체를 파악하고 교회의 재산 귀속에 대하여 판단하여야 하고, 이에 따라 법인 아닌 사단의 재산관계와 그 재산에 대한 구성원의 권리 및 구성원 탈퇴, 특히 집단적인 탈퇴의 효과 등에 관한 법리는 교회에 대하여도 동일하게 적용되어야 한다. 따라서 교인들은 교회 재산을 총유의 형태로 소유하면서 사용·수익할 것인데, 일부 교인들이 교회를 탈퇴하여 그 교회 교인으로서의 지위를 상실하게 되면 탈퇴가 개별적인 것이든 집단적인 것이든 이와 더불어 종전 교회의 총유 재산의 관리처분에 관한 의결에 참가할 수 있는 지위나 그 재산에 대한 사용·수익권을 상실하고, 종전 교회는 잔존 교인들을 구성원으로 하여 실체의 동일성을 유지하면서 존속하며 종전 교회의 재산은 그 교회에 소속된 잔존 교인들의 총유로 귀속됨이 원칙이다(대법원 2006. 4. 20. 선고 2004다37775 전원합의체판결).

Ⅲ 법인의 설립

1 법인설립에 관한 입법주의

가. 자유설립주의

법인의 실질만 갖추면 법인으로 인정하는 태도이다. 우리 법은 이를 배제한다.

나. 준칙주의

법인설립에 관한 요건을 미리 정해 놓고 그 요건만 갖추면 행정관청의 허가 없이도 당연히 법인이 설립하는 것으로 인정하는 태도이다. 상법상의 회사에 대해 준칙주의(準則主意)를 채용한다.

다. 허가주의

법인의 설립에 관해 행정관청의 허가를 필요로 하는 태도이다. 민법상 비영리법인에 관하여 허가주의를 채용하고 있다.

2 사단법인의 설립

가. 목적의 비영리성

학술, 종교, 자선, 기예, 사교 기타 영리 아닌 사업을 목적으로 하여야 한다(제32조). 비영리사업의 목적을 달성하기 위해 필요한 한도에서 영리행위를 하더라도, 이러한 수익은 사업의 목적을 위해 쓰여야 하고 구성원에게 분배되어서는 안 된다.

나. 설립행위

(i) 사단법인을 설립하려면 2인 이상의 설립자가 법인의 근본규칙을 정하여 이를 서면에 기재하고 기명날인하여야 한다(제40조). 이러한 법인의 근본규칙을

'정관'(定款)이라 하며, 정관을 작성하는 행위가 사단법인의 설립행위이다. 일반적인 견해는 사단법인 설립행위를 설립자 전원이 합동하여 법인설립이라는 공공의 목적에 협력하는 점에서, 단독행위 및 계약과 구별하여 '합동행위'라는 제3의 법률유형으로 파악한다. 판례는 이 점에 대해 직접적으로 언급하고 있지 않지만, 정관을 해석하는 데에는 계약의 해석 방법이 아닌 법규해석의 방법에 따라야 한다고 하여, 정관의 작성행위를 계약으로 보는 것에 소극적인 태도를 보이고 있다(대법원 2000. 11. 24. 선고 99다12437 판결).

(ii) 정관의 기재사항에는 반드시 기재하여야 하는 필요적 기재사항과 반드시 기재하여야 하는 것은 아니지만 기재할 수 있는 임의적 기재사항이 있다. 필요적 기재사항에는 ① 목적, ② 명칭, ③ 사무소의 소재지, ④ 자산에 관한 규정, ⑤ 이사의 임면(任免)에 관한 사항, ⑥ 사원의 자격득실에 관한 사항, ⑦ 존립시기나 해산사유를 정하는 때에는 그 시기 또는 사유 등이 있다(제40조). 필요적 기재사항이 하나라도 누락되면 정관은 무효로 된다.

다. 주무관청의 허가

주무관청의 허가가 있어야 한다(제32조). 주무관청이란 법인이 목적으로 하는 사업을 관리하는 행정관청이다. 판례는 주무관청의 허가를 자유재량행위로 파악한다(대법원 1996. 9. 10. 선고 95누18437 판결).

라. 설립등기

주된 사무소의 소재지에서 설립등기를 하여야 하며, 설립등기가 있으면 법인이 성립한다(제33조).

3 재단법인의 설립

(i) 비영리 사단법인에서와 마찬가지로 네가지의 요건이 필요하며, 내용상으로 설립행위에서만 차이가 있다. 재단법인의 설립은 정관작성 외에 재산출연이 필요하다는 점에서 사단법인 설립행위와 다르다. 정관의 작성은 ① 목적, ② 명칭, ③ 사무소의 소재지, ④ 자산에 관한 규정, ⑤ 이사의 임면에 관한 사항을 기

재하고 기명날인하여야 한다.

(ii) 재산의 출연(出捐)은 재산을 내어 놓는다는 의미이며, 출연의 방법에는 제한이 없다. 따라서 부동산·동산의 소유권을 비롯한 각종의 물권과 채권 등이 모두 출연재산이 될 수 있다. 재산출연행위는 무상행위라는 점에서 증여 및 유증과 유사하므로, 민법은 생전처분에 의한 재단법인의 설립에는 증여에 관한 규정을 준용하고, 유언에 의한 재단법인의 설립에는 유증에 관한 규정을 준용한다(제47조).

(iii) 재산의 출연과 재산의 귀속시기에 관하여 민법은 "생전처분으로 재단법인을 설립하는 때에는 출연재산은 법인이 성립된 때로부터 법인의 재산이 된다"라고 규정하고 있다(제48조 제1항). 그런데 법률행위로 인한 부동산의 물권변동은 등기해야 그 효력이 생기므로(제186조), 출연재산이 부동산인 경우에는 제48조에 따라 법인 설립시에 귀속되는지, 아니면 제186조에 따라 등기시에 귀속되는지에 관하여 해석상 논리적 부조화가 발생한다. 이에 대하여 판례는 출연재산이 부동산인 경우, 출연자와 법인 사이에는 법인의 성립 외에 등기를 필요로 하지 않지만, 제3자에 대한 관계에서는 등기를 필요로 한다는 입장을 취한다(대법원 1979. 12. 11. 선고 78다481, 482 전원합의체판결).

[출연재산 귀속시기]

재단법인을 설립함에 있어서 출연재산은 그 법인이 설립된 때로부터 법인에 귀속된다는 민법 제48조의 규정은 출연자와 법인과의 관계를 상대적으로 결정하는 기준에 불과하여 출연재산이 부동산인 경우에도 출연자와 법인 사이에는 법인의 성립 외에 등기를 필요로 하는 것은 아니지만, 제3자에 대한 관계에 있어서, 출연행위는 법률행위이므로 출연재산의 법인에의 귀속에는 부동산의 권리에 관한 것일 경우 등기를 필요로 한다(대법원 1979. 12. 11. 선고 78다481, 482 전원합의체판결).

Ⅳ 법인의 능력

자연인과 마찬가지로 법인도 능력을 가진다. 법인에서 주로 문제가 되는 것은 권리능력에서는 어느 범위에서 권리와 의무의 주체로 되느냐이고, 행위능력에서는 누구의 어떤 행위를 법인의 행위로 볼 것이냐이며, 불법행위능력에서는 누구의 어떤 행위에 대하여 법인의 불법행위가 성립하느냐이다.

1 권리능력

가. 권리능력의 범위

(1) 성질에 의한 제한

법인은 친권, 생명권 등 자연인의 천연적 성질을 전제로 하는 권리·의무의 주체가 될 수 없다.

(2) 법률에 의한 제한

법인의 권리능력은 법률에 의하여 제한될 수 있다. 예를 들면 청산법인의 권리능력은 청산의 목적 범위 내로 제한된다(제81조).

(3) 목적에 의한 제한

법인은 정관에 목적을 기재하고, 이를 등기해야 한다(제34조). 학설은 대체로 제34조를 근거로 법인은 '정관으로 정한 목적의 범위 내'에서만 권리능력을 가진다고 본다. 판례도 "법인의 권리능력은 법인의 설립 근거가 되는 법률과 정관에 의해 제한되나, 그 목적 범위 내의 행위란 정관으로 정한 목적 그 자체에 국한되지 않고, 그 목적을 이루는 데 직접·간접으로 필요한 행위를 포함한다"라고 한다(대법원 2007. 1. 26. 선고 2004도1632 판결). 판례는 법인의 목적 범위를 거래안전과 상대방보호를 위하여 넓게 해석하는데, 이는 목적 범위 내의 행위에 의한 법률효과만이 법인에 귀속되기 때문이다.

나. 법인격남용론

법인의 법인격이 본래의 목적과 달리 남용되어 법인의 법기술적 성질이 그 본래의 취지에 반하게 되는 경우, 신의칙에 기해 법인의 법인격을 부인하고 법인의 배후에 숨어 있는 자의 책임을 물을 수 있도록 하는 이론으로 법인격남용론(法人格濫用論)이 형성되었다. 법인격남용론은 특히 회사의 법인격이 남용되는 경우에 문제되는데, 판례도 신의칙에 의한 법인격남용을 명시적으로 승인한다.

[법인격남용]

회사가 외형상으로는 법인의 형식을 갖추고 있으나 법인의 형태를 빌리고 있는 것에 지나지 아니하고 실질적으로는 완전히 그 법인격의 배후에 있는 타인의 개인기업에 불과하거나, 그것이 배후자에 대한 법률적용을 회피하기 위한 수단으로 함부로 이용되는 경우에는, 비록 외견상으로는 회사의 행위라 할지라도 회사와 그 배후자가 별개의 인격체임을 내세워 회사에게만 그로 인한 법적 효과가 귀속됨을 주장하면서 배후자의 책임을 부정하는 것은 신의성실의 원칙에 위반되는 법인격의 남용으로서 심히 정의와 형평에 반하여 허용될 수 없고, 따라서 회사는 물론 그 배후자인 타인에 대하여도 회사의 행위에 관한 책임을 물을 수 있다고 보아야 한다(대법원 2001. 1. 19. 선고 97다21604 판결).

2 법인의 행위능력

관념상의 법인이 실제로 권리를 취득하거나 의무를 부담하는 것은 일정한 자연인의 행위에 의할 수밖에 없다. 그렇다면 누구의 행위가 법인의 행위로 되는지의 문제가 발생하는데, 이것이 바로 법인의 행위능력의 문제이다.

가. 법인의 대표기관의 행위

법인을 대표할 수 있는 지위에서 법인을 위해 권리를 취득하고 의무를 부담할 수 있는 자연인을 대표기관이라고 한다. 법인의 대표기관의 행위만이 법인의 행위로 된다.

나. 대표권의 남용

대표기관이 '대표권의 범위 안에서' 오직 자기나 제3자의 이익을 위해 대표행위를 한 경우의 효과가 문제된다. 판례는 이 경우 대표기관의 행위가 법인에게 효과가 발생함을 인정하나, 상대방이 남용행위를 알았거나 알 수 있었다면 그 효과를 부정한다(대법원 2004. 3. 26. 선고 2003다34045 판결). 상대방을 보호할 가치가 없기 때문이다.

[사례]

A 법인 대표이사 甲은 자신의 개인 채무 1억원을 변제하기 위해 법인 명의로 B 은행에서 대출을 받았다. B 은행 담당자 乙은 甲이 법인의 자금을 개인 용도로 사용하려 한다는 사실을 알고 있었지만, 오랜 친분을 이유로 대출을 승인했다. A와 B 은행이 체결한 계약의 효력은 어떠한가?

3 법인의 불법행위능력

법인에서는 성질상 정신적 판단능력으로서의 책임능력이 문제되지 않지만, 누구의 어떤 행위에 대하여 법인의 불법행위가 성립하는지가 문제된다.

[사례]

사회복지 재단법인의 이사장 甲은 후원금 모금행사를 위해 재단법인 소유의 차량을 운전하던 중 신호위반으로 횡단보도를 건너던 보행자 乙을 치었다. 이 사고로 乙은 2주간의 치료가 필요한 상해를 입었고, 치료비와 일실수익 등으로 500만 원의 손해가 발생했다. 乙은 누구에게 손해배상을 청구할 수 있을까?

가. 요건

(1) 대표기관의 행위

법인의 '대표기관의' 행위여야 한다. 대표권 없는 이사는 법인의 기관이지만 대표기관은 아니기 때문에, 그의 행위로는 법인의 불법행위가 성립하지 않는다(대법원 2005. 12. 23. 선고 2003다30159 판결).

(2) 직무관련성

대표기관의 '직무에 관한' 행위에 대해서만 법인은 불법행위책임을 진다. 판례는 거래안전을 위해 직무에 관한 행위를 '외형상' 직무수행이라고 볼 수 있는 행위 및 직무행위와 사회관념상 관련성을 가지는 행위로 본다(대법원 2004. 2. 27. 선고 2003다15280 판결).

(3) 일반불법행위의 요건을 갖출 것

법인의 일반불법행위가 성립하기 위해서는 가해행위, 고의·과실, 책임능력, 위법성, 손해발생 등 일반불법행위의 요건을 갖추어야 한다.

나. 효과

(1) 법인의 불법행위가 성립하는 경우

법인의 피해자에게 손해를 배상하여야 한다. 법인의 불법행위책임은 사용자책임과 달리 선임·감독에 주의를 다하였음을 이유로 면책되지 않는다. 이때 가해행위를 한 대표기관 개인도 법인과 함께 연대책임을 진다.

(2) 법인의 불법행위가 성립하지 않는 경우

대표기관의 행위가 직무집행의 범위를 벗어나 법인의 불법행위책임이 생기지 않는 경우, 대표기관만이 불법행위책임을 진다. 민법은 피해자를 두텁게 보호하기 위해, 그 사항의 의결에 찬성했거나 그 의결을 집행한 사원은 연대하여 배상책임을 지도록 하고 있다(제35조 제2항).

V 법인의 기관

독립된 권리주체지만 자연인처럼 행동할 수 없는 법인이 행위하기 위해서는 자연인의 행위를 필요로 한다. 즉 자연인에 의해 구성되는 기관이 법인의 의사를 결정하고 법인의 사무를 처리하며 법인을 대표한다. 비영리사단법인의 기관으로는 필요기관인 이사와 사원총회, 임의기관인 감사가 있다. 재단법인의 기관으로는 필요기관인 이사와 임의기관인 감사가 있으며, 성질상 사원총회는 없다.

1 이사

이사는 대외적으로 법인을 대표하고, 대내적으로는 법인의 업무를 집행하는 상설의 필요기관이다(제57조). 즉 이사는 법인의 대표기관이고, 집행기관이며, 필수기관이다.

가. 임면

이사의 임면방법은 정관의 필요적 기재사항으로(제40조 제5호), 이사를 선임하는 행위는 법인과 이사 사이의 위임과 유사한 계약이다. 이사의 해임·퇴임은 정관에 의하나, 정관에 규정이 없거나 불충분한 때에는 대리와 위임에 관한 규정을 유추하여야 한다(제59조 제2항, 제127조). 이사의 성명·주소는 등기사항이며(제49조 제2항), 이를 등기하지 않으면 이사의 선임·해임·퇴임을 가지고 제3자에게 대항할 수 없다(제54조 제1항).

나. 직무권한

(1) 대외적 권한

(가) 대표권

이사는 법인의 사무에 관하여 각자 법인을 대표한다(제59조 제1항). 수인의 이사가 있더라도 각자대표(各自代表)가 원칙이다. 이사는 원칙적으로 행위능력 범위 내의 모든 사항에 관하여 대표권을 가진다. 대표기관이 법인을 대표하여 어떤 행위를 하면, 그 행위는 법인의 행위로 되어 법인이 그로 인한 권리를 취득하고 의무를 부담한다.

(나) 대표권의 제한

이사의 대표권은 정관에 의하여 제한할 수 있으나(제59조 제1항), 이사의 대표권 제한은 정관에 기재한 경우에도 등기하지 아니하면 제3자에게 대항하지 못한다(제60조). 예를 들어 2명의 이사를 공동대표로 정관에 기재하였으나 등기하지 않았다면, 어느 한 이사와 거래한 제3자에 대하여 대표권의 제한을 주장하지 못한다. 즉 제한을 위반하여 대표권을 행사한 이사의 행위의 효과는 법인에 귀속된다. 판례에 의하면 이는 제3자의 선의·악의 여부에 관계 없이 대항할 수 없다(대법원 1992. 2. 14. 선고 91다24564 판결).

[사례]

교육과 장학사업을 목적으로 하는 A 법인의 정관에는 "이사장이 1억 원 이상의 부동산을 취득하거나 처분할 때에는 반드시 이사회의 사전 승인을 얻어야 한다"는 대표권 제한 조항이 있으며, 이는 법인등기부에도 등기되어 있다. 그런데 이사장 甲은 법인의 재정이 어렵다는 이유로 이사회의 승인 없이 법인 소유의 교육연수원 건물을 乙에게 매도하는 계약을 체결하고 계약금도 받았다. A는 乙에게 무엇을 주장할 수 있을까?

(2) 대내적 권한

이사는 법인의 모든 내부적 사무를 집행한다(제58조 제1항). 이사가 여럿 있는 경우에는 정관에 다른 규정이 없으면 법인의 사무집행을 이사의 과반수로 결정한다(동조 제2항).

2 감사

가. 임면

법인은 정관 또는 총회의 결의로 감사를 둘 수 있다(제66조). 감독 기관인 감사는 민법상 법인에서는 임의기관이다. 감사의 임면은 이사의 경우와 같다. 감사는 법인을 대표하는 기관이 아니므로 그의 성명과 주소는 등기사항이 아니다.

나. 직무권한

감사는 법인의 내부에서 이사의 사무집행을 감독하지만, 외부적으로는 법인을 대표하지 않는다. 감사도 이사처럼 선량한 관리자의 주의로 사무를 처리하여야 한다(제681조).

3 사원총회

가. 의의

사원총회는 사단법인의 사원 전원으로 구성되는 최고의 의사결정기관이다. 사원총회는 사단법인에서는 반드시 두어야 하는 필요기관이며, 정관의 규정에 의하여서도 이를 폐지하지 못한다. 재단법인에는 사원이 없으므로 사원총회도 있을 수 없으며, 재단법인의 최고의사는 정관에 정하여져 있다.

나. 총회의 종류

(1) 통상총회

사단법인의 이사는 매년 1회 이상 통상총회를 소집하여야 한다(제69조).

(2) 임시총회

① 이사가 필요하다고 인정하는 때(제70조), ② 감사가 필요하다고 인정하는 때(제67조 제4호), ③ 총사원의 5분의 1 이상이 회의의 목적사항을 제시하여 청구하는 때에 열리는 사원총회이다(제70조 제2항). ③의 경우에 5분의 1이라는 수는 정관에서 증감할 수 있으나, 소수사원권(少數社員權)인 소수사원의 총회소집권은 박탈하지 못한다.

다. 총회의 결의

정관으로 이사 등에게 위임한 사항을 제외한 나머지 사항은 모두 사단법인의 최고 의사결정기관인 사원총회의 결의에 의하여 결정된다. 특히 정관의 변경(제42조)과 임의해산(제77조 제2항)은 반드시 사원총회의 결의로 결정해야 한다.

VI 법인의 해산

해산이란 법인이 본래의 목적 수행을 위한 적극적인 활동을 멈추고 청산절차에 들어가는 것을 말한다. 법인의 해산사유에는 사단법인·재단법인에 공통된 것과 사단법인에 특유한 것이 있다.

1 사단법인·재단법인에 공통된 해산사유

법인은 존립기간의 만료, 법인의 목적의 달성 또는 달성의 불능 기타 정관에서 정한 해산사유의 발생, 파산 또는 설립허가의 취소로 해산한다(제77조 제1항).

가. 존립기간의 만료 또는 정관에서 정한 해산사유의 발생

법인의 존립시기나 해산사유를 정하는 때에는 그 시기 또는 사유가 정관에 기재되어야 한다(제40조 제7호). 정관에 기재한 존립기간의 만료가 있는 때 또는 정관이 정한 해산사유가 발생한 때에는 해산한다.

나. 법인의 목적달성 또는 달성불능

법인의 목적을 달성하였거나 달성불능인 경우 법인은 해산한다.

다. 파산

법인이 채무를 완제하지 못하게 된 때, 즉 채무초과가 된 때에는 이사는 지체 없이 파산을 신청하여야 한다(제79조).

라. 설립허가의 취소

법인이 목적 이외의 사업을 하거나 설립허가의 조건에 위반하거나 기타 공익을 해하는 행위를 한 때에는 주무관청은 설립허가를 취소할 수 있다(제38조).

2 사단법인에 특유한 해산사유

가. 사원이 없게 된 때

사단법인은 본질상 사원의 존재를 기반으로 한다. 따라서 사원이 없게 되는 때에 사단법인은 존속의 근거를 상실하게 된다.

나. 총회의 결의

총회의 결의에 의한 해산을 임의해산이라고 하는데, 이는 총회의 전권사항이다. 해산 결의는 총사원 4분의 3 이상의 동의를 요하나, 정관에서 다르게 정할 수 있다(제78조).

제4장

계약 성립

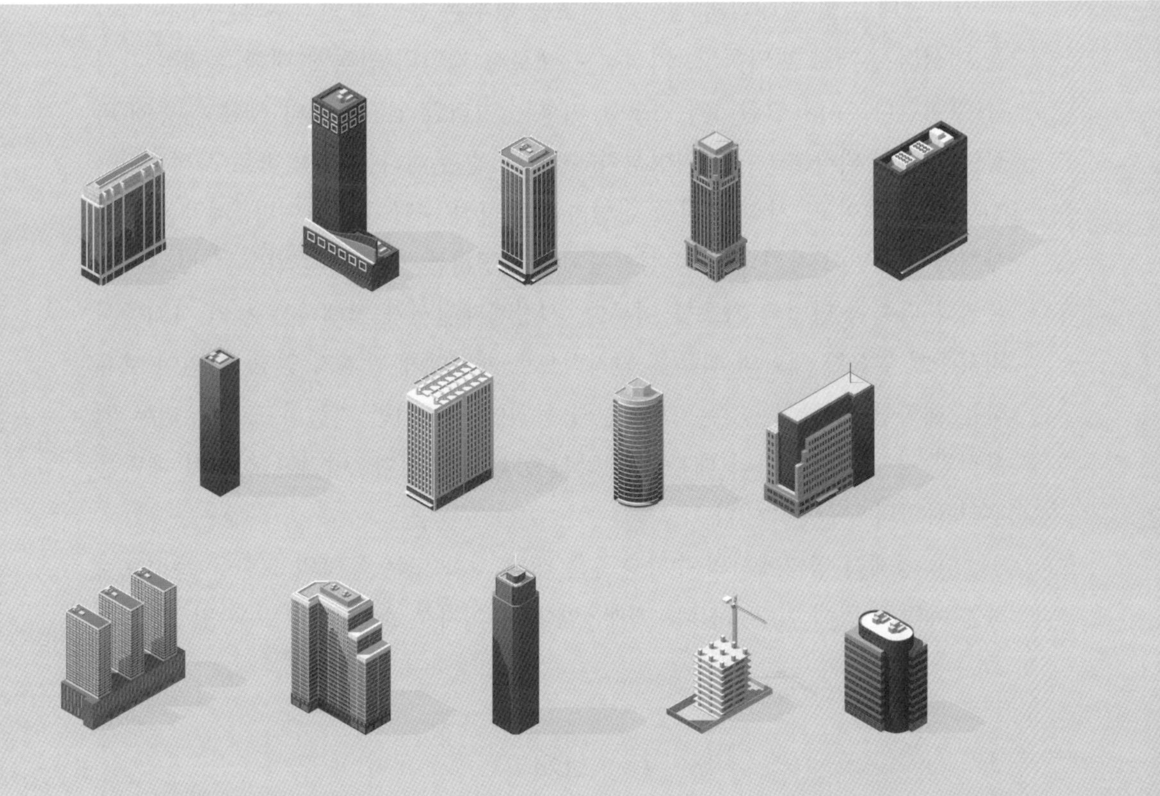

제1절 개관

(i) 법적으로 강제력을 갖는 당사자 간의 약속이나 합의를 계약이라 한다. 계약은 둘 이상의 대립하는 의사표시의 일치에 의해 성립하는 법률행위이다. 혼인과 같은 가족법상의 합의도 넓은 의미의 계약으로 볼 수 있으나, 좁은 의미의 계약은 채권의 발생을 목적으로 하는 채권계약을 가리킨다.

(ii) 근대법 및 현대법의 정신적 기초를 이루는 윤리적 인격주의는 모든 인간을 이성적 존재로 파악하고, 이성적 존재로서 개인의 인격에 대해 절대적 가치를 부여한다. 우리 법질서의 기초를 이루는 이러한 인간존엄의 사상(헌법 제10조)에 터잡아 개인의 의사(意思)에 권리형성력(權利形成力)을 부여하는 것이 바로 사적자치(私的自治)의 원칙이고, 사적 자치를 실현하는 전형적 수단이 계약이다. 계약은 시민사회에서 개인이 자기의 법적 생활관계를 결정하는 가장 기본적인 수단으로, 소유권과 더불어 민법의 기초를 이룬다. 시장경제질서가 지배하는 우리 사회에서 의식주에 필요한 재화의 획득은 원칙적으로 개인에게 맡겨져 있고, 타인이 보유하는 재화를 획득하는 것은 그 타인의 동의에 의해서만 가능하므로, 우리는 일상적인 경제활동을 거의 대부분 계약을 통해 영위한다. 이러한 점에서 계약은 우리 사회의 구성원리이다.

(iii) 경제적 영역에서의 수요충족은 대개 재화 또는 용역의 교환을 목적으로 하는 계약에 의해 이루어진다. 매매, 임대차, 이자부 소비대차, 고용 및 도급 등

은 상대방이 급부할 의무를 진다는 바로 그 이유 때문에 자신의 급부를 약속한다는 점에서 공통된다. 계약에서는 일반적으로 계약당사자들의 사적 주도에 의해 합리적인 결과에 도달하게 된다. 계약당사자들 사이에는 그들의 이익이 서로 대립하며 일방의 이익은 상대방의 손해를 의미하므로, 각 당사자가 자기는 가능한 한 적게 급부하면서 상대방으로부터 더 많은 급부를 얻으려고 한다. 이러한 상황에서 당사자 쌍방은 급부와 반대급부의 교환에 대한 합의에 의하여 각자의 이기적 동기의 일부를 포기하게 된다. 교섭(交涉), 즉 계약에서 상호간의 합의는 원칙적으로 일방적인 결과를 피하게 하고 정당한 결과를 이끌어 내게 된다.

(iv) 사회의 유지·발전의 원동력인 계약의 원활한 기능은 계약의 준수를 그 필수적 전제로 한다. 즉 '계약은 지켜져야 한다'(pacta sunt servanda)는 요청은 계약법의 기본원칙이다. 이러한 계약의 불가파기성(不可破棄性)은 예측가능성에 대한 자본주의 경제의 요청에 따른 것이다.

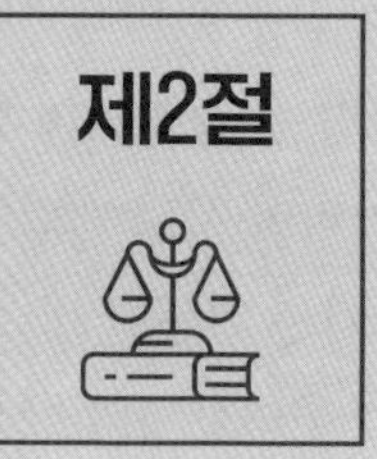

제2절 청약과 승낙

I 합의

(i) 계약은 둘 이상의 당사자의 의사표시(意思表示)의 일치에 의해 성립한다. 계약을 성립시키는 이러한 의사표시의 일치를 합의(合意)라고 한다. 합의는 보통 청약과 승낙으로 성립한다. 계약이 성립하기 위해서는 적어도 계약의 본질적 구성부분, 예를 들면 매매의 경우 매매의 객체와 대금(제563조), 임대차의 경우 임차물과 차임(제618조)에 대해서는 반드시 당사자가 합의를 하여야 하며 합의가 없으면 계약이 성립될 수 없다.

[의사의 합치]

계약이 성립하기 위해서는 당사자 사이에 의사의 합치가 있을 것이 요구되고 이러한 의사의 합치는 당해 계약의 내용을 이루는 모든 사항에 관하여 있어야 하는 것은 아니나 그 본질적 사항이나 중요사항에 관하여는 구체적으로 의사의 합치가 있거나 적어도 장래 구체적으로 특정할 수 있는 기준과 방법 등에 관한 합의는 있어야 한다(대법원 2001. 3. 23. 선고 2000다51650 판결).

(ii) 구체적인 경우에 합의가 존재하는지 여부는 의사표시 내지 법률행위의 해석에 의해 판단된다. 상대방 있는 의사표시의 경우에는 원칙적으로 표시의 객

관적·규범적 의미가 탐구되어야 한다. 이를 규범적 해석이라고 한다. 의사표시의 당사자 쌍방이 표시를 사실상 같은 의미로 이해한 경우에는 표의자와 상대방이 일치하여 생각한 의미로 확정되어야 한다. 이를 자연적 해석이라고 한다. 이러한 자연적 해석은 로마법상의 오표시무해(誤表示無害, falsa demonstratio non nocet)의 법리가 발전한 것이다.

[고래고기 상어고기 사건]

자연적 해석에 대한 독일의 대표적 판례는 RGZ 99, 147인데, 사안은 다음과 같다. Haakjöringsköd는 노르웨이말로 상어고기를 뜻하는 말이다. 그런데 당사자는 이것이 고래고기를 뜻하는 말로 잘못 알고 매매계약을 체결하면서 계약서에 Haakjöringsköd로 표시한 것이다. 이에 관해 위 판례는 착오에 의한 취소를 배척하면서, "양 당사자는 고래고기에 대해 계약을 체결하기를 원했으나, 그 계약상의 의사를 표시하면서 착오로 그들의 진의에 부합하지 않는 명칭인 Haakjöringsköd가 사용되었다. 따라서 그들 사이의 법률관계는 바로 그들의 의사에 부합하는 명칭인 고래고기를 사용한 것과 다름이 없다"고 판시하였다.

Ⅱ 청약

1 의의

(i) 청약(請約)은 그에 대응하는 승낙과 결합해 계약을 성립시킬 것을 목적으로 하는 일방적·확정적 의사표시이다. 청약은 하나의 의사표시이고 법률행위가 아니므로 그것만으로는 법률효과가 발생하지 않는다. 청약에 대해 승낙이 있고 청약과 승낙이 일치하면 비로소 계약이 성립해 법률효과가 생기게 된다. 청약은 묵시적으로도 가능하다. 예를 들어 손님을 찾아 돌아다니는 택시나, 가격이 붙은 음료수가 들어 있는 자동판매기를 설치하는 것도 청약이다.

(ii) 청약은 다른 사람으로 하여금 청약을 하게 하려는 행위인 청약의 '유인'(誘引)과 구별된다. 청약의 유인은 청약이 아니므로 상대방이 그에 대해 계약 체결을 원하는 의사표시를 하면 그것이 청약에 해당되고, 청약의 유인을 한 자는 그에 대해 승낙할 것인지 여부를 자유롭게 정할 수 있다. 청약의 유인은 예를

들면, 구인광고, 판매광고, 상품목록의 배부 등이 있다. 판례는 상가분양 광고 및 분양계약 체결 시의 설명은 청약의 유인이라고 판시하였다(대법원 2001. 5. 29. 선고 99다55661 판결).

(iii) 온라인마켓을 통해 판매된 숙박권(여행패키지)에 '무료 승마체험'이 포함되어 있다고 광고한 사건에서, 판례는 "광고는 일반적으로 청약의 유인에 불과하지만 내용이 명확하고 확정적이며 광고주가 광고의 내용대로 계약에 구속되려는 의사가 명백한 경우에는 이를 청약으로 볼 수 있다. 나아가 광고가 청약의 유인에 불과하더라도 이후의 거래과정에서 상대방이 광고의 내용을 전제로 청약을 하고 광고주가 이를 승낙하여 계약이 체결된 경우에는 광고의 내용이 계약의 내용으로 된다"고 판시한 바 있다(대법원 2018. 2. 13. 선고 2017다275447 판결).

2 효력

가. 실질적 효력

청약은 그에 대해 승낙이 있으면 계약을 성립하게 하는 효력, 즉 승낙을 받을 수 있는 효력을 가진다. 이를 청약의 실질적 효력 또는 승낙적격(承諾適格)이라고 한다.

나. 청약의 구속력

청약은 이를 임의로 철회하지 못한다(제527조). 이를 청약의 구속력이라고 한다. 청약을 임의로 철회할 수 있다면 거래의 안전을 유지할 수 없고 상대방에게 부당한 손해를 줄 수 있게 된다. 청약을 임의로 철회할 수 없기 때문에 상대방은 그에 대해 승낙 또는 거절을 선택할 수 있는 유리한 지위에 있게 된다.

Ⅲ 승낙

1 의의

승낙(承諾)은 청약에 응하여 계약을 성립시킬 것을 목적으로 청약자에 대하여 하는 의사표시이다.

2 효력

가. 계약의 성립

승낙은 청약과 결합하여 계약을 성립하게 하는 효력이 있다. 계약을 성립시키려면 승낙의 의미가 청약과 일치해야 하며, 나아가 승낙이 일정한 기간 내에 이루어져야 한다.

나. 계약성립의 다른 유형

(1) 변경을 가한 승낙

승낙자가 청약에 대해 조건을 붙이거나 변경을 가하여 승낙한 때에는 그 청약을 거절하고 새로 청약한 것으로 본다(제534조). 예를 들면 A가 가지고 있던 노트북을 50만 원에 B에게 팔겠다는 청약에 대하여 B가 그 노트북을 40만 원에 사겠다는 승낙을 한 경우, 이는 변경을 가한 승낙으로 새로운 청약이 된다.

(2) 교차청약

승낙은 청약에 상응하여 시간적으로 그에 뒤이어 이루어져야 함이 원칙이다. 그런데 청약의 상대방도 동일한 내용의 청약을 한 경우, 예를 들면 A가 가지고 있던 노트북을 50만 원에 B에게 팔겠다고 청약하였는데 그 청약이 도달하기 전에 B가 A에게 A의 노트북을 50만 원에 사겠다고 청약한 경우, 이를 교차청약(交叉請約)이라 한다. 이 경우 서로의 의사표시가 일치하므로, 민법은 굳이 별도로 승낙의 의사표시를 할 것을 요구하지 않고 바로 계약이 성립한 것으로 본다(제533

조). 이때 계약은 두 청약이 모두 도달한 때에 성립한다.

(3) 의사실현에 의한 계약의 성립

청약자의 의사표시나 관습에 의하여 승낙의 통지가 필요하지 아니한 경우에는 계약은 승낙의 의사표시가 인정되는 사실이 있는 때에 성립한다(제532조). 이는 승낙의 의사표시가 존재하기는 하나 그것이 청약자에게 발송되거나 도달되지 아니한 경우, 즉 그것이 청약자에 대한 의사표시가 아닌 경우에도 계약의 성립을 인정한 것이다. 여기서 '승낙의 의사표시로 인정되는 사실'이란 단지 그 해석상 승낙의 의사표시로 인정된다는 의미이고, 원래 의사표시가 아닌 어떠한 사실을 의사표시로 의제하는 것이 아니다. 다만 그러한 의사표시가 청약자에 대하여 행하여질 것을 요하지 않는다는데 그 예외성이 있다. 예를 들면 매도를 위하여 물건을 송부함으로써 청약을 하였는데, 상대방이 이를 소비했다면 승낙의 의사표시로 보아 매매계약이 성립한 것으로 볼 수 있다.

다. 승낙의 효력발생시기

(i) 승낙은 청약과 합치함으로써 계약을 성립하게 하므로, 승낙의 효력발생시기는 계약의 성립시기의 문제이기도 하다. 민법은 의사표시의 효력발생시기에 관하여 도달주의를 원칙으로 한다(제111조). 이는 의사표시가 상대방에게 도달하여야 비로소 효력이 발생한다는 의미이다. 그러나 민법 제531조는 격지자(隔地者, 서로 떨어져 있는 사람들) 사이의 계약에 관해서는 "격지자 간의 계약은 승낙의 통지를 발송한 때에 성립한다"고 규정하여 발신주의를 채택하고 있다. 예를 들면 서울에 사는 A가 대전에 사는 B에게 노트북을 50만 원에 팔겠다는 편지를 보냈고, B가 A에게 이를 승낙하는 편지를 발송했다면, B가 A에게 편지를 발송했을 때 계약이 성립한다. 이는 계약의 성립을 신속하게 하기 위하여 인정된 예외이다.

(ii) 이러한 발신주의에는 제한이 있다. 승낙기간을 정한 청약의 경우에는 그 기간 내에 승낙이 도달하여야 하며(제528조 제1항), 승낙기간을 정하지 않은 청약의 경우에는 상당한 기간 내에 승낙이 도달하여야 한다(제529조). 예를 들면 A가 B에게 "이번 주 화요일까지 답변주세요"라고 청약을 하였다면, B의 승낙은 화요일까지 A에게 도달하여야 한다.

(iii) 제111조와 제528조 제1항, 제529조는 승낙이 도달되어야 그 효력이 발생됨을 규정하였고, 제531조는 승낙의 의사표시가 발송되면 계약이 성립하는 것으로 규정하였다. 승낙의 효력이 발생되어야 계약이 성립한다는 명제에 따르면 이들 규정 사이에는 모순적인 상황이 만들어진다. 이에 대해 발신주의 입장에서 승낙의 부도달을 해제조건으로 발송시에 계약이 성립한다는 견해와 승낙의 도달을 정지조건으로 하여 발송시에 성립한다는 견해가 주장된다. 그 외 도달주의 원칙에 따라 승낙은 도달되어야 효력이 발생하지만 계약은 발송시에 성립한 것으로 의제하는 입장도 있다.

제3절

대리에 의한 계약

I 대리제도의 의의 및 사회적 작용

1 의의

대리란 타인(대리인)이 본인의 이름으로 법률행위를 하거나 의사표시를 받음으로써 그 법률효과가 직접 본인에 관하여 생기는 제도이다. 대리에서는 의사표시를 한 자와 법률효과를 받는 자가 분리되는 법현상이 일어난다. 예를 들면 A가 주택을 사고 싶은데 거리상의 이유로 친척인 B에게 주택의 매수에 관한 권한(대리권)을 준 경우를 생각해 보자. B가 A의 대리인으로서 주택소유자 C와 주택에 대하여 매매계약을 체결하면 그에 따른 법률효과, 즉 매수인으로서의 권리의무가 직접 A에게 생긴다.

2 사회적 작용

가. 사적 자치의 확장

고도로 전문화·분업화된 현대사회에서 각자가 자기의 모든 법률관계를 스스로 형성함은 현실적으로 거의 불가능하다. 이러한 상황에서 본인이 대리인에게 대리권을 수여하는 임의대리에 의해 각자의 활동영역이 확장될 수 있다.

나. 사적 자치의 보충

제한능력자는 독자적으로 법률행위를 할 수 없고, 법정대리인의 행위를 통하여 권리를 취득하고 의무를 부담함으로써 법적 거래에 참여할 수 있다. 법정대리는 제한능력자의 행위능력을 보충하는 기능을 담당한다.

[대리의 3면관계]

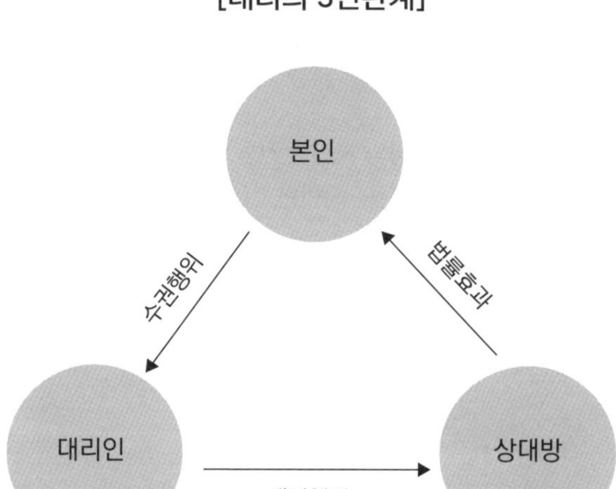

Ⅱ 대리권

1 의의

대리권이란 타인(대리인)이 본인의 이름으로 의사표시를 하거나 의사표시를 받음으로써 직접 본인에게 법률효과를 발생시키는 법률상의 지위 또는 자격이다. 대리권에는 법이 정한 법정대리권과 본인의 수권행위로 인정되는 임의대리권이 있다.

2 대리권의 남용

가. 의의

대리인이 대리권의 범위 안에서 대리행위를 하였으나 본인의 이익을 위하지 않고 대리인 자신이나 제3자의 이익을 위해 한 경우, 대리권의 남용이 문제된다. 대리인은 본인과의 관계에서 충실의무를 부담하므로, 대리인이 그러한 의무를 위반하여 본인의 이익을 해치는 행위를 해서는 안되기 때문이다. 이는 법인의 대표권 남용과 유사한 문제이다.

[사례]
A가 B에게 중고시세 2,000만 원 상당의 자신의 자동차를 매도하는 범위의 대리권을 수여하였는데, B가 A의 대리인으로서 자신의 지인인 C에게 1,000만 원에 매도한 경우를 생각해보자.

나. 효력

(1) 원칙

대리인이 대리권의 범위 안에서 대리행위를 한 것이므로, 대리의 일반원칙에 따라 본인에게 그 효력이 귀속함이 원칙이다. 이는 대리행위에 의해 본인에게 효과가 귀속됨을 믿은 거래상대방을 보호하기 위함이기도 하다.

(2) 예외

(i) 대리권을 남용한 경우 본인에 대한 불이익을 방지하기 위하여 상대방이 대리권 남용을 알았거나 알 수 있었다면 대리행위의 효과를 부정하는 이론적 설명이 있다. 즉 대리권 남용행위를 비진의표시로 이해하고 대리인의 상대방이 대리권 남용을 알았거나 알 수 있었다면 제107조 제1항 단서를 유추적용하여 대리행위를 무효로 파악하는 입장이다. 이에 반하여 대리권 남용을 상대방이 안 경우 본인에게 그 이행을 청구하는 것은 상대방의 권리남용이거나 신의칙에 반한다는 주장, 대리권을 남용한 대리행위의 효과를 인정할 수 없으므로 그 한도

에서 대리권이 없다거나 대리권이 제한된다는 주장이 있다.

(ii) 판례는 대리인의 배신적 의사를 상대방이 알았거나 알 수 있었을 때에는 비진의표시에 관한 제107조 제1항 단서를 유추적용하여 대리행위의 효력을 부정한다(대법원 2007. 4. 12. 선고 2004다51542 판결). 이러한 경우에는 상대방을 보호할 이익이 없으므로, 본인에 대한 법률효과를 부정하여 본인을 보호하는 것이다. 위의 중고차 매매의 사례에서 거래상대방인 C가 B의 배신적 의사를 알았거나 알 수 있었다면, 자동차매매계약의 법률효과는 본인 A에게 귀속되지 않는다. 즉 본인 A는 자동차소유권을 C에게 이전할 의무가 없다. 대리권 남용행위에 근거하여 상대방이 취득한 부동산을 제3자에게 다시 처분한 경우에 제107조 제2항에 따라 선의의 제3자는 보호될 수 있다(대법원 2018. 4. 26. 선고 2016다3201 판결). 다만 대리인과 상대방이 공모하여 대리권 남용행위를 한 경우에는 반사회적 법률행위로서 무효이다(대법원 1999. 9. 3. 선고 97다56099 판결).

(iii) 법인의 대표권 남용에 관해서는 이와 동일하게 대표행위의 효력을 부정하는 판례가 일반적이지만(대법원 2004. 3. 26. 선고 2003다34045 판결), 상대방의 악의를 전제로 권리남용 또는 신의칙 위반을 인정하는 경우가 있다(대법원 2016. 8. 24.선고 2016다222453 판결).

[대리권 남용에 관한 판례]

(1) 대리권 남용과 비진의표시

진의 아닌 의사표시가 대리인에 의하여 이루어지고 그 대리인의 진의가 본인의 이익이나 의사에 반하여 자기 또는 제3자의 이익을 위한 배임적인 것임을 그 상대방이 알았거나 알 수 있었을 경우에는 민법 제107조 제1항 단서의 유추해석상 그 대리인의 행위에 대하여 본인은 책임을 지지 아니하므로, 금융기관의 임·직원이 예금 명목으로 돈을 교부받을 때의 진의가 예금주와 예금계약을 맺으려는 것이 아니라 그 돈을 사적인 용도로 사용하거나 비정상적인 방법으로 운용하는 데 있었던 경우에 예금주가 그 임·직원의 예금에 관한 비진의 내지 배임적 의사를 알았거나 알 수 있었다면 금융기관은 그러한 예금에 대하여 예금계약에 기한 반환책임을 지지 아니한다(대법원 2007. 4. 12. 선고 2004다51542 판결).

(2) 제3자의 보호

법정대리인인 친권자의 대리행위가 객관적으로 볼 때 미성년자 본인에게는 경제적인 손실만을 초래하는 반면, 친권자나 제3자에게는 경제적인 이익을 가져오는 행위이고 행위의 상대방이 이러한 사실을 알았거나 알 수 있었을 때에는 민법 제107조 제1항 단서의 규정을 유추적용하여 행위의 효과가 자(子)에게는 미치지 않는다고 해석함이 타당하나, 그에 따라 외형상 형성된 법률관계를 기초로 하여 새로운 법률상 이해관계를 맺은 선의의 제3자에 대하여는 같은 조 제2항의 규정을 유추적용하여 누구도 그와 같은 사정을 들어 대항할 수 없으며, 제3자가 악의라는 사실에 관한 주장·증명책임은 무효를 주장하는 자에게 있다(대법원 2018. 4. 26. 선고 2016다3201 판결).

(3) 공모와 반사회적 법률행위

아파트 분양위임계약에 의하여 분양자로부터 부여받은 대리권의 범위가 아파트의 분양을 위한 광고 등 홍보업무와 아파트를 분양받으려는 수분양자와 사이에 분양자 명의로 분양계약을 체결하고 그 계약서를 작성하며, 수분양자로부터 받은 계약금, 중도금, 잔금 등을 분양자의 은행계좌에 입금하고, 그 영수증을 분양자에 팩스로 부쳐주며, 분양 현황을 매일 보고하는 것 등으로 한정되어 있음에도, 수임인이 제3자와 통모하여 그에게 아파트 63세대를 외상으로 분양하면서 그 분양대금이 완납된 것처럼 분양계약서, 영수증 등을 교부해 준 경우, 이러한 수임인의 행위는 분양자의 위임 취지에 반하는 배임행위에 해당하고, 제3자는 그에 적극 가담한 공범임이 명백하여, 그 두 사람 사이의 아파트 외상분양은 사회질서에 반하는 법률행위로서 무효이다(대법원 1999. 9. 3. 선고 97다56099 판결).

(4) 대표권 남용과 비진의표시

대표이사의 대표권한 범위를 벗어난 행위라 하더라도 그것이 회사의 권리능력의 범위 내에 속한 행위이기만 하면 대표권의 제한을 알지 못하는 제3자가 그 행위를 회사의 대표행위라고 믿은 신뢰는 보호되어야 하고, 대표이사가 대표권의 범위 내에서 한 행위는 설사 대표이사가 회사의 영리목적과 관계없이 자기 또는 제3자의 이익을 도모할 목적으로 그 권한을 남용한 것이라 할지라도 일단 회사의 행위로서 유효하고, 다만 그 행위의 상대방이 대표이사의 진의를 알았거나 알 수 있었을 때에는 회사에 대하여 무효가 되는 것이며, 이는 민법상 법인의 대표자가 대표권한을 남용한 경우에도 마찬가지이다(대법원 2004. 3. 26. 선고 2003다34045 판결).

(5) 대표권 남용과 신의칙 위반

주식회사의 대표이사가 대표권의 범위 내에서 한 행위는 설사 대표이사가 회사의 영리 목적과 관계없이 자기 또는 제3자의 이익을 도모할 목적으로 권한을 남용한 것이라도 일응 회사의 행위로서 유효하다. 그러나 행위의 상대방이 그와 같은 정을 알았던 경우에는 그로 인하여 취득한 권리를 회사에 대하여 주장하는 것이 신의칙에 반하므로 회사는 상대방의 악의를 입증하여 행위의 효과를 부인할 수 있다(대법원 2016. 8. 24. 선고 2016다222453 판결).

Ⅲ 대리행위

1 현명주의

(i) 대리행위는 대리인과 상대방 사이에 이루어진다. 대리행위의 법률효과가

본인에게 발생하게 하려면, 대리인이 '본인을 위한 것임을 표시'하면서 의사표시를 하여야 한다(제114조 제1항). 이와 같이 대리의 경우에 본인을 밝혀서 의사표시를 하게 하는 태도를 현명주의(顯名主義)라고 한다.

(ii) '본인을 위한 것'임을 표시하여야 한다는 것은 본인을 밝혀서, 즉 '본인의 이름으로' 법률행위를 하라는 의미이지, '본인의 이익을 위하여' 행위하라는 것은 아니다. 현명의 방법에는 제한이 없다. 따라서 서면으로 할 수도 있고 구두로 할 수도 있다(대법원 1946. 2. 1 선고 4278민상205 판결). 가장 일반적인 방법은 서면에 'A의 대리인 B'라고 적는 것이다.

2 현명하지 않은 행위

대리인이 본인을 위한 것임을 표시하지 않고서 한 의사표시는 대리인 자신을 위하여 한 것으로 본다(제115조 본문). 그러나 상대방이 대리인으로서 한 것임을 알았거나 알 수 있었을 때에는 그 의사표시는 유효한 대리행위가 된다(동조 단서).

[비현명행위]

매매위임장을 제시하고 매매계약을 체결하는 자는 특단의 사정이 없는 한 소유자를 대리하여 매매행위하는 것이라고 보아야 하고 매매계약서에 대리관계의 표시없이 그 자신의 이름을 기재하였다고 해서 그것만으로 그 자신이 매도인으로서 타인물을 매매한 것이라고 볼 수는 없다(대법원 1982. 5. 25. 선고 81다1349 판결).

Ⅳ 복대리

1 의의

복대리(復代理)란 복대리인에 의한 대리를 말하고, 복대리인은 대리인이 그의 권한 내의 행위를 하게 하기 위하여 대리인 자신의 이름으로 선임한 본인의 대리인이다. 복대리에서 복대리인을 선임할 수 있는 권리를 복임권이라고 하고,

복대리인 선임행위를 복임행위라고 한다.

2 대리인의 복임권

(i) 대리권이 법률행위에 의하여 부여된 경우에 대리인은 본인의 승낙이 있거나 부득이한 사유있는 때가 아니면 복대리인을 선임하지 못한다(제120조). 즉 임의대리인은 본인의 승낙이 있거나 부득이한 사유가 있는 때에 한하여 복임권을 가진다. 본래 임의대리인은 본인의 신임을 받는 자이고 그는 언제든지 사임할 수 있기 때문에, 민법은 임의대리인에게는 예외적으로만 복임권을 인정한다. 이에 반하여 법정대리인은 그의 책임으로 복대리인을 선임할 수 있다(제122조).

(ii) 제120조를 위반한 복임행위는 무효이며, 그 복대리인의 대리행위는 무권대리로 된다. 임의대리인이 제120조에 의하여 복대리인을 선임한 때에는 본인에 대하여 그 선임·감독에 관하여 책임을 져야 한다(제121조 제1항). 이에 반하여 법정대리인은 언제든지 복임권을 가지는 대신, 선임·감독에 과실이 없더라도 본인에 대하여 책임을 진다(제122조).

3 복대리인의 지위

가. 대리인에 대한 관계

복대리인은 대리인의 복임권에 기하여 선임된 자이므로 대리인의 감독을 받는다. 또한 복대리인의 대리권은 대리인의 대리권을 기초로 한 것이므로, 그것은 대리인의 대리권보다 넓을 수 없고 대리인의 대리권이 소멸하면 그것도 소멸한다. 복대리인이 선임되었다고 해서 대리인의 대리권이 소멸하지는 않으므로, 대리인과 복대리인 모두가 본인을 대리하게 된다.

나. 상대방에 대한 관계

복대리인은 본인의 대리인이므로(제123조 제1항) 복대리인의 대리행위에 관하여 대리의 일반원칙이 그대로 적용된다.

다. 본인에 대한 관계

복대리인과 본인 사이에는 내부관계가 존재하지 않으나, 제123조 제2항은 본인과 복대리인 사이에도 본인과 대리인 사이에서와 같은 내부관계가 생기는 것으로 규정한다.

V 무권대리

무권대리(無權代理)란 대리권 없이 한 대리행위를 말한다. 무권대리행위의 효과는 대리권이 존재하지 않아 본인에게 귀속될 수 없지만, 그렇다고 대리의사를 가진 대리인에게 귀속되기도 어렵다. 이러한 결과는 대리권의 존재를 명확하게 확인할 수 없는 상대방에게 일방적인 부담을 준다. 민법은 무권대리를 본인의 이익과 상대방의 이익을 조화시키는 방향으로 규정한다. 무권대리에는 협의의 무권대리와 표현대리가 있다.

1 협의의 무권대리

대리권 없는 자가 타인의 대리인으로 한 계약은 본인이 이를 추인하지 아니하면 본인에 대하여 효력이 없다(제130조). 즉, 무권대리행위는 확정적 무효가 아니라 본인의 추인에 의하여 대리행위의 효과가 발생할 여지가 있다.

가. 상대방의 최고권과 철회권

(i) 무권대리행위의 효력은 본인의 의사에 좌우되기 때문에 상대방의 지위는 매우 불안정하게 된다. 이에 민법은 상대방을 보호하기 위하여 상대방에게 최고권과 철회권을 인정한다.

(ii) 상대방은 상당한 기간을 정하여 본인에게 무권대리행위의 추인 여부의 확답을 최고할 수 있다. 본인이 그 기간 내에 확답을 발하지 아니한 때에는 추인

을 거절한 것으로 본다(제131조 제2문). 상대방은 계약 당시에 대리인에게 대리권이 없음을 알지 못한 경우, 즉 선의인 경우에는 본인의 추인이 있을 때까지 그 계약을 철회할 수 있다(제134조).

나. 상대방에 대한 무권대리인의 책임

민법은 상대방 및 거래의 안전을 보호하고 대리제도의 신용을 유지하기 위하여, 무권대리행위에 관하여 본인에게 책임을 지울 수도 없고 또 상대방이 철회하지도 않은 때에는 무권대리인에게 무거운 책임을 지우고 있다(제135조). 무권대리인은 상대방의 선택에 좇아 계약을 이행할 책임 또는 손해를 배상할 책임을 지는데, 무권대리인의 이러한 책임은 무과실책임이다(대법원 2014. 2. 27. 선고 2013다213038 판결).

2 표현대리

표현대리(表見代理)란 대리인에게 대리권이 없음에도 불구하고 마치 대리권이 있는 것과 같은 외관이 존재하고 그러한 외관의 형성에 본인이 관여하거나 방치하는 등과 같은 사정이 있는 경우에, 그 무권대리행위에 대하여 본인에게 책임을 지우는 제도이다. 즉 표현대리의 요건이 갖추어진 경우에 그 효과는 본인에게 귀속된다. 표현대리는 무권대리인과 거래한 상대방을 보호함으로써 대리제도에 대한 신뢰를 유지하고 거래안전을 도모함에 그 목적이 있다. 표현대리에는 다음 세 가지 유형이 있다.

가. 대리권 수여의 표시에 의한 표현대리

이는 본인이 대리인에게 대리권을 수여하지 않았으면서 그에게 대리권을 수여하였다고 제3자에게 표시한 경우에 그 대리인에 의하여 이루어진 대리이다(제125조). 표시의 방법에는 제한이 없다. 따라서 서면에 의할 수도 있고 구두로 할 수도 있다. 특정의 제3자에 대하여 할 수도 있고, 신문광고에 의하는 경우처럼 불특정의 제3자에 대하여 할 수도 있다. 대리권 수여의 표시에는 반드시 대리권 또는 대리인이라는 말이나 문자를 사용하여야 하는 것은 아니며 여러 가지 사정에 비추어 그러한 표시가 있었던 것으로 인정되면 충분하다(대법원 1998. 6. 12. 선고 97다53762 판결). 상대방은 선의·무과실이어야 한다.

나. 대리권한을 넘은 표현대리

이는 대리권을 가지고 있는 대리인이 대리권을 넘어서 대리행위를 한 경우이다(제126조). 따라서 대리인이 일정한 범위의 대리권, 즉 기본대리권을 가지고 있어야 한다. 전혀 대리권이 없는 자의 행위에는 제126조의 표현대리가 성립하지 않는다(대법원 1984. 10. 10. 선고 84다카780 판결). 상대방이 대리인에게 대리권이 있다고 믿을 만한 정당한 이유가 있어야 한다.

다. 대리권 소멸 후의 표현대리

이 유형은 대리인이 과거에는 대리권을 가지고 있었으나, 대리행위를 할 때에는 그 대리권이 소멸하고 없어야 한다(제129조). 주의할 것은 대리행위가 소멸한 대리권의 범위 내에서 이루어져야 한다는 점이다. 그 권한의 범위를 넘는 대리행위가 있을 때에는 제126조의 표현대리가 성립할 수 있다(대법원 1979. 3. 27. 선고 79다234 판결). 상대방은 선의·무과실이어야 한다.

제4절 보통거래약관

I 약관의 의의와 문제점

(i) 계약당사자는 서로 협의해 계약의 내용을 확정하는 것이 일반적이지만, 경우에 따라서는 계약당사자 중 일방이 계약의 내용으로 삼을 사항인 계약조건을 미리 정해두고 계약을 체결할 때 이를 제시하기도 한다. 이때 상대방이 이를 받아들이면 그것은 계약의 내용이 된다. 이와 같이 계약의 내용으로 삼기 위하여 당사자 중 일방이 미리 준비한 계약조건을 보통거래약관(약관)이라고 한다.

(ii) 약관은 다수의 상대방과 계약을 체결해야 하는 경우 계약 내용을 일일이 협의하여 정하는 번거로움을 피하고 신속하게 거래를 할 수 있게 한다. 약관은 계약의 내용을 통일적으로 규율하여 경영의 합리화를 달성할 수 있도록 하는 장점이 있는 반면, 당사자 일방이 미리 일방적으로 마련하는 것이므로 그 당사자에게만 유리한 내용으로 이루어질 가능성이 크다는 문제점도 있다.

Ⅱ 약관의 구속력

1 약관이 상대방을 구속하기 위한 요건

약관은 계약당사자 일방이 일방적으로 준비한 계약조건에 지나지 않으므로 그것이 상대방을 구속하려면 일정한 요건을 갖추어야 한다. 약관의 규제에 관한 법률(약관규제법)은 그러한 요건으로 ① 약관사용자(사업자)가 상대방(고객)에게 약관의 내용을 분명하게 밝히고, 고객이 요구할 경우 약관의 사본을 교부해 고객이 약관의 내용을 알 수 있게 할 것(동법 제3조 제2항 본문), ② 사업자가 약관에 정해져 있는 중요한 내용을 고객이 이해할 수 있도록 설명할 것(동법 동조 제3항 본문)을 들고 있다.

2 의무위반의 효과

위의 요건을 갖추지 못한 경우 사업자는 약관을 계약의 내용으로 주장할 수 없다(약관규제법 제3조 제4항).

Ⅲ 약관의 편입통제

1 개별약정 우선의 원칙

개별약정 우선의 원칙은 사업자와 고객이 약관의 내용과 다르게 별도로 약정한 내용이 있다면, 그 개별약정이 약관보다 우선한다는 원칙이다(약관규제법 제4조).

[개별약정우선]

계약의 일방 당사자가 다수의 상대방과 계약을 체결하기 위해서 일정한 형식에 의하여 미리 계약서를 마련하여 두었다가 어느 한 상대방에게 이를 제시하여 계약을 체결하는 경우에도 그 상대방과 사이에 특정 조항에 관하여 개별적인 교섭(또는 흥정)을 거침으로써 상대방이 자신의 이익을 조정할 기회를 가졌다면, 그 특정 조항은 약관의 규제에 관한 법률의 규율대상이 아닌 개별약정이 된다고 보아야 할 것이고, 이때 개별적인 교섭이 있었다고 하기 위해서는 비록 그 교섭의 결과가 반드시 특정 조항의 내용을 변경하는 형태로 나타나야 하는 것은 아니라 하더라도, 적어도 계약의 상대방이 그 특정 조항을 미리 마련한 당사자와 사이에 거의 대등한 지위에서 당해 특정 조항에 대하여 충분한 검토와 고려를 한 뒤 영향력을 행사함으로써 그 내용을 변경할 가능성은 있어야 한다(대법원 2013. 7. 25. 선고 2013다27015 판결).

2 작성자 불이익의 원칙

작성자 불이익의 원칙은 약관의 뜻이 불명확하거나 모호한 경우에는 그 약관의 작성자인 사업자에게 불리하게 즉 고객에게 유리하게 해석되어야 한다는 원칙이다. 약관은 작성자에게 유리하게 작성될 수밖에 없으므로, 공정성을 담보하기 위하여 작성자에게 불리하게 해석한다. 이는 영미법상 작성자 불이익의 원칙을 의미하는 'Contra proferentem'에서 유래하며, 사업자로 하여금 더욱 신중하고 명확하게 약관을 작성하도록 유도하는 역할을 한다.

[작성자 불이익의 원칙]

약관의 내용은 개개 계약체결자의 의사나 구체적인 사정을 고려함이 없이 평균적 고객의 이해가능성을 기준으로 하여 객관적·획일적으로 해석하여야 하고, 고객보호의 측면에서 약관 내용이 명백하지 못하거나 의심스러운 때에는 고객에게 유리하게, 약관작성자에게 불리하게 제한 해석하여야 한다. 갑 주식회사가 제공하는 다중 이용자 온라인 롤플레잉 게임(MMORPG: Massively Multiplayer Online Role Playing Game)인 '리니지(Lineage) Ⅰ' 인터넷 게임 서비스 이용자 을이 자신의 계정을 이용하여 3회에 걸쳐 게임 내에서 통용되는 화폐 아이템을 현금으로 구입하는 현금거래행위를 하였는데, 게임 이용약관 및 운영정책에서 '아이템 현금거래행위에 대하여 최초 1회 적발이라고 하더라도 해당 계정으로 과거 현금거래를 한 사실이 추가 확인되는 경우 등에는 해당 계정에 대한 영구이용제한의 조치를 받을 수 있고, 2회 적발 시 적발된 계정의 영구이용정지가 가능하다'고 규정하고 있으나, 3회에 걸쳐 이루어진 위 현금거래행위가 모두 갑 회사에 의하여 한꺼번에 적발되었음에도, 갑 회사가 을의 해당 계정에 대하여 영구이용정지조치를 취한 사안에서, 갑 회사가 위 규정 전단을 적용하여 영구이용정지조치를 취하기 위해서는 '최초 1회 적발'이라는 요건과 '해당 계정으로 과거 현금거래행위를 한 사실의 추가 확인'이라는 요건이 모두 충족되어야 하는데, '최초 1회 적발'의 의미는 문언상 현금거래행위의 횟수와 상관없이 이용자의 현금거래행위에 대한 '첫 번째 적발'을 의미하고, '해당 계정으로 과거 현금거래행위를 한 사실의 추가 확인'의 의미는 갑 회사가 이용자의 현금거래행위에 대하여 '첫 번째 적발' 후 그에 따른 제재조치를 하기 전에 다른 현금거래행위가 있는지 확인하는 과정에서 '추가로 새로운 현금거래행위를 확인하는 경우'를 의미한다고 해석될 여지가 충분히 있으며, 나아가 갑 회사가 위 규정 후단을 적용하여 영구이용정지조치를 취하기 위해서도 이용자의 현금거래행위가 2회 '있는' 경우가 아니라 이용자의 현금거래행위가 2회 '적발'된 경우에 해당되어야 한다고 해석될 여지가 충분히 있으므로, 약관 해석에서 작성자 불이익의 원칙상 갑 회사로서는 위 규정에 근거하여 을의 해당 계정에 대한 영구이용정지조치를 취할 수 없다고 하였다(대법원 2011. 8. 25. 선고 2009다79644 판결).

Ⅳ 약관의 내용통제

1 의의

약관에 대해 위의 요건을 갖추어 사업자가 그것을 계약의 내용으로 주장할 수 있는 경우, 약관 중에는 고객에게 대단히 불리한 조항이 포함되어 있을 수 있다. 이러한 조항은 무효로 된다. 특히 약관의 조항이 고객에게 불리하게 임의규정을 일방적으로 배제하는 때에 그렇다. 약관규제법은 이에 관하여 자세한 규정을 두고 있다(약관규제법 제6조 내지 제14조).

2 개별적인 금지규정

약관규제법은 구체적·개별적인 약관조항이 불공정하여 무효로 되는 경우를 다음과 같이 규정하고 있다. ① 사업자의 고의 또는 중대한 과실로 인한 법률상의 책임을 배제하는 조항은 무효가 된다(동법 제7조). 예를 들면 헬스장 회원약관에 "운동 중 발생한 부상이나 사고에 대해 당 시설은 어떠한 책임도 지지 않습니다"라는 조항이 이에 해당된다. ② 고객에게 부당하게 과중한 손해배상의무를 부담시키는 조항은 무효로 한다(동법 제8조). 예를 들면 렌터카 계약서에 "차량 반납 지연 시 1시간당 정상 요금의 5배를 지불해야 한다"라는 조항이 이에 해당된다. ③ 법률에 따른 고객의 해제권 또는 해지권을 배제하거나 그 행사를 제한하는 조항은 무효이다(동법 제9조). 예를 들면 예식장 계약서에 "예식 1개월 전부터는 어떠한 이유로도 계약을 해제할 수 없다"라는 조항이 이에 해당된다. ④ 고객에게 주어진 기한의 이익을 상당한 이유 없이 박탈하는 조항은 무효이다(동법 제11조). 예를 들면 할부 판매 계약서에 "1회라도 할부금 납부가 지연될 경우 잔여 할부금을 즉시 일시불로 납부해야 한다"라는 조항이 이에 해당된다. ⑤ 고객의 이익에 중대한 영향을 미치는 사업자의 의사표시가 상당한 이유 없이 고객에게 도달된 것으로 의제하는 조항은 무효이다(동법 제12조). 예를 들면 신용카드 약관의 "이용한도 감액은 카드사 홈페이지 고지로 갈음하며, 회원의 실제 확인 여부와 관계없이 효력이 발생한다"라는 조항이 이에 해당된다.

3 불공정규정

약관규제법은 일반규정의 형태로 약관조항이 무효인 경우를 규정하고 있다. 그에 의하면 신의성실의 원칙을 위반하여 공정성을 잃은 약관조항은 무효이다(약관규제법 제6조 제1항). 따라서 약관조항이 개별적인 금지규정에 해당되지 않는 경우에도 이 규정에 의해 무효로 될 수 있다. 고객에게 부당하게 불리한 조항, 고객이 계약의 거래형태 등 관련된 모든 사정에 비추어 예상하기 어려운 조항, 계약의 목적을 달성할 수 없을 정도로 계약에 따르는 본질적 권리를 제한하는 조항은 공정성을 잃은 것으로 추정된다(동법 동조 제2항). 어떤 조항이 공정성을 잃은 것으로 추정되는 경우에는, 사업자가 그 조항이 불공정하지 않다는 반대증명을 하지 않는 한 그 조항은 불공정한 것으로 인정되어 무효로 된다.

[불공정 약관]

甲 항공사 등이 마일리지에 약 10년의 유효기간을 도입하는 내용으로 약관을 개정하자, 마일리지 보유자인 乙 등이 甲 항공사 등을 상대로 위 약관이 고객에게 부당하게 불리한 조항으로서 공정성을 잃어 무효라고 주장하면서 소멸된 마일리지의 지급을 구한 사안에서, 고객이 취득한 항공마일리지는 재화나 서비스를 교환하는 수단으로 사용되고, 사업자는 마일리지의 판매, 소진 과정에서 이윤을 창출하므로, 항공마일리지가 재산적 가치가 있음은 부인하기 어려우나, 마일리지 제도의 구체적인 내용이나 마일리지의 가치는 약관을 통해 약정된 범위 내에서 인정되는 것이고, 사업자는 사적 자치의 한계를 벗어나지 않는 한 원칙적으로 마일리지 제도의 유지 여부, 마일리지 취득조건, 마일리지의 교환대상이 되는 재화나 서비스, 유효기간 등에 관한 계약내용 형성의 자유를 가지는 특성에 따라 마일

리지는 전형적인 채권으로 포섭되기 어려운 특수한 유형의 재산권으로, 항공마일리지 제도에 민·상법상 채권의 소멸시효 규정이 당연히 적용되어야 하는 것은 아니지만, 그 제도의 유사성에 비추어 민·상법 규정상 채권에 부여하는 보호의 수준은 약관상 제도가 고객에게 부당하게 불리하게 설계되어 있는지를 판단하는 일응의 기준이 될 수 있는 점에 비추어, 위 약관은 상인인 甲 항공사 등이 부담하는 채무에 관한 것임에도 상사시효가 아닌 민사상 소멸시효에 준하는 10년의 유효기간을 정하고 있어 전체적으로 보아 위 약관이 민·상법의 채권의 소멸시효 규정을 적용하였을 때보다 고객들을 현저히 불리한 지위에 두었다고 단정할 수 없고, 본래 소멸시효는 법률행위에 의하여 이를 배제, 연장 또는 가중할 수 없으나 이를 단축 또는 경감할 수 있음을 고려하면 더욱 그러하며, 마일리지와 유사하게 상용고객 우대제도의 일종으로 부여되는 신용카드나 기타 각종 멤버십 포인트, 또는 전자형·모바일·온라인 상품권 등의 경우 통상 5년 내지 그보다 단기의 유효기간 제도를 두고 있고, 항공마일리지 제도를 두면서 유효기간 제도를 둔 외국 항공사들의 경우 대부분 유효기간을 4년 이내의 단기로 정하고 있으며, 위 제도 관련 약관들은 통상 포인트나 마일리지 적립 시부터 곧바로 유효기간이 진행된다고 정하고 있을 뿐 특정 서비스 이용이 가능한 정도로 축적되기를 기다려 비로소 유효기간이 진행된다는 약관은 찾아보기 어려운데, 외국 항공사들 중 일부는 마일리지가 일부라도 추가 적립되거나 소비되면 유효기간 진행이 중단되고 다시 진행된다는 정책을 두고 있기는 하나, 해당 항공사들은 대부분 유효기간을 3년 이내의 단기로 정하고 있는 점 등을 감안하면, 위 약관이 기산일을 정한 부분이나 중단사유를 두지 않은 것이 거래관행에 비추어 현저히 불리하거나 이례적이어서 예견가능성이 없다거나, 甲 항공사 등이 고객들과 개별적으로 협상하였다면 포함되지 않았을 제도라고 단정하기는 어렵고, 甲 항공사 등이 마일리지 및 마일리지의 유효기간 제도를 통해 얻는 이익에 상응하는 만큼 고객들의 이익이 충분히 보장되었다고 보기에는 미흡한 정황이 보이기도 하나, 제출된 주장 및 증명만으로는 그 이익의 불균형이 사적 자치의 한계를 일탈하여 약관 조항을 무효로 볼 정도에 이르렀다고 인정하기에 부족하므로, 위 약관이 약관의 규제에 관한 법률 제6조 제2항 제1호의 '고객에게 부당하게 불리한 조항'이라거나 위 법 제6조 제1항의 '신의성실의 원칙을 위반하여 공정성을 잃은 조항'이라고 보기는 어렵다(대법원 2024. 11. 28 선고 2021다308030 판결).

제5장

계약 효력

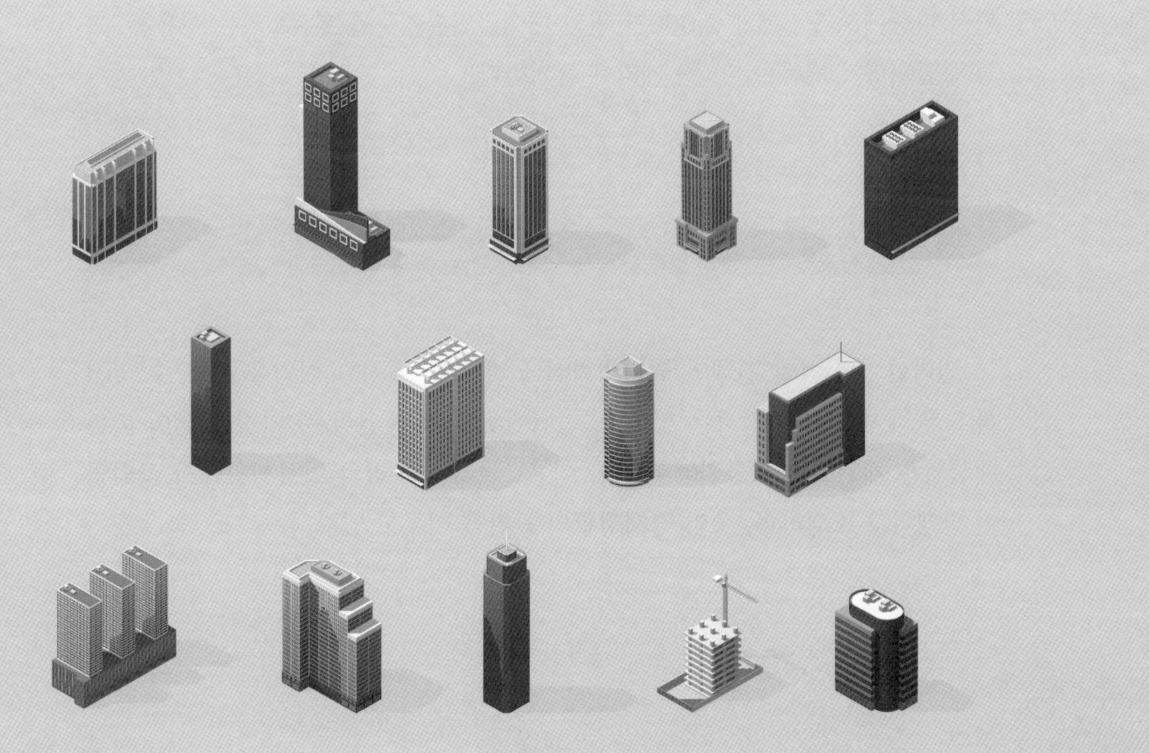

제1절

채권과 물권

I 권리의무의 발생

계약은 법률관계 즉 권리의무관계를 발생시키는 법률행위이다. 예를 들면 A가 B에게 2,000만 원을 빌려주기로 하는 계약(금전소비대차계약)을 체결하였다. 여기서 나중에 A가 B에게 2,000만 원의 대여금반환청구를 할 수 있는 이유는 '그렇게 합의했기 때문'이다. 즉 계약에 근거한다.

II 권리

권리란 일반적인 견해인 권리법력설에 따르면, 일정한 이익을 누릴 수 있게 하기 위하여 법이 인정하는 힘이다. 민법에서 다루는 권리 중 가장 기본이 되는 재산권은 채권(債權)과 물권(物權)이다. 이 두 권리는 우리의 일상생활에서 끊임없이 발생하고 소멸하며, 우리 경제생활의 근간을 이루고 있다.

1 채권

가. 개념

채권은 특정인(채권자)이 다른 특정인(채무자)에 대하여 일정한 행위를 요구할 수 있는 권리를 말한다. 채권의 대표적인 예로는 매매계약에 따른 대금지급청구권, 임대차계약에 따른 차임지급청구권 등이 있다. 채권(債權)은 사람에 대한 권리로서 금융에서 발행하는 유가증권인 채권(債券)과는 구별된다.

나. 특징

채권의 주요 특징으로는 첫째, 상대성을 들 수 있다. 즉 채권은 특정 당사자 간에만 효력이 있다. 둘째, 채권은 이행되면 소멸한다. 예를 들면 A가 B에게 100만 원을 빌려주었다면, A는 B에 대해 100만 원의 반환을 청구할 수 있는 채권을 갖는다. 그런데 이 채권은 B에 대해서만 주장할 수 있으며, 제3자 C에게는 주장할 수 없다. 만약 B가 A에게 100만 원을 갚으면 A의 B에 대한 100만 원 채권은 소멸한다.

다. 채권채무의 양면성

법률관계는 권리의무관계이며. 특히 채권에서 권리와 의무의 관계는 동전의 양면과 같다. 즉 채권은 채무의 이면이며, 채무는 채권의 이면이다. 편의상 "A는 채권이 있다"라고만 말해도 이는 "상대방 B는 채무가 있다"는 말이 생략된 것이다.

2 물권

가. 개념

물권이란 어떤 물건을 지배하고 이용하여 이익을 누리는 권리를 말한다. 즉 물권은 물건에 대한 권리로서 대표적으로 소유권이 있으며, 그 외에도 점유권, 지상권, 전세권, 저당권 등이 있다.

나. 특징

물권의 주요 특징으로는 첫째, 배타성을 들 수 있다. 이는 하나의 물건에 대하여 같은 내용의 물권이 둘 이상 성립할 수 없음을 의미한다. 둘째, 물권은 대세적 효력을 갖는다. 즉 모든 사람에게 주장할 수 있는 권리이다. 셋째, 물권은 우선적 효력을 갖는다. 이는 다른 권리보다 먼저 변제받을 수 있음을 의미한다. 예를 들면 A가 자신의 집에 대해 가지는 소유권은 물권이다. A는 이 집을 사용하고, 수익을 얻으며, 처분할 수 있는 권리를 갖는다. 만약 B가 무단으로 A의 집에 침입하여 살고 있다면, A는 소유권에 기반하여 B에게 퇴거를 요구할 수 있다. 이는 물권의 대세적 효력을 보여주는 예이다.

3 물권과 채권의 비교

(i) 물권과 채권은 몇 가지 중요한 차이점이 있다. 첫째, 물권은 물건에 대한 직접적인 지배권인 반면, 채권은 특정인에 대한 청구권이다. 둘째, 물권은 대세적 효력을 가지지만, 채권은 상대적 효력만을 가진다. 셋째, 물권은 법률에 정해진 것만 인정된다. 이를 물권법정주의(物權法定主義)라 한다. 반면 채권은 계약자유의 원칙에 따라 당사자가 자유롭게 내용을 정할 수 있다.

(ii) 이러한 차이를 보여주는 사례로, A가 B에게 자동차를 판매하는 계약을 체결했지만 아직 인도하지 않은 상황을 생각해보자. 이 경우 A는 여전히 자동차에 대한 물권인 소유권을 가지고 있지만, B는 A에 대해 자동차의 인도를 청구할 수 있는 채권을 갖는다. 만약 C가 이 자동차를 무단으로 사용하고 있다면, A는 C에게 소유권에 기하여 반환을 요구할 수 있지만(물권의 대세적 효력), B는 C에게 직접적으로 자동차의 반환을 요구할 수 없다(채권의 상대적 효력).

(iii) 물권과 채권은 우리의 일상생활과 밀접하게 연관된 기본적인 권리이다. 이 두 권리의 차이를 이해하는 것은 다양한 법률관계를 정확히 파악하고, 자신의 권리를 적절히 행사하는 데 큰 도움이 된다. 이는 계약 체결이나 재산 관리 등 실제적인 상황에서 올바른 판단을 내리는 데 필수적인 지식이다. 앞으로의 법학 학습에서도 이 두 개념은 계속해서 중요한 역할을 할 것이다.

[채권과 물권 비교]

	채권	물권
개념	사람에 대한 권리	물건에 대한 권리
효력	상대적, 대인적 권리	절대적, 대세적 권리

제2절

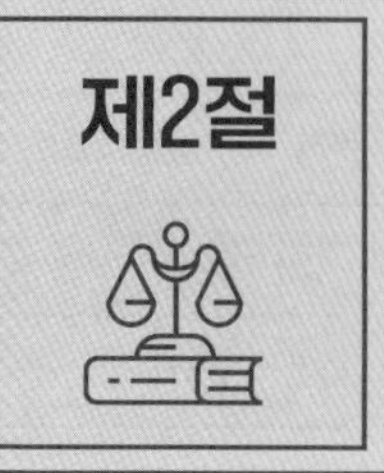

법률행위의 요건과 무효·취소

I 법률행위의 요건

계약을 비롯한 법률행위가 그 효력, 즉 당사자가 의욕한 법률효과를 발생시키기 위해서는 일정한 요건이 필요하다. 일반적인 견해는 법률행위의 '존재'가 인정되기 위한 최소한의 외형적 요건인 성립요건과 법률행위의 존재를 전제로 그 효력을 발생시키기 위한 효력요건으로 구분한다. 이와 달리 성립요건과 효력요건을 구분하지 않는 견해도 존재한다.

1 성립요건

모든 법률행위에 대하여 요구되는 일반적 성립요건은 법률행위의 주체로서의 '당사자', 법률행위의 내용으로서의 '목적', 법률행위의 불가결한 요소로서의 '의사표시'이다. 또한 유언행위의 방식, 법인설립에서의 허가 등 개별적인 법률행위에 대하여 추가적으로 요구되는 특별성립요건이 있다,

2 효력요건

일반적 효력요건은 모든 법률행위에 공통적으로 요구되는 효력요건이며, 여기에서 효력은 무효와 취소를 포함한다. 우선 당사자에게 민법상 능력이 있어야 한다, 당사자에게 의사능력이 없으면 그의 행위는 무효이고, 당사자에게 행위능력이 없으면 그의 행위는 취소할 수 있다. 법률행위의 목적이 확정할 수 있어야 하고, 실현가능하여야 하며, 적법하여야 하고, 사회적 타당성을 지니고 있어야 한다. 의사표시에 관하여 의사와 표시가 일치하고, 의사형성과정에 하자가 없어야 한다. 일정한 법률행위에 특유한 효력요건인 특별효력요건의 예로는 대리행위에서 대리권의 존재, 제한능력자의 법률행위에서 법정대리인의 동의 등을 들 수 있다.

Ⅱ 계약의 무효와 취소

1 계약의 무효

(i) 의사무능력자가 계약을 체결하거나 계약의 내용이 사회질서에 반한다면, 계약은 무효가 된다. 아울러 일정한 유형의 결함 있는 의사표시나 권한 없는 자가 대리한 행위 또한 무효이다. 이와 같이 무효인 계약은 처음부터 계약의 효력이 인정되지 않고, 계약의 내용에 따른 법률효과가 발생하지 않는다. 원칙적으로 무효인 계약은 누구에게나 그 무효를 주장할 수 있다.

(ii) 계약의 목적과 내용은 확정되어야 하고, 실현가능한 것이어야 하며, 적법하고, 사회적으로 타당해야 한다. 계약의 내용이 선량한 풍속 기타 사회질서에 관한 규정을 위반하지 않아야 한다(제103조). 예를 들면 도박에 관한 합의, 성매매를 알선하는 계약, 신체 일부의 매매 등은 무효이다.

(iii) 무효인 계약은 처음부터 당해 법률행위가 없었던 것과 같은 효과를 발생시킨다. 당사자는 이미 이행한 급부의 반환을 청구할 수 있다. 이는 법적으로 아무런 효력도 발생하지 않았기 때문에, 당사자들은 계약 체결 이전의 상태로 돌

아가야 함을 의미한다.

2 계약의 취소

(i) 취소는 일단 유효하게 성립한 계약을 일정한 취소 사유가 있는 경우, 당사자의 의사표시로 소급적으로 무효화시키는 것을 말한다. 민법은 일정한 경우 계약을 비롯한 법률행위를 취소할 수 있도록 하고 있다. 예를 들면 제한능력자가 계약을 체결한 경우, 중요한 부분에 착오가 있는 경우, 속임수로 사기를 당했거나, 강압으로 인하여 공포심을 가지고 계약을 체결했다면, 그 계약은 취소할 수 있다. 처음부터 효력이 없는 계약의 무효와 달리, 취소할 수 있는 계약은 취소하기 전까지 유효한 법률행위이다. 취소의 사유로는 제한능력자의 법률행위, 착오로 인한 의사표시, 사기·강박에 의한 의사표시 등이 있다.

(ii) 취소의 상대방이 불안정한 상태에서 벗어나게 하고 거래안전을 도모하기 위해 민법은 취소권의 행사기간을 제한한다. 계약의 취소권은 추인할 수 있는 날부터 3년 내에 혹은 계약을 체결한 날부터 10년 내에 행사하여야 한다(제114조). 취소할 수 있는 계약의 추인은 취소권자가 취소사유가 있음에도 계약을 유효로 확정시키겠다는 의사표시이다. 추인할 수 있는 자는 취소권자나 법정대리인이며, 취소의 원인이 종료한 후에만 추인할 수 있다. 예를 들면 미성년자는 성년이 된 후에, 사기를 당한 자는 그 상태에서 벗어난 후에 추인할 수 있다.

3 무효와 취소의 비교

무효와 취소는 법률행위의 효력을 부정하고 소급효가 있다는 점에서 유사하지만, 몇 가지 차이가 있다. 첫째, 무효는 처음부터 효력이 없지만, 취소는 일단 유효하게 성립한 후 소급적으로 무효화된다. 둘째, 무효는 누구나 주장할 수 있고 법원이 그 여부를 직권으로 판단할 수 있지만, 취소는 취소권자만 주장할 수 있고 당사자의 주장이 있어야 한다. 무효인 계약과 취소 가능한 계약을 구별하고 각각의 경우에 따른 적절한 대응 방법을 알고 있다면, 보다 안전하고 공정한 계약 관계를 유지할 수 있을 것이다.

제3절 부당이득

I 의의

(i) 타인의 재화로부터 이익을 얻기 위해서는 그에 관한 정당한 권리가 있어야 한다. 예를 들면 매매계약으로 발생한 채권에 의해 매수인은 매도인의 물건을 이전받고 매도인은 그 대가로 대금을 받는다. 정당한 권리 없이 타인의 재화로부터 이익을 얻은 때에는 본래 그 이익을 취득해야 할 사람에게 돌려줌이 마땅하다. 이러한 재화귀속의 수정제도가 민법상 부당이득(不當利得)이다.

(ii) 부당이득이란 법률상 원인 없이 타인의 재산 또는 노무로 인하여 얻은 이익을 말한다. 예를 들면 채무자가 그의 채무를 변제하였는데 그 사실을 잊어버리고 다시 변제한 경우에, 두 번째의 급부가 그에 해당한다. 민법은 부당이득이 생긴 때에는 이득을 얻은 자가 손실을 입은 자에게 그 이득을 반환하여야 한다고 규정하고 있다(제741조). 부당이득제도는 부당이득의 반환을 통하여 수익자가 취득한 부당한 이익을 교정함에 그 목적이 있다.

[사례]
A가 B에게 빌린 500만 원을 이미 갚았으나, B가 A에게 다시 500만 원의 변제를 요구하였고, 이미 B에게 500만 원을 변제한 사실을 잊은 A가 다시 500만 원을 B에게 변제하였다. A는 B에게 500만 원을 돌려받을 수 있을까?

Ⅱ 요건

1 이득

(i) 부당이득이 성립하려면 타인의 재산 또는 노무로 인하여 이득(이익)을 얻어야 한다. 부당이득은 이러한 이득이 있는 때에 비로소 문제된다. 이득에는 소유권 등 물권의 취득, 채권의 취득, 점유의 취득뿐만 아니라 지출을 면하는 것도 포함된다. 판례는 부당이득에서 이득이란 실질적인 이득을 가리키는 것이므로 법률상 원인 없이 건물을 점유하고 있다고 하여도 이를 사용수익하지 못하였다면 실질적인 이득을 얻었다고 볼 수 없다고 한다(대법원 1992. 11. 24. 선고 92다25830 판결).

(ii) 주택임대차보호법 제4조 제2항, 상가건물임대차보호법 제9조 제2항에 의하면 임대차기간이 종료되더라도 임차인이 보증금을 반환받을 때까지는 임대차관계가 존속되는 것으로 본다. 이것은 상가건물의 임차인이 보증금을 확실하게 반환받을 수 있도록 실질적으로 보장하기 위한 규정이다. 따라서 임차인이 임대차 종료 이후 보증금을 반환받기 전에 임차 목적물을 점유하고 있더라도 임차인에게 차임 상당의 부당이득 반환의무가 없다(대법원 2023. 11. 9. 선고 2023다257600 판결).

[부당이득에 관한 판례]

(1) 실질적 이익과 부당이득

임차인이 임대차계약관계가 소멸한 다음에도 임대차 목적물을 계속 점유하기는 하였지만 이를 본래의 임대차계약상 목적에 따라 사용·수익하지 않아 이익을 얻은 적이 없는 경우에는 그로 말미암아 임대인에게 손해가 발생하였더라도 임차인의 부당이득반환의무는 성립하지 않는다(대법원 2019. 4. 11. 선고 2018다291347 판결).

(2) 임대차의 존속과 부당이득

상가건물 임대차에서 기간만료나 당사자의 합의 등으로 임대차가 종료된 경우에도 상가건물 임대차보호법 제9조 제2항에 의하여 임차인은 보증금을 반환받을 때까지 임대차관계가 존속하는 것으로 의제된다. 이는 임대차기간이 끝난 후에도 상가건물의 임차인이 보증금을 반환받을 때까지는 임차인의 목적물에 대한 점유를 임대차기간이 끝나기 전과 마찬가지 정도로 강하게 보호함으로써 임차인의 보증금반환채권을 실질적으로 보장하기 위한 것이다. 따라서 상가임대차법이 적용되는 상가건물의 임차인이 임대차 종료 이후에 보증금을 반환받기 전에 임차 목적물을 점유하고 있다고 하더라도 임차인에게 차임 상당의 부당이득이 성립한다고 할 수 없다(대법원 2023. 11. 9. 선고 2023다257600 판결).

2 손실

부당이득은 이득을 얻음으로 인하여 타인에게 손실을 가했을 것이 요구된다. 즉 부당이득이 성립하려면 손실을 입은 사람이 있어야 한다. 예를 들면 어떤 토지의 부근이 개발되어 그 토지의 가치가 증가하였더라도 손실을 입은 사람이 없다면 부당이득은 존재하지 않는다. 손실과 이득은 서로 대응하나, 그 둘의 범위가 같아야 하는 것은 아니다.

3 이득과 손실 사이의 인과관계

이득과 손실 사이에 인과관계가 있어야 한다. 여기에서의 인과관계는 동일한 사실이 한편으로는 손실을 발생시키고 다른 한편으로는 이득을 생기게 할 필요는 없으며, 사회관념상 그 관련성을 인정할 수 있으면 족하다. 판례도 채무자가 피해자로부터 횡령한 금액을 그대로 채권자에게 변제한 경우, 피해자의 손실과 채권자의 이득 사이에 인과관계가 있다고 판시하였다(대법원 2012. 1. 12. 선고 2011다74246 판결).

4 법률상의 원인이 없을 것

부당이득이 인정되려면 이득이 '법률상 원인 없이' 발생해야 한다. 이는 수익을 보유하는 것이 손실자와의 관계에서 공평이나 정의에 반한다는 의미이다. 타인소유의 토지를 점유하여 사용 수익한 이득, 계약의 무효·취소·해제시 이미 받은 물건이나 금전 등이 법률상 원인 없는 이득에 해당한다.

Ⅲ 효과

부당이득이 성립하면 수익자는 손실자에게 그가 얻은 이익을 반환할 의무를 부담한다.

1 원물반환의 원칙

수익자는 원칙적으로 얻은 이득 그 자체 즉 원물을 반환해야 한다. 예를 들어 잘못 배달된 물건을 받은 경우, 그 물건 자체를 반환함이 원칙이다. 원물반환이 불가능하거나 현저히 곤란한 경우, 수익자는 손실자에게 그 가액을 반환해야 한다(제747조제1항).

2 반환범위

(i) 이득의 개념을 수익자가 법률상 원인 없이 이득을 얻음으로써 수익자에게 생긴 전체 재산의 증가로 파악하는 차액설은 수익자의 부당이득의 반환범위를 수익자의 부당이득 후의 재산총액과 부당이득이 없었다면 존재하였을 재산총액의 차액으로 본다. 판례도 차액설을 따른다(대법원 1995. 5. 12. 선고 94다25551 판결). 수익자의 이득액이 손실자의 손실 범위 내라면 이득액만을 반환하면 되지만, 수익자의 이득액이 손실액을 초과하면 손실액의 한도에서 반환하면 된다.

(ii) 선의의 수익자는 그가 얻은 이득 중 현존하는 이득만을 반환하면 족하다(제748조제1항). 즉 선의의 수익자는 받은 이익에서 이미 소비한 것은 제외하고 나머지 이익만을 반환하는 것으로 족하다. 이에 반하여 악의의 수익자는 얻은 이익에 이자를 붙여 반환하여야 하며, 피해자가 입은 손해도 배상하여야 한다(동조제2항). 실종선고가 취소된 경우 실종선고를 직접 원인으로 재산을 취득한 자 역시 동일한 범위에서 반환하여야 한다(제29조제2항).

(iii) 위와 같은 일반원칙과 달리 부당이득의 반환 범위를 인정하는 경우가 있다. 제한능력을 이유로 법률행위가 취소된 경우에 제한능력자는 선의, 악의를

묻지 않고 받은 이익이 현존하는 한도에서 상환할 책임이 있다(제141조 단서). 계약이 해제된 경우에도 당사자는 선의, 악의를 묻지 않고 상대방에 대하여 받은 이익을 원상회복해야 하고 반환할 금전에는 받은 날부터 이자를 더해야 한다(제548조).

Ⅳ 불법원인급여

1 의의

불법원인급여(不法原因給與)란 불법의 원인으로 재산 또는 노무를 제공한 경우를 말한다. 제746조는 "불법의 원인으로 인하여 재산을 급여하거나 노무를 제공한 때에는 그 이익의 반환을 청구하지 못한다"고 규정한다. 이는 부당이득반환청구권의 발생을 제한하는 예외로, 불법의 원인에 기초하여 급여한 자에 대해 법적 보호를 거부함으로써 소극적으로 법적 정의를 관철하려는 제도이다(대법원 1994. 12. 22. 선고 93다55234 판결).

[사례]

(1) A가 공무원인 B에게 사과상자에 현금 3000만 원을 뇌물로 제공한 경우, A는 B에게 부당이득을 이유로 3000만 원의 반환을 청구할 수 있을까?

(2) C가 D에게 마약 구매 대금을 지불했으나 D가 마약을 제공하지 않은 경우, C는 D에게 그 대금의 반환을 부당이득으로 청구할 수 있을까?

2 요건

가. 불법

불법은 단순한 법률 위반이 아닌, 사회적 타당성을 크게 벗어난 반사회성이 있을 것을 요한다. 일반적인 견해에 의하면 불법은 선량한 풍속 기타 사회질서에 위반되는 것을 의미한다. 도박, 뇌물제공, 마약거래, 인신매매 등이 이에 해당된다.

나. 급여

급여는 재산적 가치가 있는 출연으로서, 재산의 급여와 노무의 제공을 포함한다. 급여는 재산적 이익을 주는 것이며, 그 이익의 종류는 묻지 않는다. 급여는 자유로운 의사에 의한 것이어야 하며, '종국적'이어야 한다. 부동산이 급여의 대상인 경우에, 등기를 경료하지 않았다면 재산의 급여가 있었다고 볼 수 없다(대법원 1966. 5. 31. 선고 66다531 판결).

[급부의 종국성]

도박자금으로 금원을 대여함으로 인하여 발생한 채권을 담보하기 위한 근저당권설정등기가 경료되었을 뿐인 경우와 같이 수령자가 그 이익을 향수하려면 경매신청을 하는 등 별도의 조치를 취하여야 하는 경우에는, 그 불법원인급여로 인한 이익이 종국적인 것이 아니므로 등기설정자는 무효인 근저당권설정등기의 말소를 구할 수 있다(대법원 1995. 8. 11. 선고 94다54108 판결).

3 효과

가. 반환청구금지

불법원인급여에 해당하는 경우, 급여자는 제공한 재산이나 노무에 대한 반환을 청구할 수 없다(제746조 본문). 불법원인으로 소유권을 이전한 경우에 급여자는 부당이득을 이유로 그 반환을 청구할 수 없다. 그가 소유권에 기하여는 반환을 청구할 수 있을까? 이에 대하여 일반적인 견해와 판례는 불법원인급여제도의 취지를 살리기 위해 소유권을 이유로 하여서도 반환청구를 할 수 없다고 한다(대법원 1979. 11. 13. 선고 79다483 전원합의체판결). 불법원인에 기한 급여에 관하여, 부당이득반환 대신 불법행위를 원인으로 한 손해배상을 구함도 허용되지 않는다. 그렇지 않다면 제746조의 취지가 몰각될 수 있기 때문이다.

[반환청구금지에 관한 판례]

(1) 소유권의 귀속

민법 제746조는 단지 부당이득제도만을 제한하는 것이 아니라 민법 제103조와 함께 사법의 기본이념으로서, 결국 사회적 타당성이 없는 행위를 한 사람은 스스로 불법한 행위를 주장하여 형식 여하에 불구하고 그 복구를 소구할 수 없다는 이상을 표현한 것이므로, 급여를 한 사람은 그 원인행위가 법률상 무효라 하여 상대방에게 부당이득반환청구를 할 수 없음은 물론, 급여한 물건의 소유권이 여전히 자기에게 있다고 하여 소유권에 기한 반환청구도 할 수 없고, 따라서 급여한 물건의 소유권은 급여를 받는 상대방에게 귀속된다(대법원 1979. 11. 13. 선고 79다483 전원합의체판결).

(2) 불법행위 손해배상

불법의 원인으로 재산을 급여한 사람은 상대방 수령자가 그 '불법의 원인'에 가공하였다고 하더라도 상대방에게만 불법의 원인이 있거나 그의 불법성이 급여자의 불법성보다 현저히 크다고 평가되는 등으로 제반 사정에 비추어 급여자의 손해배상청구를 인정하지 아니하는 것이 오히려 사회상규에 명백히 반한다고 평가될 수 있는 특별한 사정이 없는 한 상대방의 불법행위를 이유로 그 재산의 급여로 말미암아 발생한 자신의 손해를 배상할 것을 주장할 수 없다고 할 것이다. 그와 같은 경우에 급여자의 위와 같은 손해배상청구를 인용한다면, 이는 급여자는 결국 자신이 행한 급부 자체 또는 그 경제적 동일물을 환수하는 것과 다른 없는 결과가 되어, 민법 제746조에서 실정법적으로 구체화된 법이념에 반하게 되는 것이다(대법원 2013. 8. 22. 선고 2013다35412 판결).

나. 수익자에게 귀속

반환을 청구할 수 없는 반사적 효과로서 급부는 수익자에게 귀속한다. 불법원인급여를 반환하기로 하는 특약이 있는 경우에, 수익자가 그에 기하여 임의반환하는 것은 유효하겠지만, 급여자가 이를 강제할 수는 없다. 판례는 반환약정에 기하여 약속어음을 발행하였더라도 채권자는 그 이행을 청구할 수 없다고 판시하는 등 불법원인급여를 반환하는 약정의 유효성을 일반적으로 인정하지 않는다(대법원 1995. 7. 14. 선고 94다51994 판결). 다만 불법원인급여가 이루어진 후의 반환약정은 그 유효성을 인정한다(대법원 2010. 5. 27. 선고 2009다12580 판결).

[반환약정에 관한 판례]

(1) 반환약정의 무효

당사자의 일방이 상대방에게 공무원의 직무에 관한 사항에 관하여 특별한 청탁을 하게 하고 그에 대한 보수로 돈을 지급할 것을 내용으로 한 약정은 사회질서에 반하는 무효의 계약이고, 따라서 민법 제746조에 의하여 그 대가의 반환을 청구할 수 없으며, 나아가 그 돈을 반환하여 주기로 한 약정도 결국 불법원인급여물의 반환을 구하는 범주에 속하는 것으로서 무효이고, 그 반환약정에 기하여 약속어음을 발행하였다 하더라도 채권자는 그 이행을 청구할 수 없다(대법원 1995. 7. 14. 선고 94다51994 판결).

(2) 급여 후의 반환약정 유효

불법원인급여 후 급부를 이행받은 자가 급부의 원인행위와 별도의 약정으로 급부 그 자체 또는 그에 갈음한 대가물의 반환을 특약하는 것은 불법원인급여를 한 자가 그 부당이득의 반환을 청구하는 경우와는 달리 그 반환약정 자체가 사회질서에 반하여 무효가 되지 않는 한 유효하다. 여기서 반환약정 자체의 무효 여부는 반환약정 그 자체의 목적뿐만 아니라 당초의 불법원인급여가 이루어진 경위, 쌍방당사자의 불법성의 정도, 반환약정의 체결약정 등 민법 제103조 위반 여부를 판단하기 위한 제반 요소를 종합적으로 고려하여 결정하여야 하고, 한편 반환약정이 사회질서에 반하여 무효라는 점은 수익자가 입증하여야 한다(대법원 2010. 5. 27. 선고 2009다12580 판결).

다. 예외적 반환 인정

(1) 불법원인이 수익자에게만 있는 경우

불법원인이 수익자에게만 있는 경우에는 급부자가 그 이익의 반환을 청구할 수 있다(제746조 단서). 예를 들어 A가 B에게 합법적인 사업자금을 대여했는데 나중에 B가 그 돈을 불법도박에 사용했다면, A는 B에게 대여금의 반환을 청구할 수 있다.

(2) 불법성의 현저한 차이

급여자와 수익자 모두에게 불법원인이 있더라도 그 불법성에 현저한 차이가 있는 경우, 급여자의 수익자에 대한 반환청구가 가능할 수 있다. 예를 들면 C가 D에게 고리의 이자로 돈을 빌려주었는데 D가 그 돈을 사용하여 마약을 제조했다면, 고리대금이라는 C의 불법성보다 마약제조라는 D의 불법성이 훨씬 더 크므로 C의 D에 대한 이자의 반환청구가 인정될 수 있다.

[불법성의 비교]

불법원인급여에 해당한다고 하더라도 민법 제746조의 적용을 제한하는 것이 신의칙과 형평의 원칙에 비추어 타당한지 여부는 불법원인급여가 이루어진 경위와 그 반환을 구하는 이유, 급여를 주고받은 자들 상호 간의 관계, 급여된 물건의 성질 등 여러 사정을 종합하여 구체적으로 판단하여야 한다(대법원 1993. 12. 10. 선고 93다12947 전원합의체판결).

제4절

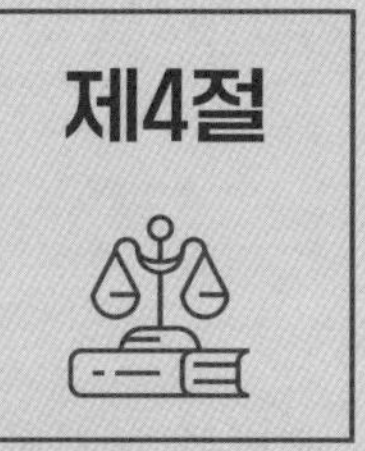

채권자대위권과 채권자 취소권

I 책임재산의 보전

(i) 채무자의 일반재산은 강제집행이 가능한 채권에 대한 최후의 보장으로 '책임재산'이라 한다. 계약이 유효하게 성립하면 채권자는 채무자에게 이행을 청구할 권리를 갖지만, 채무자가 이행하지 않을 경우 채권자는 궁극적으로 책임재산에 대한 강제집행을 통하여 채권을 실현한다. 그런데 채무자가 고의로 자신의 재산을 감소시키거나 재산의 감소를 막기 위한 권리행사를 게을리하는 경우, 채권자는 채권의 실현이 불가능해질 위험에 처한다.

(ii) 이러한 상황에서 민법은 채무자의 책임재산을 보전하기 위하여 채권자대위권과 채권자취소권이라는 특별한 제도를 마련하고 있는데, 이는 채권의 책임재산보전의 효력으로서 인정된다.

Ⅱ 채권자대위권

1 의의 및 성질

(i) 채권자대위권은 채무자가 제3자에 대하여 가지고 있는 권리를 행사하지 않음으로써 자신의 재산을 감소시키거나 증가시킬 수 있는 기회를 놓치는 경우, 채권자가 채무자를 대신하여 그 권리를 행사할 수 있는 권리를 말한다(제404조). 예를 들어 A가 B에 대해 1,000만 원의 채권이 있는데, B는 C에 대해 1,000만 원의 대여금 채권을 가지고 있다고 하자. 만약 B가 C에게 채권을 행사하지 않아 자신의 재산이 증가하지 않는다면, A는 B가 가진 C에 대한 채권을 대위하여 행사할 수 있다.

(ii) 채권자대위권은 프랑스민법에서 유래한 제도로 소송법상의 권리가 아닌 실체법상의 권리이다. 또한 채권자가 자기 이름으로 채무자의 권리를 행사할 수 있는 권리이므로 대리권은 아니며, 일종의 법정재산관리권이다.

[사례]

A는 B에게 3,000만 원을 대여하였고, 변제기일은 2025년 2월 15일이었다. 변제기가 지났음에도 B는 경제적 어려움을 이유로 A에게 채무를 이행하지 않았다. A는 B의 재산상태를 조사하던 중, B가 C에 대해 2,500만 원의 공사대금 채권을 보유하고 있음을 알게 되었다. 이 공사대금은 2024년 12월에 이미 변제기가 도래했으나, B는 C와의 오랜 친분 관계를 이유로 대금 청구를 미루고 있었다. B는 현재 C에 대한 채권 외에는 다른 재산이 거의 없는 상태였고, 여러 채권자들로부터 독촉을 받고 있었다. A는 어떠한 권리를 행사할 수 있을까?

2 요건

가. 채권자가 자기의 채권을 보전할 필요가 있을 것

(i) 채권자에게 보전할 채권이 존재하여야 하며, 그 채권을 보전할 필요성도 인정되어야 한다(제404조 제1항). 어떤 경우에 필요성이 인정될 것인지에 관하여 판례는

금전채권과 특정채권을 다르게 취급한다. 판례에 의하면, 피보전채권이 금전채권인 경우에는 '채무자가 무자력이어서 그의 일반재산이 감소되는 것을 방지할 필요가 있는 경우'에 보전의 필요성이 인정된다고 한다(대법원 1969. 11. 25. 선고 69다1665 판결). 판례는 "보전의 필요성은 채권자가 보전하려는 권리의 내용, 채권자가 보전하려는 권리가 금전채권인 경우 채무자의 자력 유무, 채권자가 채무자의 권리를 대위하여 행사하지 않으면 자기 채권의 완전한 만족을 얻을 수 없게 될 위험이 있어 채무자의 권리를 대위하여 행사하는 것이 자기 채권의 현실적 이행을 유효적절하게 확보하기 위하여 필요한지 여부를 기준으로 판단하여야 하고, 채권자대위권의 행사가 채무자의 자유로운 재산관리행위에 대한 부당한 간섭이 되는 등 특별한 사정이 있는 경우에는 보전의 필요성이 인정될 수 없다"고 판시하였다(대법원 2020. 5. 21. 선고 2018다879 전원합의체판결).

(ii) 판례에 의하면, 보전하려는 채권이 특정한 채권인 경우 일정한 요건이 구비되었다면 채무자의 무자력은 그 요건이 아니라고 한다. 구비하여야 할 일정한 요건은 "채권자가 보전하려는 권리와 대위하여 행사하려는 채무자의 권리가 밀접하게 관련되어 있고 채권자가 채무자의 권리를 대위하여 행사하지 않으면 자기 채권의 완전한 만족을 얻을 수 없게 될 위험이 있어 채무자의 권리를 대위하여 행사하는 것이 자기 채권의 현실적 이행을 유효적절하게 확보하기 위하여 필요한 경우"이다(대법원 2007. 5. 10. 선고 2006다82700 판결). 예를 들면 A가 자기 소유의 부동산을 B에게 매도하고, B는 C에게 그 부동산을 매도하였으나, 아직 부동산의 등기가 A에게 있는 경우, C는 자신의 등기청구권을 보전하기 위해 B의 A에 대한 등기청구권을 대위행사할 수 있다.

나. 채권자의 채권이 이행기에 있을 것

채권자가 채무자에 대하여 가지는 채권은 원칙적으로 이행기가 도래한 것이어야 한다(제404조 제2항).

다. 채무자가 제3자에 대하여 대위할 권리를 가질 것

채권자대위권은 채권자가 채무자의 권리를 대신 행사하는 것이므로 당연히 채무자가 제3자(제3채무자)에 대하여 권리를 가지고 있어야 한다. 행사의 대상이 되는 채무자의 권리는 일신전속적 권리가 아니어야 한다(제404조 제1항). 즉 부양청구권이나 친권과 같은 개인적 성질의 권리는 대위행사의 대상이 되지 않는다.

라. 채무자가 스스로 자기의 권리를 행사하지 않을 것

채무자가 스스로 권리를 행사하지 않아 채권자의 채권 실현이 위험에 처한 상황이어야 한다. 채무자가 스스로 그의 권리를 행사하고 있는데 대위를 허용한다면, 이는 채무자에 대한 부당한 간섭이 되기 때문이다.

3 행사 및 효과

채권자는 채무자의 이름이 아니라 자기의 이름으로 채권자대위권을 행사한다. 채권자대위권은 채권자취소권과 달리 반드시 재판상 행사할 필요가 없다. 채권자대위권은 채권의 보전을 위해 행사하는 권리이므로, 그 행사는 채권의 보전에 필요한 범위에 한정된다. 채권자대위권 행사의 효과는 직접 채무자에게 귀속하고, 모든 채권자를 위한 공동담보가 된다. 즉 채권자대위권을 행사한 채권자는 다른 채권자에 비해 우선적 지위를 갖지 못한다.

[채권자대위권]

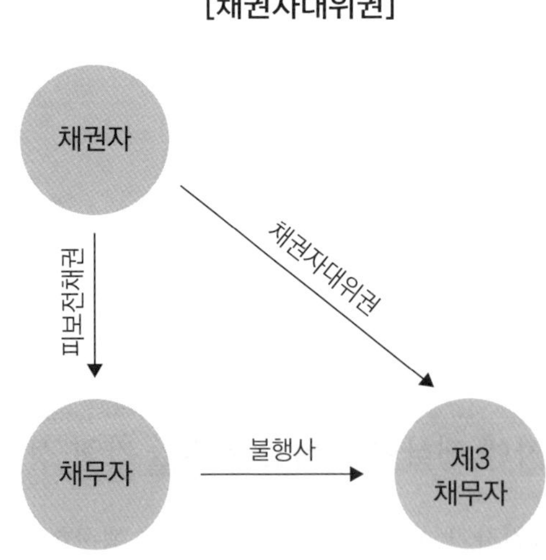

Ⅲ 채권자취소권

1 의의 및 성질

(i) 채권자취소권은 채무자가 채권자를 해침을 알면서 채권자를 해하는 법률행위를 한 경우, 채권자가 그 법률행위를 취소하고 채무자의 재산을 원상회복시킬 수 있는 권리이다(제406조). 이는 채무자가 고의로 자신의 재산을 감소시켜 채권자의 채권 실현을 어렵게 하는 경우에, 채권자를 보호하기 위한 제도로서 사해행위취소권이라고도 한다. 예를 들면 A가 B에게 1억 원의 빚이 있는 상황에서 A가 자신의 유일한 재산인 아파트를 자녀에게 증여한 경우, B는 이 증여계약을 취소하고 그 아파트에 대해 강제집행을 할 수 있다.

(ii) 채권자취소권은 로마법의 파울루스소권(actio pauliana, action paulienne)에서 유래하는 제도지만, 소송법상의 권리가 아니라 실체법상의 권리이다. 채권자취소권은 반드시 재판상 행사해야 하지만, 이는 권리행사의 방법에 지나지 않는다.

[사례]

A는 B에게 5,000만 원을 대여했으며, 그 변제기는 2025년 4월 1일이었다. B는 경영하던 사업이 실패하여 심각한 재정난에 처해 있었고, A에게 돈을 갚을 능력이 없었다. 변제기 직전인 2025년 3월 15일, B는 자신이 소유한 시가 4,000만 원 상당의 아파트를 친한 친구 C에게 1,000만 원에 매도하고 등기까지 마쳐주었다. C는 B의 경제적 상황과 B가 A에 대하여 채무를 부담하고 있는 사실을 알고 있었다. 이후 C는 2025년 5월 10일, 해당 아파트를 제3자인 D에게 3,500만 원에 매도하고 등기를 이전했다. D는 B의 경제적 상황이나 원래 매매가격에 대해 전혀 알지 못했다. A는 B에 대한 자신의 채권을 보전하기 위하여 어떤 권리를 행사할 수 있을까?

2 요건

가. 채권자의 채권의 존재

(i) 채권자가 보전해야 할 채권을 가지고 있어야 한다. 이를 피보전채권(被保全債權)이라 한다. 금전채권이 아닌 특정채권이 피보전채권이 될 수 있는지 여부에

관하여, 판례는 채권자취소권은 채권자의 공동담보인 채무자의 책임재산의 감소를 방지하기 위한 것이고 특정채권의 보전을 목적으로 하는 것이 아니므로, 특정물에 대한 소유권이전등기청구권을 보전하기 위하여서는 채권자취소권을 행사할 수 없다고 한다(대법원 1999. 4. 27. 선고 98다56690 판결).

(ii) 채권자의 채권은 사해행위가 있기 전에 발생한 것이어야 한다. 사해행위 이후에 발생한 채권은 사해행위에 의하여 침해될 수 없기 때문이다. 판례는 이에 대한 예외로 사해행위 당시에 이미 채권성립의 기초가 되는 법률관계가 형성되어 있고, 가까운 장래에 그 법률관계에 기하여 채권이 성립되리라는 고도의 개연성이 있으며, 실제로 가까운 장래에 그 개연성이 현실화되어 채권이 성립한 경우에는, 그 채권도 채권자취소권의 피보전채권이 될 수 있다고 한다(대법원 2005. 8. 19. 선고 2004다53173 판결).

나. 사해행위

사해행위(詐害行爲)란 채무자의 법률행위로 인하여 채무자의 책임재산이 감소되어 채권자의 채권 만족에 지장을 주는 행위이다. 증여, 현저히 낮은 가격의 매매, 채무면제 등이 사해행위에 해당될 수 있다. 판례에 의하면 물적 담보의 제공은 원칙적으로 사해행위가 아니나, 채무초과에 빠져 있는 채무자가 그의 유일한 재산인 부동산을 어느 한 채권자에게 담보로 제공하는 행위는 다른 채권자에 대하여 사해행위가 될 수 있다(대법원 2007. 10. 11. 선고 2007다45364 판결). 판례는 채무자가 유일한 재산인 부동산을 소비하기 쉬운 금전으로 바꾸는 행위는 그 매각이 채권자에 대한 정당한 변제에 충당하기 위하여 상당한 가격으로 이루어졌다든가 하는 특별한 사정이 없는 한 원칙적으로 사해행위가 된다고 한다(대법원 1998. 4. 14. 선고 97다54420 판결).

다. 채무자 등의 악의

채권자취소권이 인정되려면 채무자가 사해행위에 의하여 채권자를 해함을 알고 있었어야 한다(제406조 제1항 본문). 이를 사해의사(詐害意思)라고 한다. 이는 적극적인 의욕이 아니라 소극적인 인식으로 충분하다. 채무자와 거래를 한 수익자 및 경우에 따라 수익자로부터 재산권을 전득(轉得)한 자도 사해의사가 있어야 한다(제406조 제1항 단서).

3 행사

채권자취소권은 채권자대위권과 달리 채무자의 권리를 대신 행사하는 것이 아니라, 채권자가 자신의 권리를 자기의 이름으로 행사하는 것이다. 또한 채권자취소권은 반드시 법원에 소를 제기하는 방법으로 행사하여야 한다.

채권자취소권은 취소할 법률행위를 안 날로부터 1년, 법률행위가 있은 날로부터 5년 내에 행사해야 한다(제406조 제2항).

4 효과

가. 채무자의 일반재산으로의 회복

채권자취소권 행사의 효과는 모든 채권자를 위하여 그 효력이 있다(제407조). 채권자취소권의 행사는 채무의 이행을 구하는 것이 아니라, 모든 채권자를 위하여 이행기에 채무이행을 위태롭게 하는 채무자의 자력감소를 방지하는 데 목적이 있다(대법원 2011. 12. 8. 선고 2011다55542 판결). 취소채권자는 자기에게 인도하도록 할 수도 있으나(대법원 1999. 8. 24. 선고 99다23468 판결), 그러한 경우에도 그것으로부터 우선변제를 받는 것은 아니다.

나. 상대적 효력

취소의 효력은 채권자와 수익자 사이 또는 채권자와 전득자 사이에만 발생하며, 채무자나 제3자에게는 미치지 않고, 채무자와 수익사 사이의 또는 수익자와 전득자 사이의 법률관계에도 미치지 않는다(대법원 2012. 8. 17. 선고 2010다87672 판결). 채무자는 취소판결에 의해 아무런 권리도 취득하지 못하며, 채권자가 변제받은 나머지는 수익자나 전득자에게 귀속한다.

[채권자취소권]

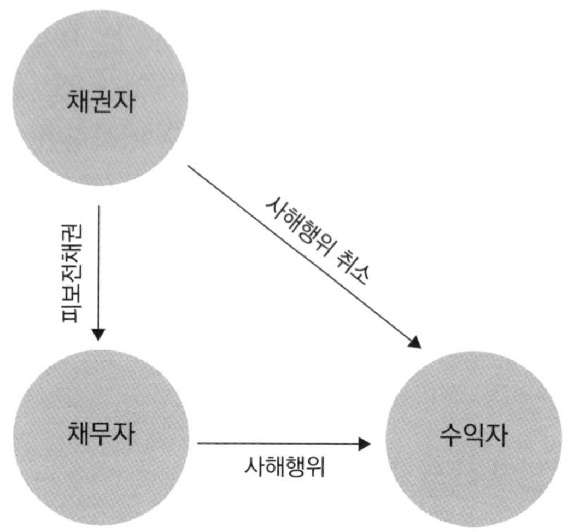

제5절 채권의 양도와 채무인수

I 채권의 양도

1 의의

채권의 양도(讓渡)란 채권을 그 동일성을 유지하면서 이전하는 계약을 말한다. 민법은 채권을 원칙적으로 양도할 수 있는 것으로 정한다. 그런데 채권의 양도에서는 양도의 대상이 채권인 점에서 양수인이 채권을 확실하게 변제받도록 해야 한다. 이 점에서 보면 지명채권의 양수인의 지위는 불안하다. 채권에 항변사유가 있거나, 채권이 무효·변제 등으로 소멸될 수 있기 때문이다. 이러한 문제를 해결하기 위해 고안된 것이 증권적 채권이며, 증권적 채권에서 양수인의 안정성은 지명채권보다 훨씬 강화된다.

[사례]

A는 B소유 상가건물을 임차보증금 8,000만 원에 임차하면서, 그 중 3,000만 원을 A의 C에 대한 금전채무의 담보로 C에게 양도하고 그 사실을 B에게 통지하였다. 그 후 A는 C에 대한 금전채무를 변제하였다. 임대차 종료 후 C가 B에게 양수금 3,000만 원의 지급을 청구하자, B는 A의 C에 대한 변제로 양수채권이 소멸되었다는 이유로 그 지급을 거절하였다.

2 지명채권의 양도

지명채권(指名債權)은 채권자가 특정되어 있는 채권이다. 지명채권의 양도는 당사자인 양도인(채권자)과 양수인의 합의에 의해 이루어진다. 따라서 채무자는 채권양도의 사실을 알지 못하여 예측하지 못한 손해를 입을 우려가 있다. 이에 민법은 채무자를 보호하기 위하여 채무자에 대한 양도행위의 통지 또는 양도에 대한 채무자의 승낙이 없으면 채무자에 대항하지 못하도록 하고 있다(제450조). 여기에서 채무자에 대한 통지 내지 채무자의 승낙은 지명채권 양도의 성립요건이 아닌 대항요건이다. 이러한 요건이 없어도 채권양도가 성립하지 않는 것은 아니지만, 그러한 채무자의 통지나 승낙이 없었을 경우, 양수인은 채무자에게 채권양도의 효력을 주장하지 못한다. 다만, 채무자가 채권양도의 효력을 인정할 수는 있다.

3 증권적 채권의 양도

증권적 채권은 채권이 증권으로 화체(化體)되어, 채권의 성립·존속·행사·양도 등이 모두 증권을 통해 이루어지는 채권을 말하며, 여기에는 지시채권과 무기명채권이 있다. 증권적 채권은 양도성을 본질로 하며, 유통성의 확보와 거래안전을 위해 마련된 제도이다.

가. 지시채권의 양도

지시채권(指示債權)은 특정인 또는 그가 지시하는 자에게 변제하여야 하는 증권적 채권이다. 지시채권은 그 증서에 배서하여 양수인에게 교부함으로써 양도할 수 있다(제508조).

나. 무기명채권의 양도

무기명채권(無記名債權)은 특정된 채권자의 이름을 기재하지 않고 그 증권의 정당한 소지인에게 변제하여야 하는 증권적 채권이다. 상품권, 승차권, 박물관입장권 등이 이에 속한다. 무기명채권은 양수인에게 그 증서를 교부함으로써 양도

할 수 있다(제523조).

Ⅱ 채무인수

1 면책적 채무인수

(i) 채무인수(債務引受)는 채무의 동일성을 유지하면서 채무가 채무자로부터 제3자(인수인)에게 이전되는 것으로서, 계약에 의해 이루어진다. 예를 들면 영업을 양도할 때 매수인이 영업상의 채무를 인수하는 경우가 이에 해당한다. 종래의 채무자는 채무를 면하게 되고, 인수인이 새로이 채무자가 되는 채무인수를 병존적 채무인수와 구별하여 면책적(免責的) 채무인수라고 한다. 면책적 채무인수 즉 법률행위에 의한 채무자교체는 채권양도 즉 법률행위에 의한 채권자교체의 반대개념이다.

(ii) 채무인수는 채권자와 제3자의 계약으로도, 채무자와 제3자의 계약으로도 할 수 있다(제453조, 제454조). 명문 규정은 없지만 계약자유의 원칙상 채권자·채무자·인수인 세 당사자의 계약에 의한 채무인수도 유효하다. 그림을 그려주기로 한 채무 등 채무의 성질상 이전할 수 없는 채무, 채무자가 변경되면 급부의 내용이 완전히 달라지는 채무 등은 채무인수의 대상이 되지 못한다.

(iii) 채무인수에 의해 채무는 그 동일성을 유지하면서 채무자로부터 인수인에게 이전되므로, 채권자는 인수인에게 채권을 행사할 수 있다. 채무의 성질도 그대로 유지되며, 동시이행의 항변권과 같이 전 채무자가 채권자에게 대항할 수 있었던 사유로 인수인도 채권자에게 대항할 수 있다. 다만 인수인이 채무자에게 대항할 수 있는 사유로는 채권자에게 대항하지 못한다.

[사례]

A는 B에게 5,000만 원의 사업자금을 빌렸다. 이 채무는 C가 보증했다. 다음의 경우 법률관계는 각각 어떻게 되는가? ① A의 친구인 C가 A를 도와주기 위해 이 채무를 인수하기로 한 경우 ② A의 사업파트너인 D가 이 채무를 함께 책임지기로 한 경우

2 병존적 채무인수

(i) 병존적(倂存的) 채무인수란 제3자(인수인)가 채권자에 대하여 종래의 채무자와 함께 그와 동일한 내용의 채무를 부담하는 계약을 말하며, 중첩적 채무인수라고도 한다. 병존적 채무인수가 있는 경우에는 기존의 채무가 그대로 있는 상태로 인수인이 별도로 같은 내용의 채무를 부담함으로써 두 채무가 병존하게 된다. 면책적 채무인수와 달리 병존적 채무인수는 종래의 채무에 붙어 있는 담보나 보증이 소멸하지 않는다.

(ii) 인수대상 채무는 제3자에 의하여서도 이행될 수 있는 것이어야 한다. 병존적 채무인수는 당사자의 측면에서 세 가지 경우를 생각할 수 있다. 즉 ① 채권자·채무자·인수인의 3면계약으로 할 수 있고, ② 채권자와 인수인 사이의 계약, ③ 채무자와 인수인 사이의 계약으로도 할 수 있다. 판례는 ②의 채무인수는 채무자의 의사에 반하여도 할 수 있다고 한다(대법원 1988. 11. 22. 선고 87다카1836 판결). ③의 채무인수는 일종의 제3자를 위한 계약에 해당한다(대법원 2013. 9. 13. 선고 2011다56033 판결). 따라서 이 경우 채권자의 수익의 의사표시가 있어야 한다(제539조 제2항).

(iii) 병존적 채무인수의 경우 채무자와 채무인수인의 관계에 대하여 연대채무관계설, 부진정연대채무관계설, 보증채무관계설이 주장된다. 판례는 원칙적으로 연대채무관계로 보지만, 인수인이 채무자의 부탁을 받지 아니하고 채무를 병존적으로 인수한 경우에는 주관적 공동관계가 없어 부진정연대관계로 이해한다(대법원 2009. 8. 20. 선고 2009다32409 판결).

[채무자와 인수인의 관계]

중첩적 채무인수에서 인수인이 채무자의 부탁 없이 채권자와의 계약으로 채무를 인수하는 것은 매우 드문 일이므로 채무자와 인수인은 원칙적으로 주관적 공동관계가 있는 연대채무관계에 있고, 인수인이 채무자의 부탁을 받지 아니하여 주관적 공동관계가 없는 경우에는 부진정연대관계에 있는 것으로 보아야 한다(대법원 2009. 8. 20. 선고 2009다32409 판결).

제6장

계약 위반

제1절

채무불이행

I 채무불이행의 의의 및 유형

1 채무불이행의 의의

(i) 채무불이행에 관한 법은 넓은 의미의 채무불이행, 즉 채무가 어떠한 원인에 의하여 발생하였는지를 묻지 않고 일단 발생한 채무에 관하여 그 '채무의 내용에 좇은 이행'이 이루어지지 아니한 객관적 상태를 다룬다. 이 중 채무자의 책임 있는 사유로 그러한 상태가 발생한 경우를 좁은 의미의 채무불이행이라고 한다. 즉 좁은 의미의 채무불이행이란 채무자에게 책임 있는 사유로 채무의 내용에 좇은 이행이 이루어지지 않고 있는 상태를 말한다.

(ii) 좁은 의미의 채무불이행에서 주로 문제되는 것은 계약에 기하여 발생하는 채무가 제대로 이행되지 아니한 경우, 즉 계약불이행 내지 계약 위반이다. 따라서 본 장에서는 좁은 의미의 채무불이행 중 주로 계약불이행을 염두에 두고 설명하며, 특별한 언급이 없는 한 본 장의 '채무불이행'은 좁은 의미의 채무불이행 중 계약불이행을 의미한다. 민법은 이러한 채무불이행에 대하여 제387조 이하(특히 제390조)에서 자세하게 규정한다.

2 채무불이행의 유형

채무불이행의 유형에 어떠한 것이 있는가에 대하여 학설상으로는 크게 ① 이행지체·이행불능·불완전이행이라는 세 가지 유형만을 인정하는 이른바 '3유형론'과 ② 세 가지 유형에 한정되지 않는다는 이른바 '열린 유형론'으로 나누어진다. 본 장에서는 채무불이행의 유형을 일반적으로 다루어지는 3유형론에 따라 이행지체, 이행불능, 불완전이행으로 나누고 이를 중심으로 그 내용을 보다 자세하게 설명할 것이다.

[채무불이행의 독자적인 유형으로서 이행거절의 인정 여부]

이행거절이란 채무자가 이행이 가능함에도 이행기 전에 이를 이행할 의사가 없음을 채권자에게 진지하고 종국적으로 표시하여 객관적으로 보아 채권자로 하여금 채무자의 임의의 이행을 더 이상 기대할 수 없게 하는 경우를 말한다. 이러한 이행거절을 채무불이행의 독자적인 유형으로 인정할 수 있는지 여부에 대하여 학설은 긍정설과 부정설로 나누어진다. 긍정설은 열린 유형론의 견지에서 이행거절을 채무불이행의 독자적인 유형으로 인정하는 견해이다. 부정설은 이행거절을 채무불이행의 독자적인 유형으로 인정하지 않는 견해로서, 일반적인 견해인 3유형론뿐만 아니라 열린 유형론의 입장을 취하는 학자들 중에서도 이 견해를 지지하기도 한다. 긍정설은 채무불이행에 대한 일반조항으로 제390조를 가지고 있는 우리 민법에서는 채무불이행의 유형을 이행지체·이행불능·불완전이행 등 세 가지로 한정할 필요가 없는 점, 실질적인 관점에서 볼 때 이행기가 도래하기 전에는 이행지체가 인정될 수 없지만 이행거절은 이행기가 도래하기 전에도 인정될 수 있고, 이행이 가능하지 않은 이행불능과 달리 이행이 가능하며, 이행이 적극적으로 이루어진 불완전이행과 달리 이행이 이루어지지 않았으므로, 이행지체·이행불능·불완전이행과 구별되는 점 등을 근거로 제시한다. 이와 달리 부정설은 실제적인 관점에서 이행거절은 이행이 가능함에도 채무자가 이행을 하지 않는 점에서 이행지체와 본질적인 차이가 없으므로, 이행지체와 구별하여 이행거절을 따로 인정할 필요가 없는 점을 근거로 이행거절을 이행지체의 하부 유형 또는 특수한 형태로 파악하면 충분하고 채무불이행의 독자적인 유형으로 인정할 필요는 없다고 해석한다. 판례는 이행거절을 채무불이행의 독자적인 유형으로 인정된다고 판시한 적은 없지만, 채권자는 채무자를 상대로 이행거절을 이유로 계약을 해제하거나 손해배상을 청구할 수 있다는 입장을 취한다(대법원 2005. 8. 19. 선고 2004다53173 판결). 이행기 전 이행거절의 경우에 최고 없이 계약을 해제할 수 있고 동시이행관계에 있는 자기 채무의 이행제공도 필요하지 않다고 한다(대법원 2021. 7. 15. 선고 2018다214210 판결). 이행거절의 경우 손해배상으로 전보배상을 청구할 수 있는데, 그 기준은 이행거절시를 기준으로 그 손해액을 산정해야 한다고 한다(대법원 2007. 9. 20. 선고 2005다63337 판결).

3 채무불이행의 요건과 효과

일반적인 견해에 따르면 채무불이행에는 이행지체, 이행불능, 불완전이행의 세 가지 유형이 있다.

가. 채무불이행의 요건

채무불이행의 요건 중에는 모든 채무불이행에 공통되는 요건과 각각의 유형에 특유한 것이 있다.

(1) 공통적인 요건

(i) 채무불이행의 공통적인 요건으로 논의되는 것은 주관적 요건으로서 채무자의 책임 있는 사유, 즉 유책사유와 객관적 요건으로서 채무불이행의 위법성이다. 민법은 이행불능에 대해서만 채무자의 고의·과실보다 넓은 개념인 '채무자의 유책사유'를 명문으로 요구하지만(제390조 단서, 제546조), 일반적인 견해 및 판례는 이행지체, 불완전이행에 대해서도 유책사유가 필요하다는 입장을 취한다(대법원 2015. 1. 29. 선고 2013다100750 판결).

(ii) 채무불이행의 위법성이 채무불이행의 공통적인 요건인가에 대해서 일반적인 견해는 고의·과실은 채무자 개인에 대한 주관적 판단인 데 비하여 위법성은 행위 자체에 대한 객관적 판단이므로 후자가 전자에 포함될 수 없는 점, 동시이행의 항변권이 있어서 이행기에 의도적으로 이행하지 않는 경우에 채무자의 고의를 부인하는 것은 타당하지 않은 점 등을 근거로 위법성은 채무불이행의 공통적인 요건에 해당된다는 긍정설을 취한다. 판례에 의하면 채무불이행의 요건으로서의 위법성은 동시이행의 항변권·유치권·기한유예·긴급피난 등과 같이 위법성 조각사유가 없으면 위법하다고 평가되는 소극적 요건이라고 한다(대법원 2015. 1. 29. 선고 2013다100750 판결).

(2) 개별적인 요건

채무불이행이 성립하려면 각각의 채무불이행 유형에 따라 그 유형에 특유한 요건을 갖추어야 한다. 예를 들면 이행지체가 성립하려면 이행기가 도래하고 이행이 가능한데도 이행이 없어야 하며, 이행불능이 되려면 이행이 후발적으로 불능이어야 한다. 또한 불완전이행이 되려면 이행행위가 있었을 것과 그것에 하자가 있을 것이 필요하다.

나. 채무불이행의 효과

일반적인 견해는 채무불이행의 효과로 이행강제권과 손해배상청구권, 계약의 해제권·해지권의 발생을 든다. 불이행이 된 채무가 계약에 기하여 발생한 때에는 일정한 요건 하에 계약의 해제권·해지권이 생기게 된다. 그 밖에 이행불능의 경우에는 일반적인 견해 및 판례에 의하여 대상청구권이 인정되기도 한다(대법원 1992. 5. 12. 선고 92다4581, 4598 판결).

Ⅱ 채무불이행의 유형별 검토

1 이행지체

가. 의의

이행지체란 채무의 이행기가 되었고 그 이행이 가능함에도 불구하고 채무자의 책임 있는 사유로 이행을 하지 않고 있는 것을 말한다.

나. 요건

(1) 이행기가 도래하였을 것

(i) 이행지체가 성립하려면 우선 채무의 이행기가 도래했어야 한다. 그러나 이행기가 되었다고 하여 당연히 이행지체로 되는 것은 아니다. 채무의 이행에 관하여 확정기한이 있는 경우에는 그 기한이 도래한 때, 정확하게는 '그 다음날'부터 지체책임이 있다(제387조 제1항 제1문). 이 경우에 채무자의 지체책임이 생기는 정확한 시기는 기한이 도래하기 시작한 때가 아니고 기한이 경과 또는 도과한 때이다. 채무의 이행에 관하여 불확정기한이 있는 경우에는 채무자가 그 기한이 도래하

였음을 안 때, 정확하게는 '그 다음날'부터 지체책임이 있다(동조 동항 제2문). 채무이행의 기한이 정해져 있지 않은 경우에는 채무자가 이행청구를 받은 때, 정확하게는 '그 다음날'부터 지체책임이 있다(동조 제2항). 판례에 의하면, 기한이 없는 채무는 발생과 동시에 이행기에 있게 되지만, 이행지체가 되려면 채권자의 최고가 있어야 한다(대법원 1969. 1. 28. 선고 68다2313 판결). 판례는, 이 경우에 여기 채무자가 지체책임을 지는 것은 채무자로부터 이행청구를 받은 다음날부터, 즉 '최고가 도달한 다음날'부터라고 해석한다(대법원 2014. 4. 10. 선고 2012다29557 판결).

(ii) 소비대차에 있어서 반환시기의 약정이 없는 때에 대주(貸主)는 상당한 기간을 정하여 차주(借主)를 상대로 반환을 최고해야 한다(제603조 제2항 본문). 이에 따라 상당한 기간이 경과하여야 이행지체가 되는데, 일반적인 견해 및 판례에 의하면 불법행위로 인한 손해배상채무에 있어서는 그 채무의 성립과 동시에 지체가 된다(대법원 1971. 6. 8. 선고 70다2401 판결).

(2) 이행이 가능할 것

이행지체가 되려면 이행기에 이행이 가능해야 하며, 이행이 가능하지 않으면 이행불능이 된다. 즉 이행불능은 이행지체를 배제한다.

(3) 이행이 없을 것

채무가 이행되었으면 이행지체가 되지 않는다. 여기에서의 채무의 이행에는 '이행의 제공이 있는 경우'가 포함된다.

(4) 이행하지 않는 데 대하여 채무자에게 책임 있는 사유가 있을 것

(i) 채무자의 유책사유는 채무자의 고의·과실 외에 채무자의 법정대리인 또는 이행보조자의 고의·과실도 포함한다. 일반적인 견해는 채무자의 유책사유가 인정되기 위해서는 채무자에게 책임능력이 필요하다고 해석한다.

(ii) 채무자의 유책사유에 대한 증명은 누가 하여야 하는가에 대하여 일반적인 견해는 채무자가 자신에게 유책사유가 없음을 증명하여야 책임을 면한다고 해석한다. 판례도 이행불능과 이행지체에 관하여 일반적인 견해와 동일하게 채무자에게 반대증명책임을 지운다(대법원 1982. 8. 24. 선고 82다카254 판결, 대법원 1984. 11. 27. 선고 80다177 판결).

(5) 이행하지 않는 것이 위법할 것

판례에 의하면 위법성은 정당화 사유, 즉 위법성 조각사유가 없으면 당연히 인정되는 소극적인 요건이라고 한다(대법원 2015. 1. 29. 선고 2013다100750 판결).

다. 효과

이행지체의 경우에 채무는 여전히 이행이 가능하므로 채권자는 본래의 채무의 이행을 청구할 수 있지만, 이는 이행지체의 효과라고 볼 수는 없다. 결국 이행지체의 효과는 손해배상청구권과 계약해제권의 발생이다.

(1) 손해배상청구권의 발생

이행지체가 성립하면 채권자는 손해배상을 청구할 수 있으며(제390조 본문), 여기에서의 손해배상은 원칙적으로 이행의 지체로 인하여 생긴 손해의 배상, 즉 지연배상이다. 채권자가 상당한 기간을 정하여 이행을 최고해도 그 기간 내에 이행하지 않거나 지체 후의 이행이 채권자에게 이익이 없는 때에는 예외적으로 이행에 갈음하는 손해의 배상, 즉 전보배상을 청구할 수 있다(제395조).

(2) 계약해제권의 발생

계약으로부터 발생한 채무가 이행지체로 된 경우에 채권자는 일정한 요건 하에 계약을 해제할 수 있게 된다. 즉 채권자가 상당한 기간을 정하여 이행을 최고하였는데 그 기간 내에 이행이 없으면 그는 계약을 해제할 수 있지만(제544조 본문), 채무자가 미리 이행하지 않을 의사를 표시한 경우 또는 정기행위의 경우에는 최고 없이 곧바로 해제할 수 있다(동조 단서, 제545조). 그리고 채권자는 계약을 해제하면서 동시에 손해배상도 청구할 수 있다(제551조).

2 이행불능

가. 의의

이행불능이란 채권이 성립한 후에 채무자에게 책임 있는 사유로 이행할 수 없게 된 것을 말한다.

나. 요건

(1) 채권의 성립 후에 이행이 불가능하게 되었을 것

(가) 사회통념상 불능

일반적인 견해 및 판례에 의하면 민법상의 불능이란 사회관념상 내지 거래관념상의 불능을 말한다(대법원 2016. 5. 12. 선고 2016다200729 판결). 이행불능은 사회통념에 비추어 볼 때 채무자의 이행을 기대할 수 없는 것이라고 이해할 수 있다. 이에 따르면 자연적·물리적으로 이행이 불가능한 경우는 물론 물리적으로 가능하지만 지나치게 많은 비용과 노력이 드는 경우에도 역시 불능이 된다. 예를 들면 태평양 바다에 빠진 보석을 찾아주기로 하는 채무가 그렇다. 부동산을 2중으로 매각하고 매도인이 그중 한 사람에게 소유권이전등기를 해준 경우에는 특별한 사정이 없는 한 다른 한 사람에 대한 소유권이전등기의무는 이행불능이 된다.

(나) 후발적 불능

이행불능이 되려면 채권이 성립한 후에 불능이 되었어야 한다(후발적 불능). 채권의 성립 당시 이미 불능인 원시적 불능이 있으면 채권은 성립하지 않고 계약체결상의 과실이 문제될 수 있다(제535조).

(다) 일부불능의 경우

불능에는 전부가 불능인 경우와 일부만이 불능인 경우가 있다. 일부불능에 대해서는 그것이 원시적인 것이든 후발적인 것이든 제137조의 일부무효의 법리가 적용된다고 해석하는 것이 판례의 입장이다(대법원 1995. 7. 25. 선고 95다5929 판결).

(라) 불능의 기준시기

이행이 가능한지 여부는 이행기를 표준으로 하여 결정해야 한다.

(2) 채무자에게 책임 있는 사유로 불능이 되었을 것

이행불능이 채무자에게 책임 있는 사유로 발생해야 한다. 이른바 좁은 의미의 이행불능이다. 이와 달리 이행불능이 채무자의 유책사유 없이 발생한 경우에 채무자는 채무를 면하게 된다(제390조 단서). 이 경우에 불능이 되어 소멸한 채무가 쌍무계약에 의하여 발생한 것이라면 상대방의 채무도 소멸하는지 여부가 문제된다. 이것이 이른바 '위험부담'이다.

[위험부담]

쌍무계약의 급부 중 하나가 당사자 모두의 유책사유 없이 불능이 되면 불능이 된 급부의 반대급부 역시 이행할 의무가 없다(제537조). 예를 들어 건물매매계약이 체결된 후 당사자 쌍방의 유책사유 없이 건물이 멸실되면, 채무자인 매도인의 건물 인도의무 및 소유권이전 의무가 불능이 됨과 동시에 채권자인 매수인의 대금지급의무 역시 소멸한다. 불능된 급부의 위험을 급부위험이라 하고 반대급부의무의 위험을 대가위험이라 한다. 일반적으로 급부위험은 채권자인 매수인이 부담하는 반면, 대가위험은 채무자인 매도인이 부담하므로 이를 채무자위험부담주의라고 한다(제537조). 다만 급부의 불능이 채권자의 유책사유로 발생하거나 채권자의 수령지체 중에 당사자 모두의 유책사유 없이 불능이 되면 채권자가 그에 대한 책임을 부담한다(제538조). 이는 채권자의 유책사유로 인하거나 채권자의 수령지체 중의 책임 분배에 관한 것으로 쌍방의 유책사유 없이 불능이 되는 위험부담과 구별된다.

(3) 이행불능이 위법할 것

이행불능이 되려면 위법성이 있어야 한다.

다. 효과

이행불능의 효과로는 손해배상청구권과 계약해제권의 발생이 명문으로 규정되어 있다(제390조 제546조). 그 밖에 일반적인 견해 및 판례는 대상청구권도 인정한다(대법원 1992. 5. 12. 선고 92다4581, 4598 판결).

(1) 손해배상의 청구

이행불능, 즉 채무자의 책임 있는 사유로 인한 이행불능의 요건이 갖추어진 경우에 채권자는 손해배상을 청구할 수 있다(제390조).

(2) 계약의 해제

계약에 기하여 발생한 채무가 채무자의 책임 있는 사유로 이행불능이 된 때에 채권자는 계약을 해제할 수 있다(제546조). 판례에 의하면 채무가 쌍무계약으로부터 발생한 경우에 상대방이 자기의 채무의 이행을 제공할 필요도 없다고 한다(대법원 2003. 1. 24. 선고 2000다22850 판결). 즉 쌍무계약인 물건의 매매계약으로부터 매도인의 매수인에 대한 소유권이전등기의무가 발생하였지만 매도인의 책임 있는 사유로 이행불능이 된 경우에, 매수인은 매도인에 대한 잔대금지급의무의 이행을 제공할 필요도 없이 매도인과 체결한 물건의 매매계약을 해제할 수 있다.

(3) 대상청구권의 인정

(i) 급부목적물의 가치변형물을 대상(代償)이라고 한다. 이와 관련하여 급부가 불능이 될 때 채권자는 채무자를 상대로 본래의 목적물 대신에 대상을 인도해 줄 것을 청구할 수 있는지 여부, 즉 채권자의 대상청구권의 인정 여부가 문제된다. 대상청구권(代償請求權)은 채무의 이행을 불능으로 만드는 사정의 결과 채무자가 이행의 목적물에 대신하는 이익을 취득하는 경우에 채권자가 채무자에 대하여 그 이익을 청구할 수 있는 권리이다. 대체이익청구권 또는 대용물청구권이라고도 한다.

(ii) 민법은 대상청구권을 규정하지 않지만, 일반적인 견해 및 판례는 공평의 원칙을 근거로 이행불능의 경우에 채권자의 대상청구권을 인정한다(대법원 1992. 5. 12. 선고 92다4581, 4598 판결). 판례가 대상청구권을 인정한 전형적인 예는 다음과 같다. 즉 채무자의 채권자에 대한 소유권이전등기의무의 목적 부동산이 수용되어 그 소유권이전등기의무가 이행불능이 된 경우, 등기청구권자인 채권자는 등기의무자인 채무자에게 대상청구권의 행사로써 등기의무자인 채무자가 지급받은 수용보상금의 반환을 구하거나 또는 등기의무자인 채무자가 취득한 수용보상금청구권의 양도를 구할 수 있다(대법원 1996. 10. 29. 선고 95다56910 판결). 또한 매매의 목적물이 화재로 소실됨으로써 채무자인 매도인의 매매목적물에 대한 인도의무가 이행불능이 되었다면, 채권자인 매수인은 화재사고로 매도인이 지급받게 되는 화재보험금, 화재공제금에 대하여 대상청구권을 행사할 수 있다고 한다(대법원 2016. 10. 27. 선고 2013다7769 판결).

3 불완전이행

가. 의의 및 법적 근거

(i) 불완전이행이란 채무자가 이행행위를 하였지만 그 이행에 흠, 즉 하자(瑕疵)가 있는 것을 말한다. 그 예로 닭을 매수했는데 병든 닭을 급부한 경우, 지붕을 수리했는데 비가 새는 경우, 법전을 매수하였는데 그 책의 몇 장이 빠져있는 경우, 수술을 받았는데 의사의 잘못으로 다른 곳이 나빠진 경우 등을 들 수 있다. 하자 있는 이행의 경우에 그 흠 있는 이행의 결과 급부물 자체의 손해가 발생하는데 이를 '급부손해'라 하고, 그 밖에 채권자의 다른 법익이 침해되는 경우가 있는데 이때 그 늘어난 손해를 '확대손해' 또는 '부가적 손해'라고 한다.

(ii) 예를 들어 채권자가 채무자와의 닭에 대한 매매계약을 통하여 닭을 매수했는데, 채무자가 채권자에게 병든 닭을 급부하였고, 이로 인하여 병든 닭을 제대로 활용할 수 없게 된 손해가 급부손해이고, 채권자의 다른 닭들이 병들어 죽은 손해를 확대손해라 한다. 불완전이행의 법적 근거를 어디에 구할 것인가에 대해서 일반적인 견해는 그 근거를 제390조에서 구한다.

나. 요건

(1) 이행행위가 있을 것

불완전이행이 되려면 급부의무의 이행행위가 있어야 한다. 이행행위가 전혀 없을 때에는 이행지체나 이행불능이 되며, 불완전이행의 문제는 발생하지 않는다. 이행한 급부는 '주는 급부'에 한하지 않으며 '하는 급부'라도 무방하다. 예를 들면 위의 예에서 지붕 수리나 수술의 경우에는 후자인 '하는 급부'에 해당된다.

(2) 이행이 불완전할 것

이행행위에 하자가 없게 되면 완전한 이행이 되고 불완전이행은 문제되지 않는다. 이행이 불완전하다는 것은 채무의 내용에 좇은 것이 되지 못한다는 것을 의미한다. 이행이 불완전한 경우의 예로 급부된 목적물 내지 급부된 행위의 내용에 하자가 있는 경우, 이행의 방법이 불완전한 경우, 급부할 때 필요한 주의를 게을리 한 경우 등을 들 수 있다.

(3) 확대손해의 발생이 필요한지 여부

불완전이행의 결과 확대손해가 발생하는 경우가 많지만, 확대손해의 발생은 그 요건이 아니다. 따라서 확대손해가 없어도 불완전이행이 될 수 있다. 즉 확대손해가 발생한 경우는 물론이고 확대손해가 없더라도 불완전이행의 요건이 갖추어지면 불완전이행이 된다.

(4) 채무자의 유책사유

판례에 의하면 불완전이행이 되려면 하자 있는 이행이 채무자의 책임 있는 사유로 행하여졌어야 한다고 한다(대법원 2003. 7. 22. 선고 2002다35676 판결).

(5) 불완전이행이 위법할 것

불완전이행이 성립하려면 그것이 위법하여야 한다.

다. 효과

일반적인 견해는 불완전이행이 있는 경우에 완전이행이 가능하다면 채권자는 완전이행을 청구할 수 있고, 완전이행이 불가능하다면 이행불능이 생긴다고 해석한다. 즉 완전이행이 가능한 경우에는 완전이행청구권이 생기되 추완방법이 있으면 추완청구권이 생기며, 그 외에 이행지체로 인한 손해배상 및 확대손해의 배상을 청구할 수 있고, 완전이행이 불가능한 경우에는 확대손해의 배상과 전보배상만을 청구할 수 있다. 판례는 완전이행이 가능한지 여부에 따라 이행지체와 이행불능에 준하여 계약해제권을 인정한다(대법원 1996. 11. 26. 선고 96다27148 판결).

[불완전이행과 하자담보책임의 관계]

매매의 목적물이 특정물인 경우에 불완전이행과 하자담보책임의 관계를 어떻게 보아야 하는지가 문제된다. 즉 특정물인 목적물의 하자가 채무자의 선관주의의무 위반으로 발생한 경우에 채권자는 채무자에게 불완전이행에 기한 손해배상을 청구할 수 있다. 그런데 채무자가 선관주의의무를 다하였음에도 불구하고 목적물에 하자가 발생한 경우에는 불완전이행과 하자담보책임의 관계가 문제될 수 있다. 하자담보책임의 법적 성질을 법정책임으로 해석하는 견해, 즉 법정책임설에 의하면, 채권자는 채무자를 상대로 채무불이행책임을 묻지 못하므로, 하자담보책임에 의하여 해결될 수밖에 없다. 이 견해에 의하면 제580조가 적용되기 위한 요건으로 계약체결 당시에 하자가 있었을 것이 요구되므로 원시적 하자에 대해서만 하자담보책임을 물을 수 있고 후발적 하자에 대해서는 하자담보책임을 묻지 못한다. 이때의 목적물의 하자에 대한 부분은 양 당사자에게 유책사유가 없으므로 일부위험부담의 문제로 해결된다. 따라서 법정책임설에 의하면, 원시적 하자의 경우에는 하자담보책임의 문제로 해결되고, 후발적 하자의 경우에는 채무자에게 유책사유가 있으면 채무불이행의 문제로, 채무자에게 유책사유가 없으면 일부위험부담의 문제로 해결된다. 결국 이 견해에 의하면, 원칙적으로 채무불이행과 하자담보책임이 이론상 경합할 여지가 없게 된다. 이와 달리 하자담보책임의 법적 성질을 채무불이행책임으로 해석하는 채무불이행책임설에 의하면 동조 제1항의 '하자'는 목적물이 인도될 당시에 존재하면 충분하므로 후발적 하자에 대해서도 하자담보책임이 발생한다. 따라서 매도인이 선관주의의무를 다하지 못하여 목적물이 훼손된 경우, 매도인은 이론상 불완전이행이라는 채무불이행책임과 하자담보책임을 지게 되며, 양 책임은 병존하게 된다.

제2절 손해배상과 강제이행

I 손해배상

1 서설

채무불이행이 있으면 채권자는 채무자에 대하여 손해배상을 청구할 수 있다(제390조). 민법은 손해배상에 관하여 그 범위 및 방법(제393조), 배상액의 예정(제398조), 과실상계(제396조), 배상자대위(제399조) 등에 대하여 규정한다. 그리고 채무불이행으로 인한 손해배상에 대한 대부분의 규정들은 불법행위로 인한 손해배상에도 준용된다(제763조).

2 손해배상의 의의

가. 손해의 의의

(i) 손해란 채무불이행·불법행위 등 일정한 원인에 의하여 피해자가 입는 불이익을 말한다. 이러한 손해의 의의에 대하여 학설상으로는 법익에 대한 구체적 불이익을 손해로 파악하는 '구체적 손해설'과 '차액설'로 견해가 대립하지만, 일반적

인 견해 및 판례는 차액설을 취한다(대법원 2024. 1. 4. 선고 2022다286335 판결).

(ii) 차액설은 법익에 관하여 받은 불이익이 손해라고 한 다음에 그것은 가해원인이 없었더라면 있었어야 할 이익 상태와 가해가 이미 발생하고 있는 현재의 이익 상태의 차이라고 한다. 즉 차액설에 의하면, 손해란 가해적 사태가 없었더라면 존재하였을 상태에서 현재의 상태를 뺀 것으로 볼 수 있는데, 이는 재산적 손해에 대한 평가에 적합하다(완전배상주의). 판례는 불법행위로 인한 재산적 손해에 관해서도 차액설을 취한다(대법원 2009. 8. 20. 선고 2008다51120, 51137, 51144, 51151 판결).

나. 손해의 종류

(1) 재산적 손해·비재산적 손해

일반적인 견해 및 판례에 의하면 침해행위의 결과 발생하는 불이익, 즉 손해가 재산적인 것인가 비재산적인 것인가에 따라 재산적 손해와 비재산적 손해로 나눌 수 있다(대법원 1998. 9. 22. 선고 98다2631 판결). 비재산적 손해는 정신적 손해라고도 하며, 비재산적인 손해에 대한 배상을 위자료(慰藉料)라고 한다.

(2) 적극적 손해·소극적 손해

손해 가운데 멸실된 물건의 가치나 신체침해에 있어서 치료비 등과 같이 기존의 이익의 멸실 또는 감소로 인하여 생긴 불이익이 적극적 손해이다. 전매(轉賣)하여 얻었을 이익을 채무불이행으로 인하여 얻지 못한 경우나 노동수입 상실손해 등과 같이 장래에 얻을 수 있는 이익을 얻지 못함으로 인하여 생긴 불이익이 소극적 손해이다. 장래 얻을 수 있는 이익을 일실이익이라 하고 기대수익 또는 상실수익이라고도 한다.

(3) 이행이익 손해·신뢰이익 손해

(i) 이행이익의 손해는 법률행위, 특히 계약이 이행되지 않음으로써 생긴 손해이며, 신뢰이익의 손해는 법률행위, 특히 계약의 유효를 믿음으로써 생긴 손해이다. 따라서 이행이익의 손해는 법률행위가 유효하지만 이행되지 않음으로 인하여 발생되는 것이고, 신뢰이익의 손해는 계약이 무효이거나 취소되어 소멸된 경우 계약이 유효하다고 믿고 지출한 비용이 이에 해당한다.

(ii) 이행이익의 손해와 신뢰이익의 손해에 대한 구체적인 산정방법은 다음과 같다. 이행이익의 손해는 이행불능의 경우 매매 목적물의 가치에 해당하는 것으로, 계약이 내용에 좇아 이행되었더라면 있었을 채권자의 재산 상태에서 채무불이행 후 현재의 재산 상태를 공제하는 방법으로 산정한다. 신뢰이익의 손해는 계약서 작성비 기타 계약체결에 소요된 비용과 같이, 계약을 체결하지 않았더라면 있었을 채권자의 재산 상태에서 계약이 무효, 취소로 존재하지 않는 현재의 재산 상태를 공제하는 방법으로 산정한다.

(4) 직접적 손해·간접적 손해

직접적 손해는 침해된 법익 자체에 대한 손해이며, 간접적 손해는 법익 침해의 결과로 발생하는 손해이다. 신체침해의 경우, 직접적 손해의 예로는 신체침해 자체를 들 수 있으며 간접적 손해의 예로는 신체침해로 인한 노동수입 결손을 들 수 있다.

다. 손해의 배상

채무불이행 등 위법한 행위로 발생한 손해를 피해자 이외의 자가 '전보'(塡補)하는 것이 손해의 배상이다.

3 손해배상청구권

가. 발생요건

손해배상청구권이 생기려면 채무불이행의 요건이 충족되어야 할 뿐만 아니라 손해가 발생되어야 한다. 그것이 배상범위(제393조)에 해당되어야 하고, 채권자가 이를 증명하여야 한다.

나. 손해배상청구권자

채무불이행으로 손해를 입은 자 중에는 손해배상청구권의 요건이 갖추어지는 경우가 있는가 하면 독립적으로 요건이 구비되어 있지는 않고 단지 다른 자에 대한 침해의 결과로 피해를 입는 경우도 있는데 전자를 직접적 피해자라고 하고, 후자를 간접적 피해자라고 한다. 우리 민법상 명문의 규정은 없지만 원칙적으로 직접적인 피해자만이 손해배상청구권을 갖는다. 이와 달리 간접적인 피해자는 제752조와 같이 법률에 명문규정이 있는 경우에만 예외적으로 손해배상청구권을 갖는다.

다. 손해배상청구권의 성질

채무불이행으로 인한 손해배상청구권은 지연배상처럼 본래의 급부가 확장되거나 전보배상처럼 그 내용이 변경될 수 있다. 본래의 급부청구권이 확장되거나 변경되더라도 채권관계는 그대로 유지되고 채무자는 2차적으로 이러한 손해배상채무를 부담하게 된다.

4 손해배상의 방법

손해는 금전으로 배상된다(제394조). 우리 민법은 이와 같이 금전배상주의를 표방한다. 다만 다른 의사표시, 즉 양 당사자의 합의가 있거나 제764조와 같이 법률에 다른 규정이 있는 때에는 예외이다.

5 손해배상의 범위

가. 통상손해

(i) 채무불이행으로 인한 손해배상은 통상의 손해를 그 한도로 한다(제393조 제1항). 통상의 손해란 채무불이행이 있으면 보통 일반적으로 발생한다고 생각되는 손해, 즉 가해행위와 상당인과관계에 있는 손해를 말한다. 이러한 통상손해(通常損害)의 예로는 이행지체의 경우 이행이 늦어서 이용하지 못한 것, 신체침해의 경우 수입을 올리지 못한 것 등을 들 수 있다.

(ii) 통상손해에는 직접적 손해도 포함된다. 직접적 손해의 예로는 특정물의 인도를 목적으로 하는 채무인 '특정물채무'에 있어서 채무자의 과실로 목적물이

멸실된 경우 목적물의 가치 등을 들 수 있다.

(iii) 통상손해가 인정되려면 A라는 채무불이행으로 인하여 B라는 손해가 생긴 경우, ① A가 없었으면 B가 발생하지 않는다는 구체적 관계와 ② A가 있으면 B가 발생한다는 일반적 관계가 필요하다. 이러한 통상손해에 대해서 채권자는 당연히 그 배상을 청구할 수 있다.

나. 특별손해

(i) 특별한 사정으로 인한 손해는 통상손해와 달리 구체적 관계만 있고 일반적 관계는 없는 경우의 손해가 특별손해이다. 이러한 특별손해의 예로는 물건의 매수인이 자기가 산 가격보다 비싼 가격으로 다시 파는 계약을 체결하였는데 목적물에 흠이 있어 판매할 수 없게 된 경우에 얻지 못한 전매이익을 들 수 있다.

(ii) 특별손해는 채무자가 그 사정을 알았거나 알 수 있었을 때에 한하여 배상책임이 있다(제393조 제2항). 예견가능성의 주체는 채무자이므로, 채무자의 입장에서 예견할 수 있었는지 여부를 판단한다. 그리고 예견의 대상은 손해 자체가 아니라 손해를 야기한 특별한 사정이다. 문제는 제393조 제2항의 채무자의 예견 가능성, 즉 '채무자가 그 사정을 알았거나 알 수 있었을 때'를 언제를 기준으로 하여 결정할 것인가인데, 이에 대하여 판례는 이행기를 기준으로 하고 있다(대법원 1985. 9. 10. 선고 84다카1532 판결).

6 손해배상의 범위에 관한 특수문제

가. 과실상계

(i) 제396조는 "채무불이행에 관하여 채권자에게 과실이 있는 때에는 법원은 손해배상의 책임 및 그 금액을 정함에 이를 참작하여야 한다"고 규정한다. 제396조에 의하여 인정되는 과실상계(過失相計)는 손해의 발생 또는 확대에 관하여 채권자에게도 과실이 있는 경우에 손해배상의 범위를 정함에 있어서 그 과실을 참작하는 제도이다. 그 예로는 택시의 난폭운전으로 사고가 난 경우에 승객이 과속을 요구하였거나 교통사고의 피해자가 치료를 게을리하여 상처가 악화된 때에 승객의 과

실 또는 교통사고의 피해자의 과실을 참작하는 것을 들 수 있다.

(ii) 채무불이행으로 인하여 발생한 손해가 채권자의 적절한 경감조치가 있었다면 감소되거나 회피할 수 있었던 경우에 채권자의 '손해경감의무'가 인정되는데, 견해에 따라서는 이를 과실상계와 구분하기도 한다. 채권자는 채무자가 불이행을 한 경우에 손해의 경감을 위하여 합리적인 조치를 취해야 할 의무가 있다. 민법은 이러한 과실상계를 채무불이행에 대하여 규정하며(제396조), 이를 불법행위에 준용하고 있다(제763조).

(iii) 손해배상액 중 채권자가 명시적인 일부청구를 한 경우, 채권자의 과실을 고려하여 법원이 인용해야 하는 배상액에 관하여 외측설, 내측설, 안분설이 대립하지만 판례는 외측설을 취한다. 그 밖에 부진정연대채무를 부담하는 채무자 중 단독채무를 추가로 부담하는 다액채무자가 일부변제를 한 경우에 채권자의 과실을 고려한 채무 소멸의 효과와 관련해서도 외측설, 내측설, 과실비율설 등이 대립하지만 판례는 외측설을 취한다(대법원 2018. 3. 22. 선고 2012다74236 전원합의체판결).

[일부청구와 과실상계]

일개의 손해배상청구권 중 일부가 소송상 청구되어 있는 경우에 과실상계를 함에 있어서는 손해의 전액에서 과실비율에 의한 감액을 하고 그 잔액이 청구액을 초과하지 않을 경우에는 그 잔액을 인용할 것이고 잔액이 청구액을 초과할 경우에는 청구의 전액을 인용하는 것으로 해석하여야 할 것이며, 이와 같이 풀이하는 것이 일부청구를 하는 당사자의 통상적 의사라고 할 것이고, 이러한 방식에 따라 원고의 청구를 인용한다고 하여도 처분권주의에 위배되는 것이라고 할 수는 없다(대법원 2008. 12. 24. 선고 2008다51649 판결).

[부진정연대채무의 일부변제]

금액이 다른 채무가 서로 부진정연대 관계에 있을 때 다액채무자가 일부 변제를 하는 경우 그 변제로 인하여 먼저 소멸하는 부분은 당사자의 의사와 채무 전액의 지급을 확실히 확보하려는 부진정연대채무 제도의 취지에 비추어 볼 때 다액채무자가 단독으로 채무를 부담하는 부분으로 보아야 한다. 이러한 법리는 사용자의 손해배상액의 범위가 피해자의 과실을 참작하여 과실상계를 한 결과 타인에게 직접 손해를 가한 피용자 자신의 손해배상액과 달라졌는데 다액채무자인 피용자가 손해배상액의 일부를 변제한 경우에 적용되고, 공동불법행위자들의 피해자에 대한 과실비율이 달라 손해배상액의 범위가 달라졌는데 다액채무자인 공동불법행위자가 손해배상액의 일부를 변제한 경우에도 적용된다(대법원 2018. 3. 22. 선고 2012다74236 전원합의체판결).

나. 손해배상액의 예정

(1) 의의

손해배상액의 예정은 채무불이행의 경우에 채무자가 지급해야 할 손해배상액을 당사자가 미리 계약으로 정해 두는 것이다(제398조 제1항). 손해배상액 예정계약은 채무불이행이 발생하기 전에 체결한 것을 의미한다. 이에 관한 규정은 금전이 아닌 것으로 손해배상에 충당하기로 예정한 경우에도 준용된다(동조 제5항).

(2) 효과

(i) 일반적인 견해 및 판례에 의하면 채무불이행으로 인한 손해배상액의 예정이 있는 경우에 채권자는 채무불이행 사실만 증명하면 손해의 발생 및 손해액을 증명하지 않고 예정배상액을 청구할 수 있다고 한다(대법원 2007. 12. 27. 선고 2006다9408 판결). 손해배상액을 예정하는 목적은 손해의 발생사실과 손해액에 대한 증명 곤란을 배제하고 분쟁을 사전에 방지하여 법률관계를 간이하게 해결하는 것 외에 채무자에 대한 심리적 경고를 통하여 채무의 이행을 확보하려는 데에 있다. 따라서 채무자가 실제로 손해의 발생이 없다거나 손해액이 예정액보다 적다는 사실을 증명하더라도 채무자는 그 예정액의 지급을 면하거나 감액을 청구하지 못한다.

(ii) 채무자는 채권자와 사이에 채무불이행이 있을 때 채무자의 유책사유를 묻지 아니한다는 약정을 하지 아니한 이상 자신의 유책사유가 없음을 주장·증명함으로써 예정배상액의 지급책임을 면할 수 있다. 왜냐하면 당사자의 통상적인 의사는 채무자의 유책사유로 인한 채무불이행에 대해서만 손해배상액을 예정한 것으로 보는 것이 합리적이기 때문이다.

(iii) 손해배상의 예정액이 부당히 과다한 경우에 법원은 적당히 감액할 수 있다(제398조 제2항). 이와 관련하여 판례에 의하면 '부당히 과다한 경우'란 채권자와 채무자의 각 지위, 계약의 목적 및 내용, 손해배상액을 예정한 동기, 채무액에 대한 예정액의 비율, 예상 손해액의 크기, 그 당시의 거래관행 등 모든 사정을 참작하여 일반 사회관념에 비추어 그 예정액의 지급이 경제적 약자의 지위에 있는 채무자에게 부당한 압박을 가하여 공정성을 잃는 결과를 초래한다고 인정되는 경우를 뜻하는 것으로 보아야 하고(대법원 2017. 7. 11. 선고 2016다52265 판결), 단지 예정액 자체가 크다든

가 계약체결시부터 계약해제시까지의 시간적 간격이 짧다든가 하는 사유만으로는 부족하다고 한다(대법원 2014. 7. 24. 선고 2014다209227 판결). 이와 달리 손해배상의 예정액이 부당히 과소하다고 해서 증액할 수는 없다. 왜냐하면 증액을 인정하는 명문규정이 없기 때문이다.

(3) 위약금

(i) 위약금(違約金)이란 채무불이행의 경우에 채무자가 채권자에게 지급할 것을 약속한 금전을 말한다. 이러한 위약금에는 위약벌의 성질을 가지는 것과 손해배상액 예정의 성질을 가지는 것이 있는데, 민법은 손해배상액의 예정으로 추정한다(제398조 제4항). 위약금 중 손해배상액의 예정으로 추정되지 않는 성격의 것으로는 위약벌이 있는데, 위약벌은 상대방에 대하여 약정된 이행에 나아가도록 압박을 가하고 위약하였을 때에는 사적인 제재를 가하는 성격을 갖는다. 한편 위약금이 배상액의 예정으로 인정되는 경우에는 배상액의 예정에 관한 규정이 적용되지만, 위약금이 위약벌인 때에는 배상액의 예정에 관한 규정은 적용되지 않는다.

(ii) 매매계약 등 유상계약에서 계약금을 지급하는 경우가 있다. 당사자의 일방이 금전 기타 물건을 계약금, 보증금 등의 명목으로 상대방에 교부하면 계약의 이행에 착수할 때까지 교부자는 이를 포기하고 수령자는 그 배액을 상환하여 계약을 해제할 수 있다(제565조 제1항). 계약금을 교부한 경우 당사자 사이에 특별한 약정이 없으면 해약금으로 추정한다. 당사자가 계약금을 특별히 위약금으로 약정할 수 있고, 이때에는 해약금으로 추정되지 않는다(대법원 2010. 4. 29. 선고 2007다24930 판결). 유상계약을 체결함에 있어서 계약금 등 금원이 수수되었다고 하더라도 이를 위약금으로 하기로 하는 특약이 있는 경우에 한하여 제398조 제4항에 의하여 손해배상액의 예정으로서의 성질을 가진 것으로 볼 수 있다(대법원 1996. 6. 14. 선고 95다11429 판결).

[계약금과 관련된 판결]

(1) 계약금

계약이 일단 성립한 후에는 당사자의 일방이 이를 마음대로 해제할 수 없는 것이 원칙이고, 다만 주된 계약과 더불어 계약금계약을 한 경우에는 민법 제565조 제1항의 규정에 따라 임의 해제를 할 수 있기는 하나, 계약금계약은 금전 기타 유가물의 교부를 요건으로 하므로 단지 계약금을 지급하기로 약정만 한 단계에서는 아직 계약금으로서의 효력, 즉 위

민법 규정에 의해 계약해제를 할 수 있는 권리는 발생하지 않는다고 할 것이다. 따라서 당사자가 계약금의 일부만을 먼저 지급하고 잔액은 나중에 지급하기로 약정하거나 계약금 전부를 나중에 지급하기로 약정한 경우, 교부자가 계약금의 잔금이나 전부를 약정대로 지급하지 않으면 상대방은 계약금 지급의무의 이행을 청구하거나 채무불이행을 이유로 계약금약정을 해제할 수 있고, 나아가 위 약정이 없었더라면 주계약을 체결하지 않았을 것이라는 사정이 인정된다면 주계약도 해제할 수도 있을 것이나, 교부자가 계약금의 잔금 또는 전부를 지급하지 아니하는 한 계약금계약은 성립하지 아니하므로 당사자가 임의로 주계약을 해제할 수는 없다 할 것이다(대법원 2008. 3. 13. 선고 2007다73611 판결).

(2) 해약금

매매계약이 일단 성립한 후에는 당사자의 일방이 이를 마음대로 해제할 수 없는 것이 원칙이다. 다만 주된 계약과 더불어 계약금계약을 한 경우에는 민법 제565조 제1항의 규정에 따라 해제를 할 수 있기는 하나, 당사자가 계약금 일부만을 먼저 지급하고 잔액은 나중에 지급하기로 약정하거나 계약금 전부를 나중에 지급하기로 약정한 경우, 교부자가 계약금의 잔금 또는 전부를 지급하지 아니하는 한 계약금계약은 성립하지 아니하므로 당사자가 임의로 주계약을 해제할 수는 없다. 계약금 일부만 지급된 경우 수령자가 매매계약을 해제할 수 있다고 하더라도, 그 해약금의 기준이 되는 금원은 '실제 교부받은 계약금'이 아니라 '약정 계약금'이라고 봄이 타당하다. '실제 교부받은 계약금'의 배액만을 상환하여 매매계약을 해제할 수 있다면 이는 당사자가 일정한 금액을 계약금으로 정한 의사에 반하게 될 뿐 아니라, 교부받은 금원이 소액일 경우에는 사실상 계약을 자유로이 해제할 수 있어 계약의 구속력이 약화되는 결과가 되어 부당하기 때문이다. 따라서 피고가 계약금 일부로서 지급받은 금원의 배액을 상환하는 것으로는 이 사건 매매계약을 해제할 수 없다(대법원 2015. 4. 23. 선고 2014다231378 판결).

7 손해배상자의 대위

(i) 채권자가 채권의 목적인 물건 또는 권리의 가액 전부를 손해배상으로 받은 때에 채무자는 그 물건 또는 권리에 관하여 당연히 채권자를 대위(代位)한다(제399조). 예를 들면 수치인이 과실로 임치물을 도난당하여 그가 임치인에게 물건의 가액을 변상하면 수치인은 물건의 소유권을 취득하게 되는데, 이를 손해배상자의 대위 또는 배상자의 대위라고 한다. 민법은 배상자대위를 채무불이행에 관하여 규정하고, 불법행위에도 준용하고 있다(제763조).

(ii) 배상자대위가 인정되려면 채권자가 채권의 목적인 물건 또는 권리의 가액 전부를 손해배상으로 받았어야 한다. 배상자대위의 요건이 갖추어진 때에는

채권의 목적인 물건 또는 권리가 법률상 당연히 채권자로부터 배상자에게 이전된다. 즉 "채권자를 대위한다"는 것은 채권의 목적인 물건이나 권리가 법률상 당연히 채권자로부터 채무자에게 이전된다는 의미이다. 그 밖에 동산의 인도나 부동산의 등기 이전은 필요하지 않다.

Ⅱ 강제이행

1 서설

강제이행이란 채무자가 채무를 임의로 이행하지 않는 경우에 채권자가 국가권력에 의하여 강제로 채권의 내용을 실현하는 것을 말한다. 강제이행에 대해서는 민법과 민사집행법이 규율하고 있는데, 강제이행의 방법에는 직접강제·대체집행·간접강제가 있다. 강제이행의 청구는 손해배상의 청구에 영향이 없다(제389조 제4항). 따라서 채무자에게 유책사유가 있는 경우에는 강제이행을 청구하면서 지연배상청구와 같이 채무불이행을 이유로 손해배상을 청구할 수도 있다.

2 직접강제

직접강제는 국가기관이 채무자의 의사를 묻지 않고 채권의 내용을 그대로 실현하는 방법이다. 그 예로 동산인도채무에 있어서 동산의 교부를 들 수 있다. 직접강제는 물건의 인도를 목적으로 하는 채무와 같은 '주는 채무'에 대해서만 허용되며(제389조 제1항), 직접강제가 인정되는 경우에는 대체집행이나 간접강제는 허용되지 않는다.

3 대체집행

대체집행(代替執行)은 채무자로부터 비용을 추심하여 그 비용으로 채권자 또는 제3자로 하여금 채무자에 갈음하여 채권의 내용을 실현하게 하는 방법이다. 대체집행의 예로 건물철거채무에 있어서 타인으로 하여금 철거하게 하고 그 비용을 채무자에게 추심하는 경우를 들 수 있다. 대체집행은 제389조 제1항 단서의 채무를 의미하는 동조 제2항 첫 부분의 '전항의 채무'인 '하는 채무' 중 제3자가 이행하여도 무방한 채무, 즉 대체적 작위를 목적으로 하는 채무에 관하여 허용된다(동조 제2항 후단, 민사집행법 제260조). 대체집행이 인정되는 경우에 간접강제는 허용되지 않는다고 해석한다. 그렇게 해석하는 이유는 채무자의 인격을 존중하기 위해서이다.

4 간접강제

간접강제는 손해배상을 명하거나 벌금을 과하거나 채무자를 구금하는 등의 수단을 써서 채무자를 심리적으로 압박하여 채권의 내용을 실현시키는 방법으로서 최후의 수단으로만 인정된다. 그 예로 지체기간에 따라 지연손해금을 명하는 경우를 들 수 있다. 간접강제는 '하는 채무' 중 대체집행이 허용되지 않는 것, 즉 부대체적 작위를 목적으로 하는 채무에 한하여 허용된다(제389조 제2항 후단, 민사집행법 제261조). 그 예로 감정(鑑定)·계산보고 등의 채무를 들 수 있다. 그러나 초상화를 그려줄 채무, 부부의 동거의무 등과 같이 채무자의 자유의사 또는 인격 존중에 반하는 경우에는 간접강제도 허용되지 않는다. 왜냐하면 이러한 경우에는 채무자에게 조금이라도 심리적 압박감이 가하여지면, 초상화나 부부의 동거라는 목적이 제대로 달성될 수 없기 때문이다. 현행법상 간접강제의 구체적인 수단으로는 지연배상만 인정된다(민사집행법 제261조 제1항 제2문).

5 기타

법률행위를 목적으로 하는 채무의 경우에는 채무자의 의사표시에 갈음할 재판을 청구할 수 있다(제389조 제2항 전단). 부작위채무에 있어서 그 의무 위반으로 유형적(有形的)인 결과가 생긴 경우에는 그것을 제거하여야 하는 문제가 생긴다. 민법은 이 경우에 채무자의 비용으로 그 위반한 것을 제각(除却)하고 장래에 대한 적당한 처분을 법원에 청구할 수 있도록 규정하고 있다(동조 제3항). 강제이행의 청구는 손해배상의 청구에 영향이 없다(동조 제4항).

제7장

물건거래

제1절 물건

I 물건의 정의

(i) 물건은 물권의 객체이지만 임대차 등 채권과도 그 연관성이 있다. 우리 민법 제98조는 "본법에서 물건이라 함은 유체물 및 전기 기타 관리할 수 있는 자연력을 말한다"라고 규정하면서 물건의 개념을 정의한다. 이 규정을 통하여 우선 유체물은 물건에 해당될 수 있다. 다만, 유체물이라도 관리가능성이 있어야 물건이 될 수 있다. 이때 관리가능성이란 배타적 지배가능성을 뜻한다. 무체물의 경우에는 관리가능한 자연력에 한하여 물건으로 인정될 수 있다.

(ii) 이러한 점을 고려하면 해, 달, 공기 등은 관리가능성이 부정되므로 물건이 아니다. 바다의 경우 어업권과 공유수면매립권이라는 권리의 객체가 될 수 있으므로 그 부분에 한하여 물건으로 인정될 여지는 있다. 상품권, 주식 등의 권리는 무체물이면서 자연력은 아니므로 물건이 아니다. 다만, 권리질권(제345조)이나 권리저당권(제371조)과 마찬가지로 일정한 권리도 물권의 객체가 될 수 있다.

(iii) 신체의 일부 및 유체(遺體)·유골(遺骨)은 물건으로 취급할 수 있을 것인가. 먼저 신체의 일부는 인격존중의 원칙에 따라 당연히 물건이 될 수 없다. 그것이 의치, 의족, 의수 등이라고 하더라도 신체에 고착되어 있다면 물건이 아니다. 다만, 혈액이나 모발 등은 원칙적으로 물건이 아니지만 신체로부터 분리될 경우

물건으로 인정된다. 유체·유골의 경우 일반적인 견해는 물건으로 인정한다. 이에 대하여 판례는 유체·유골은 사용·수익·처분을 내용으로 하는 소유권이 아니라 제사·공양 등을 내용으로 하는 특수한 소유권의 대상으로 판시하였다(대법원 2008. 11. 20. 선고 2007다27670 전원합의체판결). 이러한 판례에 따르면, 분묘는 제사용 재산으로 제사주재자에게 승계되고, 유체·유골은 분묘의 본체로서 제사용 재산과 함께 그 제사주재자에게 승계되며, 그에 관한 관리 및 처분은 종국적으로 제사주재자의 의사에 따른다고 한다. 이를 통하여 유체·유골의 물건성을 엿볼 수 있다.

(iv) 물건은 물권의 객체로서 배타적 지배에 복종해야 하므로 원칙적으로 독립성이 있어야 한다. 즉 '일물일권주의'(一物一權主義)로서 하나의 물건은 하나의 물권의 객체가 되어야 한다. 물건의 일부나 집합은 원칙적으로 독립된 객체가 될 수 없다. 다만 부동산의 일부는 용익물권의 객체가 될 수 있고, 1동의 건물 일부는 구조상, 이용·기능상 독립성이 있다면 구분소유권의 객체가 된다. 그리고 공장의 시설과 기계 등 집합물은 공장 및 광업재단 저당법(공장저당법)과 같은 특별한 법에 의하여 1개의 물건처럼 다루어질 수 있다.

Ⅱ 물건의 분류

1 강학상 분류

가. 융통물·불융통물

사법상 거래의 객체가 될 수 있는지 여부에 따라 그것이 가능하면 융통물이고, 불가능하면 불융통물이다. 공용물, 공공용물, 금제품이 불융통물에 해당한다. 공용물은 국가나 공공단체의 소유이며 국가나 공공단체의 사용을 위한 물건으로서 관공서의 건물 등이 그 예가 된다. 공공용물은 일반공중의 사용에 제공되는 물건으로서 도로, 하천, 공원 등이 이에 해당된다. 금제품은 법에 의하여 거래의 객체가 될 수 없는 물건이며, 아편, 위조통화, 음란물, 지정문화재 등이 그에 해당된다.

나. 가분물 · 불가분물

물건의 성질을 변화시키지 않고 분리가 가능하면 가분물이고, 그렇지 못하면 불가분물이다. 금전이나 곡물 등이 가분물일 것이고, 강아지, 소 등은 불가분물에 해당될 것이다. 물건의 객관적 성질에 따른 구분이라고 할 수 있으나 당사자 의사에 의하여도 가분물을 불가분물로 할 수 있다. 공유물분할(제269조)이나 다수 당사자 채권관계(제408조 이하)에서 그 구별의 실익이 있다.

다. 소비물 · 비소비물

한번 사용하면 동일한 용도로 다시 사용할 수 없는 물건이 소비물이고, 다시 사용할 수 있는 물건이 비소비물이다. 휘발유, 음식물 등은 소비물이고, 건물, 토지 등은 비소비물이다. 금전의 경우 한번 사용하더라도 동일한 용도로 다시 사용할 수 있지만, 그 주체의 변경이 생겨 종전 사용자는 다시 사용할 수 없으므로 소비물로 취급한다. 이러한 구별은 소비대차(제598조), 소비임치(제702조), 사용대차(제609조), 임대차(제618조)에서 실익이 있다.

라. 대체물 · 부대체물

대체물은 객관적 기준에 비추어 물건의 개성이 중요하지 않고 종류·품질·수량에 의하여 정하여지는 물건이고, 부대체물은 물건의 개성이 중요하여 대체성이 없는 물건이다. 곡물, 금전 등이 대체물이며, 골동품, 소, 토지 등이 부대체물이다. 소비대차, 소비임치에서의 객체는 대체물만이 가능하다는 점에서 구별의 실익이 있다.

마. 특정물 · 불특정물

특정물과 불특정물은 당사자의 주관적 의사를 기준으로 구분한다. 특정물은 구체적 거래에서 당사자가 물건의 개성을 중시하여 다른 물건으로 바꾸지 못하는 물건이고, 불특정물은 다른 물건으로 바꿀 수 있는 물건이다. 특정물채무와 종류채무를 구별할 때 그 실익이 있지만, 당사자의 의사가 불분명할 경우 대체물인지 부대체물인지가 특정물과 불특정물을 구별하는 기준이 될 것이다.

바. 단일물 · 합성물 · 집합물

단일물은 형체상 1개이며 구성부분이 개성을 상실하여 한 개의 물건으로 취급되며 소, 말 등이 이에 해당한다. 합성물은 구성부분이 개성을 상실하지 않으나 결합하여 일체를 이루는 물건이다. 건물, 선박, 차량 등이 여기에 해당하며 법률상 한 개의 물건으로 취급된다. 하나의 물건으로 취급되므로 다른 물건들이 결합된 경우 부합, 혼화, 가공 등의 민법 규정에 의해 소유권의 귀속이 정해진다. 집합물은 경제적으로 단일한 가치를 지닌 수 개의 물건의 집합으로서 거래상 일체로 취급되는 물건이다. 창고의 동종(同種)상품, 가축의 집단, 공장의 시설과 기계 등이 집합물이다.

2 민법 규정에 의한 분류

가. 부동산 · 동산

(1) 부동산

(i) 우리 민법은 '토지 및 그 정착물'을 부동산으로 규정한다(제99조 제1항). '토지'는 지표 및 그 상·하를 포함하며 정당한 이익의 범위 내에서 그 소유권의 효력이 미친다. 따라서 암석, 지하수, 온천수, 동굴 등은 토지소유권의 범위에 속한다. 그리고 토지는 지적공부에 등록하고 지번으로 표시하여 그 개수를 필(筆)로써 계산한다.

(ii) '토지의 정착물'은 원칙적으로 토지에 부합하여 별개의 물건으로 취급하지 않는다. 예를 들어 돌담, 터널, 다리, 우물 등은 토지의 구성부분으로 취급되어 토지와 일체로서 처분된다. 다만 정착물 가운데 일부가 독립성, 공시성, 정당한 권원을 요건으로 토지와는 독립한 부동산이 될 수 있다. 독립한 부동산이 될 수 있는 것들은 다음과 같다.

(iii) '건물'은 토지와 별개의 독립한 부동산으로서 등기는 각각 이루어지며, 토지가 처분되더라도 건물이 그 처분에 따르지 않는다. 건물로서 인정하기 위해

서는 최소한 기둥, 지붕, 주벽이 있어야 한다(대법원 2001. 1. 16. 선고 2000다51872 판결).

(iv) '수목의 집단'의 경우 입목에 관한 법률(입목법)에 의하여 입목보존등기를 갖추었다면 토지와 독립한 부동산으로 다루어진다. 즉 토지에 저당권을 설정해도 입목에는 그 저당권의 효력이 미치지 않게 되는 것이다. 수목의 집단은 명인방법을 갖추어도 별개의 부동산이 될 수 있다. 명인방법이란 관습법상 인정되는 공시방법으로서 제3자가 명백히 인식할 수 있도록 표찰, 표식 등을 계속적으로 유지하는 것이다.

(v) 과수의 열매 등 '미분리의 과실'은 원칙적으로 수목에 부합하고, 수목은 토지에 부합한다. 그러므로 미분리의 과실은 토지의 일부분이다. 그러나 명인방법을 갖추면 독립한 부동산으로 본다는 것이 일반적인 견해이다.

(vi) '농작물'의 경우 판례는 일반적인 토지의 정착물과 달리 취급하고 있다. 본래 토지의 정착물은 제256조에 의하여 토지의 일부분이 되지만 정당한 권원이 존재한다면 독립한 부동산으로 취급한다. 그러나 농작물에 대해서는 권원 없이 재배하고 명인방법인 공시가 없더라도 경작자에게 소유권이 있다(대법원 1963. 2. 21. 선고 62다913 판결).

(2) 동산

동산은 부동산이 아닌 물건이다(제99조 제2항). 토지에 정착되지 않은 물건, 전기 기타 관리할 수 있는 자연력은 모두 동산이다. 자동차, 선박, 항공기, 건설기계는 동산이지만 등기·등록을 해야 한다. 통화로서의 금전은 추상적 가치를 가지고 있으므로 물건의 개성은 문제되지 않으며, 점유가 있는 곳에 소유가 있다. 즉 일반적인 동산과 동일한 취급을 받지 않는다.

나. 주물·종물

(i) 두 개의 물건 가운데 하나가 다른 물건의 경제적 효용을 돕는 경우가 있다. 배와 노, 시계와 시계줄, 본채와 창고, 자물쇠와 열쇠가 그러한 예가 되는데, 이때 전자가 주물이며 후자가 종물이다. 제100조는 이러한 주물과 종물의 관계에 대하여 규정하는데, 이는 임의규정으로 이해된다.

(ii) 종물이 되기 위해서는 첫째, 주물의 상용에 계속적으로 이바지해야 한다.

이에 관한 판단은 객관적으로 이루어져야 하며, 주물 자체의 효용과 직접적으로 관계된 물건이어야 한다. 가령, 사무실에 놓인 난로, 책상 등은 일시적이고 간접적으로만 상용에 이바지하므로 종물이 아니다. 둘째, 주물에 부속되어야 한다. 이는 밀접한 장소적 관련성을 의미한다. 셋째, 독립한 물건이어야 한다. 독립성을 상실하면 부합되어 주물의 일부가 될 뿐이다. 종물은 물건이기만 하면 되므로 동산이든 부동산이든 불문한다. 넷째, 주물과 종물 모두 동일한 소유자의 것이어야 한다(대법원 2008. 5. 8. 선고 2007다36933, 36940 판결).

(iii) 주물과 종물의 관계가 성립되면 종물은 주물의 처분에 따른다(제100조 제2항). 예를 들어 주물인 부동산에 관하여 소유권이전등기가 있으면 종물의 소유권도 이전되고, 주물에 관하여 저당권설정등기가 있으면 그 효력은 종물에 대해서도 미친다(제358조). 다만 점유 기타 사실관계에 기한 권리변동에서는 제100조 제2항이 적용되지 않는다. 즉 주물을 점유하더라도 종물에 대한 점유가 없다면 종물에 관한 점유취득시효는 인정되지 않는다.

(iv) 이러한 법리는 주된 권리와 종된 권리 상호 간에도 유추적용할 수 있다. 따라서 원본채권이 양도되는 경우 기본적 이자채권과 변제기가 도래하지 않은 지분적 이자채권은 함께 양도된다(대법원 1989. 3. 28. 선고 88다카12803 판결). 건물 소유권이 양도되면 그 건물을 위한 대지사용권도 양도되는데, 이때 대지사용권이 물권이라면 별도의 이전등기가 필요하다(대법원 1985. 4. 9. 선고 84다카1131, 1132 전원합의체판결).

다. 원물 · 과실

원물(元物)에서 생기는 수익이 과실(果實)이다. 원물도 물건이어야 하고 과실도 물건이어야 하므로 권리의 과실인 특허권 사용료나 노동의 대가인 임금은 민법상의 과실이 아니다. 과실은 천연과실과 법정과실로 구분되며 그 밖에 사용이익이라는 개념도 존재한다.

(1) 천연과실

천연과실(天然果實)이란 물건(원물)의 용법에 따라 자연적, 인공적으로 수취되는 산출물로서(제101조 제1항) 가축의 새끼, 과일나무의 열매 등이 이에 해당한다. 천연과실의 수취권자는 계약이나 민법 규정에 의하여 정해지는데, 원물 소유자에 한정되지 않고 선의 점유자(제201조), 매매목적물 인도 전 매도인(제587조), 지상권자(제279조) 등도 과실을 수취할 수 있다. 한편 유치권자(제323조), 질권자(제343조), 저당부동산을 압류한 저당권자(제359조)의 경우 과실은 자기 채권의 우선변제에 충당할 수 있다.

(2) 법정과실

물건의 사용대가로 받는 금전 기타의 물건을 법정과실(法定果實)이라고 한다(제101조 제2항). 여기서 사용대가란 정당한 권원에 기하여 타인의 물건을 사용하고 반환해야 할 관계가 있는 것을 전제로 하며 지료, 차임 등이 이에 해당한다. 그러므로 소유권 이전의 대가인 물건의 매매대금이나 토지의 사용대가가 아닌 국립공원 입장료는 민법상 과실이 아니다(대법원 2001. 12. 28. 선고 2000다27749 판결). 이러한 법정과실은 수취할 권리가 존속하는 기간의 일수에 비례하여 취득하게 된다(제102조 제2항).

(3) 사용이익

사용이익이란 물건을 현실적으로 사용하여 얻는 이익을 뜻한다. 가령 정당한 권원 없이 타인의 토지를 무단으로 점유하여 사용하는 것이 그 예로 토지의 차임 상당액이 사용이익이다. 사용이익은 그 실질이 과실과 동일하다고 보아 과실에 관한 제102조와 제201조를 유추적용한다.

제2절

소유권의 취득과 소멸, 공동소유

(i) 물건에 대한 소유권은 타인의 소유권에 기초하지 않고 취득할 수 있는데, 이를 원시취득이라고 하며 건물의 신축, 취득시효, 선의취득 등이 이에 속한다. 반면에 타인의 소유권에 기초하여 취득하는 것을 승계취득이라고 하며, 매매와 같은 특정승계와 상속, 포괄유증과 같은 포괄승계로 구분할 수 있다.

(ii) 소유권은 물건에 대한 배타적 지배를 내용으로 하기 때문에 그 취득을 위해서 외부에 누군가 소유권을 가지고 있다는 것을 공적으로 표시해야 한다. 이러한 표시방법을 '공시방법'이라고 하며, 부동산 소유권의 경우 '등기'가, 동산 소유권의 경우 '인도'가 공시방법이다. 입목의 경우 입목법에 의해 소유권보존등기가 가능하므로 등기가 공시방법이고, 미분리의 과실은 명인방법이 그 공시방법이 된다.

(iii) 우리 민법은 소유권의 변동을 위해서 위와 같은 공시가 필요하다는 원칙을 삼고 있는데, 이를 '공시의 원칙'이라고 한다. 즉 공시방법을 갖추지 않으면 제3자에 대한 관계뿐만 아니라 당사자 사이에서도 소유권 변동은 일어나지 않는다.

[소유권변동에 관한 우리 민법의 태도]

공시의 원칙을 채택하고 있는 우리 민법의 태도를 '성립요건주의' 또는 '형식주의'라고 한다. 이와 다르게 당사자의 의사표시(물권행위)만 있으면 공시방법을 갖추지 않아도 소유권의 변동이 발생하는 것을 '대항요건주의' 또는 '의사주의'라고 한다. 예컨대 甲이 자신의 토지를 乙에게 매도하는 계약을 체결하였으나 아직 乙 명의로 등기를 하지 않았을 경우를 가정하자. 대항요건주의에 의하면 乙은 甲에 대한 관계에서 소유권을 취득하지만 그것을 가지고 제3자에게 대항하기 위해서는 등기를 해야 한다. 따라서 만약 甲이 丙에게 다시 토지를 매도하면서 丙에게 먼저 등기를 이전해주면 丙이 소유권을 확정적으로 취득하고 乙은 그 소유권을 가지고 丙에게 주장하지 못한다. 성립요건주의에 의하면 甲과 乙 사이의 계약체결만으로는 乙이 소유권을 취득할 수 없다. 乙 명의의 등기가 이루어져야 비로소 甲과 乙 사이에서뿐만 아니라 제3자에 대한 관계에서도 확정적으로 소유권을 취득한다.

(iv) 공시의 원칙 외에도 '공신의 원칙'도 있다. 이것은 공시가 실체관계에 부합하지 않더라도 그 공시를 신뢰한 자가 있다면 마치 공시된 대로 권리가 존재하는 것으로 의제함을 말한다. 우리 민법은 부동산에서 공신의 원칙을 부정하지만 동산에서는 인정한다. 선의취득제도(제249조)가 동산에서 공신의 원칙이 인정되는 예이다.

(v) 소유권의 변동은 법률행위나 법률의 규정에 의하여 진행되는데, 이하에서는 두 가지 원인으로 구분하여 살펴보기로 한다.

I 법률행위에 의한 소유권 취득

1 부동산의 경우

우리 민법은 공시의 원칙을 채택하며 성립요건주의를 취하고 있다. 그에 따라 제186조는 부동산에 관한 법률행위로 소유권 등의 물권을 취득하기 위해서 등기를 하여야 한다고 규정하고 있다. 즉 물권행위와 등기가 유효해야 소유권을 취득할 수 있다.

[물권행위의 내용]

제186조에서 규정하고 있는 물권변동의 요소인 법률행위란 무엇인가? 이러한 법률행위를 채권행위로 본다면 물권행위라는 개념은 인정할 수 없을 것이다. 물론 우리 민법이 채

권행위와 물권행위를 나누어 표현하고 있지는 않지만, 채권과 물권을 구별하듯이 채권의 발생을 목적으로 하는 법률행위와 물권변동을 목적으로 하는 법률행위는 강학상 존재할 수 있다. ① 일반적인 견해는 제186조에서의 법률행위에 관하여 물권변동을 목적으로 하는 의사표시를 그 요소로 하는 물권행위라고 한다. 이에 따르면, 물권행위는 곧 물권적 합의를 의미하지만 그것만으로 물권변동이 일어나는 것은 아니고 그 외 별도의 요건으로 공시방법(등기나 인도)까지 있어야 물권변동이 발생한다(물권행위=물권적 합의). 이에 반하여 ② 물권행위는 물권변동을 목적으로 하는 물권적 합의와 공시방법(등기나 인도)을 구성요소로 하는 법률행위를 의미한다는 견해도 있다(물권행위=물권적 합의 + 공시방법).

[등기의 효력발생시기=부동산 소유권취득 시기]

법률행위에 의하여 부동산소유권을 취득하기 위해서는 등기를 해야 한다. 부동산등기법에 의하면 원칙적으로 등기의무자와 등기권리자가 공동으로 등기를 신청해야 한다(제23조 제1항). 등기신청이 있으면 등기관은 전산정보처리조직을 이용하여 등기부에 등기사항을 기록하며, 이때 접수번호의 순서에 따라 등기사무를 처리한다(제11조). 등기사무처리절차가 마쳐지면 그 등기는 접수한 때로부터 효력이 발생한 것으로 본다(제6조 제2항). 등기의 접수는 등기신청정보가 전산정보처리조직에 저장된 때에 접수된 것으로 본다(제6조 제1항).

2 동산의 경우

동산에 관한 소유권 취득 역시 물권행위와 공시방법인 인도를 통해 이루어진다. '현실의 인도'는 법률행위에 의한 동산 소유권 취득에서 원칙이 되는 공시방법이다(제188조 제1항). 양도인의 사실상 지배가 동일성을 유지한 채 양수인에게 이전되어 양수인이 그 지배를 계속적이고 확고하게 취득하는 것을 의미한다. '간이인도'는 양수인이 이미 그 동산을 점유한 때 당사자의 의사표시만으로 인도한 것과 동일한 효력이 발생하는 것을 말한다(동조 제2항). '점유개정'은 당사자의 계약으로 양도인이 그 동산의 점유를 계속하는 때 양수인이 인도받은 것으로 보는 방식이다(제189조). '목적물반환청구권의 양도'는 동산이 제3자의 점유 하에 있는 경우 간접점유자로서의 양도인이 직접점유자인 그 제3자에 대한 반환청구권을 양수인에게 양도하면 인도한 것으로 보는 공시방법이다(제190조). 이때 반환청구권은 채권적 청구권으로 해석하며, 지명채권양도의 대항요건(제450조)을 갖추어야 한다(대법원 2000. 9. 8. 선고 99다58471 판결).

Ⅱ 법률의 규정에 의한 소유권 취득

제187조는 성립요건주의의 예외를 인정하여 등기 없이도 부동산의 소유권을 취득할 수 있는 경우를 규정하고 있다. 즉 상속, 공용징수, 판결, 경매 기타 법률의 규정에 의한 부동산 소유권의 변동은 등기 없이 가능하다. 다만 등기 없이 소유권을 취득하였더라도 등기를 하지 않으면 소유권을 처분하지 못한다. 이하에서는 민법 개별규정에 의한 소유권 취득의 모습을 살펴본다.

1 취득시효

일정한 사실 상태가 계속되는 경우 증명곤란의 구제, 권리행사 태만에 대한 제재로서 그에 대한 일정한 효과를 부여하는 것이 시효제도이다. 그 중 취득시효는 소유권을 취득하게 하는 것으로서 부동산과 동산 모두에서 인정된다.

가. 부동산 취득시효

(1) 점유 취득시효

(가) 요건

(i) 점유 취득시효의 대상은 부동산, 즉 건물과 토지이다. 이때 자기 소유의 부동산에 대해서도 취득시효를 주장할 수 있는지 문제가 되는데 본인 소유임을 증명할 수 없는 경우에는 가능하다(대법원 2001. 7. 13. 선고 2001다17572 판결). 분필 전 1필의 토지 일부(대법원 1996. 1. 26. 선고 95다24654 판결), 공유지분(대법원 1975. 6. 24. 선고 74다1877 판결), 국유재산 중 잡종재산(현(現) 일반재산)(대법원 1997. 11. 14. 선고 96다10782 판결)도 그 대상이 된다.

(ii) 자주점유이어야 하는데 이것은 추정된다(제197조 제1항). 가령 매매, 증여, 교환 등을 원인으로 점유를 취득하면 자주점유로 추정된다. 따라서 상대방이 점유자의 점유가 자주점유가 아님을 증명해야 한다. 그러나 처분권이 없는 자로부터 그 사실을 알면서 부동산을 취득하거나 어떠한 법률행위가 무효임을 알면서 그 법률행위에 의하여 부동산을 취득하였다면 자주점유라고 할 수 없다(대법원 2000. 9. 29. 선고 99다50705 판결).

(iii) 평온 및 공연한 점유이어야 하는데 이 역시 추정된다(제197조 제1항). 평온한 점유는 점유자가 그 점유를 취득 또는 보유하는데 법률상 용인할 수 없는 강폭행위를 쓰지 아니하는 점유이고, 공연한 점유는 숨겨진 점유가 아닌 것을 말하므로, 점유가 불법이라고 주장하는 자로부터 이의를 받은 사실이 있거나 점유물의 소유권을 둘러싸고 당사자 사이에 분쟁이 있었다 하더라도 그러한 사실만으로 점유의 평온과 공연이 상실된다고 할 수는 없다(대법원 1982. 9. 28. 선고 81사9 전원합의체판결).

(iv) 20년간 점유해야 한다(제245조 제1항). 이때 기산점은 자기의 점유개시일 또는 점유의 승계가 있는 경우 전 점유자의 개시일을 선택할 수 있을 뿐 점유기간 중 임의의 시점을 취득시효의 기산점으로 선택할 수 없다(대법원 1998. 4. 10. 선고 97다56822 판결). 다만 취득시효 기간 중 계속해서 등기명의자가 동일한 경우에는 임의의 시점을 기산점으로 삼을 수 있다.

(나) 효과

(i) 취득시효 완성자는 등기청구권을 취득한다. 법률의 규정에 의한 소유권 취득이지만 제187조의 예외로서 이전등기가 필요하다. 등기청구권은 채권적 청구권으로서 소멸시효에 걸리지만 목적물을 점유하고 있는 한 소멸시효는 진행되지 않는다.

(ii) 등기청구권의 상대방은 취득시효 완성 당시 그 시점의 등기부상 소유명의자이다. 따라서 시효완성 전 등기명의의 이전이 있으면 새로운 명의자가 등기청구권의 상대방이지만, 시효완성 후 등기명의의 이전이 있으면 완성 당시 명의자인 양도인이 상대방이 된다.

(iii) 취득시효의 요건을 갖추면 권리를 확정적으로 원시취득한다(제245조 제1항). 점유를 개시한 시점으로 소급하여 그때부터 권리를 취득한 것이 된다. 주의할 점은 시효완성 후 그 등기 전 점유자는 아직 소유권을 취득하는 것은 아니므로 원소유자의 권리행사가 있는 경우 특별한 사정이 없다면 점유의 변경상태를 용인하여야 한다(대법원 1999. 7. 9. 선고 97다53632 판결).

(iv) 판례는 점유취득시효의 효과와 관련한 일련의 법원리를 제시한다. 예를 들어 甲 소유의 X토지에 관하여 乙의 취득시효 진행 중에 甲이 X를 丙에게 양도하고 등기를 넘겨 준 후 乙의 취득시효가 완성되면 乙은 丙에 대하여 시효취득을

주장할 수 있다고 한다(대법원 1997. 4. 25. 선고 97다6186 판결). 반면 甲 소유의 X토지에 관하여 乙의 취득시효 완성 후에 甲이 X를 丙에게 양도하고 등기를 넘겨 준 경우에는 乙이 丙에 대하여 시효취득으로 대항할 수 없다(대법원 1991. 4. 9. 선고 89다카1305 판결). 두 번째 상황에서 甲이 乙의 취득시효 완성을 알았거나 알 수 있었다면 X의 소유권을 취득하지 못한 乙은 X토지의 소유권을 취득하지 못한 손해를 이유로 甲에 대하여 불법행위에 따른 손해배상을 청구할 수 있다(대법원 1999. 9. 3. 선고 99다20926 판결). 다만 甲과 乙 사이에 계약상의 채권채무관계가 성립하는 것은 아니므로, 乙이 甲을 상대로 채무불이행책임을 물을 수 없다고 한다(대법원 1995. 7. 11. 선고 94다4509 판결).

(2) 등기부 취득시효

(가) 요건

(i) 시효취득자 명의로 등기가 경료되어 있어야 한다. 이때 등기는 적법하고 유효한 등기일 필요는 없지만 중복등기로서 무효인 등기에 기초해서는 안 된다(대법원 1996. 10. 17. 선고 96다12511 판결).

(ii) 선의·무과실의 점유이어야 한다. 이때 선의는 추정되지만(제197조 제1항) 무과실은 점유자가 증명해야 한다. 점유에 대한 선의와 무과실은 점유개시 당시를 기준으로 하고 시효기간 동안 계속될 필요는 없다(대법원 1994. 11. 11. 선고 93다28089 판결).

(iii) 10년의 점유가 필요하다(제245조 제2항).

(iv) 등기 역시 10년의 기간을 요하는데, 전주(前主)와 등기기간의 병합을 인정한다(대법원 1989. 12. 26. 선고 87다카2176 전원합의체판결).

(나) 효과

등기가 이미 경료되어 있어 바로 권리를 취득한다(제245조 제2항).

나. 동산 취득시효

10년간 소유의 의사로 평온·공연하게 동산을 점유한 자는 그 소유권을 취득하고, 5년간 소유의 의사로 평온·공연하게 동산을 점유하고 그 점유에 대하여 선의·무과실인 경우에도 소유권을 취득한다(제246조).

2 선의취득

동산의 점유에 공신력을 인정하여 거래의 안전을 보호하기 위해 선의취득제도가 존재한다(제249조). 그러므로 평온·공연하게 동산을 양수한 자가 선의이며 과실 없이 그 동산을 점유한 경우에는 양도인이 정당한 소유자가 아닌 때에도 즉시 그 동산의 소유권을 취득한다.

가. 요건

(i) 선의취득의 대상은 동산으로서 동산 소유권·동산 질권을 취득하게 된다. 그러나 등기·등록으로 공시되는 선박, 자동차, 항공기, 건설기계, 양도가 금지되는 물건은 선의취득이 불가하다. 명인방법으로 공시되는 지상물, 부동산등기로 공시되는 공장재단에 속하는 동산 역시 선의취득의 대상이 아니지만 분리되면 가능하다. 증권적 채권의 경우 별도의 규정(제514조, 제524조)으로써 요건을 더욱 완화하여 양수인을 보호한다. 금전이 선의취득의 대상인지는 견해가 통일되어 있지 않다.

(ii) 양도인은 점유하고 있었어야 하고 무권리자이어야 한다. 이때 점유는 직접점유인지 간접점유인지 또한 자주점유인지 타주점유인지 불문한다. 양도인의 점유는 권리자로 오신할 만한 사실상의 지배가 있으면 족하므로 점유보조자가 점유주의 물건을 처분해도 선의취득이 가능하다(대법원 1991. 3. 22. 선고 91다70 판결). 무권리자라는 것은 소유권이나 처분권이 없음을 의미한다.

(iii) 양수인은 유효한 거래행위를 통하여 취득하여야 한다. 거래행위는 매매에 한정하지 않고 질권설정, 대물변제, 경매 등도 포함한다. 거래행위 자체는 유효해야 하므로 제한능력, 대리권 흠결, 착오, 사기·강박 등의 사유로 실효된 경우 선의취득은 불가능하다.

(iv) 양수인은 평온·공연하게 거래하고 선의·무과실로 점유하여야 한다. 문제는 무과실 추정규정이 없다는 점인데, 무과실은 추정되지 않고 양수인이 증명해야 한다(대법원 1968. 9. 3. 선고 68다169 판결). 선의·무과실은 물권적 합의와 인도 중 나중에 이루어진 것을 기준으로 그때까지 유지되어야 한다(대법원 1991. 3. 22. 선고 91다70 판결).

(v) 양수인은 현실인도, 간이인도, 목적물반환청구권의 양도로 점유를 취득

해야 한다. 점유개정에 의한 선의취득은 가능하지 않다(대법원 1978. 1. 17. 선고 77다1872 판결). 동산의 소유자가 이중양도를 모두 점유개정의 방법으로 행하였다면 먼저 현실의 인도를 받는 자가 소유권을 취득한다(대법원 1989. 10. 27. 선고 88다카26801 판결).

나. 효과

양수인은 확정적으로 소유권이나 질권을 취득하며, 이것을 원시취득이라고 보는 것이 일반적인 견해이다. 확정적으로 취득하므로 선의취득자가 다시 악의의 제3자에게 물건을 양도하더라도 제3자는 아무런 장애 없이 소유권을 취득한다. 선의취득은 법률의 규정에 의하여 발생되므로 선의취득자가 임의로 선의취득의 효과를 거부하고 종전 소유자에게 동산을 반환받아 갈 것을 요구할 수 없다(대법원 1998. 6. 12. 선고 98다6800 판결).

다. 도품 · 유실물에 대한 특례

(i) 선의취득의 요건을 갖추었더라도 그 동산이 도품이나 유실물인 경우 피해자나 유실자는 도난 또는 유실한 날로부터 2년 내에 반환청구할 수 있다(제250조 본문). 도품이나 유실물이어야 하므로 사기·공갈·횡령의 경우는 이에 해당하지 않는다. 금전의 경우 강제통용력이 있으나 물건으로서 거래되었다면 도품·유실물이더라도 반환을 청구하지 못한다는 것이 일반적인 견해이다(동조 단서). 물론 강제통용력을 상실한 금전이면서 도품에 해당하면 반환을 청구할 수 있다.

(ii) 반환청구의 상대방은 현재 도품이나 유실물을 점유하고 있는 자이므로 절도범 또는 습득자로부터의 직접취득자뿐만 아니라 그로부터 양수한 특정승계인도 상대방이 된다. 그런데 양수인은 즉시 선의취득하여 소유권을 갖게 되므로 반환청구할 수 있는 2년 동안의 소유권은 양수인에게 귀속된다는 것이 일반적인 견해이다. 반환청구는 무상으로 할 수 있지만 양수인이 경매, 공개시장 또는 상인에게서 선의·무과실로 매수하였다면 대가를 지급해야 한다(제251조). 이러한 양수인의 대가변상청구권은 반환청구를 거부할 수 있는 항변권이 아니라 적극적인 청구권이라고 해석한다(대법원 1972. 5. 23. 선고 72다115 판결).

3 선점·습득·발견

(i) '무주물 선점'은 주인 없는 동산을 소유의 의사로 점유하여 그 소유권을 원시취득하는 것이다(제252조 제1항). 바다나 강에서 낚시를 통해 물고기를 잡은 경우를 예로 들 수 있다. 그러나 주인 없는 부동산은 국가의 소유이다(동조 제2항).

(ii) '유실물 습득'이란 유실물 또는 이에 준하는 물건을 점유한 후 유실물법이 정하는 바에 따라 공고 후 6월 내에 그 소유자가 권리를 주장하지 않으면 습득자가 소유권을 취득하는 것이다(제253조). 습득에서의 점유는 소유의 의사가 필요하지 않다. 소유자가 나타나면 그에게 반환되어야 하고 소유자는 유실물 가액의 100분의 5 내지 100분의 20 범위 안에서 보상금을 습득자에게 지급하여야 한다(유실물법 제4조, 제10조)

(iii) '매장물 발견'에서 매장물이란 토지 또는 그 밖에 물건 속에 매장되어 그 소유권이 누구에게 속하는지 알 수 없는 물건이다. 동산뿐만 아니라 부동산도 매장물이 될 수 있다. 발견은 객관적으로 인식하는 것을 의미하며 점유를 요건으로 하지 않는다. 유실물법에 정해진 바에 따라 공고 후 1년 안에 그 소유자가 권리를 주장하지 않으면 발견자가 소유권을 취득한다(제254조 본문). 매장물이 타인의 토지 기타 물건으로부터 발견된 물건이라면 발견자와 그 토지 기타 물건의 소유자가 1/2의 비율로 공유한다(동조 단서).

4 첨부

(i) 부합, 혼화, 가공 세 가지를 통틀어 '첨부'라고 한다(제260조).

(ii) '부합'은 소유자를 달리하는 수 개의 물건이 결합하여 한 개의 물건으로 되는 것이다. ① 먼저 부동산에의 부합이 있다. 주로 부동산이 피부합물이 되고 동산이 부합물이 된다. 물론 부동산 간의 부합이 발생하는 경우도 존재한다. 이 경우 부합은 거래상 독립성이 상실될 정도이어야 한다. 부합이 되면 부동산 소유자가 부합물의 소유권을 취득하므로 부합되는 물건이 부동산의 가격을 초과하여도 부동산 소유자의 취득이 된다(제256조). 부합물이 정당한 권원에 의하여 행해지고 독립성이 있다면, 이는 부속물로서 부합시킨 자에게 소유권을 인정할

수 있다. ② 다음으로 동산 간의 부합이 있다. 합성물이라고 하며 훼손하지 않으면 분리할 수 없거나 그 분리에 과다한 비용이 들 정도이어야 한다. 합성물의 소유권은 주된 동산의 소유자에게 속하며, 주종을 구별할 수 없는 경우 부합 당시 가액의 비율로 공유한다(제257조).

(iii) '혼화'는 동산과 동산이 섞이는 것이다. 고체의 종류물이 섞이거나 유동성 종류물이 섞이는 경우가 있다. 동산 간 부합 규정을 준용한다(제258조).

(iv) '가공'은 타인의 동산에 노력을 가하여 새로운 물건을 만드는 것이다. 그 물건의 소유권은 원재료의 소유자에게 귀속하지만, 가공으로 인한 가액의 증가가 원재료의 가액보다 현저히 클 때에는 가공자의 소유이다(제259조 제1항). 가공자가 재료의 일부를 제공했다면 그 가액은 증가액에 포함시킨다(동조 제2항).

(v) 이러한 첨부가 성립하면 손해를 받는 자가 발생할 수 있다. 예를 들어, 구(舊) 물건의 소유자는 소유권을 잃어버릴 수 있는 것이다. 첨부가 비록 법률의 규정에 의한 소유권 취득이지만, 우리 민법은 공평을 기하고자 이렇게 손해를 입은 자에게 부당이득에 관한 규정(제741조 이하)에 의하여 보상을 청구할 수 있도록 하고 있다(제261조). 따라서 부당이득 법리에 의하여 손해를 받은 자는 법률상 원인 없이 이익을 얻은 자에게 제261조에 의한 보상을 청구할 수 있는 것이다. 일반적으로 첨부에 의하여 소유권을 취득하게 된 자가 그 상대방이 될 것이다.

Ⅲ 소유권의 소멸

(i) 토지의 포락, 목적물의 완전 연소와 같이 목적물이 멸실되면 소유권은 소멸한다. 다만 물질적 변형물이 남은 경우 소유권은 그에 관하여 효력이 미치지만, 가치적 변형물이 남은 경우에는 그렇지 않다. 목적물이 다시 복원된 경우라도 종전에 소멸한 소유권이 다시 부활하지는 않는다.

(ii) 상대방 없는 단독행위로서 소유권을 포기할 수도 있다. 포기의 대상이 동산인 경우 무주물이 되어 선점자가 소유권을 취득할 수 있고, 부동산인 경우 국유가 될 것이다. 그 밖에 공용징수가 행해지면 피수용자의 소유권은 소멸한다.

Ⅳ 공동소유

공동소유란 하나의 물건을 2인 이상의 다수가 공동으로 소유하는 것이다.

1 공유

가. 공유관계의 성립

법률행위에 의하여 공유관계가 성립하는 경우 부동산이라면 공유등기가 있어야 한다. 공유지분의 등기가 반드시 필요하지 않지만 지분등기가 없으면 균등한 것으로 추정한다. 법률의 규정에 의하여 공유관계가 성립하는 경우는 수인이 공동으로 한 무주물 선점·유실물 습득·매장물 발견, 타인의 물건 속에서 발견한 매장물, 주종을 구별할 수 없는 동산 간 부합과 혼화 등이 그에 해당한다.

나. 공유지분

공유지분은 개별적이고 독립적이다. 지분의 비율은 의사표시나 법률의 규정에 의해 정해지는 것이지만 불분명하면 균등한 것으로 추정한다(제262조 제2항). 지분의 처분은 자유롭기 때문에 다른 공유자의 동의는 필요하지 않다(제263조). 다만 지분에 용익물권을 설정한다면 공유자 전원의 동의가 필요할 것이다. 공유자들 사이에 지분처분금지 특약이 있어도 이는 채권적 효력밖에 없다. 지분을 포기하거나 상속인 없이 사망하는 경우 그 지분은 다른 공유자에게 각 지분의 비율로 귀속된다(제267조).

다. 공유자 사이의 내부관계

(i) 공유물 전부를 지분의 비율로 사용, 수익할 수 있다(제263조). 공유물의 보존행위는 각자가 단독으로 할 수 있지만, 관리(이용; 개량)에 관한 사항은 공유자 지분의 과반수로써 결정한다(제265조). 공유물을 처분하거나 변경하기 위해서는 전원의 동의를 얻어야 한다(제264조). 공유자 중 1인이 다른 공유자의 동의를 얻지 않

고 공유부동산을 처분한 경우 다른 공유자는 말소등기를 청구할 수 있는데 자신의 지분범위 내에서만 말소등기를 청구할 수 있다(대법원 1994. 12. 2. 선고 93다1596 판결).

(ii) 각 공유자는 지분의 비율에 따라 관리비용 기타 의무를 부담하며, 이러한 부담을 1년 이상 이행하지 않은 때 다른 공유자가 상당한 가액을 지급하고 그 자의 지분을 매수할 수 있다(제266조). 공유관계는 공유지분의 집중, 공유물 분할 등으로 소멸한다.

라. 공유물 분할

(i) 공유물 분할청구는 각 공유자가 언제든지 자유롭게 할 수 있다. 분할청구는 형성권이므로(대법원 1981. 3. 24. 선고 80다1888 판결) 일방적 의사표시에 의해 분할을 협의해야 할 관계로 전환된다. 다만 5년 내의 기간을 정하여 분할금지약정을 할 수 있고 갱신도 가능하지만 갱신한 때로부터 5년을 넘지 못한다(제268조). 부동산이라면 분할금지약정을 등기하여야 공유자의 특정승계인에게 효력이 미친다. 상속의 경우 유언으로 상속개시의 날부터 5년을 경과하지 아니하는 기간 내에서 상속재산의 분할을 금지할 수 있다. 법률의 규정에 의해서도 분할의 제한을 받을 수 있는데 구분소유에서의 공용부분(집합건물의 소유 및 관리에 관한 법률 제13조 제2항), 경계표·담(제239조)이 그에 속한다.

(ii) 분할의 방법은 우선 '협의분할'에 따라 이루어질 것이다. 공유자 전원이 참가해야 하고, 현물분할이 원칙이나 대금분할 또는 가격배상도 인정된다. 협의분할이 성립하지 않으면 '재판에 의한 분할'을 할 수 있다(제269조 제1항). 재판에 의한 분할은 공유자 전원이 당사자가 되어야 하고, 판결이 확정되면 등기 없이 바로 물권변동의 효과가 발생한다. 이 경우 현물분할이 원칙이나 현물분할이 불가능하거나 분할로 인하여 현저한 가액 감소의 우려가 있는 경우 대금분할도 가능하다. 특별한 사정이 있는 경우 가격배상도 현물분할의 하나로서 가능하다(대법원 2004. 10. 14. 선고 2004다30583 판결).

(iii) 분할이 이루어지면 현물분할의 경우 지분의 교환이 생기고, 대금분할 및 가격배상의 경우 지분의 매매가 있게 된다. 분할의 효과는 소급하지 않지만, 상속재산의 분할은 상속시로 소급한다. 각 공유자는 그 지분의 비율로 매도인과 동일한 담보책임을 부담한다.

2 합유

합유는 수인이 조합체를 이루어 물건을 소유하는 형태이다. 여기서 조합체는 동일목적을 가지고 결합하였으나 단체로서의 실질을 갖추지 못한 경우를 가리킨다. 합유는 동업계약이나 신탁법상 수인의 수탁자와 같이 법률의 규정에 의하여 성립한다. 합유물이 부동산이라면 합유자 전원의 명의로 등기를 하되 합유의 취지를 등기하여야 한다.

가. 합유의 대내관계

합유자의 권리는 합유물 전부에 미친다(제271조 제1항). 합유물의 처분과 변경은 합유자 전원의 동의가 있어야 한다(제272조 본문). 주의해야 할 점은 조합재산의 처분, 변경은 조합의 특별사무로서 업무집행조합원이 수인인 경우 제706조 제2항에 따라 업무집행조합원의 과반수로써 결정한다(대법원 2000. 10. 10. 선고 2000다28506, 28513 판결). 이는 제706조 제2항이 제272조의 특별규정임을 밝힌 것이다. 그러나 보존행위의 경우 합유자 각자가 단독으로 할 수 있다(제272조 단서).

나. 합유지분

합유지분이 인정되지만 각 지분은 자유롭게 처분할 수 없으며 특히 조합원 자격과 분리하여 지분권만을 처분할 수 없다. 합유지분의 처분은 합유자 전원의 동의 없이 불가능하다(제273조 제1항). 합유지분의 포기도 합유지분권자들 전원에 대한 의사표시로써 하여야 한다. 포기된 합유지분은 잔존 합유지분권자들에게 균분으로 귀속되지만 법률행위에 의한 것이므로 등기하여야 효력이 있다.

다. 합유물 분할금지

조합이 존속하고 있는 한 각 합유자는 합유물의 분할을 청구할 수 없다(제273조 제2항). 다만 조합이 해산되어 청산되는 경우 분할절차가 존재할 수 있고 공유물 분할 절차를 준용한다(제274조).

라. 합유의 종료

조합체의 해산이나 합유물을 양도한 경우 합유는 종료한다(제274조 제1항). 합유자 중 1인이 사망한 경우 상속인은 합유자의 지위를 상속하지 못하고 잔존 합유자가 2인 이상일 경우 잔존 합유자의 합유로 귀속되고, 잔존 합유자가 1인인 경우 잔존 합유자의 단독소유로 귀속된다.

3 총유

(i) 총유는 종중, 교회, 촌락, 의사회, 친목회 등 비법인사단의 사원이 집합체로서 물건을 소유하는 형태이다. 부동산의 총유는 등기해야 하고 그 등기는 비법인사단 명의로 할 수 있다.

(ii) 총유에서는 소유권의 내용이 관리·처분의 권능과 사용·수익의 권능으로 나뉜다. 관리·처분권은 구성원의 총합인 단체에 속하고 사원총회의 결의에 의한다(제276조 제1항). 사용·수익권은 각 구성원에게 속하고 정관 기타 규약에 따라 정한다(동조 제2항). 총유에는 지분권이 없으며 총유물에 관한 사원의 권리·의무는 사원의 지위를 취득·상실함으로써 당연히 취득·상실한다(제277조). 보존행위를 구성원 각자가 할 수 있다는 규정이 없는 바 그 구성원은 대표자라거나 사원총회의 결의를 거쳤다 하더라도 총유재산의 보존행위로서 소를 제기할 수 없다(대법원 2005. 9. 15. 선고 2004다44971 전원합의체판결).

제3절 부동산등기와 명의신탁

I 부동산등기 일반

1 의의

(i) 법률행위에 의하여 부동산의 소유권을 취득하려면 등기가 필요하다고 하였다. 따라서 소유권 변동을 위해서는 부동산등기부라고 하는 공적 기록에 부동산에 관한 권리관계와 표시에 관한 사항을 기록해야 한다. 부동산등기법에서 그 등기절차에 관하여 자세한 규정을 두고 있다.

(ii) 부동산등기는 토지등기부와 건물등기부로 나뉘고 1필의 토지 또는 1동의 건물에 대하여 1개의 등기가 있어야 하며, 이를 물적 편성주의 또는 1부동산 1등기 기록의 원칙이라고 한다(부동산등기법 제14조, 제15조). 등기는 원칙적으로 당사자의 신청 또는 관공서의 촉탁에 의하여서만 가능하지만, 법률의 규정이 있는 때에도 가능하다(제22조). 등기권리자와 등기의무자가 공동으로 신청하는 것이 원칙이지만, 미등기 부동산의 소유권보존등기, 판결에 의한 등기 등은 등기권리자가 단독으로 신청할 수 있다(제23조).

2 구성

등기부는 표제부, 갑구, 을구로 구성되며 부동산 고유의 번호가 부여된다. 표제부는 토지나 건물의 표시와 그 변경에 관한 사항, 즉 표시번호란, 접수란, 소재지번 등이 기록되며 토지, 건물, 구분건물 가운데 어느 것인지에 따라 차이가 있다(제34조, 제40조). 갑구와 을구는 순위번호란, 등기목적란, 접수란, 등기원인란, 권리자 및 기타사항란으로 구성되며, 순위번호란에는 등기한 순서를 적는다(제48조). 갑구는 소유권에 관한 사항을 기록하는 반면 을구는 소유권 이외의 권리에 관한 사항을 기록한다(제15조 제2항).

3 등기의 종류

가. 사실등기 · 권리등기

등기의 기능에 따라 사실의 등기와 권리의 등기로 나눌 수 있다. '사실의 등기'는 등기용지가 어느 부동산에 관한 것인지를 특정하기 위한 등기이고, '권리의 등기'는 권리관계를 기록하는 등기로서 보존등기가 있다(제64조 이하). 보존등기는 미등기 부동산에 관하여 그 소유자의 신청으로 맨 처음 행하여지는 소유권의 등기이다. 보존등기가 신청되면 표제부에 표시의 등기를 하고 갑구에 소유권자를 등기한다. 그 후 그 부동산에 관한 등기는 모두 보존등기를 기초로 행하여진다.

나. 종국등기 · 예비등기

(i) 등기의 효력에 따라 종국등기과 예비등기로 구분할 수 있다. '종국등기'는 물권변동의 효력을 발생하게 하는 등기이며 본등기라고도 한다. 여기에는 기입등기, 변경등기, 경정등기, 말소등기, 멸실등기, 회복등기가 있다. ① 기입등기는 새로운 등기원인에 의해 새로운 사항을 기입하는 등기로서 소유권보존등기가 여기에 해당한다. ② 변경등기는 주소가 변경되는 등 후발적 불일치가 있을 경우 이를 시정하는 등기이다(제35조, 제41조). ③ 경정등기는 기록과 실제 사이에 처음부터 불일치가 있는 경우 시정하는 등기이다(제32조). ④ 말소등기는 권리가 원시적

또는 후발적으로 존재하지 않을 경우 이미 이루어진 등기를 말소하는 등기이다(제55조, 제56조). ⑤ 멸실등기는 부동산이 전부 멸실된 경우에 행하여지는 것이고(제39조, 제43조), ⑥ 회복등기는 등기가 부당하게 소멸한 경우 이를 회복하는 등기이다(제59조).

(ii) '예비등기'는 물권변동에 대비하여 행해지는 등기로서 가등기가 이에 해당한다. 가등기는 본등기의 순위보전을 위한 수단으로 행해지는 청구권보전의 가등기와 담보의 수단으로 하는 담보가등기가 있다(제88조 이하). 청구권보전의 가등기의 경우 본등기가 행해지면 순위가 가등기 순위로 소급하고 물권변동의 효과는 본등기시 발생한다.

Ⅱ 부동산등기의 유효요건

등기는 부동산등기법이 정한 절차에 따라 행해져야 한다는 형식적 유효요건과 물권행위와 등기가 합치해야 한다는 실체적 유효요건을 갖추어야 한다.

1 형식적 유효요건

가. 내용

부동산등기는 신청된 것만으로 충분하지 않고 등기부에 실제로 기록이 되어야 한다. 부동산등기법에 의하면 등기의 효력은 접수한 때 발생한다(제6조 제2항). 등기가 등기소의 관할에 속하지 않거나 등기할 수 없는 사항에 관한 것이면 무효가 된다. 그 밖에 등기는 부동산등기법이 정하는 절차에 의하여야 하는데, 절차에 흠이 있더라도 등기가 행하여졌다면 그것이 중대하지 않는 한 무효라고 할 것은 아니다. 즉 당사자에게 등기신청의 의사가 있고 등기가 실질적 유효요건을 갖추고 있으면 그 등기는 유효하다.

나. 중복등기의 문제

중복등기는 1부동산 1등기 기록의 원칙에 위반한 절차상 하자가 있는 경우의 문제이다. 등기명의인이 동일한 이중보존등기의 경우 후의 등기를 무효로 본다. 등기명의인이 다른 경우 먼저 이루어진 소유권보존등기가 원인무효가 되지 않는 한 후의 등기는 매수인에 의해서 이루어진 경우라도 무효이다.

2 실체적 유효요건

가. 내용

등기는 물권행위와 내용적으로 일치해야 하고, 그렇지 않으면 합의된 대로 효력이 발생하지 않는다. 예컨대 지상권설정의 합의를 하고서 전세권등기를 한 경우라면 부합하는 물권행위가 존재하지 않으므로 무효이다. 등기된 양이 물권적 합의의 양보다 큰 경우에는 물권적 합의의 한도에서 효력이 있고, 작은 경우에는 일부무효의 법리에 따라 가상적 의사가 인정됨을 전제로 등기기재의 한도에서 유효하다. 실제와 다른 등기원인에 의한 등기의 경우 실체관계에 부합하는 한 유효하다. 등기가 먼저 있고 나중에 물권적 합의가 있는 경우 물권적 합의가 효력을 발생할 때 물권변동이 일어난다.

나. 중간생략등기

(i) 甲이 자기 소유 X토지를 乙에게 매도하고 乙이 다시 X를 丙에게 매도한 경우, 甲의 乙에 대한 이전등기를 생략해서 甲으로부터 직접 丙으로 소유권이전등기를 넘겨주는 것이 중간생략등기이다. 물권변동의 과정이 등기부에 나타나지 않으므로 부동산등기특별조치법은 이를 금지하지만(부동산등기특별조치법 제2조 제2항, 제3항), 단속규정에 불과해 사법상 효력이 사라지는 것은 아니다(제8조 제1호). 이미 중간생략등기가 행해진 경우, 3자의 합의가 있으면 유효하고 합의가 없다고 할지라도 실체관계에 부합하면 유효하다. 아직 중간생략등기가 행해지지 않았다면, 전원의 합의가 있어야 최종 양수인은 최초 양도인에게 이전등기를 청구할 수 있다.

(ii) 중간생략등기에 대한 3자간 합의가 있더라도 乙의 甲에 대한 X의 소유권

이전등기청구권이 소멸하지는 않는다(대법원 1991. 12. 13. 선고 91다18316 판결). 마찬가지로 그러한 합의가 甲의 乙에 대한 매매대금지급청구권의 행사에도 영향을 미치지 않으므로 중간생략등기의 합의 후 甲과 乙 사이에 매매대금을 인상하는 약정이 있었다면 甲은 인상된 매매대금이 지급되지 않았음을 이유로 丙에 대한 소유권이전등기의무의 이행을 거절할 수 있다(대법원 2005. 4. 29. 선고 2003다66431 판결).

Ⅲ 명의신탁

1 의의

명의신탁은 대내적 관계에서는 신탁자가 소유권을 보유하여 관리·수익하면서 공부상의 소유 명의만을 수탁자로 하여 두는 것이다. 등기의 유효요건과 관련이 있는 것으로서 종래 대법원 판결에 의하여 확립되었다(대법원 1987. 5. 12. 선고 86다카2653 판결). 그러나 그 유효성을 넓게 인정하자 불법, 탈법적 수단으로 악용되었고, 급기야 1995년 부동산실명법을 제정하여 명의신탁을 규제하고 있다.

2 명의신탁에 관한 종래의 법리

가. 대내관계

신탁자는 수탁자와의 관계에서 소유자로 취급한다. 따라서 수탁자의 점유는 타주점유이고, 신탁자의 동의를 얻어 제3자가 공작물을 설치한 경우 수탁자는 방해제거청구를 하지 못한다(대법원 1965. 8. 24. 선고 65다1081 판결).

나. 대외관계

수탁자는 대외적인 관계에서 소유자이므로 수탁자로부터 소유권을 이전받은 제3자는 원칙적으로 선의·악의를 불문하고 완전한 소유권을 취득한다. 다만 제3자가 수탁자의 배임행위에 적극 가담한 경우 제103조 위반으로서 무효가 된다

(대법원 1991. 4. 23. 선고 91다6221 판결). 제3자의 신탁부동산에 대한 방해가 있는 경우 신탁자는 수탁자를 대위하여서만 그 권리를 행사할 수 있다(대법원 1979. 9. 25. 선고 77다1079 전원합의체판결).

다. 명의신탁의 해지

신탁자는 언제든지 일방적으로 명의신탁을 해지할 수 있고, 해지만으로 소유권은 신탁자에게 복귀된다(대법원 1976. 6. 22. 선고 75다124 판결). 해지는 소급효가 없으므로 신탁자 앞으로 등기를 회복하기 전에 수탁자로부터 이전등기를 경료한 제3자는 선의·악의를 불문하고 보호된다(대법원 1991. 8. 27. 선고 90다19848 판결).

3 부동산실명법에 의한 규율

가. 원칙

(i) 부동산실명법에 의하여 명의신탁 약정은 무효가 되고(부동산실명법 제4조 제1항), 그에 기한 물권변동도 무효가 된다(제2항). 다만 그 무효를 가지고 제3자에게 선의·악의를 불문하고 대항할 수 없다(제3항). 이때 제3자는 수탁자를 기초로 직접 새로운 이해관계를 맺은 사람을 말한다. 수탁자가 제3자에게 처분한 경우 신탁자는 수탁자에게 계약상 책임은 물을 수 없고 불법행위에 의한 손해배상청구권이나 부당이득반환청구권을 행사할 수 있다.

(ii) 종중(宗中)이 보유한 부동산에 관한 물권을 종중 외의 자의 명의로 등기하는 경우, 부부 사이에서 일방이 다른 배우자 명의로 부동산에 관한 물권을 등기하는 경우, 종교단체 명의로 그 산하 조직이 보유한 부동산에 관한 물권을 등기한 경우는 그것이 조세포탈, 강제집행의 면탈(免脫) 또는 법령상 제한의 회피를 목적으로 하지 않는다면 동법의 적용대상이 아니다(제8조). 이러한 경우 종전의 판례법리에 따라 해결해야 한다.

나. 무효인 명의신탁약정의 유형

(1) 양자간등기명의신탁

명의신탁약정과 등기는 무효이므로 신탁자는 대내외적으로 소유권을 보유한다. 신탁자는 수탁자를 상대로 등기의 말소를 구할 수도 있고 진정명의회복을 원인으로 한 소유권이전등기청구를 할 수 있다(대법원 2002. 9. 6. 선고 2002다35157 판결).

(2) 중간생략등기명의신탁

(i) 중간생략등기명의신탁은 표현상 3자간 등기명의신탁이라고도 하는데, 신탁자가 매도인으로부터 직접 계약당사자가 되어 매수하지만 수탁자에게 직접 등기를 이전하는 것이다. 명의신탁약정과 등기 모두 무효이므로 소유권은 여전히 매도인에게 있다. 매도인과 신탁자 사이의 계약이 무효는 아니므로 신탁자는 매도인에 대해 등기청구권을 가진다(대법원 2013. 12. 12. 선고 2013다26647 판결). 따라서 신탁자는 매도인을 대위하여 수탁자 명의의 등기를 말소한 후 자신에게 이전등기를 할 수 있다(대법원 2002. 3. 15. 선고 2001다61654 판결). 만약 수탁자가 신탁자에게 등기를 바로 이전하였다면 그러한 등기는 실체관계에 부합하여 유효한 등기가 된다(대법원 2004. 6. 25. 선고 2004다6764 판결).

(ii) 수탁자가 임의로 부동산을 처분한 경우 매도인은 무슨 손해를 입었다고 볼 수 없어 매도인은 수탁자를 상대로 불법행위에 기한 손해배상을 청구할 수 없다. 이때 신탁자는 소유권을 이전받을 권리를 상실하였으므로 수탁자를 상대로 그 '이익'을 부당이득으로 반환청구할 수 있다(대법원 2019. 7. 25. 선고 2019다203811, 203828 판결).

(3) 계약등기명의신탁

(i) 계약등기명의신탁은 수탁자가 신탁자의 위임을 받아 직접 매도인과 계약을 체결하고 수탁자 자신에게 이전등기를 하는 것이다. 명의신탁 약정은 무효이고 일부무효의 법리에 따라 위임계약도 무효이다. 그런데 매도인이 선의인 경우 부동산실명법은 수탁자가 반사적으로 소유권을 취득한다고 규정한다(제2항 단서). 따라서 수탁자가 신탁자에게 반환하여야 할 부당이득의 대상은 그 매수자금의 상당액이다(대법원 2009. 3. 26. 선고 2008다34828 판결).

(ii) 매도인이 악의인 경우에는 수탁자 명의의 등기도 무효이고 매매계약도 무효가 되므로 소유권은 매도인에게 속한다. 이때 매도인이 신탁자가 그 계약의 매수인으로 되는 것에 동의 내지 승낙을 하면, 매도인과 신탁자 사이의 별도의 양도약정이 체결된 것으로 보아 신탁자는 매도인에게 소유권이전등기청구권을 행사할 수 있다(대법원 2003. 9. 5. 선고 2001다32120 판결).

(iii) 수탁자가 제3자에게 처분하였다면, 매도인의 소유권을 침해한 불법행위가 된다. 그러나 제3자는 유효하게 소유권을 취득하였고 소유자인 매도인이 매매대금을 보유하고 있는 이상 어떤 손해도 입은 것은 아니므로 수탁자에 대한 손해배상청구는 부정된다(대법원 2013. 9. 12. 선고 2010다95185 판결).

제8장

금전거래

제1절

금전소비대차

I 소비대차

(i) 대차계약이란 돈이나 물건, 집 등을 다른 사람에게 빌려주는 계약으로 민법은 세 가지의 경우, 즉 소비대차, 사용대차, 임대차를 규정하고 있다. 이 중 소비대차는 당사자 일방이 금전 기타의 대체물의 소유권을 상대방에게 이전할 것을 약정하고, 상대방은 그와 같은 동종(同種)·동질(同質)·동량(同量)으로 반환할 것을 약정함으로써 성립하는 계약이다(제598조). 이때 양 당사자 사이에 목적물 사용의 대가로 이자를 지급하기로 하는 약정을 할 수 있다. 반환시기는 그에 관하여 약정이 있으면 약정시기에 반환하면 될 것이고, 그러한 약정이 없으면 차주는 언제든지 반환할 수 있으나 대주는 상당한 기간을 정하여 반환을 최고하여야 한다.

(ii) 소비대차를 함에 있어 차주가 차용물에 갈음하여 다른 재산권을 이전할 것을 예약할 수도 있다. 이를 대물변제예약이라고 하는데 다른 재산의 예약 당시의 가액이 차용액 및 변제기까지의 이자 합산액을 초과할 수 없고 만약 초과한다면 그 효력은 없다(제607조, 제608조).

Ⅱ 금전소비대차

소비대차의 가장 흔한 예는 금전을 빌려주는 것인데, 이를 '금전소비대차'라고 한다. 이 계약이 성립하기 위해서는 실제로 금전이 양 당사자 사이에서 오고 갈 필요는 없으며, 양 당사자 사이의 약속만으로 일단 이 계약은 성립한다. 따라서 금전소비대차계약은 낙성계약이며 반드시 계약서를 작성하는 방식으로 할 필요는 없다. 그러나 계약체결 사실의 증명 등을 위해 금전소비대차 계약서를 작성하게 된다.

1 금전소비대차 계약서

금전소비대차 계약서를 작성하는 경우에는 다음과 같은 점들을 유의해야 한다. 첫째, 당사자를 표시해야 한다. 돈을 빌려주는 사람(소비대주(消費貸主), 채권자)과 돈을 빌리는 사람(소비차주(消費借主), 채무자)이 누구인지가 분명하게 나타날 수 있도록 작성되어야 한다. 인적 사항의 기재 및 이에 대한 서명 또는 날인이 필요할 것이다. 둘째, 금액 즉 원금이 얼마인지 포함되어야 한다. 셋째, 이자를 지급하기로 하였으면 그것을 기재하여야 한다. 이자는 당사자가 약정한 이율에 의하여 정해지지만, 약정이율이 없으면 법정이율에 따른다(제379조). 넷째, 변제시기와 변제방법을 정하여 작성해야 한다. 다섯째, 변제가 제대로 이루어지지 않을 경우를 대비하여 담보에 관한 사항을 포함시킬 수 있다. 담보는 부동산, 동산 등을 대상으로 하는 물적 담보와 보증을 통한 인적 담보로 구분할 수 있다. 이 외에도 금전소비대차 계약서에는 위약금 약정, 예정 기일에 이자를 지급하지 않을 때의 불이익 등에 관한 특약 조항을 포함시킬 수 있다.

[공탁제도]

변제기에 변제를 하려고 하였으나 어떠한 사정으로 그러하지 못한 경우 금전소비대차의 채무자는 공탁제도를 활용할 수 있다. 공탁의 순서는 다음과 같다. ① 법원의 공탁소 방문, ② 공탁서 2통 제출(채권자에게 줄 공탁통지서도 같이 제출), ③ 공탁 공무원의 서류 접수, ④ 공탁금 납입서와 공탁서 정본 받기, ⑤ 공탁금 납입, ⑥ 공탁 통지서 발송(공무원이 발송), ⑦ 채권자의 공탁금 출금.

[금전소비대차 계약서의 예시]

금전소비대차 계약서

당사자의 표시

대여인(빌려주는 사람)

이름(회사이름과 대표자): ______________________________

주소(회사의 본점이 있는 곳): ______________________________

주민등록번호(사업자등록번호): ______________________________

전화번호: ______________________________

차용인(빌리는 사람)

이름(회사이름과 대표자): ______________________________

주소(회사의 본점이 있는 곳) : ______________________________

주민등록번호(사업자등록번호): ______________________________

전화번호: ______________________________

대여인(빌려주는 사람)과 차용인(빌리는 사람)은 다음과 같이 금전대차계약을 맺는다.

제1조(금액)

대여인은 차용인에게 ________원(₩________)을 빌려주고 차용인은 이를 빌린다.

[받은 사람의 확인: __________ (서명 또는 인)]

제2조(이자)

위 차용금(빌리는 돈)의 이자는 원금에 대하여 연 __할 __푼(__%)의 비율에 의하여 지급하기로 한다.

제3조(변제기일 및 변제방법)

차용인은 위 차용원금을 ____년 __월 __일까지, 이자는 매월 ___일까지 모두 갚기로 하며, 대여인의 주소지로 가지고 가서 지급하거나 또는 대여인이 지정하는 아래 계좌에 송금하여 지급한다.

지정은행: ______________________________

계좌번호: ______________________ 예금주: ____________

제4조(기한의 이익상실)

다음의 경우 차용인은 변제기일(갚기로 정한 날) 이전이라도 원금과 이자를 갚으라는 대여인의 요구를 거절하지 못한다.

1. 이자를 2개월 이상 지급하지 않았을 때
2. 차용인이 제3자로부터 압류 또는 가압류를 받거나 파산선고를 받았을 때

제5조(특별히 정하는 사항)

____

____

20__년 ___월 ___일

대여인_______________(서명 또는 인)

대리인_______________(서명 또는 인)

(대리인의 주민등록번호:____________)

차용인_______________(서명 또는 인)

대리인_______________(서명 또는 인)

(대리인의 주민등록번호:____________)

서울중앙지방법원 홈페이지 참조(https://seoul.scourt.go.kr/contract/new/DocListAction.work?pageIndex=3)

2 금전채권

가. 의의 및 종류

(i) 금전소비대차 계약이 성립하면 채권자로서 소비대주가 채무자인 소비차주에 대하여 금전채권을 취득한다. 금전채권은 보통 가치에 중점을 두고 있는 금액채권으로서 특정물채권과는 다르게 이행불능이 있을 수 없다. 그러므로 진열 등을 목적으로 하는 특정 통화가 채권의 목적이라면 그것은 금전채권이 아니

라 특정물채권이 될 것이다.

(ii) 금전채권에 관하여 다른 합의가 없으면 각종 통화로 변제가 가능하다. 어느 종류의 통화로 지급하기로 약정하는 경우, 예를 들면 50,000원권으로 1억원을 약정한다면 약정한 통화로 지급하여야 한다. 이를 금종채권이라고 하는데, 약정한 통화가 강제통용력을 상실하는 때에는 다른 종류의 통화로 변제해야 한다(제376조).

(iii) 금전채권을 외화로 지급하도록 약정할 수도 있는데, 외화의 종류를 지정하지 않은 경우를 외국 금액채권이라고 한다. 외국 금액채권의 채무자는 자기가 선택한 나라의 어느 종류의 통화로도 변제할 수 있다(제377조 제1항). 반대로 외화의 종류를 지정한 경우를 외국 금종채권이라고 한다. 예를 들면, 1달러짜리 지폐로 100달러를 지급하기로 약정한 경우가 이에 해당될 것이다. 외국 금종채권의 경우 그 통화가 변제시기에 강제통용력을 상실하였다면 채무자는 그 나라의 다른 통화로 변제해야 한다(동조 제2항).

(iv) 외화채권의 경우에는 한 가지 특징이 있는데, 채권액이 다른 나라 통화로 지정된 때 채무자는 지급할 때에 있어서의 이행지의 환금시가(기준환율)에 의하여 우리나라 통화로 변제할 수 있다(제378조). 이것을 '대용급부권'이라고 하며, 채무자가 이행지에서 외국통화를 확보하는 데에 어려움이 존재할 경우를 고려하여 제정된 것이다. 채무자가 대용급부권을 행사한 경우 그 환산시기는 채무자가 현실로 이행할 때를 기준으로 한다(대법원 1991. 3. 12. 선고 90다2147 전원합의체판결). 채무자 외에 채권자도 대용급부청구권이 있는지 여부도 문제되는데, 판례는 채권자에게도 이를 인정한다(대법원 1991. 3. 12. 선고 90다2147 전원합의체판결).

나. 금전채무불이행에 관한 특칙

(i) 금전은 가치가 체화(體化)된 것이므로 특정된다는 개념과 연결시킬 수 없다. 따라서 금전채무의 불이행에서 이행불능은 발생할 수 없고 이행지체만이 발생할 뿐이다. 이러한 성질의 금전채무의 경우 그 불이행이 있으면 채권자는 당연히 이행지체에 따른 손해배상을 청구할 수 있는데, 이에 대한 특칙을 제397조가 규정하고 있다.

(ii) 일반적으로 채무불이행책임을 묻기 위해서는 채무자의 유책사유가 있어

야 하고, 그로 인한 손해의 발생과 손해액은 채권자가 증명해야 한다. 그러나 금전채무의 채권자는 손해를 증명할 필요가 없다(제397조 제2항). 채무불이행인 이행지체가 있으면 지연손해금만큼 손해가 있는 것이기 때문이다. 물론 지연이자 상당의 손해가 있다는 사실은 채권자가 주장해야 한다(대법원 2000. 2. 11. 선고 99다49644 판결). 채무자는 과실 없음을 항변하지 못한다(제397조 제2항). 즉 동조 동항은 이 경우의 채무자의 책임을 무과실책임으로 구성하고 있다. 채무자의 유책사유를 요구하고 있는 일반적인 채무불이행의 경우와 크게 비교되는 부분이다.

(iii) 금전채무불이행의 손해배상액은 특별한 규정이 없다면, 우선 지연손해금에 관한 당사자의 약정에 따른다. 약정된 지연손해금이 법정이율보다 낮더라도 당사자의 합의에 따라야 한다(대법원 2013. 4. 26. 선고 2011다50509 판결). 예를 들면, 금전채권을 변제기까지 변제하지 못한 경우 그 이후부터 배상해야 할 지연손해금에 관하여 당사자가 연 3%로 약정하였다면, 법정이율이 연 5%(제379조)라고 할지라도 지연손해금은 연 3%에 의한다. 약정된 지연손해금이 존재할 경우에는 우선적으로 그 약정된 지연손해금에 의하여야 한다. 이는 원본인 금전채무에 관한 약정이율이 존재하지 않고 지연손해금에 관한 약정만 존재하는 경우에도 당연히 동일하게 적용된다.

(iv) 금전채권에 관한 지연손해금 약정이 없는 경우에는 원본인 금전채무에 관한 약정이율이 법정이율보다 높은지 여부에 따라 구분한다. 지연손해금에 대한 약정이 없는 가운데 금전채무에 관한 약정이율이 법정이율 이상인 경우 지연손해금은 그 약정이율에 의한다(대법원 2017. 9. 26. 선고 2017다22407 판결). 예를 들면, 금전채권의 약정이율을 연 7%로 정하였으나 지연손해금율을 약정하지 않은 경우 그에 대한 손해배상액은 법정이율인 연 5%에 따를 것이 아니라 약정이율인 연 7%에 의한다. 다만 이때 약정이율은 이자제한법상의 최고이율을 넘지 않아야 할 것이고 이를 초과한다면 이자제한법상 최고이율에 의하여 손해배상액이 산정될 것이다. 반대로 지연손해금에 대한 약정이 없는 가운데 금전채무에 관한 약정이율이 법정이율보다 낮은 경우 손해배상액은 법정이율에 의한다(대법원 2009. 12. 24. 선고 2009다85342 판결). 예를 들면, 금전채권의 약정이율을 연 3%로 정하였으나 지연손해금율을 약정하지 않은 경우 손해배상액은 법정이율인 연 5%에 따른다.

(v) 금전채무에 관한 지연손해금율뿐만 아니라 약정이율도 없는 경우에는 제

397조에 의하여 법정이율에 따라 지연손해금을 산정한다(대법원 2009. 12. 24. 선고 2009다85342 판결). 이러한 경우에 그 손해배상액은 법정이율인 연 5%에 따른다.

제2절

예금계약

I 소비임치

임치는 일방(임치인)이 상대방(수치인)에게 금전이나 유가증권 기타 물건의 보관을 위탁하고 상대방이 승낙하면 성립하는 계약이다. 보통 임치의 경우 수치인은 받은 물건을 그대로 반환해야 하지만, 소비임치는 당사자 간의 계약으로 수치인이 그것을 소비하고 동종의 물건으로 임치인에게 반환할 수 있다. 예금계약이 바로 소비임치에 해당한다. 소비임치는 소비대차와 임치의 성질을 동시에 가지므로 소비임치는 소비대차의 규정을 준용한다. 반환시기의 약정이 없는 경우에 소비대차에서의 대주는 차주에게 상당한 기간을 정하여 반환을 최고해야 하는 반면에, 소비임치에서 임치인과 수치인 간에 반환시기의 약정이 없다면, 임치인은 수치인을 상대로 언제든지 반환을 청구할 수 있다.

Ⅱ 예금계약

1 예금계약의 성립

예금계약은 예금자가 예금의 의사를 표시하면서 금융기관에 돈을 제공하고 금융기관이 그 의사에 따라 그 돈을 받아 확인하면 그로써 성립한다. 예금계약은 돈을 지급해야 성립하는 요물계약이다. 돈이 금융기관의 계좌나 금고에 입금되지 않고 직원에게 지급되면 예금계약은 성립한다. 따라서 금융기관의 직원이 그 돈을 입금하지 않고 횡령하였더라도 예금계약의 성립에 영향을 미치지 않는다(대법원 2007. 9. 7. 선고 2005다30832 판결).

2 예금주의 확정

(i) 예금할 돈의 출연자와 예금계약의 명의자가 다른 경우 예금계약의 당사자는 원칙적으로 예금명의자이다. 다만 종전의 판례는 출연자가 금융기관 직원의 권유로 타인 명의를 차용하여 예금을 하게 되었고 금융기관의 안내에 따라 예금명의자가 예금을 인출하지 못하도록 예금의 거래인감란에 출연자의 인감을 함께 날인한 경우, 출연자와 금융기관 사이에는 예금반환채권을 차용명의자가 아닌 출연자에게 귀속시키기로 하는 명시적 또는 묵시적 약정이 있었다는 이유로 출연자를 예금주로 판시하였다(대법원 2000. 3. 10. 선고 99다67031 판결).

(ii) 이후 판례는 금융실명거래 및 비밀보장에 관한 법률(금융실명법)의 취지를 고려하여 예금명의자와 출연자가 다른 경우 특별한 사정이 없는 한 예금명의자만이 예금주가 된다는 입장을 취하였다(대법원 2009. 3. 19. 선고 2008다45828 전원합의체판결). 이 판례는 출연자를 예금계약의 당사자로 보기 위해서는 금융기관과 출연자 사이에서 예금명의자의 예금반환청구권을 배제하고 출연자와 예금계약을 체결하여 예금반환청구권을 귀속시키겠다는 명확한 의사의 합치가 있어야 한다고 판단하여 기존의 판결을 변경하였다. 그러나 이는 아마도 극히 예외적인 경우이므로 실제로 출연자가 예금주로 인정될 여지는 없을 것이다.

3 계좌이체

계좌이체의 경우, 송금의뢰인과 수취인 사이에 계좌이체의 원인인 법률관계가 존재하는지 여부에 관계없이 수취인과 수취은행 사이에는 계좌이체금액 상당의 예금계약이 성립하고, 수취인이 수취은행에 대하여 위 금액 상당의 예금채권을 취득한다.

4 착오송금

(i) 계좌이체가 송금의뢰인의 착오로 인하여 이루어진, 일명 착오송금의 경우에도 수취인이 수취은행에 대한 예금채권을 취득한다. 보통의 계좌이체와 마찬가지로 송금의뢰인과 수취인 사이에 계좌이체의 원인인 법률관계의 존재를 필요로 하지 않는다. 이때 송금의뢰인은 수취인에 대하여 부당이득반환청구권을 가지게 되지만, 수취은행에 대하여는 부당이득반환청구권을 행사하지 못한다(대법원 2007. 11. 29. 선고 2007다51236 판결). 예금채권의 취득이라는 이익은 수취은행이 아니라 수취인이 취득한 것으로서 수취은행은 이익을 얻은 것이 없다.

(ii) 계좌이체가 이루어진 경우 수취은행은 그것이 착오송금에 해당하는지 여부를 조사할 의무가 없다. 수취인에게 채권자가 있는 경우에 그 채권자는 위 착오송금으로 성립된 예금채권을 압류할 수도 있다(대법원 2006. 3. 24. 선고 2005다59673 판결). 이러한 법리에 의하여 수취은행이 수취인에 대하여 대출채권 등의 채권을 갖고 있는 경우, 이를 자동채권으로 하여 수취인의 위 예금채권(수동채권)과 상계할 수 있다(대법원 2010. 5. 27. 선고 2007다66088 판결). 다만 송금의뢰인이 수취은행에 반환을 요청하고 수취인도 착오송금을 인정하여 반환을 승낙하였음에도 수취은행이 상계하는 것은 신의칙 위반 내지 권리남용에 해당한다(대법원 2013. 12. 12. 선고 2012다72612 판결).

(iii) 수취인이 착오송금된 금액을 임의로 사용했을 경우에는 횡령죄가 성립될 것이다(대법원 2005. 10. 28. 선고 2005도5975 판결).

5 기타 예금계약 관련 내용

(i) 만기가 정해진 예금계약의 경우, 예금계약의 당사자 간에 미리 예금의 수령방법을 정하지 않은 이상 그 만기가 도래하더라도 금융기관인 수치인이 예금자인 임치인에 대하여 바로 지체책임을 부담하는 것은 아니다. 예금자인 임치인이 금융기관인 수치인에게 지급청구를 했음에도 금융기관인 수치인이 예금반환을 지체한 경우이어야 그 지체책임을 물을 수 있다(대법원 2023. 6. 29. 선고 2023다218353 판결).

(ii) 예금은 단독명의뿐만 아니라 공동명의로도 개설할 수 있다. 은행에 공동명의로 예금을 하고 은행에 대하여 그 권리를 함께 행사하기로 하면서 공동명의의 예금채권자가 단독으로 예금을 인출할 수 없도록 하는 것이다. 감시 목적으로 공동명의의 예금을 개설한 경우 하나의 예금채권은 분량적으로 분할되어 각 공동명의의 예금채권자들에게 공동으로 귀속된다. 이때 각 공동명의의 예금채권자들이 예금채권에 대하여 갖는 각자의 지분에 대한 관리처분권은 각자에게 귀속된다.

(iii) 이러한 관계 속에서 공동명의의 예금채권자 중 1인에 대해서 별개의 대출금채권을 갖는 은행은 그 대출금채권을 자동채권으로 하여 그의 지분에 상응하는 예금반환채권에 대하여 상계할 수 있다. 다만 공동명의의 예금채권자 중 1인이 다른 공동명의의 예금채권자의 지분을 양수하였음을 이유로 그 지분에 대한 은행의 상계주장에 대항하기 위해서는 공동명의의 예금채권자들과 은행 사이에 예금반환채권의 귀속에 관한 별도의 합의가 있거나 채권양도의 대항요건을 갖추어야 한다(대법원 2004. 10. 14. 선고 2002다55908 판결).

제3절 이자와 이율

I 이자

(i) 이자에 관하여 민법에 명문으로 규정되어 있지 않지만, 일반적으로 이자란 금전 기타 대체물의 사용대가로서 원본액과 사용기간에 비례하여 지급되는 금전 기타의 대체물이라고 한다. 다만, 일종의 법정과실로서 사용대가가 아닌 주식 배당금이나 이행지체에 따른 손해배상인 지연이자, 부대체물의 사용대가인 지료·차임은 이자가 아니다. 이자는 보통 금전이지만 대체물도 가능하고 원본과 반드시 같은 종류일 필요는 없다. 원본채권을 전제로 이율에 의해 산정하므로 원본채권이 무효이면 이자는 발생하지 않는다.

(ii) 이자는 당사자 사이에 약정이 있거나 법률에 규정이 있을 때 발생되며, 당사자 사이에 이자에 대한 약정이 없는 경우 채무자는 채권자에게 이자를 지급할 의무가 없다. 상인 간에는 그러한 약정이 없더라도 법정이율을 지급해야 한다. 이자계산의 시기는 차주(借主)가 금전을 받은 때부터, 차주가 그의 책임있는 사유로 수령을 지체하는 경우에는 대주(貸主)가 이행을 제공한 때부터이다. 종기는 원본 사용기간 내에서 차주가 대주에게 원본을 반환한 때이다. 대주가 수령을 지체한다면 차주는 대주에게 이자를 지급할 의무가 없다.

Ⅱ 이율

1 법정이율

(i) 당사자들이 금전채권에 이자를 붙이기로 약정은 하였지만, 그 이율을 정하지는 않은 경우에는 법이 정한 이율이 적용되는데, 이를 '법정이율'이라고 한다. 민법상의 법정이율은 연 5%이지만(제379조), 상법상의 법정이율은 연 6%이다(상법 제54조). 당사자 중 한 명이라도 상인이면 상법이 적용되므로 이러한 경우 연 6%의 법정이율이 적용된다.

(ii) 민법상 법정이율은 이자의 산정뿐만 아니라 앞서 언급한 금전채권의 채무불이행에서 손해배상액의 산정기준이 된다. 즉 금전채무불이행의 손해배상액은 원칙적으로 지연손해금율, 약정이율, 법정이율을 순서대로 하여 손해배상의 기준으로 활용한다. 법정이율보다 지연손해금율이나 약정이율을 우선 적용한다는 것은 사회에서 인정하는 금전에 대한 실질적 가치보다 당사자가 합의한 금전사용의 대가를 금전손해배상의 기준으로 삼는다는 것이다. 금전채무불이행의 손해배상액 산정에서 법정이율이 적용되는 경우는 최소한의 금전가치를 보장한다는 의미이다.

(iii) 민법상 법정이율은 중간이자를 공제할 때에도 그 기준이 된다. 중간이자를 공제한다는 것은 장래에 발생할 손해에 대해서 일시금으로 배상을 명할 때 법원이 미래가치를 현재 미리 받음으로써 발생되는 중간이익을 공제함을 의미한다. 이에 관하여 판례는 "불법행위로 인한 장래 얻을 수 있는 일실수익의 현가를 산정함에 있어 중간이자 공제방법으로서 호프만식 계산법에 의하지 아니하고 라이프니쯔 방식에 의하여 그 일실수익의 현가를 산정하였다하여 이를 위법이라 할 수 없으며, 현가 산정방식에 관한 주장은 당사자의 평가에 지나지 않는 것이므로 당사자의 주장에 불구하고 법원은 자유로운 판단에 따라 채용할 수 있다"고 판시하였다(대법원 1983. 6. 28. 선고 83다191 판결). 즉 오래 전부터 민법상 법정이율인 연 5%를 중간이자공제의 기준으로 삼아 호프만식이나 라이프니츠식으로 공제하여 왔다.

(iv) 호프만식은 단리를 전제로 장래의 손해액과 같은 가치를 가지는 현재 또는 기준시점의 배상액을 산정한다. 현재의 배상액이 A, 기간이 n, 이율·할인율

이 r, 장래의 손해액이 D라 할 때 A(1+nr) = D가 되는 A를 찾는 것이다. 반면 라이프니츠식은 복리를 전제로 장래의 손해액과 같은 가치를 가지는 현재 또는 기준시점의 배상액을 산정한다. 즉, A(1+r)n = D가 되는 A를 구한다. 이러한 계산방식에도 실제로는 미리 계산된 호프만계수표를 이용하여 중간이자를 공제한다.

[중간이자 공제방식]

(1) 호프만식

$$An = D\sum_{1}^{n}\left(\frac{1}{1+nr}\right) = D\left(\frac{1}{1+r} + \frac{1}{1+2r} + \frac{1}{1+3r} + \dots + \frac{1}{1+nr}\right)$$

(2) 라이프니츠식

$$An = D\sum_{1}^{n}\frac{1}{(1+r)^{n}} = D\left[\frac{1}{1+r} + \frac{1}{(1+r)^{2}} + \frac{1}{(1+r)^{3}} + \dots + \frac{1}{(1+r)^{n}}\right]$$

(v) 이 외에도 법정이율은 다양한 법률에서 규정되고 있는데, 먼저 법정이율이 낮음으로 인하여 발생되는 금전채무이행의 지연을 방지하고자 소송촉진 등에 관한 특례법(소송촉진법)을 두고 있다. 즉 금전채무에 대한 소제기시 소장(訴狀) 또는 이에 준하는 서면이 채무자에게 송달된 날의 다음 날부터는 연 40% 이내의 범위에서 대통령령으로 정하는 이율에 따르는데(소송촉진법 제3조 제1항), 현재 그 이율은 연 12%이다(소송촉진법 정이율규정).

(vi) 공탁법에서도 공탁이 된 경우 공탁금전이나 공탁물에 대한 이자의 지급을 규정한다. 공탁이란 법령에 규정한 어느 원인에 기하여 금전, 유가증권, 기타의 물품을 국가기관인 공탁소에 임치하여 공탁소를 통하여 그 물품을 타인으로 하여금 수령하게 함으로써 법령에서 정한 일정한 목적을 달성하기 위한 것이다. 공탁금은 대법원규칙에 의하여 정해진 이자를 붙일 수 있는데(공탁법 제6조), 공탁금의 이자는 연 0.35%로 한다(공탁금의 이자에 관한 규칙 제2조).

2 약정이율과 이자제한법

가. 약정이율

이율은 금전소비대차 계약서에 보통 들어가는 내용으로서 무이자의 경우 이율을 정하지 않겠지만, 이자부 금전소비대차라면 당사자들의 합의에 의하여 이율을 결정하게 된다.

나. 이자제한법

(i) 약정이율이라고 해서 그 이율을 당사자들이 자유롭게 정할 수 있는 것은 아니고 최고이율에 관한 제한이 존재한다. 사회적 약자에 대하여 지나치게 높은 이자로 금전을 빌려주는 사태를 막기 위하여 이자제한법을 제정하였다. 금전대차의 최고 이자율을 연 25%를 초과하지 않는 범위에서 대통령령으로 정하게 하였는데(이자제한법 제2조 제1항), 그에 따라 현재 연 20%가 최고 이자율이다(제한최고이자규정). 이를 초과하는 부분은 무효이고(제2조 제3항), 그 초과이자를 자동채권으로 하는 상계는 효력이 없다.

(ii) 채무자가 채권자에게 최고 이자율을 초과하는 이자를 임의로 지급한 경우 그 상당 금액은 원본에 충당하고, 원본이 소멸된 때에는 채무자는 채권자에게 그 반환을 청구할 수 있다(제2조 제4항). 그 한도를 초과하는 부분의 이자약정은 선량한 풍속 기타 사회질서에 위반하여 무효가 됨으로써 불법원인급여에 해당될 여지가 있다. 그러나 대주인 채권자에게만 불법성이 있거나 대주의 불법성이 차주의 불법성에 비하여 현저히 크므로 반환청구가 허용되는 것이다(대법원 2007. 2. 15. 선고 2004다50426 전원합의체 판결). 다만 10만 원 미만의 원본금액일 경우에는 이자제한법상 최고한도의 규제를 받지 않는다(제2조 제5항).

(iii) 이자제한법은 이자를 사전공제한 경우 채무자가 실제 수령한 금액을 원본으로 한다. 이때 사전공제한 금액이 최고 이자율에 의해 계산한 금액을 초과한다면 그 초과부분은 원본에 충당한 것으로 본다(제3조). 또한 예금, 할인금, 수수료, 공제금, 체당금, 그 밖의 명칭에도 불구하고 금전대차와 관련해서 채권자가 채무자로부터 받은 것은 이자로 간주한다. 금전대차와 관련하여 채권자가 부

담하여야 할 것을 채무자가 부담하기로 약정한 경우에도 이자로 본다(제4조).

(iv) 이자제한법은 사인 간의 금전거래를 규율하기 위한 것으로, 다른 법률에 따라 인가·허가·등록을 마친 금융업 및 대부업, 불법사금융업자에 대해서는 적용하지 않는다. 이들에게는 대부업 등의 등록 및 금융이용자 보호에 관한 법률(대부업법)이 적용되어 대부업자가 개인이나 소기업(小企業)에 해당하는 법인에게 대부를 하는 경우 그 이자율은 연 27.9% 이하의 범위로 제한을 받는다(대부업법 제8조 제1항). 구체적으로 대통령령에서는 연 20%로 규정하고 있지만(대부업법 시행령 제5조 제2항), 불법사금융업자가 대부를 하는 경우 그 대부계약에 따른 이자를 받을 수 없으며, 해당 대부계약의 이자에 관한 약정은 무효이다(제11조).

Ⅲ 이자채권

1 의의

당사자가 소비대차 계약을 체결하면서 이자약정을 하였다면 이자채권이 발생한다. 이자채권은 종류채권이지만, 이자를 금전으로 약정하였다면 금전채권에 해당한다. 이자채권은 이율에 의해 확정되며 기본적 이자채권과 지분적 이자채권으로 나뉜다. 만약 금전소비대차를 체결하면서 이자를 연 20%의 이율로 매월 지급하기로 하였다고 하자. 연 20%의 이자를 지급해야 한다는 부분이 바로 기본적 이자채권이고, 매월 이자를 지급해야 하는 부분이 지분적 이자채권이다.

2 기본적 이자채권

기본적 이자채권은 추상적인 이자발생의 약정으로서 원본채권에 대한 종속성이 강하다. 그러므로 원본채권과 발생, 소멸, 처분에서 운명을 함께 한다. 즉 원본채권이 존재하지 않으면 이자채권은 발생할 수 없으며, 원본채권이 소멸하면 이자채권도 같이 소멸되고, 원본채권의 처분시 특별한 의사표시가 없는 한 기본적 이자채권도 함께 수반하여 이전된다.

3 지분적 이자채권

(i) 변제기에 도달한 지분적 이자채권은 기본적 이자채권의 효과로서 구체화된 이자채권이다. 지분적 이자채권은 강한 독립성이 있으므로 원본채권과 분리하여 양도가 가능하고, 원본채권을 양도할 때 이미 발생한 지분적 이자채권까지 양도한다는 의사표시가 없는 한 당연히 수반하여 양도되지 않는다. 원본채권만이 변제·상계 등으로 소멸하여도 함께 소멸하지 않고, 이것만 별도로 변제가 가능하다. 또한 지분적 이자채권의 변제기를 별도로 1년 이내의 기간으로 정하였다면 3년의 시효에 걸리게 된다(제163조 제1호). 다만, 원본채권이 먼저 시효로 소멸하면 소급효 또는 주물·종물이론에 의해 변제기에 도달한 지분적 이자채권도 당연히 소멸한다.

(ii) 변제기가 도래하지 않은 지분적 이자채권도 원본채권과 분리하여 장래의 채권으로서 양도가 가능하지만, 원본채권이 양도되면 함께 양도되고, 원본채권이 변제 등으로 소멸하면 함께 소멸된다.

제9장

금전거래와 담보

제1절 담보제도 개관

(i) 제8장에서 살펴본 금전소비대차계약 등의 계약에 따라 채권관계가 성립한 경우 채무자가 계약상 채무를 온전히 이행하면 채권자는 그로부터 채권의 만족을 얻게 되고 그 채권은 소멸한다. 이는 계약 외의 원인으로 채권관계가 성립한 경우, 즉 법정채권관계에서도 마찬가지이다. 하지만 이처럼 채권관계가 항상 원만하게 마무리되지는 않는다. 채무자가 채무의 내용에 좇은 이행을 하지 못하면 채권자는 자신의 채권을 현실적으로 실현하기 위한 조치를 취하게 된다. 이와 관련하여 채무자의 재산에 대한 강제집행을 통해 채권의 만족을 얻는 것을 먼저 떠올려 볼 수 있다. 여기서 채무자의 재산 전체는 채권자의 채권을 만족시키기 위한, 즉 그 채권의 실현에 대해 최종적으로 책임을 지는 역할을 하게 된다. 이때 채무자의 재산 전체를 보통 책임재산 또는 일반재산이라 일컫는다.

(ii) 채권의 실현과 관련하여 채무자의 책임재산이 채권을 만족시키기에 부족한 경우가 문제될 것이다. 이러한 문제는 채무자에게 여러 명의 채권자가 존재할 때에도 등장한다. 채무자에게 단 한 명의 채권자만 존재할 수 있는 것은 아니다. 동일한 채무자에 대해 여러 채권자의 채권이 계약이나 법률 규정을 근거로 각기 성립하여 서로 경합할 수 있다. 이때 각 채권의 효력은 그 발생원인 등을 불문하고 기본적으로 평등하며(채권자 평등의 원칙), 채무자의 책임재산은 이 모든 채권의 실현을 위한 것이다. 이러한 원칙에 따르면 채무자의 책임재산이 모든 채권을

만족시키기에 부족할 때 아무리 시기상 먼저 성립하거나 더 많은 금액이 문제되는 채권이라도 우선하여 온전한 만족을 얻지는 못하며, 그 책임재산의 가액은 채권액에 비례하여 각 채권자에게 나누어질 수 있을 뿐이다. 하지만 채권자는 자신의 채권 전부를 확실하게 보장받고 싶기 마련이다. 이에 채권자평등의 원칙에 따라 다른 채권자와 동등한 위치에서 채무자의 책임재산으로부터 만족을 얻는 것에만 얽매이지 않고 좀 더 안전하게 채권의 실현을 확보하기 위한 수단을 법률상 제도로 마련하게 되었는데, 이를 일반적으로 담보제도라 한다.

(iii) 민법상 담보제도는 크게 인적 담보와 물적 담보로 나뉜다. 먼저 인적 담보는 채무자의 일반재산 외에 다른 제3자의 일반재산을 동원하여 채권의 실현을 좀 더 확실하게 보장하는 것을 말한다. 즉 제3자가 채무자의 채무와 동일한 목적과 내용을 지향하면서도 별개인 채무를 채무자의 채권자에게 부담하여 그 제3자의 일반재산 역시 채권의 만족을 위해 강제집행의 대상이 될 수 있다. 대표적으로 제413조 이하에 규정된 연대채무와 제428조 이하에 규정된 보증채무가 그 예이다. 다음으로 물적 담보는 채무자 또는 제3자의 특정한 물건 내지 권리를 동원하여 채권의 실현을 확실하게 보장하는 것을 뜻한다. 채무자가 채무의 내용에 좇은 이행을 하지 못한 때 물적 담보를 확보한 채권자는 위 물건 내지 권리에 대한 집행절차 등을 통해 다른 일반채권자들에 우선하여 만족을 얻게 된다. 즉 인적 담보에서 채무자 이외의 자에 대한 채권 취득을 통해 그의 일반재산을 채무자에 대한 채권의 실현을 위한 책임재산의 범위로 끌어들이는 것과 달리, 물적 담보는 특정한 물건 내지 권리로부터 우선변제를 받을 수 있도록 한다. 물적 담보의 대표적인 예는 민법상 담보물권, 즉 유치권(제320조 이하), 질권(제329조 이하), 저당권(제356조 이하)이며, 이외 가등기담보, 동산담보권, 양도담보 역시 이에 해당한다.

(iv) 이하에서 먼저 인적 담보인 연대채무 및 부진정연대채무와 보증채무에 대해 살펴보고, 절을 바꾸어 물적 담보 중 유치권, 질권, 저당권 및 근저당권에 대해 알아본다.

제2절 인적 담보

I 연대채무

1 의의 및 성질

제413조가 규율하는 바와 같이, 여러 명의 채무자가 각자 채무 전부를 이행할 의무를 부담하면서, 그중 1인이 이행하면 그로 인해 다른 채무자도 그 의무를 면하게 되는 관계를 연대채무라고 한다. 즉 연대채무관계에서 하나의 채무만이 존재하는 것이 아니라 연대채무자의 수만큼 각각 독립한 채무가 성립하고(제415조도 참조), 한 연대채무자의 이행이 다른 연대채무자가 부담하는 채무에 영향을 미치게 되는 것이다. 연대채무자 중 1인 혹은 수인이 전부급부를 하게 되면 모든 연대채무자의 채무는 소멸한다. 연대채무에서 각각의 채무는 1개의 급부를 달성하려는 목적에 기한 것이기 때문이다. 이렇게 연대채무자가 재산을 출연하여 공동면책이 되면 다른 연대채무자에게 부담부분에 대하여 구상권을 행사할 수 있다(제425조 내지 제427조). 연대채무자 중 1인에게 발생한 사유는 일정 범위 내에서 다른 연대채무자에게도 영향을 미친다(제416조 내지 제422조). 이를 절대적 효력 있는 사유라고 한다.

2 성립 및 대외적 효력

(i) 연대채무는 다수당사자 채권관계의 유형 중 하나이다. 연대채무는 당사자들 사이의 계약이나 법률의 규정(제616조, 제654조, 제832조 등)에 따라 성립한다. 연대채무 관계가 성립하게 되면 채권자는 어느 연대채무자에 대하여 또는 동시나 순차로 모든 연대채무자에 대하여 채무의 전부나 일부의 이행을 청구할 수 있다(제414조).

(ii) 민법상 연대채무에서 절대적 효력 있는 사유는 7가지가 인정되고 있다. 여기서 절대적 효력이 있다는 말은 한 연대채무자에게 발생한 효과가 다른 채무자들에게도 영향을 미친다는 뜻이다. 채권자에게 채권의 만족을 주는 사유로서 변제, 대물변제, 공탁이 절대적 효력 있는 사유에 해당한다. 어느 연대채무자에 대한 이행청구는 다른 연대채무자에게도 효력이 있다(제416조). 특히 이행청구는 이행지체 또는 소멸시효의 중단과 관련된다. 채권자지체 역시 마찬가지이다(제422조). 상계도 절대적 효력 있는 사유인데, 제418조 제2항은 채권자에 대해 채권을 갖고 있는 연대채무자가 상계하지 않고 있을 때 그 연대채무자의 부담부분에 한하여 다른 연대채무자가 상계를 할 수 있다고 규정한다. 경개(제417조), 면제(제419조), 혼동(제420조), 시효의 완성(제421조)도 절대적 효력 있는 사유이다. 이와 같은 사유를 제외하고는 어느 연대채무자에 관한 사항은 다른 연대채무자에게 효력이 없다(제423조).

3 대내적 효력

대내적 효력으로 구상관계가 문제된다. 제425조는 어느 연대채무자가 변제 기타 자기의 출재로 공동면책이 된 때에는 다른 연대채무자의 부담부분에 대하여 구상권을 행사할 수 있다고 규정한다. 부담부분이란 연대채무자가 내부관계에서, 즉 연대채무자들 사이에서 출재를 분담하는 비율을 뜻한다. 이는 당사자 간의 특약으로 정해질 수 있지만, 특약이 없다면 균등한 것으로 추정된다(제424조). 예컨대 甲, 乙, 丙, 丁이 戊에 대하여 1억 원의 연대채무를 부담하고 있을 때, 甲이 나서서 1억 원 전액을 戊에게 변제하였다면, 연대채무자 모두 변제의 절대적 효력에 따라 채무를 면하게 되고, 甲은 乙, 丙, 丁에게 각각 2,500만 원씩 구상권을 행사할 수 있다.

Ⅱ 부진정연대채무

1 의의

(i) 부진정연대채무란 민법이 정하고 있지 않은 연대채무로서, 서로 별개의 원인에 의해 발생한 독립된 채무들이 공동목적 등과 같은 주관적인 관련 없이 동일한 경제적 목적을 가지는 경우 인정된다. 여러 채무자 중 한 사람이 변제 등 이행을 하면 다른 사람의 채무도 소멸하게 되고, 채무자 각각 모두 채무 전액을 책임져야 하는 점은 연대채무와 동일하다. 물론 후술하는 바와 같이 양자 사이에 차이점은 존재한다.

(ii) 부진정연대채무의 대표적인 예로는 ① 피용자의 불법행위와 관련하여 피용자의 손해배상의무(제750조)와 사용자의 배상의무(제756조) 사이(대법원 1975. 12. 23. 선고 75다1193 판결), ② 임치물을 제3자가 훔쳐간 경우 수치인이 임치계약의 채무불이행을 이유로 부담하는 손해배상의무와 그 제3자의 불법행위에 기한 손해배상의무 사이(대법원 2006. 9. 8. 선고 2004다55230 판결), ③ 남의 집을 과실로 불태운 자가 부담하는 불법행위에 기한 손해배상의무와 화재보험회사의 보험계약상 보험금지급의무 사이를 들 수 있고, ④ 공동불법행위자들은 공동불법행위에 대해 연대하여 배상책임이 있음을 규정하는데(제760조), 판례는 이들 사이를 부진정연대채무로 이해한다(대법원 1982. 4. 27. 선고 80다2555 판결).

2 효력

(i) 대외적 효력으로서, 연대채무의 경우처럼 채권자는 채무자 가운데 임의로 1인에게 채무의 전부 또는 일부의 이행을 청구할 수 있고, 아니면 모든 채무자에 대해 동시에 또는 순차로 전부나 일부의 이행을 청구할 수 있다. 절대적 효력 있는 사유와 관련하여, 채권을 만족시키는 사유인 변제, 대물변제, 공탁 그리고 상계(대법원 2010. 9. 16. 선고 2008다97218 전원합의체판결)를 인정한다. 이외의 사유는 모두 상대적 효력만을 가진다. 이처럼 부진정연대채무의 경우에서 연대채무의 경우보다 절대적 효력이 인정되는 범위가 좁다. 이는 부진정연대채무의 경우가 연대채무의 경우보다 담

보력이 더 강하다는 것을 의미한다.

[상계의 절대적 효력]

부진정연대채무자 중 1인이 자신의 채권자에 대한 반대채권으로 상계를 한 경우에도 채권은 변제, 대물변제, 또는 공탁이 행하여진 경우와 동일하게 현실적으로 만족을 얻어 그 목적을 달성하는 것이므로, 그 상계로 인한 채무소멸의 효력은 소멸한 채무 전액에 관하여 다른 부진정연대채무자에 대하여도 미친다고 보아야 한다. 이는 부진정연대채무자 중 1인이 채권자와 상계계약을 체결한 경우에도 마찬가지이다. 나아가 이러한 법리는 채권자가 상계 내지 상계계약이 이루어질 당시 다른 부진정연대채무자의 존재를 알았는지 여부에 의하여 좌우되지 아니한다(대법원 2010. 9. 16. 선고 2008다97218 전원합의체판결).

(ii) 대내적 효력으로서, 부진정연대채무에서는 앞서 보았듯 주관적인 공동관계가 존재하지 않기 때문에 원칙적으로는 부담부분이 없어 구상관계 역시 발생할 수 없다. 하지만 제756조 제3항처럼 특별한 법률관계가 인정되면 구상권을 인정할 수도 있다. 대법원은 주로 공동불법행위의 경우에 구상권을 인정하였는데, 현재 복수의 책임 주체 사이에 과실비율에 따른 부담부분과 구상관계의 인정에 좀 더 적극적인 모습을 보여주고 있다.

[과실비율에 따른 부담부분]

이른바 부진정연대채무의 관계에 있는 복수의 책임주체 내부관계에 있어서는 형평의 원칙상 일정한 부담 부분이 있을 수 있으며, 그 부담 부분은 각자의 고의 및 과실의 정도에 따라 정하여지는 것으로서 부진정연대채무자 중 1인이 자기의 부담 부분 이상을 변제하여 공동의 면책을 얻게 하였을 때에는 다른 부진정연대채무자에게 그 부담 부분의 비율에 따라 구상권을 행사할 수 있다(대법원 2006. 1. 27. 선고 2005다19378 판결).

Ⅲ 보증

1 의의 및 성질

(i) 제428조에 규정된 바와 같이, 주채무자가 자신의 채무를 이행하지 않은

경우 보증인이 이행해야 하는 채무를 보증채무라 한다. 즉 보증인이 주채무자의 채무와 같은 내용의 채무를 부담하고 보증인의 재산을 그 채무에 관한 책임재산이 되도록 하는 것이 보증채무이다. 보증채무는 채권자의 주채무자에 대한 채권을 담보하는 역할을 하게 되고, 인적 담보의 일종으로 평가된다. 보증에 관한 민법 규정 외에 보증인보호법이 존재한다.

(ii) 보증채무는 주채무와 같은 내용을 갖지만, 주채무와 별개의 독립된 채무이다. 같은 인적 담보인 연대채무 등과 달리 보증채무는 주채무와 주종관계에 놓여 있다. 즉 주채무에 종속되는 성질인 부종성을 가진다. 이에 주채무가 무효인 경우 보증채무가 독립적인 채무임에도 무효이다. 주채무자에 대한 채권이 이전하게 되면 보통 보증인에 대한 채권 역시 함께 이전하게 되는데, 이를 수반성이라 한다. 마지막으로 보충성이 있는데, 즉 보증채무는 주채무가 이행되지 않은 때에 비로소 이행할 채무이다. 그렇다고 채권자가 주채무 이행 전에 아예 보증인에게 청구할 수 없다는 뜻은 아니고, 보증인에게 청구할 수 있지만 주채무 이행 전이라면 보증인은 최고·검색의 항변권(제437조)을 가진다는 의미일 뿐이다.

2 성립

(i) 보증채무가 성립하기 위해서 우선 보증계약이 성립하여야 한다. 보증계약은 채권자와 보증인 사이에서 체결된다. 주채무자는 민법상 보증계약의 당사자가 아님을 유의해야 한다. 즉 보증채무는 채권자와 보증인 사이에서 문제되는 것이다. 이러한 보증계약과 함께 보증채무의 성립을 위해서 채권자와 주채무자 사이의 채무인 주채무가 존재하여야 한다.

[손해담보계약]

보증과 유사한 개념으로 손해담보계약이 있다. 손해담보계약이란 계약당사자 일방이 상대방에 대하여 일정 사항에 대한 위험을 인수하고 여기서 발생할 수 있는 손해를 담보하는 것을 목적으로 삼는 합의이다. 손해담보계약은 채권자가 입게 될 손해를 담보하는 점에서 결과적으로 보증과 비슷한 면이 있다. 하지만 보증과 달리 손해담보계약은 주채무를 전제하지 않고 이에 따라 부종성과 보충성도 없다.

(ii) 보증계약의 성질은 무상, 편무 계약이다. 제428조의2 제1항에 따르면 보증은 그 의사가 보증인의 기명날인 또는 서명이 있는 서면으로 표시되어야 효력이 발생한다. 보증계약의 요식성과 관련하여 동조 제3항은 보증인이 보증채무를 이행한 경우에는 그 한도에서 방식의 하자를 이유로 보증의 무효를 주장할 수 없다고 규정한다. 보증계약상 보증채무는 주채무가 장래의 채무인 경우에도 가능하다(제428조 제2항).

(iii) 채권자는 보증계약을 체결할 때 보증계약의 체결 여부 또는 그 내용에 영향을 미칠 수 있는 주채무자의 채무 관련 신용정보를 보유하고 있거나 알고 있는 경우에는 보증인에게 그 정보를 알려야 한다(제436조의2 제1항). 채권자가 이러한 의무를 위반하여 보증인에게 손해를 입힌 경우 법원은 그 내용과 정도 등을 고려하여 보증채무를 감경하거나 면제할 수 있다(동조 제4항).

3 내용

보증채무의 내용은 기본적으로 주채무와 동일하다. 제430조에 따라 보증채무의 범위는 주채무보다 넓을 수 없고, 넓다면 주채무의 한도로 줄어든다. 보증채무는 제429조 제1항에 따라 주채무의 이자, 위약금, 손해배상 기타 주채무에 종속한 채무를 포함하며, 동조 제2항에 따라 보증인은 보증채무에 관해 위약금 기타 손해배상액을 예정할 수 있다. 일반적인 견해와 판례는 주채무에 관한 계약이 해제되었을 때 발생하는 원상회복의무 및 손해배상의무 역시 보증채무에 의해 담보된다고 한다(대법원 2012. 5. 24. 선고 2011다109586 판결).

[보증채무의 범위]

보증서의 보증금액은 보증인이 보증책임을 지게 될 주채무에 관한 한도액을 정한 것으로서 한도액에는 주채무자의 채권자에 대한 원금과 이자 및 지연손해금이 모두 포함되고 합계액이 보증의 한도액을 초과할 수 없지만, 보증채무는 주채무와는 별개의 채무이기 때문에 보증채무 자체의 이행지체로 인한 지연손해금은 보증의 한도액과는 별도로 부담하여야 하고, 이때 보증채무의 연체이율에 관하여 특별한 약정이 없는 경우라면 거래행위의 성질에 따라 상법 또는 민법에서 정한 법정이율에 따라야 한다(대법원 2016. 1. 28. 선고 2013다74110 판결).

4 효력

가. 대외적 효력

(i) 대외적 효력으로서, 우선 주채무와 보증채무 모두 이행기에 도달한 경우 채권자는 주채무자와 보증인 모두에게 동시에 채무의 전부 또는 일부의 이행을 청구할 수 있고, 아니면 따로 청구할 수도 있다. 다만 보증채무의 보충성에 따라 주채무자에게 먼저 청구되지 않은 경우 보증인에게 최고·검색의 항변권이 주어진다(제437조).

(ii) 제436조의2 제2항은 채권자의 통지의무를 규정한다. 민법상 일종의 배려의무로 볼 수 있다. 즉 채권자는 보증계약을 체결한 후에 ① 주채무자가 원본, 이자, 위약금, 손해배상 또는 그 밖에 주채무에 종속한 채무를 3개월 이상 이행하지 아니하는 경우, ② 주채무자가 이행기에 이행할 수 없음을 미리 안 경우, ③ 주채무자의 채무 관련 신용정보에 중대한 변화가 생겼음을 알게 된 경우에는 지체 없이 그 사실을 보증인에게 알려야 한다. 채권자는 보증인의 청구가 있으면 주채무의 내용 및 그 이행 여부를 알려야 한다(동조 제3항). 채권자가 이러한 의무를 위반하여 보증인에게 손해를 입힌 경우 법원은 그 내용과 정도 등을 고려하여 보증채무를 감경하거나 면제할 수 있다(동조 제4항).

(iii) 채권자의 청구에 대하여 보증인은 기한 유예의 항변, 동시이행의 항변, 주채무 부존재 또는 소멸의 항변 등 주채무자가 가지는 항변으로 채권자에게 대항할 수 있다(제433조 제1항). 예컨대 주채무가 시효로 소멸했다면 보증인 역시 주채무의 시효소멸을 원용할 수 있다. 주채무자의 항변포기는 보증인에게 효력이 없다(동조 제2항). 이에 주채무자가 시효의 이익을 포기하더라도 보증인에게는 그 효력이 없다(대법원 1991. 1. 29. 선고 89다카1114 판결). 보증인은 주채무자의 채권에 의한 상계로 채권자에게 대항할 수 있다(제434조). 즉 보증인은 주채무자의 채권으로 상계할 수 있다. 주채무자가 채권자에 대하여 취소권 또는 해제권이나 해지권이 있는 동안은 보증인은 채권자에 대하여 채무의 이행을 거절할 수 있다(제435조). 이행을 거절할 수 있을 뿐 주채무자의 취소권이나 해제권을 보증인이 행사할 수는 없다. 보충성에 기한 보증인의 권리로서, 채권자가 보증인에게 채무의 이행을 청구한 때에는 보증인은 주채무자의 변제자력이 있는 사실 및 그 집행이 용이할 것을 증명하여 먼저

주채무자에게 청구할 것과 그 재산에 대하여 집행할 것을 항변할 수 있다(제437조).

(iv) 주채무자에 관하여 생긴 사유는 기본적으로 모두 보증인에 대해서도 그 효력을 미치는바, 특히 주채무의 소멸이 그러하다. 보증채무의 부종성에 기인하는 것으로서 원칙적으로 절대적 효력이 있다. 하지만 제430조에서 알 수 있듯 보증채무를 가중하는 합의 같은 경우 효력을 미치지 못한다. 제440조는 주채무자에 대한 시효의 중단은 보증인에 대하여 그 효력이 있다고 규정한다. 이는 보증채무의 부종성에 기한 것이 아님을 유의해야 한다. 즉 동조는 주채무가 시효로 소멸하기 전 보증채무가 시효로 소멸하지 않도록 해서 채권의 담보를 확보하고 채권자를 보호하기 위한 정책적 목적에 기인하는 규정으로 이해된다[7]. 반대로 보증인에 관해 생긴 사유는 일반적으로 주채무자에게 효력을 미치지 않는다. 즉 상대적 효력만이 인정될 뿐이다. 다만 변제, 대물변제, 공탁, 상계와 같이 채권을 만족시키는 사유는 절대적 효력을 가진다.

[보증채무에 대한 소멸시효 중단]

보증채무에 대한 소멸시효가 중단되었다고 하더라도 이로써 주채무에 대한 소멸시효가 중단되는 것은 아니고, 주채무가 소멸시효 완성으로 소멸된 경우에는 보증채무도 그 채무 자체의 시효중단에 불구하고 부종성에 따라 당연히 소멸된다(대법원 2002. 5. 14. 선고 2000다62476 판결).

나. 대내적 효력

(i) 보증인이 자신의 재산을 출연하여 주채무와 관련된 공동의 면책이 발생하면, 보증인은 주채무자에 대해 구상권을 행사할 수 있어야 한다. 제441조 이하가 이를 규정하고 있다. 생각해 보면 보증인은 채권자에게 보증계약에 기한 자신의 독립적인 채무를 부담하고 이를 이행한 것인데, 왜 구상권이 주어져야 하는지 의문이 들 수 있다. 이렇게 형식적으로 채권자에 대한 관계에서는 보증인이 자기 채무를 이행한 것이지만, 실질적으로 주채무자에 대한 관계에서 보증인은 타인, 즉 주채무자의 채무를 변제한 셈이다. 이러한 이유에서 민법은 보증인에게 주채무자에 대한 구상권을 인정한다.

(ii) 구상권의 범위와 관련하여 우리 민법은 보증인이 주채무자로부터 부탁을 받았는지를 기준으로 판단한다(대법원 2017. 7. 18. 선고 2017다206922 판결). 부탁을 받은 보증인, 즉 수탁

보증인의 경우는 제441조 이하에 규정되어 있고, 부탁을 받지 않은 보증인의 경우는 제444조에 규정되어 있다. 해당 조문을 읽으면서 각각의 구상권 범위를 비교해 보아야 한다. 수탁보증인의 경우 연대채무에 관한 규정을 준용하여 면책금액과 면책된 날 이후의 법정이자, 피할 수 없는 비용 기타 손해배상을 포함한다(제441조, 제425조 제2항). 반면 비수탁보증인의 경우 채무자의 의사에 반하지 않고 보증인이 되었으면 면책 당시 이익을 받을 한도에서, 채무자의 의사에 반하여 보증인이 되었으면 현존이익의 한도에서 구상권을 가진다(제444조 제1항, 제2항).

(iii) 특징적인 것은 수탁보증인의 경우 일정한 사유가 있으면 사전구상권, 즉 주채무자에 대해 미리 구상권을 가진다는 점이다(제442조 제1항). 수탁보증인이 사전구상권을 행사하여 주채무자가 보증인에게 배상하는 경우 주채무자는 자기를 면책하게 하거나 자기에게 담보를 제공할 것을 보증인에게 청구할 수 있고 또는 배상할 금액을 공탁하거나 담보를 제공하거나 보증인을 면책하게 함으로써 그 배상의무를 면할 수 있다(제443조). 구상요건으로서의 통지와 주채무자의 보증인에 대한 면책통지의무에 대하여 제445조 및 제446조가 규정하고 있다.

5 특수한 보증

가. 연대보증

제437조 단서에 규정되어 있는 경우가 바로 연대보증이다. 이는 보증인이 주채무자와 연대하여 채무를 부담하는 것을 뜻한다. 연대보증 역시 보증채무이므로 그 속성인 부종성을 가진다. 그러나 중요한 것은 연대보증인은 주채무자와 연대하여 보증채무를 부담하므로 연대보증에 보충성이 없다는 점이다. 이에 제437조 단서는 연대보증의 경우 최고·검색의 항변권이 주어지지 않는다고 규정한다. 이처럼 연대보증이 일반 보증보다 담보력이 강하므로 실제로 더 자주 이용된다.

나. 공동보증

동일한 주채무와 관련하여 여러 명이 보증채무를 부담하는 것을 공동보증이라고 한다. 제439조는 수인의 보증인이 각자의 행위로 보증채무를 부담한 경우에도 제408조의 규정을 적용한다고 규정하는바, 이렇게 주채무를 균등하게 나눈 부분에 관해 보증채무를 부담하는 것을 분별의 이익이라고 부른다. 이에 반해 분별의 이익이 없는 경우로 제448조 제2항이 드는 예처럼 주채무가 불가분일 때나 보증연대 또는 연대보증의 경우를 들 수 있다. 여기서 보증연대란 보증인 상호 간에 연대의 특약이 있는 경우를 말한다. 이는 보증인과 주채무자가 연대하는 연대보증과 구별되는 것으로서, 연대보증의 경우 보충성이 없으나 보증연대의 경우에는 보충성이 있다. 분별의 이익이 있는지에 따른 차이는 구상권과 관련하여 나타난다. 분별의 이익이 있는 경우에 만약 공동보증인 중 1인이 자기의 부담부분을 넘게 변제를 하였다면 부탁을 받지 않은 보증인의 구상권에 관한 규정을 준용하게 된다(제448조 제1항). 분별의 이익이 없는 경우에 위와 마찬가지로 공동보증인 중 1인이 자기의 부담부분을 넘게 변제를 하였다면 연대채무자의 구상권에 관한 규정을 준용한다(동조 제2항). 이익상황의 유사성을 근거로 하여 준용 규정을 달리하는 것이다.

다. 계속적 보증

(i) 계속적 보증이란 일시적이 아닌, 일정한 기간 동안 지속적으로 계속 채무를 보증하는 것을 말한다. 여러 가지가 있으나 대표적인 것으로 근보증을 들 수 있다. 이하에서 근보증에 대해 간략하게 살펴본다.

(ii) 당좌대월계약 등 계속적 거래관계로부터 발생하는 불확정적인 채무를 보증하는 것을 근보증이라고 한다. 이에 관해 우선 제428조의3이 규율한다. 즉 근보증의 경우 보증하는 채무의 최고액을 서면으로 특정하여야 하고(동조 제1항), 이 경우 채무의 최고액을 제428조의2 제1항에 따른 서면으로 특정하지 아니한 보증계약은 효력이 없다(제428조의3 제2항). 보증인이 자신이 지게 되는 법적 부담의 한도액을 미리 명확하게 알 수 있도록 함으로써 보증인을 보호하려는 데에 그 입법 취지가 있다. 이에 "불확정한 다수의 채무에 대하여 보증하는 경우 보증채무의 최고액이 서면으로 특정되어 보증계약이 유효하다고 하기 위해서는, 보증인의 보증의사가 표시된 서면에 보증채무의 최고액이 명시적으로 기재되어 있어야 하고, 보증채무의 최고액이 명시적으로 기재되어 있지 않더라도 서면 자체로 보아 보증

채무의 최고액이 얼마인지를 객관적으로 알 수 있는 등 보증채무의 최고액이 명시적으로 기재되어 있는 경우와 동일시할 수 있을 정도의 구체적인 기재가 필요하다고 봄이 타당"하다(대법원 2019. 3. 14. 선고 2018다282473 판결).

(iii) 또한 "근보증의 대상인 주채무는 근보증계약을 체결할 당시에 이미 발생되어 있거나 구체적으로 내용이 특정되어 있을 필요는 없고, 장래의 채무, 조건부 채무는 물론 장래 증감·변동이 예정된 불특정의 채무라도 이를 특정할 수 있는 기준이 정해져 있으면 된다. 이와 같이 근보증은 그 보증대상인 주채무의 확정을 장래 근보증관계가 종료될 시점으로 유보하여 두는 것이므로, 그 종료 시점에 이르러 비로소 보증인이 부담할 피보증채무가 구체적으로 확정"된다(대법원 2013. 11. 14. 선고 2011다29987 판결). 그리고 "보증한도액(최고액)을 정한 근보증에 있어 보증채무는 특별한 사정이 없는 한 보증한도 범위 안에서 확정된 주채무 및 그 이자, 위약금, 손해배상 기타 주채무에 종속한 채무를 모두 포함"한다(대법원 2000. 4. 11. 선고 99다12123 판결).

(iv) 계속적 보증에서 "보증인의 주채무자에 대한 신뢰가 깨어지는 등 정당한 이유가 있는 경우에는 보증인으로 하여금 보증계약을 그대로 유지·존속시키는 것이 신의칙상 부당하므로 특별한 사정이 없는 한 보증인은 보증계약을 해지할 수 있다. 이때 보증계약을 해지할 정당한 이유가 있는지는 보증을 하게 된 경위, 주채무자와 보증인의 관계, 보증계약의 내용과 기간, 채무증가의 구체적 경과와 채무의 규모, 주채무자의 신뢰상실 여부와 정도, 보증인의 지위 변화, 채권자와 보증인의 이익상황, 주채무자의 자력에 관한 채권자나 보증인의 인식 등 여러 사정을 종합적으로 고려하여 판단"하여야 한다(대법원 2018. 3. 27. 선고 2015다12130 판결).

(v) 나아가 "보증한도액이 정해진 계속적 보증계약의 경우 보증인이 사망하였다 하더라도 보증계약이 당연히 종료되는 것은 아니고 특별한 사정이 없는 한 상속인들이 보증인의 지위를 승계한다고 보아야 할 것이나, 보증기간과 보증한도액의 정함이 없는 계속적 보증계약의 경우에는 보증인이 사망하면 보증인의 지위가 상속인에게 상속된다고 할 수 없고 이미 발생한 보증채무만이 상속"된다(대법원 2001. 6. 12. 선고 2000다47187 판결).

제3절

물적 담보

I 유치권

1 의의 및 성질

(i) 제320조 제1항에 따르면 타인의 물건 또는 유가증권을 점유한 자는 그 물건이나 유가증권에 관하여 생긴 채권이 변제기에 있는 경우 변제를 받을 때까지 그 물건 또는 유가증권을 유치할 권리가 있다. 이를 유치권이라 한다. 예를 들어 수리비를 받기로 하고 타인의 시계를 수리하기로 한 자는 그 수리비를 다 받을 때까지 유치권을 행사하여 그 시계의 인도를 거절할 수 있다. 유치권은 법률상 요건이 갖추어지면 당연히 성립하는 법정담보물권으로서 따로 등기가 필요하지 않다. 후술하는 질권이나 저당권과 같은 약정담보물권의 경우 담보물의 교환가치로부터 우선변제를 받는 것을 주된 목적으로 삼으나, 유치권의 경우 이와 달리 목적물의 인도 거절을 통해 채무자에게 심리적 압박을 가하여 피담보채무를 이행하도록 만드는 데에 그 주된 목적이 있다. 그러므로 다른 담보물권에서 인정되는 물상대위성, 즉 목적물에 갈음하는 금전 기타 물건과 같은 교환가치의 대표물이 목적물의 소유자에게 속하는 경우 담보물권을 그 대표물에도 행사할 수 있는 성질이 유치권에서는 인정되지 않는다.

(ii) 유치권은 공평의 원칙에 근거하는 것이다. 즉 채권을 아직 변제받지도 못하였는데 수리업자만 수리가 다 되었다는 이유로 시계를 인도하며 의무를 다한다면 채권을 변제받기도 더 어려워지고 무엇보다 공평에 반한다. 이에 유치권은 동시이행의 항변권(제536조)과 유사한 제도이다. 먼저 공통점으로 양자 모두 공평의 원칙에 근거하여 이행거절이나 인도거절을 승인한다는 점과 상대방의 이행청구에 대해 이 권리들을 행사하면 상환이행판결이 내려진다는 점을 들 수 있다. 즉 물건의 인도를 청구하는 소송에서 피고의 유치권 항변이 인용되는 경우 그 물건에 관하여 생긴 채권의 변제와 상환으로 그 물건의 인도를 명한다는 것이다. 하지만 무엇보다 동시이행의 항변권은 쌍무계약에 기한 효력으로서 계약 상대방의 청구에 대한 항변의 역할을 하는 것이지만, 유치권은 물권으로서 소유자 등 누구에게라도 주장할 수 있다는 점에 그 차이가 있다. 동시이행의 항변권의 경우 거절하게 되는 급부는 쌍무계약상 발생한 내용의 것이면 충분하지만, 유치권의 경우 목적물의 인도를 거절하는 것에 그친다.

2 성립

(i) 제320조에 규정된 유치권의 성립요건에 대해 살펴본다. 먼저 유치권의 목적물은 물건과 유가증권이다. 물론 여기에는 부동산도 포함된다. 목적물은 채무자뿐만 아니라 제3자 등 타인 소유의 것이어야 한다. 유치권이 성립된 후 해당 목적물의 소유자가 변경되더라도 유치권은 그대로 존속한다(대법원 1972. 1. 31. 선고 71다2414 판결).

(ii) 유치권이 성립하려면 무엇보다 그 목적물을 유치권자가 점유하고 있어야 한다. 점유를 상실하면 유치권은 소멸한다(제328조). 즉 그 점유는 계속되어야 한다. 물론 유치권자가 일시 물건의 점유를 상실하였다가 후에 다시 동일 물건을 점유하게 된 경우에 점유 상실 당시 유치권을 포기하는 등의 사정이 없다면 유치권을 취득한 것으로 볼 수 있다. 이러한 점유는 직접점유뿐만 아니라 간접점유여도 상관없다(대법원 2019. 8. 14. 선고 2019다205329 판결). 이때 점유는 적법한 점유여야 한다(제320조 제2항). 점유자가 변제기에 도달한 채권을 가지고 있어야 한다. 이 채권은 계약뿐만 아니라 사무관리, 부당이득, 불법행위와 같은 법정채권관계에 의한 것이어도 무방하다.

(iii) 가장 중요한 요건은 이러한 채권이 목적물에 관하여 생긴 것이어야 하는 점이다. 이를 보통 피담보채권과 목적물 사이의 견련관계라고 한다. 이에 대해 판례는 "제320조 제1항에서 '그 물건에 관하여 생긴 채권'은 유치권 제도의 취지인 공평의 원칙에 특별히 반하지 않는 한 채권이 목적물 자체로부터 발생한 경우는 물론이고 채권이 목적물의 반환청구권과 동일한 법률관계나 사실관계로부터 발생한 경우도 포함"한다고 본다(대법원 2007. 9. 7. 선고 2005다16942 판결). 대표적인 예로, 물건의 점유자가 물건에 필요비나 유익비를 지출하여 발생한 비용상환청구권의 경우나 도급계약에 따라 신축된 건물의 소유권이 도급인에 속하고 수급인이 이 건물의 신축과 관련된 공사대금채권을 갖는 경우에 목적물과 채권 사이에 견련관계가 인정된다. 하지만 임차인의 보증금반환청구권이나 권리금반환청구권의 경우 이러한 견련관계가 인정되지 않는다(대법원 1994. 10. 14. 선고 93다62119 판결). 이러한 견련관계는 목적물과 피담보채권 사이에 관한 것이지, 목적물의 점유와 피담보채권 사이에 관한 것은 아니다. 즉 점유의 시작이나 점유하는 동안 피담보채권을 취득해야 하는 것은 아니고, 피담보채권을 가지고 있는 자가 나중에 물건을 점유하게 된 경우에도 유치권이 인정될 수 있다.

(iv) 마지막으로 유치권을 배제하는 특약이 없어야 한다. 만약 이러한 배제의 특약이 있다면 유치권은 성립되지 않고, 이 특약의 효력은 특약을 한 상대방뿐만 아니라 제3자에 의해서도 주장될 수 있다.

[유치권 배제의 특약]

제한물권은 이해관계인의 이익을 부당하게 침해하지 않는 한 자유로이 포기할 수 있는 것이 원칙이다. 유치권은 채권자의 이익을 보호하기 위한 법정담보물권으로서, 당사자는 미리 유치권의 발생을 막는 특약을 할 수 있고 이러한 특약은 유효하다. 유치권 배제 특약이 있는 경우 다른 법정요건이 모두 충족되더라도 유치권은 발생하지 않는데, 특약에 따른 효력은 특약의 상대방뿐 아니라 그 밖의 사람도 주장할 수 있다(대법원 2018. 1. 24. 선고 2016다234043 판결).

3 효력

(i) 유치권의 본체적 효력이라 할 수 있는 유치란 점유를 계속하며 인도를 거절하는 것을 뜻한다. 앞서 말한 바와 같이 유치권은 물권으로서 누구에게라도

인도를 거절할 수 있다. 목적부동산에 대한 담보권 실행경매의 경우에도 경락인에 대하여 유치권자는 자신의 유치권을 주장할 수 있다(민사집행법 제91조 제5항, 제268조 참조). 유치권의 물권적 인도거절 효과는 강력해서 사실상 최선순위의 담보권으로 기능한다. 유치권자는 채권 전부의 변제를 받을 때까지 유치물 전부에 대하여 이러한 권리를 행사할 수 있다(제321조). 이를 불가분성이라고 하는데, 담보물권의 특성으로서 유치권뿐만 아니라 질권(제343조)과 저당권(제370조)에서도 인정된다.

[유치권의 특성과 남용]

우리 법에서 유치권제도는 무엇보다도 권리자에게 그 목적인 물건을 유치하여 계속 점유할 수 있는 대세적 권능을 인정한다(민법 제320조 제1항, 민사집행법 제91조 제5항 등 참조). 그리하여 소유권 등에 기하여 목적물을 인도받고자 하는 사람(물건의 점유는 대부분의 경우에 그 사용수익가치를 실현하는 전제가 된다)은 유치권자가 가지는 그 피담보채권을 만족시키는 등으로 유치권이 소멸하지 아니하는 한 그 인도를 받을 수 없으므로 실제로는 그 변제를 강요당하는 셈이 된다. 그와 같이 하여 유치권은 유치권자의 그 채권의 만족을 간접적으로 확보하려는 것이다. 그런데 우리 법상 저당권 등의 부동산담보권은 이른바 비점유담보로서 그 권리자가 목적물을 점유함이 없이 설정되고 유지될 수 있고 실제로도 저당권자 등이 목적물을 점유하는 일은 매우 드물다. 따라서 어떠한 부동산에 저당권 또는 근저당권과 같이 담보권이 설정된 경우에도 그 설정 후에 제3자가 그 목적물을 점유함으로써 그 위에 유치권을 취득하게 될 수 있다. 이와 같이 저당권 등의 설정 후에 유치권이 성립한 경우에도 마찬가지로 유치권자는 그 저당권의 실행절차에서 목적물을 매수한 사람을 포함하여 목적물의 소유자 기타 권리자에 대하여 위와 같은 대세적인 인도거절 권능을 행사할 수 있다. 따라서 부동산유치권은 대부분의 경우에 사실상 최우선순위의 담보권으로서 작용하여, 유치권자는 자신의 채권을 목적물의 교환가치로부터 일반채권자는 물론 저당권자 등에 대하여도 그 성립의 선후를 불문하여 우선적으로 자기 채권의 만족을 얻을 수 있게 된다. 이렇게 되면 유치권의 성립 전에 저당권 등 담보를 설정받고 신용을 제공한 사람으로서는 목적물의 담보가치가 자신이 애초 예상·계산하였던 것과는 달리 현저히 하락하는 경우가 발생할 수 있다. 이와 같이 유치권제도는 "시간에서 앞선 사람은 권리에서도 앞선다"는 일반적 법원칙의 예외로 인정되는 것으로서, 특히 부동산담보거래에 일정한 부담을 주는 것을 감수하면서 마련된 것이다. 유치권은 목적물의 소유자와 채권자와의 사이의 계약에 의하여 설정되는 것이 아니라 법이 정하는 일정한 객관적 요건(민법 제320조 제1항, 상법 제58조, 제91조, 제111조, 제120조, 제147조 등 참조)을 갖춤으로써 발생하는 이른바 법정담보물권이다. 법이 유치권제도를 마련하여 위와 같은 거래상의 부담을 감수하는 것은 유치권에 의하여 우선적으로 만족을 확보하여 주려는 그 피담보채권에 특별한 보호가치가 있다는 것에 바탕을 둔 것으로서, 그러한 보호가치는 예를 들어 민법 제320조 이하의 민사유치권의 경우에는 객관적으로 점유자의 채권과 그 목적물 사이에 특수한 관계(민법 제320조 제1항의 문언에 의하면 "그 물건에 관한 생긴 채권"일 것, 즉 이른바 '물건과 채권과의 견련관계'가 있는 것)가 있는 것에서 인정된다. 나아가 상법 제58조에서 정하는 상사유치권은 단지 상인 간의 상행위에 기하여 채권을 가지는 사람이 채무자와의 상행위(그 상행위가 채권 발생의 원인이 된 상행위일 것이 요구되지 아니한다)에 기하여 채무자 소유의 물건을 점유하는 것만으로 바로 성립하는 것으로서, 피담보채권의 보호가치라는 측면에서 보면 위와 같이 목적물과 피담보채권 사이의 이른바 견련관계를 요구하는 민사유치권보다 그 인정범위가 현저하게 광범위하다. 이상과 같은 사정을 고려하여 보면, 유치권제도와 관련하여서는 거래당사자가 유치권을 자신의 이익을 위하여 고의적으로 작출함으로써 앞서 본 유치권의 최우선순위담보권으로서의 지위를 부당하게 이용하고 전체 담보권질서에 관한 법의 구상을 왜곡할 위험이 내재한다. 이러한 위험에 대처하여, 개별 사안의 구체적인 사정을 종합적으로 고려할 때 신의성실의 원칙에 반한다고 평가되는 유치권제도 남용의 유치권 행사는 이를 허용하여서는 안 될 것이다(대법원 2011. 12. 22. 선고 2011다84298 판결).

(ii) 제322조 제1항은 유치권자가 채권의 변제를 받기 위해 유치물을 경매할 수 있다고 규정한다. 유치권자는 원칙적으로 우선변제권을 갖지 않으나, 채무자나 제3자는 해당 목적물의 인도를 받기 위해서는 유치권자에게 변제를 하지 않을 수 없으므로 사실상 우선변제를 받는 효과가 있다. 이에 대한 예외로서 제322조 제2항은 간이변제충당을 규정한다. 즉 정당한 이유가 있는 때에는 유치권자가 감정인의 평가에 의하여 유치물로 직접 변제에 충당할 것을 법원에 청구할 수 있다(대법원 2000. 10. 30. 자 2000마4002 결정). 다만 이 경우에 유치권자는 미리 채무자에게 통지하여야 한다. 유치권자는 유치물의 과실을 수취하여 다른 채권보다 먼저 그 채권의 변제에 충당할 수 있고, 과실이 금전이 아닌 때에는 경매하여야 한다(제323조 제1항). 이때 과실은 먼저 채권의 이자에 충당하고 그 잉여가 있으면 원본에 충당한다(동조 제2항).

(iii) 유치권의 원래 목적은 목적물과 견련관계에 놓인 채권의 담보를 위해 그 목적물을 계속 점유하며 인도거절하는 데에 있으므로, 유치권자는 원칙적으로 그 목적물을 사용할 수는 없다. 다만 예외적으로 제324조 제2항의 해석상 채무자의 승낙이 있을 때와 유치물의 보존에 필요한 때 유치권자는 유치물을 사용할 수 있다.

(iv) 제325조는 유치권자의 비용상환청구권을 규정한다. 즉 유치권자가 유치물에 관하여 필요비를 지출한 때에는 소유자에게 그 상환을 청구할 수 있고(동조 제1항), 유치권자가 유치물에 관하여 유익비를 지출한 때에는 그 가액의 증가가

현존한 경우에 한하여 소유자의 선택에 좇아 그 지출한 금액이나 증가액의 상환을 청구할 수 있다(동조 제2항).

(v) 유치권자에게는 권리와 함께 의무가 존재한다. 유치권자는 선량한 관리자의 주의로서 유치물을 점유해야 하고(제324조 제1항), 채무자의 승낙 없이 유치물의 사용, 대여 또는 담보제공을 하지 못한다(동조 제2항). 이상의 의무를 위반하였을 때 채무자는 유치권자를 상대로 유치권의 소멸을 청구할 수 있다(동조 제3항).

4 소멸

다른 물권과 같이 멸실, 혼동, 포기의 사유로 유치권은 소멸될 수 있다. 담보물권의 부종성에 따라 피담보채권이 소멸하게 되면 유치권 역시 소멸한다. 제326조에 따르면 유치권의 행사는 채권의 소멸시효의 진행에 영향을 미치지 아니한다. 앞서 본 제324조 제3항에 따른 소멸청구 외에 제327조의 소멸청구도 존재한다. 즉 채무자는 상당한 담보를 제공하고 유치권의 소멸을 청구할 수 있다. 유치권은 점유를 반드시 동반하므로, 유치권은 점유의 상실로도 소멸한다(제328조).

Ⅱ 질권

1 의의 및 성질

질권이란 채권자가 채권의 만족을 얻을 때까지 그 채권의 담보로서 채무자 또는 제3자(물상보증인)로부터 인도받은 물건이나 재산권을 일단 유치하고, 변제가 이루어지지 않으면 그 매각대금으로부터 우선변제를 받을 수 있는 담보물권을 말한다(제329조). 이는 당사자 간의 약정에 의해 성립하는 약정담보물권이다. 민법상 질권은 크게 동산질권과 권리질권으로 나뉜다.

[물상보증인]

타인의 채무를 담보하려고 자신의 물건 위에 질권을 설정하는 자를 물상보증인이라고 한다. 물상보증인은 채무를 부담하지는 않고, 단지 담보로 제공한 물건을 한도로 '책임'을 부담한다(물적 유한책임). 이에 따라 채권자는 물상보증인에게 이행의 소를 제기하거나 물상보증인의 일반재산에 대해 집행할 수 없다. 물상보증인이 그 채무를 변제하거나 질권의 실행으로 인하여 질물의 소유권을 잃은 때에는 보증채무에 관한 규정에 따른 채무자에 대한 구상권이 있다(제341조). 물상보증인의 저당권 설정도 가능하다(제356조).

2 동산질권

(i) 동산질권의 목적물을 질물이라고 하는데, 양도할 수 없는 동산을 동산질권의 목적으로 삼지는 못한다(제331조). 무엇보다 양도성은 교환가치 실현의 전제이고, 이를 통해 우선변제가 구체적이며 현실적으로 이루어질 수 있기 때문이다.

(ii) 제330조에 따르면 질권의 설정은 질권자에게 목적물을 인도함으로써 그 효력이 생긴다. 여기서 인도와 관련하여 현실의 인도뿐만 아니라(제188조 제1항) 간이인도(동조 제2항)나 반환청구권의 양도에 의한 인도가 포함되지만(제190조), 제332조는 점유개정(제189조)에 의한 인도로는 질권이 설정될 수 없다고 한다. 이는 질권의 유치적 효력을 위한 것이라 볼 수 있다. 질권이 설정된 다음 질권자가 스스로 질물을 질권설정자에게 반환하였다면 일반적으로 그 질권은 소멸한다고 본다. 점유개정과 함께 동산양도담보가 설정될 수 있고 또 이러한 경우가 많아짐에 따라 제332조에 결부된 동산질권의 기능 및 그 이용이 담보거래의 현실에서 점점 축소되고 있다.

(iii) 동산질권자는 제334조에 규정된 채권의 변제를 받을 때까지 질물을 유치할 수 있으나, 자기보다 우선권이 있는 채권자에게 대항하지는 못한다(제335조). 즉 선순위의 질권자나 다른 우선권자가 경매를 청구하면 이때 질권자는 배당만 받을 수 있을 뿐 질물의 인도를 거절할 수는 없다. 동산질권자는 민법 제329조에 따라 질물로부터 다른 채권자보다 자기채권의 우선변제를 받을 권리가 있다. 즉 담보물권으로서 우선변제효가 인정되는 것은 유치권과 다르다. 원칙적으로 민사집행법상의 절차에 따라 경매하여 그 매각대금으로부터 우선변제를 받게 된다. 매각대금으로부터 채권을 온전히 변제받지 못한 경우 그 부족분에

한하여 채무자의 다른 재산으로부터 변제받을 수 있다(제340조 제1항). 질물보다 먼저 채무자의 다른 재산에 관해 배당이 실시된 경우 동조 제2항에 따라 제1항이 적용되지 않게 되어 질권자는 채권 전부를 가지고 배당에 참가할 수 있다. 다만 질권자에 우선하는 질권자나 우선특권자(예컨대 상법 제788조 및 제777조)가 존재할 때 질권자의 우선변제권은 제한된다. 수 개의 채권을 담보하기 위하여 동일한 동산에 수 개의 질권을 설정한 때에는 그 순위는 설정의 선후에 의한다(제333조).

[유질계약의 금지]

제338조에서 규정하는 바와 같이 우선변제권의 행사 방법으로서 경매와 간이변제충당도 고려된다. 이와 관련하여 제339조에서 규정하는 바와 같이 유질계약(流質契約)이 금지된다. 즉 질권설정자는 채무변제기 전의 계약으로 질권자에게 변제에 갈음하여 질물의 소유권을 취득하게 하거나 법률에 정한 방법(제338조의 경매나 간이변제충당)에 의하지 아니하고 질물을 처분할 것을 약정하지 못한다. 이러한 규정은 사실 일시적으로 경제적 곤궁에 빠져 고가의 물건에 질권을 설정한 후 유질로 인해 재산적 피해를 입게 될 수 있는 채무자를 제도적으로 보호하기 위한 것이나, 그럼에도 채무자가 이러한 금지를 위반하면서까지 금전의 차용이 필요할 수 있다. 이에 거래 현실상 양도담보와 같은 방법이 등장하였고, 현재 그 유효성이 인정되고 있다. 이러한 점에서 유질계약 금지는 사실상 그 본래의 의미를 많이 상실하였다. 물론 변제기 후에 체결된 유질계약은 일종의 대물변제로서 유효하다. 참고로 상행위로 인해 생긴 채권을 담보하기 위한 질권인 상사질에서는 유질계약이 허용된다(상법 제59조).

(iv) 담보물권은 기본적으로 목적물의 교환가치를 지배하는 권리이다. 이에 그 목적물이 멸실되거나 훼손되더라도 그것의 교환가치를 대신하는 무엇인가 존재한다면 여기에 담보물권은 존속할 수 있다. 제342조에 규정된, 그리고 제355조와 제370조에 따라 권리질권과 저당권에도 준용되는 물상대위가 이를 가리킨다. 예컨대 목적물 멸실과 관련된 보험금청구권 등에 대해 물상대위가 인정된다. 다만 유치권은 그 본질이 목적물을 유치하는 물권이지 우선변제를 목적으로 하는 것이 아니므로 여기에 물상대위성이 인정되지 않는다. 질권자가 이러한 물상대위를 하려면 질권설정자가 해당 금전 기타 물건을 지급 또는 인도받기 전에 압류해야 한다(제342조 제2문). 왜냐하면 이러한 조치 없이 질권설정자가 지급 또는 인도받게 되면 그 특정성이 상실될 수 있기 때문이다.

(v) 질권자가 질물 위에 다시금 새로이 질권을 설정하는 것을 전질이라고 하

는 제336조가 이를 규정한다. 이를 보통 책임전질이라고 하는데, 제343조에서 제324조 제2항이 준용되고 있는 점에 비추어 승낙전질, 즉 질권자가 질권설정자의 승낙을 얻어 질물에 다시 질권을 설정하는 것이 함께 고려될 수 있다.

(vi) 유치권자와 마찬가지로 질권자는 선량한 관리자의 주의로 질물을 점유해야 하고, 질권설정자의 승낙 없이 질물을 사용, 대여하거나 담보로 제공할 수 없다(제343조, 제324조 제1항 및 제2항). 질권자가 이를 위반한 경우 질권설정자는 질권의 소멸을 청구할 수 있다(제343조, 제324조 제3항). 질권이 소멸하면 질권자는 질물을 질권설정자에게 반환해야 한다.

3 권리질권

(i) 제345조는 재산권을 목적으로 하는 질권으로서 권리질권을 규율한다. 여기에서 재산권은 양도할 수 있는 것이어야 한다(제355조, 제331조). 부동산의 사용 및 수익을 목적으로 하는 권리는 제외된다(제345조 단서). 권리질권으로서 민법상 채권질권이 주로 문제된다. 이외에 주식질권(상법 제338조 내지 제340조), 특허권, 실용신안권, 디자인권, 상표권, 저작재산권 등 지식재산권에 설정된 질권도 문제된다. 권리질권에서 특징적인 것을 살펴보면 다음과 같다.

(ii) 담보물권으로서 불가분성이 인정되므로 질권이 설정된 채권액보다 피담보채권액이 적더라도 질권이 설정된 채권 전부에 질권의 효력이 미친다. 질권이 설정된 채권에 이자가 있으면 이자에도 질권의 효력이 미치며, 나아가 지연손해금에도 그 효력이 미친다(대법원 2005. 2. 25. 선고 2003다40668 판결).

(iii) 제352조에 따라 질권설정자는 질권자의 동의 없이 질권의 목적이 된 권리를 소멸하게 하거나 질권자의 이익을 해하는 변경을 할 수 없다. 예컨대 질권자가 동의하지 않았음에도 질권설정자가 채권을 추심하거나 상계하는 것 또는 변제기를 늦추거나 이율을 낮추는 것이 허용되지 않는다. 이는 채권질권자의 추심 내지 환가권을 보장하기 위한 것이다. 반면 질권의 목적인 채권의 양도행위는 제352조 소정의 질권자의 이익을 해하는 변경에 해당되지 않으므로 질권자의 동의가 필요하지 않다(대법원 2005. 12. 22. 선고 2003다55059 판결).

(iv) 담보물권으로서 권리질권에도 우선변제적 효력이 인정된다. 특징적인

것은 민사집행법에 정해진 집행방법(동법 제273조) 외에 인정되는 직접청구의 가능성이다(제354조). 즉 질권자는 질권의 목적이 된 채권을 직접 청구할 수 있다(제353조 제1항). 채권의 목적물이 금전인 때에는 질권자는 자기채권의 한도에서 직접 청구할 수 있다(동조 제2항). 질권의 목적이 된 채권의 변제기가 질권자의 채권의 변제기보다 먼저 도래한 때에는 질권자는 바로 직접 청구할 수는 없을 것이나 제3채무자에 대하여 그 변제금액의 공탁을 청구할 수는 있다. 이 경우 질권은 그 공탁금에 존재한다(동조 제3항). 조문상 그렇게 쓰여 있으나 정확하게 말하면 질권이 설정된 채권의 채권자가 가지는 공탁금청구권에 질권이 존재하는 것이다. 채권의 목적물이 금전 이외의 물건인 때에는 질권자는 그 변제를 받은 물건에 대하여 질권을 행사할 수 있다(동조 제4항).

Ⅲ 저당권

1 의의 및 성질

(i) 저당권자는 채무자 또는 제3자(물상보증인)가 점유를 이전하지 아니하고 채무의 담보로 제공한 부동산에 대하여 다른 채권자보다 자기채권의 우선변제를 받을 권리가 있다(제356조). 이처럼 저당권은 목적물의 인도를 요구하지 않고 단지 관념적으로 저당목적물의 교환가치를 지배한다. 이에 유치적 효력을 갖는 질권 및 유치권과 구별되며, 약정담보물권으로서 우선변제권을 가지는 점은 질권과 공통된다.

(ii) 저당권은 담보물권으로서 부종성, 수반성, 불가분성(제370조, 제321조), 물상대위성(제370조, 제342조)이 모두 인정된다. 이는 담보물권으로서의 성질에 근거한 것이다. 먼저 부종성이란 피담보채권이 불성립 내지 무효이거나 변제 등으로 소멸한 경우 저당권 역시 소멸한다는 점을 뜻한다. 수반성은 피담보채권에 저당권이 수반되는 것을 말하는 바, 피담보채권이 상속이나 양도에 의해 동일성을 유지한 채 이전되면 저당권 역시 함께 이전됨을 의미한다. 불가분성에 따라 피담보채권이 남아

있는 한 저당권설정자는 저당권등기의 말소를 구하지 못한다(대법원 1970. 3. 24. 선고 70다207 판결). 물상대위에 관해서는 앞서 간략하게 설명한 바 있다.

2 성립

(i) 저당권은 약정담보물권으로서 저당권설정합의와 등기에 의해 성립한다(제186조). 저당권설정합의 내지 저당권설정계약은 보통 저당권에 의해 담보되는 채권을 발생시키는 계약, 예컨대 금전소비대차계약(제598)과 함께 이루어진다. 물론 양자는 별개이다. 이러한 저당권설정계약에는 처분행위, 즉 물권적 합의 내지 물권행위가 포함된 것으로서 설정자에게 저당목적물에 관한 처분권이 있어야 한다.

[근저당권]

근저당권은 그 담보할 채무의 최고액만을 정하고, 채무의 확정을 장래에 보류하여 설정하는 저당권으로서, 계속적인 거래관계로부터 발생하는 다수의 불특정채권을 장래의 결산기에서 일정한 한도까지 담보하기 위한 목적으로 설정되는 담보권이므로, 근저당권설정행위와는 별도로 근저당권의 피담보채권을 성립시키는 법률행위가 있어야 하고, 근저당권의 성립 당시 근저당권의 피담보채권을 성립시키는 법률행위가 있었는지 여부에 대한 입증책임은 그 존재를 주장하는 측에 있다(대법원 2009. 12. 24. 선고 2009다72070 판결).

(ii) 원칙적으로 채권자와 저당권자는 동일인이지만, 판례에 따르면 제3자를 저당권의 명의인으로 하는 것에 대해 채권자, 채무자, 제3자 사이에 합의가 존재하고 채권이 그 제3자에게 실질적으로 귀속되었다고 볼 수 있는 특별한 사정이 있다면 제3자 명의의 저당권설정등기가 유효할 수 있다(대법원 2001. 3. 15. 선고 99다48948 전원합의체판결).

(iii) 민법상 저당권의 객체는 기본적으로 부동산이다. 1필 토지나 1동 건물의 일부에 저당권을 설정할 수는 없으나, 부동산의 공유지분이나 구분소유권의 목적이 되는 부분에 대해서는 설정할 수 있다. 제371조에 따라 지상권이나 전세권도 저당권의 객체가 될 수 있다. 민법 이외의 법률에서, 예컨대 상법(선박), 광업법(광업권), 수산업법(어업권), 공장 및 광업재단 저당법(공장재단, 광업재단)이나 자동차 등 특정동산 저당법(소형선박, 자동차, 항공기, 건설기계 등) 등에서 저당권의 객체를 규정하기도 한다.

3 효력

(i) 제358조에 따라 저당권의 효력은 저당부동산에 부합된 물건과 종물에 미친다. 그러나 법률에 특별한 규정 또는 설정행위에 다른 약정이 있으면 그러하지 아니하다. 저당권은 교환가치만을 관념적으로 지배하므로, 저당권설정자는 여전히 목적물을 사용 및 수익할 수 있고, 과실에 저당권의 효력은 원칙적으로 미치지 못한다. 하지만 언제나 그렇다고 하면 과실 취득을 위해 목적물의 소유자가 경매절차를 지연시킬 가능성 등이 존재하여 저당권자에게 불리할 수 있으므로, 제359조 본문은 저당부동산에 대한 압류가 있은 후에 저당권설정자가 그 부동산으로부터 수취한 과실 또는 수취할 수 있는 과실에는 저당권의 효력이 미치는 것으로 규정한다. 물론 동조 단서에 따라 저당권자가 그 부동산에 관하여 소유권, 지상권 또는 전세권을 취득한 제3자에 대해서는 압류한 사실을 통지한 후가 아니면 이로써 대항하지 못한다.

(ii) 저당권의 경우 질권과 마찬가지로 우선변제적 효력이 중요하다. 즉 피담보채권의 변제기가 도래하였음에도 변제가 이루어지지 않는다면, 저당권자는 저당권의 실행, 즉 저당목적물을 매각 및 현금화하여 그 대금으로부터 다른 채권자에 우선하여 변제받게 된다. 물론 저당권자는 채권자로서 저당권과 무관하게 채무자의 일반재산으로부터 변제받을 수도 있다. 특히 경매절차에서 저당부동산의 매각대금으로부터 배당을 받기는 하였으나 채권을 온전히 변제받지 못한 경우 저당권자의 나머지 채권은 결국 무담보의 일반채권에 해당한다. 이와 관련하여 동산질권에서 살펴본 제340조가 제370조에 의해 준용된다.

4 실행

(i) 저당권의 실행은 저당목적물을 매각하고 현금화하여 그로부터 채권을 변제받는 것을 말하는데, 이는 기본적으로 민사집행법상의 담보권 실행경매에 따르나 이외에 당사자의 약정에 의해 행하여질 가능성도 있다(유저당).

(ii) 담보권 실행을 위한 경매, 즉 임의경매에서는 집행권원이 요구되지 않는다(민사집행법 제264조 이하). 이 점이 통상의 강제경매와 다르다. 저당권을 실행하기 위해 피담

보채권 및 저당권이 존재해야 하고(동법 제264조), 피담보채권의 이행기가 도래해야 한다. 담보권 실행경매의 기본적인 절차는 다음과 같다. 즉 경매신청 → 경매개시결정 및 압류 → 매각허가결정 → 배당의 절차를 거친다. 경매절차에서 매수인은 매각대금 완납시 저당목적물의 소유권을 취득한다(동법 제268조, 제135조). 민법 제187조에 의한 물권변동으로서 등기를 요하지는 않지만, 법원은 매각허가결정의 등본을 첨부하여 관할등기소에 매수인의 소유권등기를 촉탁해야 한다(민사집행법 제268조, 제144조).

(iii) 경매로 부동산이 매각되면 그 위에 존재하던 용익권이나 담보권의 부담이 어떻게 되는지와 관련하여, 그러한 부담을 소멸시켜 매수인에게 아무런 부담이 없는 부동산을 취득시키는 소제주의(소멸주의)와 그러한 부담을 그대로 매수인에게 인수시키는 인수주의가 존재한다. 우리 민사집행법은 소제주의를 기본으로 하면서 인수주의를 가미한 것으로 이해된다. 소제주의에 따라 저당권은 그 설정시기나 압류등기(경매개시결정등기)와의 선후를 묻지 않고 모두 소멸한다(동법 제268조, 제91조 제2항). 지상권이나 전세권 등의 용익물권은 소제주의에 따라 저당권 전부가 소멸하기 때문에 최선순위 저당권과 비교하여, 그보다 앞서면 존속하고, 그보다 후순위라면 소멸한다(동법 제268조, 제91조 제3항 및 제4항). 대항력 있는 임차권도 동일하다. 유치권은 매각이 있더라도 그대로 존속하며, 이에 유치권자는 매수인에 대해서도 채권의 변제가 있을 때까지 인도를 거절할 수 있는 바, 이는 인수주의의 발현이라고 할 수 있다(동법 제268조, 제91조 제5항). 이를 통하여 유치권자는 사실상의 우선변제권을 갖는 것과 마찬가지다.

(iv) 저당권으로 담보된 채무의 변제기가 도래하기 전에 피담보채무의 불이행과 관련하여 저당부동산의 소유권을 저당권자가 취득하는 것으로 하거나 담보권 실행경매 이외의 방법으로 저당부동산을 환가 또는 현금화하기로 약정하는 것을 유저당계약이라고 한다. 질권의 경우 유질계약이 명문으로 금지된 것과 달리 저당권에서 유저당계약의 금지에 관한 명문의 규정은 없다. 이에 유저당계약의 유효성 문제가 등장하였다. 먼저 저당목적물의 소유권을 저당권자에게 귀속시키기로 약정하는 것과 관련하여 그 피담보채무의 변제에 갈음한 대물변제예약이 문제된다. 이에 대해 판례는 제607조 및 제608조의 적용에 따라 그 효력이 부정되더라도 특별한 사정이 없으면 당사자 사이에서는 이른바 약한 의미의 양도담보계약이 존재하는 것으로 파악하고, 이 경우 채권자가 채무의 변제기 후 반드시 담보권실행을 위한 정산절차를 거쳐야 하는 것으로 본다(대법원 1980. 7. 22. 선고 80다

998 판결). 이외에 담보권 실행경매에 따르지 않고 제3자에게 매각하는 이른바 임의환가의 약정과 관련하여 위의 대물변제예약에 기한 유저당계약의 효과에 비추어 일반적으로 임의환가의 약정 역시 유효하다고 본다. 물론 이 경우에도 저당권자가 자신의 채권액보다 많은 금액을 지급받게 된 경우 이에 대해 저당권설정자의 청산청구권이 문제될 것이다.

5 저당권과 용익권의 관계

(i) 저당권 자체는 교환가치만을 지배하므로 저당권설정자나 그로부터 허락받은 제3자가 목적물을 이용할 가능성은 여전히 존재한다. 저당권이 실행되어 저당목적물의 소유권이 경락인에게 이전될 때 이러한 소유자의 변동과 관련하여 기존의 용익관계가 변동되어야 하는 것인지 문제된다. 이는 저당권의 실행에 따른 이해관계의 형량에 관하여 가치권 및 이용권의 조절 문제이다. 앞서 살펴본 저당권 실행에서 용익권의 소멸 외에 특히 제366조의 법정지상권이 문제된다.

(ii) 우리 법제에서는 건물과 토지가 별개의 부동산으로 다루어진다. 저당권의 실행으로 경매되어 토지와 건물의 소유자가 다르게 되면 건물의 소유자에게 토지에 대한 이용권이 부여될 필요가 있다. 이를 제366조가 규율하는바, 이는 건물 철거로 인한 사회경제적 손실을 방지하려는 공익상의 요청에 기한 강행규정으로서 저당권설정 당사자 간의 특약으로 저당목적물인 토지에 대하여 법정지상권을 배제하는 약정을 하더라도 그 특약의 효력은 인정되지 않는다(대법원 1988. 10. 25. 선고 87다카1564 판결). 저당권이 설정될 당시에 건물이 존재하여야 하는데, 이때 토지 위에 여러 개의 저당권이 설정된 경우 가장 선순위의 저당권이 설정되었을 때 건물이 존재하였어야 한다. 토지와 건물이 저당권설정 당시에 동일인 소유였다면 충분하다. 이와 같은 법정지상권은 토지나 건물의 경매로 인하여 그 소유권이 경락인에게 이전하는 때, 즉 매각대금 모두 지급하였을 때 성립하는바, 이는 제187조에 의한 물권변동으로서 등기가 필요하지 않다. 물론 이 법정지상권을 처분하기 위해서는 동조 단서에 따라 지상권설정등기를 하여야 한다. 지료(地料)는 제366조 단서에 따라 결정된다.

[제366조 법정지상권]

민법 제366조의 법정지상권은 저당권설정 당시 동일인의 소유에 속하던 토지와 건물이 경매로 인하여 양자의 소유자가 다르게 된 때에 건물의 소유자를 위하여 발생하는 것으로서, 토지에 관하여 저당권이 설정될 당시 토지 소유자에 의하여 그 지상에 건물이 건축 중이었던 경우 그것이 사회관념상 독립된 건물로 볼 수 있는 정도에 이르지 않았다 하더라도 건물의 규모, 종류가 외형상 예상할 수 있는 정도까지 건축이 진전되어 있었고, 그 후 경매절차에서 매수인이 매각대금을 다 낸 때까지 최소한의 기둥과 지붕 그리고 주벽이 이루어지는 등 독립된 부동산으로서 건물의 요건을 갖춘 경우에는 법정지상권이 성립한다(대법원 2011. 1. 13. 선고 2010다67159 판결).

(iii) 토지에 저당권이 설정된 후 설정자가 그 토지 위에 건물을 신축한 경우 저당권자는 토지와 함께 그 건물에 대해서도 경매를 청구할 수 있다(제365조). 판례에 따르면 동 규정의 취지가 "저당권설정자로서는 저당권 설정 후에도 그 지상에 건물을 신축할 수 있는데 후에 저당권 실행으로 토지가 제3자에게 매각될 경우에 건물을 철거하여야 한다면 사회경제적으로 현저한 불이익이 생기게 되므로 이를 방지할 필요가 있고, 저당권자에게도 저당토지상 건물의 존재로 인하여 생기게 되는 경매의 어려움을 해소하여 저당권 실행을 쉽게 할 수 있도록 한데 있다"고 한다(대법원 2012. 3. 15. 선고 2011다54587 판결). 물론 동조 단서에 규정된 바와 같이 그 건물의 경매대가에 대해서는 우선변제를 받을 권리가 없다.

(iv) 저당부동산의 양수인이나 저당부동산에 대하여 지상권, 전세권을 취득한 제3자를 저당부동산의 제3취득자라 하는데, 피담보채무가 변제되지 않아 저당권이 실행되면 이러한 제3취득자는 자신의 권리를 상실할 위험에 처한다. 제3취득자를 보호하기 위해 제364조는 제3취득자가 저당권자에게 그 부동산으로 담보된 채권을 변제하고 저당권의 소멸을 청구할 수 있다고 규정한다. 제3자도 원래 채무를 변제할 수 있고, 특히 저당부동산의 제3취득자는 이해관계 있는 제3자이므로 채무자의 의사에 반하여서도 변제할 수 있는 바(제469조), 이에 제364조의 존재 이유에 대해 의문이 생길 수 있다. 동조의 의미는 무엇보다 제3취득자의 변제를 제360조의 범위로 한정하려는 점에 있는 것으로 이해된다. 즉 제3자 변제에서와 같이 채권 전부를 변제하지 않아도 제364조의 적용이 가능하다. 이러한 제3취득자의 변제가 있으면 저당권은 말소등기 여부와 무관하게 소멸한

다(제187조). 이에 대하여 견해의 대립이 있는데, 제3취득자가 피담보채무를 변제하면 별도의 소멸청구 없이도 저당권은 당연히 소멸하며 제364조에서 소멸청구할 수 있다는 표현은 부적절한 것으로 보기도 한다. 변제한 제3취득자는 채무자에 대해 구상권을 가지며, 변제에 정당한 이익이 있는 자이므로 변제자대위도 가능하다(제481조). 나아가 저당물의 제3취득자가 그 부동산의 보존, 개량을 위하여 필요비 또는 유익비를 지출한 때에는 제203조 제1항, 제2항의 규정에 의하여 저당물의 경매대가에서 우선상환을 받을 수 있다(제367조).

[제364조의 취지]

저당부동산의 제3취득자가 피담보채무를 인수한 경우에는 그 때부터는 제3취득자는 채권자에 대한 관계에서 채무자의 지위로 변경되므로 민법 제364조의 규정은 적용될 여지가 없을 것이다. 다만, 민법 제364조를 둔 취지가, 저당권설정자가 제3취득자로부터 매매목적물의 대가 전액을 받고서도 저당권자에 대한 피담보채무를 변제하지 않는 경우에 저당권의 실행으로 말미암아 제3취득자의 권리가 상실될 위험이 있으므로, 제3취득자로 하여금 대가 전액을 저당권설정자에 대하여 지급하고 다시 저당권설정자가 그 피담보채무를 변제하게 할 것이 아니라 저당권자에게 직접 담보된 채권을 변제하도록 하게 함으로써 제3취득자의 보호를 도모하고자 한 것이라는 점을 감안해 볼 때, 저당부동산에 관한 매매계약을 체결하는 당사자 사이에 매매대금에서 피담보채무 또는 채권최고액을 공제한 잔액만을 현실로 수수하였다는 사정만을 가지고 언제나 매수인이 매도인의 저당채권자에 대한 피담보채무를 인수한 것으로 보아 제3취득자는 채권자에 대한 관계에서 제3취득자가 아니라 채무자와 동일한 지위에 놓이게 됨으로써 저당부동산의 제3취득자가 원래 행사할 수 있었던 저당권소멸청구권을 상실한다고 볼 수는 없고, 오히려 이러한 매매대금 지급방법상의 약정은 다른 특별한 사정이 없는 한 매매당사자 사이에서는 매수인이 피담보채무 또는 채권최고액에 해당하는 매매대금 부분을 매도인에게 지급하는 것이 아니라 채권자에게 직접 지급하기로 하여 그 매매목적 부동산에 관한 저당권의 말소를 보다 확실하게 보장하겠다고 하는 취지로 그런 약정을 하게 된 것이라고 볼 것이다(대법원 2002. 5. 24. 선고 2002다7176 판결).

6 저당권의 침해에 대한 구제

(i) 저당권은 기본적으로 점유를 수반하지 않은 채 교환가치만을 지배하므로, 저당권설정자가 제3자에게 저당목적물을 사용 및 수익하게 한다고 해도 그것만으로 바로 저당권의 침해가 존재한다고 보기 어렵다. 목적물의 교환가치가 감소

하더라도 아직 잔여 가치가 피담보채권액보다는 크다면 저당권의 침해로 인한 손해가 현실적으로 발생하였다고 보기도 어려울 것이다. 이러한 점에서 저당권의 침해는 다른 물권에 관한 침해와 다른 측면을 가진다.

(ii) 저당권의 침해가 발생하면 우선 물권적 청구권으로서 침해행위의 제거 및 예방을 청구할 수 있다(제370조, 제214조). 예컨대 저당목적물인 건물을 누군가 훼손하고 있을 때 저당권자는 그 행위의 중지를 요구할 수 있을 것이고, 선순위 저당권이 이미 소멸한 경우에는 그 등기의 말소를 요구할 수도 있을 것이다. 그러나 저당권은 점유를 수반하지 않으므로 저당목적물을 불법 점유하는 제3자에게 저당권자가 자신에게 반환할 것을 요구할 수는 없다. 이러한 물권적 청구권은 목적물의 교환가치가 여전히 피담보채권을 만족시킬 수 있더라도 인정된다. 이는 담보물권의 불가분성에 기인한다.

(iii) 저당권의 침해로 손해가 발생하면 제750조의 불법행위책임이 성립할 수 있다. 이때의 손해배상청구권은 물권적 청구의 경우와 달리 저당목적물에 대한 침해로 인하여 피담보채권의 만족이 온전히 이루어질 수 없을 때 비로소 인정될 수 있다. 나아가 제362조에 따라 저당권설정자의 책임있는 사유로 저당물의 가액이 현저히 감소된 때에는 저당권자는 저당권설정자에 대하여 그 원상회복 또는 상당한 담보제공을 청구할 수 있다. 또한 채무자가 담보를 손상, 감소, 멸실하게 한 경우 제388조 제1호에 따라 채무자는 기한의 이익을 상실하게 되어 저당권자는 즉시 변제를 청구하고 저당권을 실행할 수 있다.

Ⅳ 근저당권

1 의의 및 성질

(i) 근저당권이란 당좌대월계약 등 계속적인 거래관계로부터 발생하는 불특정 다수의 채권을 특정의 한도액 안에서 담보하는 저당권을 말한다. 이를 제357조가 규정한다. 즉 그 담보할 채무의 최고액만을 미리 정하고 채무의 확정을 장

래에 보류하여 근저당권을 설정할 수 있고, 이 경우에는 그 확정될 때까지의 채무 소멸 또는 이전은 근저당권에 영향을 미치지 아니한다.

(ii) 근저당권은 계속적 거래관계에 기초하여 장래의 증감 및 변동하는 불특정 다수의 채권을 담보하는 점에서 일단 보통의 저당권과 다르다. 이러한 증감과 변동 안에서 채권액이 0인 경우도 존재할 수 있는데, 그럼에도 근저당권은 소멸하지 않는다. 즉 근저당권에서는 보통의 저당권과 달리 그 소멸에 따른 부종성이 없다. 이에 미리 정해진 최고액의 한도 내에서 장래의 불특정 채무가 담보된다는 특징을 가진다.

2 설정

근저당권 역시 다른 약정담보물권과 같이 근저당권을 설정하기 위한 물권적 합의와 등기를 필요로 한다. 이때 근저당권설정계약에서 채권최고액과 피담보채권의 범위를 결정하는 기준이 어느 정도 정해져 있어야 한다. 등기 역시 반드시 근저당권에 기한 것임이 표시되어야 하고, 그렇지 않으면 일반 저당권에 불과하다. 부동산등기법 제75조 제2항 제1호에 따라 최고액을 반드시 등기하게 되어 있다. 근저당권의 존속기간이나 거래관계의 결산에 관한 약정은 등기할 수 있으나 의무적으로 할 필요는 없다. 즉 이에 관한 등기가 없어도 근저당권은 성립한다.

3 효력

(i) 근저당권의 핵심적 효력은 무엇보다 최고액의 한도 내에서 실제 존재하는 채권을 담보하는 점이다. 근저당권은 원본, 이자(제357조 제2항), 위약금, 채무불이행으로 인한 손해배상을 담보한다. 저당권의 피담보채권 범위에 관한 제360조 단서는 근저당권에 적용되지 않으므로 근저당권의 피담보채권 중 지연손해금도 근저당권의 채권최고액 한도에서 전액 담보된다(대법원 2021. 10. 14. 선고 2021다240851 판결). 채권최고액은 근저당권 성립과 관련하여 피담보채권의 특정에 갈음한 것으로서 근저당권자가 목적물로부터 우선변제를 받을 수 있는 상한의 의미를 갖는 바, 확정된 피

담보채권액이 채권최고액을 넘더라도 최고액까지만 우선변제 받을 수 있을 것이다. 판례에 따르면 이러한 우선변제의 한도는 물상보증인이나 후순위권리자와 같은 다른 이해관계인에 대한 관계에서 문제되는 제한일 뿐, 채권자인 근저당권자와 채무자인 근저당권설정자 사이에서 최고액의 범위 내에서만 변제받을 수 있음을 뜻하지는 않는다(대법원 2009. 2. 26. 선고 2008다4001 판결).

[경매와 채권최고액]

민사집행법상 경매절차에 있어 근저당권설정자와 채무자가 동일한 경우에 근저당권의 채권최고액은 민사집행법 제148조에 따라 배당받을 채권자나 저당목적 부동산의 제3취득자에 대한 우선변제권의 한도로서의 의미를 갖는 것에 불과하고, 그 부동산으로써는 그 최고액 범위 내의 채권에 한하여서만 변제를 받을 수 있다는 이른바 책임의 한도라고까지는 볼 수 없다. 그러므로 민사집행법 제148조에 따라 배당받을 채권자나 제3취득자가 없는 한 근저당권자의 채권액이 근저당권의 채권최고액을 초과하는 경우에 매각대금 중 그 최고액을 초과하는 금액이 있더라도 이는 근저당권설정자에게 반환할 것은 아니고 근저당권자의 채권최고액을 초과하는 채무의 변제에 충당하여야 한다(대법원 2009. 2. 26. 선고 2008다4001 판결).

(ii) 근저당권은 피담보채무의 최고액만 정하고 채무의 확정 자체를 장래에 보류하여 설정되므로 그 피담보채권은 유동적일 수밖에 없는데, 이러한 상태가 종료되는 것을 근저당권의 피담보채권 확정이라고 한다. 근저당권으로 담보되는 채권은 기본적으로 결산기의 도래와 함께 확정될 것이다. 결산기나 존속기간이 정해져 있다면 이에 따를 것이고, 정해져 있지 않다면 계속적 계약의 기본계약이나 설정계약의 해지를 통해 확정된다. 근저당권자의 경매신청이 있는 경우, 즉 경매신청을 함으로써 거래를 종료시키려는 의사를 표한 경우에도 확정된다(대법원 1989. 11. 28. 선고 89다카15601 판결). 이와 관련하여 근저당권의 목적물에 대한 다른 담보권자가 임의경매를 신청하거나 제3자가 강제경매를 신청한 경우에도 근저당권의 피담보채권 확정이 문제된다. 판례는 후순위 근저당권자가 경매를 신청한 경우 선순위 근저당권의 피담보채권은 그 근저당권이 소멸하는 시기, 즉 경락인이 경락대금을 완납한 때에 확정된다고 본다(대법원 1999. 9. 21. 선고 99다26085 판결).

(iii) 피담보채권이 이렇게 확정되면 이후 발생하는 채권은 근저당권에 의하여 담보되지 않는다(대법원 2007. 4. 26. 선고 2005다38300 판결). 피담보채권이 확정된 이후에 근저당권은 일반 저당권과 같이 다루어진다.

[피담보채권의 확정]

근저당권자의 경매신청 등의 사유로 인하여 근저당권의 피담보채권이 확정되었을 경우, 확정 이후에 새로운 거래관계에서 발생한 원본채권은 그 근저당권에 의하여 담보되지 아니하지만, 확정 전에 발생한 원본채권에 관하여 확정 후에 발생하는 이자나 지연손해금 채권은 채권최고액의 범위 내에서 근저당권에 의하여 여전히 담보되는 것이다(대법원 2007. 4. 26. 선고 2005다38300 판결).

제10장

주택과 토지 이용

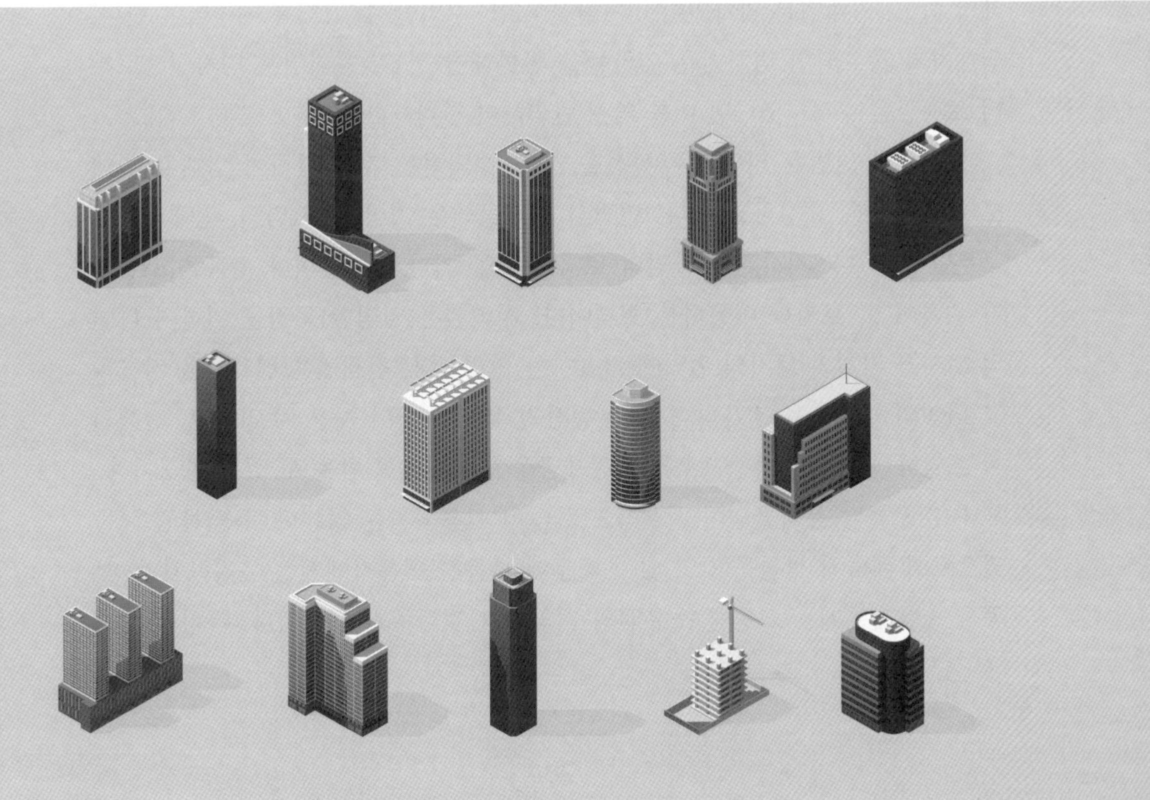

제1절 개관

(i) 모든 사람이 부동산을 소유하고 있지 않으므로 타인의 부동산을 이용할 수밖에 없다. 이를 위해 임대차라는 계약을 맺음으로써 타인의 부동산을 사용·수익할 수 있을 것이다. 임대차는 낙성계약이며, 쌍무계약인 동시에 유상계약이다. 임대차계약이 체결되면, 임차인은 사용·수익의 대가로서 차임을 지급해야 하고, 임대인은 임차인이 임차물을 사용·수익할 수 있도록 해주어야 한다. 임대차가 종료되면 임차인은 임차물을 반환해야 하고, 임대인은 임차인으로부터 보증금을 수령하였다면 이를 역시 반환해야 한다.

(ii) 우리 민법은 타인의 부동산을 사용·수익하는 것에 관하여 임대차 외에도 용익물권을 규정하고 있다. 민법상 용익물권은 지상권, 지역권, 전세권으로 구분할 수 있다. 지상권은 타인의 토지에 건물 기타 공작물이나 수목을 소유하기 위하여 그 토지를 이용하는 권리이다. 지역권은 일정한 목적을 위하여 타인의 토지를 자기의 토지의 편익에 이용하는 권리이다. 전세권은 전세금을 지급하고 타인의 부동산을 점유하여 그 부동산의 용도에 좇아 사용·수익하고, 전세권이 소멸하면 목적 부동산으로부터 전세금을 우선변제를 받을 수 있는 권리이다.

(iii) 오늘날 용익물권이 현실적으로 많이 이용되지는 않는다. 용익물권은 물권으로서 배타적 성질을 갖고 있기 때문에 부동산 이용자에게는 유리하지만, 부동산 소유자에게는 그만큼 소유권의 제약을 가져다주기 때문이다. 특히 지상권

의 경우 강행규정이 많아 타인의 토지를 이용하더라도 토지임대차가 주로 이용되고 있다. 지역권의 경우 두 토지 사이의 편익관계를 설정하는 것이 쉽지 않다. 전세권은 특히 주택의 경우 현실에서 미등기전세가 주로 이루어지고 있어 주택임대차보호법의 적용을 받아 그 활용도가 높지 않다. 상가의 경우 역시 임대차계약을 통해 이용하며, 상가건물임대차보호법의 적용을 받고 있다. 이하에서는 민법상 용익물권인 지상권, 지역권, 전세권에 관하여 먼저 개관 후 주택 및 상가임대차에 관하여 살펴보기로 한다.

제2절 용익물권

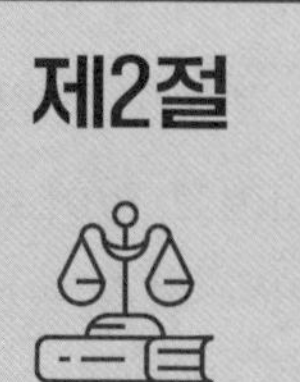

I 지상권

1 의의

지상권은 타인 소유의 토지 위에 건물 기타 공작물이나 수목을 소유하기 위하여 그 타인의 토지를 사용할 수 있는 권리이다. 여기서 토지는 1필의 토지 일부라도 무방하고, 현재 공작물이나 수목이 없더라도 지상권은 성립하며, 기존의 공작물이나 수목이 멸실하더라도 존속한다.

2 지상권의 취득

(i) 지상권은 법률행위 또는 법률의 규정에 의하여 취득할 수 있다. 지상권은 원칙적으로 지상권 설정을 위한 물권적 합의와 지상권 설정등기로 성립한다. 유언이나 지상권의 양도에 의하여 지상권을 승계취득할 수 있으나 이때에도 지상권 이전등기를 해야 한다. 지상권을 설정할 때 토지사용의 대가로 지료를 지급하는 것이 일반적이지만, 지료의 지급이 지상권 설정의 성립요건은 아니다.

(ii) 법률의 규정에 의할 경우 지상권 설정등기 없이 지상권을 취득할 수 있

다. 이를 법정지상권이라 하고 이를 민법에서 규정한다. 토지와 그 지상의 건물이 동일인에게 속하는 경우 건물에 대해서만 전세권을 설정한 후 토지 소유자가 변경된 경우 토지 소유자는 전세권설정자에게 법정지상권을 설정한 것으로 본다(제305조 제1항). 토지와 그 지상의 건물이 동일인에게 속하고 있는 경우 어느 한 쪽에 저당권이 설정된 후 저당권의 실행으로 토지와 건물의 소유자가 다르게 되면 건물 소유자는 법정지상권을 취득한다(제366조). 법정지상권의 경우에는 지료지급의무가 발생하고 당사자의 청구에 따라 법원이 정한다(제305조 제1항 단서, 제366조 단서).

3 존속기간

(i) 존속기간을 약정하는 경우 최단기간이 보장된다(제280조). 그 기간은 수목과 견고한 건물의 경우 30년, 그 밖의 건물은 15년, 건물 외의 공작물은 5년이다. 최장기간의 제한은 없는데, 영구 무제한의 지상권 약정도 가능하다(대법원 2001. 5. 29. 선고 99다66410 판결). 존속기간을 정하지 않은 경우에는 위 기간이 존속기간이 된다. 지상권 설정시 지상물의 종류를 정하지 않은 경우에는 15년으로 한다.

(ii) 존속기간이 만료하는 경우 지상물이 현존하고 있다면 지상권자는 갱신의 합의가 없더라도 계약의 갱신을 청구할 수 있다(제283조 제1항). 이때 지상권자에게는 의무위반 사실이 없어야 하고 지상권설정자의 승낙이 필요하다. 이러한 지상권자의 갱신청구권은 형성권이 아니라 청구권이다. 지상권설정자가 갱신청구를 거절하는 경우 지상권자는 지상물매수청구권을 행사할 수 있다(동조 제2항). 지상권자의 지상물매수청구권은 갱신청구권과 다르게 형성권으로서 행사하는 즉시 매매계약이 체결된 것으로 본다.

4 효력

지상권은 목적 범위 내에서 토지를 사용할 권리가 있어 토지소유자는 그 범위에서 토지의 사용이 제한된다. 상린관계 규정이 준용되며, 점유권 및 지상권에 기한 물권적 청구권을 갖는다. 그리고 지상권설정자의 동의 없이 양도나 임대할 수 있으며(제282조) 이에 반하는 약정은 효력이 없다(제289조).

5 지료

지료(地料)는 지상권의 요소가 아니므로 무상의 지상권도 인정된다. 지료지급 약정이 있어야 지료에 관한 채권, 채무가 발생한다. 지료에 관한 약정이 등기된 경우 토지소유자가 변경되든지, 지상권자가 변경되든지 당연히 제3자에게 승계된다. 즉 등기하여야만 토지소유권 또는 지상권을 양수한 사람 등 제3자에게 대항할 수 있는 것이다. 등기되지 않은 경우에는 무상의 지상권으로서 지료증액청구권도 발생할 수 없다(대법원 1999. 9. 3. 선고 99다24874 판결). 지료가 등기되지 않은 경우 지상권이 이전되면, 전(前) 지상권자의 지료체납 효과를 새로운 지상권자에게 대항하지 못한다(대법원 1996. 4. 26. 선고 95다52864 판결). 지료가 상당하지 않게 된 경우 지상권설정자와 지상권자는 지료의 증액이나 감액을 청구할 수 있다(제286조). 2년 이상 지료를 연체한 경우 지상권설정자는 소멸을 청구할 수 있다(제287조).

6 특수지상권

가. 구분지상권

구분지상권은 지하 또는 지상의 공간에 상하의 범위를 정하여 건물, 기타 공작물을 소유하기 위한 지상권이다(제289조의2 제1항). 상하의 범위를 반드시 정해서 등기하여야 하며 수목의 소유를 목적으로는 설정할 수 없다. 대상 토지에 이미 배타성 있는 용익권이 존재하는 경우 그 권리자 전원의 승낙을 얻으면 설정이 가능하다(동조 제2항).

나. 관습법상 법정지상권

(i) 관습법상 법정지상권은 토지와 그 지상의 건물이 동일인의 소유이었지만 매매 등의 사유로 양자의 소유가 다르게 된 때, 당사자 사이에 지상건물에 관한 철거약정이 없는 한 건물 소유자에게 그 건물을 소유하기 위하여 관습법적으로 인정되는 지상권이다. 즉 관습법상 법정지상권을 취득하기 위해서는 첫째, 토지와 건물이 처분될 당시 동일인의 소유였어야 한다(대법원 1995. 7. 28. 선고 95다9075, 9082 판결). 여기서 소

유는 법률상 소유를 의미한다. 둘째, 법률행위 또는 그 외의 원인으로 소유자가 달라져야 한다. 매매, 증여, 강제경매, 공매처분 등이 이에 해당될 것이다(대법원 1988. 4. 12. 선고 87다카2404 판결). 임의경매의 경우 제366조에 기한 법정지상권이 성립된다. 셋째, 건물철거 특약이 없어야 한다. 관습법상 법정지상권은 임의규정이므로 예컨대 대지상의 건물만을 매수하면서 대지에 관한 임대차계약을 체결하였다면 관습법상 법정지상권을 포기한 것이다(대법원 1991. 5. 14. 선고 91다1912 판결). 넷째, 등기는 필요하지 않다(대법원 1988. 9. 27. 선고 87다카279 판결). 그러나 처분시 제187조에 단서에 따라 설정등기를 해야 한다(대법원 1971. 1. 26. 선고 70다2576 판결).

(ii) 위 요건을 갖추어 관습법상 법정지상권이 성립하면 보통의 지상권과 다를 바 없어 지상권에 관한 규정이 준용된다. 존속기간 약정이 없는 지상권으로 취급되며, 지료는 협의에 의할 것이지만 협의가 이루어지지 않으면 당사자의 청구에 의해 법원이 정한다(제366조 유추적용).

다. 분묘기지권

(i) 분묘기지권은 타인의 토지에 분묘를 소유하기 위하여 그 토지를 사용할 수 있는 관습법상 인정되는 지상권 유사의 물권이다. 분묘기지권이 인정되려면 ① 타인의 승낙을 받아 설치하거나 ② 장사 등에 관한 법률(장사법) 시행 전에 승낙 없이 분묘를 설치하여 20년간 평온·공연하게 점유하여 시효취득하거나 ③ 자기 토지에 분묘를 설치하고 그 분묘를 이장한다는 특약 없이 그 토지를 양도한 경우여야 한다. 이때 내부에 시신이 안장되어 있어야 하고, 암장·평장이 아닌 외부에서 분묘임을 인식할 수 있어야 한다(대법원 1996. 6. 14. 선고 96다14036 판결). 등기는 필요하지 않다.

(ii) 분묘기지권을 취득하였다고 하더라도 새로운 분묘를 다시 설치할 권능은 없으며, 단분 형태로 합장하거나 쌍분 형태의 분묘를 추가로 설치하는 것도 허용되지 않는다(대법원 1997. 5. 23. 선고 95다29086, 29093 판결). 그 범위는 단순히 그 기지에 한하는 것이 아니라 분묘를 수호하고 제사를 위해 필요한 데까지 미치며, 수호와 봉사를 계속하는 동안 존속한다.

(iii) 타인의 승낙을 받아 분묘를 설치한 경우 약정이 없는 한 무상이고, 장사법 시행 전 설치하여 시효취득한 경우에는 지료 지급의 의무가 있으나 토지소유자가 청구한 날부터 지급하여야 한다(대법원 2021. 4. 29. 선고 2017다228007 전원합의체판결). 자기 소유의 토지의

분묘를 이장한다는 특약 없이 토지를 양도한 경우에는 분묘기지권이 성립한 때부터 지료 지급의 의무가 있다(대법원 2021. 5. 27. 선고 2020다295892 판결).

Ⅱ 지역권

(i) 지역권은 일정한 목적을 위하여 타인의 토지를 자기의 토지의 편익에 이용하는 부동산 용익물권이다(제291조). 이때 편익을 얻는 토지를 요역지, 편익을 제공하는 토지를 승역지라고 하는데, 두 토지가 인접할 필요는 없다. 지료는 요소가 아니므로 무상이든 유상이든 상관없다. 지역권은 승역지의 용익권능을 전면적으로 배제하는 것이 아니므로 승역지 위에 또 다른 지역권자의 지역권이 있을 수 있고 다른 용익권이 존재할 수 있다.

(ii) 지역권은 요역지의 소유권이 이전되면 지역권도 함께 이전되는 성질이 있다(제292조 제1항). 요역지와 분리하여 지역권만을 양도하거나 다른 권리의 목적으로 할 수 없다(동조 제2항). 지역권은 설정계약과 등기에 의해 취득할 수 있지만, 계속되고 표현된 것에 한하여 시효취득할 수도 있다(제294조).

Ⅲ 전세권

1 의의

전세권은 전세금을 지급하고 타인의 부동산을 점유하여 그 부동산의 용도에 좇아 사용·수익하고, 전세권이 소멸하면 목적부동산으로부터 전세금을 우선변제를 받을 수 있는 물권이다(제303조 제1항).

2 법적 성질

전세권은 타인의 부동산에 대한 권리로서 건물뿐만 아니라 토지도 전세권의 목적으로 삼을 수 있다(제303조 제1항). 다만 농경지는 전세권의 목적으로 하지 못한다(동조 제2항). 전세금은 전세권의 필수적 요소로서 등기하여야 제3자에게 대항할 수 있고, 전세금의 지급이 없으면 전세권은 성립하지 않는다. 전세금은 차임의 특수한 지급 방법이며 보증금으로서의 성질도 지닌다. 이러한 전세금은 우선변제 받을 수 있기 때문에 전세권은 용익물권이지만 담보물권으로서의 성질도 가진다.

3 전세권의 취득과 존속기간

(i) 전세권은 보통 설정계약과 등기에 의하여 취득한다. 존속기간을 정하는 경우 임의로 정할 수 있으나 10년을 넘지 못하며, 약정기간이 10년을 넘는 때 10년으로 단축된다(제312조 제1항). 건물에 대한 전세권의 경우 1년 미만으로 존속기간을 정한 때 그 기간은 1년으로 된다(동조 제2항). 존속기간 만료시 갱신이 가능한데 갱신한 날로부터 10년을 넘지 못한다(동조 제3항).

(ii) 건물전세권의 경우 묵시적 갱신제도가 존재한다. 건물의 전세권설정자가 전세권의 존속기간이 만료되기 전 6월부터 1월 사이에 전세권자에 대하여 갱신거절의 통지 또는 조건을 변경하지 않으면 갱신하지 않는 뜻의 통지를 해야 한다. 그렇지 않으면 그 기간이 만료된 때 전(前) 전세권과 동일한 조건으로 다시 전세권을 설정한 것으로 보고, 그 존속기간은 정하지 않은 것으로 된다(동조 제4항).

(iii) 존속기간을 약정하지 않은 경우에는 각 당사자는 언제든지 전세권의 소멸통고를 할 수 있다. 상대방이 이 통고를 받은 날부터 6개월이 지나면 전세권은 소멸한다(제313조).

4 전세권의 효력

가. 전세권자의 사용·수익권

전세권자는 부동산을 점유하여 그 부동산의 용도에 좇아 사용·수익할 수 있다(제303조 제1항 전단). 일반적으로 그 사용·수익의 방법은 전세권 설정계약에 따라 정해질 것이다. 전세권 설정계약이 없는 경우 그 부동산의 성질에 따라 정해질 것이다. 타인의 토지에 있는 건물에 전세권을 설정한 경우라면, 그 건물을 목적으로 한 지상권이나 임차권에도 전세권의 효력이 미친다(제304조 제1항).

나. 전세권자의 현상유지·수선의무

전세권자는 목적물의 현상을 유지하고 그 통상의 관리에 속한 수선을 해야할 의무가 있다(제309조). 임차인과는 다르게 목적물의 수선의무가 있으므로 필요비 상환청구권이 전세권자에게는 인정되지 않는다.

다. 전세금증감청구권

(i) 전세금이 목적부동산에 관한 조세·공과금 기타 부담의 증감이나 경제사정의 변동으로 인하여 상당하지 않게 된 때, 당사자는 장래에 대하여 그 증감을 청구할 수 있다(제312조 의2 본문). 이러한 전세금증감청구권의 성질을 형성권으로 보는 것이 일반적인 견해이다. 그러나 전세권설정자의 증액청구에 대하여 전세권자가 이를 거부하는 경우 법원의 결정에 따라야 할 것이다. 전세금이 변경되면, 변경등기를 해야 제3자에게 대항할 수 있다(부동산등기법 제72조).

(ii) 전세금이 증액되더라도 일방적인 인상을 막기 위해 대통령령으로써 약정한 전세금의 20분의 1을 초과하지 못하도록 규정하고 있다(민법 제312조의2 단서의 시행에 관한 규정 제2조). 증액청구는 전세권설정계약이 있은 날 또는 약정한 전세금의 증액이 있은 날로부터 1년 이내에는 하지 못한다(동 규정 제3조).

5 전세권의 처분

(i) 전세권자는 전세권을 전세권설정자의 동의 없이 타인에게 양도할 수 있고, 담보로 제공할 수도 있다(제306조). 이것은 전세권에 저당권을 설정할 수 있다는 의미이다. 전세권 양수인은 전세권설정자에 대하여 전세권 양도인과 동일한 권리·의무가 있게 된다(제307조).

(ii) 전세권은 존속기간 내에서 전세권설정자의 동의 없이 타인에게 임대도 가능하다(제306조). 다만 임대하지 않았으면 면할 수 있는 불가항력으로 인한 손해에 대해서는 전세권자가 책임을 부담한다(제308조). 전세권자는 원래의 전세권설정자의 동의 없이 존속기간 내에서 목적부동산에 다시 전세권을 설정할 수도 있다(제306조). 이때 전세권자(원전세권자)로부터 다시 전세권을 설정받은 자를 전전세권자(轉傳貰權者)라고 한다. 원전세권은 소멸하지 않으며, 전전세권자는 전세권자로서 모든 권리를 갖고 원전세권자는 그 범위에서 목적물을 사용·수익하지 못한다. 전세권의 임대와 마찬가지로 전세권을 전전세하지 않았으면 면할 수 있는 불가항력으로 인한 손해에 대해서는 전세권자가 책임을 부담한다(제308조).

6 전세권 소멸의 효과

가. 전세권이 소멸되는 경우

전세권은 목적 부동산의 멸실, 존속기간의 만료, 전세권에 우선하는 저당권 실행에 따른 경매, 토지수용 등 물권의 일반적인 소멸원인에 의하여 소멸한다. 이 외에도 전세권의 특유한 소멸사유로서 첫째, '전세권의 소멸청구'가 있다. 이는 전세권자가 설정계약이나 목적 부동산의 성질에 정해진 용법대로 사용·수익하지 않은 경우 전세권설정자가 소멸을 청구하는 것이다(제311조 제1항), 이때 전세권설정자는 전세권자에게 원상회복이나 손해배상을 청구할 수 있다(제311조 제2항). 둘째, '전세권의 소멸통고'이다. 전세권의 존속기간을 약정하지 않은 경우 당사자는 언제든지 전세권의 소멸을 청구할 수 있고, 상대방이 통고받은 날로부터 6월이 경과하면 전세권은 소멸한다(제313조). 셋째, '전세권의 포기'이다. 전세권은 자유롭게 포기할 수 있지만, 제3자의 권리의 목적으로 되어 있는 경우라면 포기할 수 없다(제371조).

나. 전세금의 반환과 동시이행

전세권이 소멸하면 전세권자는 목적부동산을 인도하고 전세권등기의 말소등기에 필요한 서류를 교부하여야 하고, 전세권설정자는 전세금을 반환하여야 한다(제317조). 두 당사자의 의무는 동시이행관계에 있다.

다. 전세금의 우선변제권

전세권자는 전세금의 반환이 지체되면 경매를 청구할 수 있고(제318조), 대항력 없는 일반채권자보다 언제나 우선하여 변제받을 수 있다(제303조 제1항). 저당권과 경합하는 경우에는 설정등기의 순위에 따른다.

라. 부속물수거권 · 부속물매수청구권

전세권이 소멸한 때 전세권자는 그 목적부동산을 원상으로 회복하여야 하며, 그에 부속시킨 물건은 수거할 수 있다(제316조 제1항 본문). 그러나 전세권설정자가 그 부속물의 매수를 청구할 때 전세권자는 정당한 이유 없이 거절하지 못한다(동항 단서). 전세권자도 부속물을 전세권설정자의 동의를 얻어 부속시킨 때와 그것을 설정자로부터 매수한 경우에는 전세권설정자에게 매수를 청구할 수 있다(동조 제2항).

마. 유익비 상환청구권

전세권자에게 필요비 상환청구권은 인정되지 않지만, 유익비 상환청구권은 가능하다(제310조). 즉 전세권이 소멸하는 경우 그 가액의 증가가 현존하는 경우 대체로 전세권설정자인 소유자의 선택에 따라 지출액 또는 증가액 가운데 하나를 청구할 수 있는 것이다(제310조 제1항). 이때 전세권설정자의 청구에 의하여 상당한 기간을 허여할 수 있다(제310조 제2항).

제3절 임대차

I 임대차의 성립

민법상 임대차는 당사자 일방이 상대방에게 목적물을 사용·수익하게 할 것을 약정하고, 상대방이 이에 대하여 차임을 지급할 것을 약정함으로써 성립하는 계약이다(제618조). 즉 임대차는 합의가 있으면 성립하는 낙성계약이며, 쌍무·유상계약이다. 임대차가 성립하려면, 임차인은 임차물을 사용·수익한 대가로서 차임을 지급해야 하는데, 차임은 금전에 한하지 않는다. 임대차가 종료되면 임차인은 임차물 자체를 반환해야 한다. 임대차는 물건의 일부에 대해서도 성립할 수 있고, 임대인이 그 목적물에 대한 소유권 기타 이를 임대한 권한이 있을 것을 요건으로 하고 있지 않다(대법원 2009. 9. 24. 선고 2008다38325 판결).

Ⅱ 임대차의 존속기간

1 존속기간 약정이 있는 경우

임대차 존속의 최장기간 제한은 없다. 다만, 처분할 능력이나 권한이 없는 자가 임대차를 하는 경우 견고한 건축을 목적으로 하는 토지임대차는 10년, 그 밖의 토지임대차는 5년, 건물 기타 공작물의 임대차는 3년, 동산의 임대차는 6개월의 기간을 각각 넘지 못하도록 최장기간을 제한하고 있다(제619조). 그리고 민법상 임대차는 최단기간의 보장도 없다.

2 존속기간 약정이 없는 경우

임대차의 존속기간에 대한 별도의 약정이 없으면, 당사자는 언제든지 해지를 통고할 수 있고 상당기간 경과 후 해지의 효과가 발생한다. 부동산의 경우 임대인이 통고하면 6월, 임차인이 통고하면 1월이 경과해야 하고, 동산의 경우 누가 통고하든지 5일이 경과하면 해지의 효력이 발생한다(제635조).

3 임대차의 갱신

계약에 의해 갱신되는 경우 그 존속기간과 횟수는 제한되지 않는다. 법정갱신이 되기도 하는데, 임대차기간이 만료된 후 임차인의 계속 사용에 상당기간 임대인의 이의가 없으면 전(前) 임대차와 동일한 조건으로 갱신된 것으로 본다(제639조 제1항 본문). 이를 묵시의 갱신이라고도 한다. 임대차가 법정갱신되면 존속기간은 약정이 없는 것으로 보아 당사자는 언제든지 해지통고가 가능하다(동항 단서). 법정갱신이 성립하면 전 임대차에 대하여 제3자가 제공한 담보는 소멸한다(동조 제2항).

Ⅲ 임대차의 효력

1 임대인의 의무

임대인은 임차목적물을 사용·수익에 필요한 상태로 유지하게 할 적극적 의무를 부담한다(제623조). 그러므로 임대인은 임차인에 대한 목적물 인도의무·수선의무, 제3자에 대한 방해제거의무가 있다.

2 임차인의 의무

(i) 임대인은 차임을 지급할 의무가 있다. 차임은 반드시 금전일 필요는 없지만, 2기의 차임액을 연체한 경우 임대인은 계약을 해지할 수 있다(제640조). 이때 2기 연속의 연체일 필요는 없다.

(ii) 임차인은 계약이나 목적물의 성질에 정해진 용법대로 사용·수익하여야 하고, 선량한 관리자의 주의로 보존할 의무가 있다. 수리가 필요하는 등의 상황 발생시 지체없이 임대인에게 통지해야 한다(제634조).

(iii) 임대차가 종료하면 임차물을 원상으로 회복하여 반환해야 한다(제654조, 제615조).

3 임차인의 권리

가. 사용수익과 대항력

임차인은 목적물을 사용·수익할 수 있다. 그런데 임차권은 채권이므로 임대인에 대해서만 임차권을 주장할 수 있고 임대차 목적물의 소유권이 양도되면 양수인의 반환청구에 응해야 한다. 이때 임차인이 대항력을 취득하면 제3자에게도 임대차의 효력을 주장할 수 있다. 예컨대 부동산 임대차의 경우 임차인은 반대약정이 없으면 임대인의 협력을 얻어 임차권등기를 할 수 있고 대항력을 취득하는 것이다(제621조). 다만 토지임대차의 경우 토지임차권 자체에는 등기가 없더라도 지상 건물에 대하여 등기를 하면 대항력이 생긴다(제622조).

나. 비용상환청구권 · 부속물매수청구권 · 지상물매수청구권

(1) 비용상환청구권

임차인이 임차물 보존에 관하여 비용을 지출한 때 임대인에게 즉시 필요비 전액을 청구할 수 있다(제626조 제1항). 이는 임대인에게 수선의무가 있기 때문이다. 한편 임차물의 객관적 가치를 증가시킨 유익비가 지출된 경우에도 그 비용을 임차인은 청구할 수 있다. 다만 임대차 종료시 임차물 가액의 증가가 현존해야 하고, 임차인이 지출한 금액이나 그 증가액 중 하나를 임대인이 선택하면 그 금액을 임차인 상환청구하는 것이다(제626조 제2항). 따라서 유익비상환청구권은 임대차계약이 종료한 때 발생하여 그 변제기가 도래한다.

(2) 부속물매수청구권

건물 기타 공작물의 임차인은 임차물의 사용·편익을 위하여 임대인의 동의를 얻거나 임대인으로부터 매수하여 독립성 있는 물건을 부속시킬 수 있다. 이 경우 임대차가 종료되면 임차인은 그 부속물의 매수를 청구할 수 있고, 이로써 매매계약이 체결된 것으로 본다(제646조).

(3) 지상물매수청구권

(i) 건물 등의 소유를 목적으로 하는 토지임대차의 기간이 종료되거나 기간을 약정하지 않아 해지통고가 된 경우 지상시설이 현존한다면, 임차인은 그 지상물의 매수를 임차권 소멸 당시의 임대인에게 청구할 수 있다(제643조, 제283조). 따라서 기간의 종료시 토지임차인은 먼저 계약의 갱신을 청구하고 그것이 거절된 때 지상물매수청구권을 행사할 수 있고, 기간을 정하지 않아 해지통고가 된 경우에는 갱신청구 없이 바로 지상물매수청구권을 행사할 수 있다.

(ii) 토지임차인의 계약갱신청구권은 형성권이 아니지만 지상물매수청구권은 그 명칭에도 법적 성질은 형성권이다. 따라서 지상물매수청구권의 행사에 따라 토지 임차인과 임대인 사이에는 지상건물에 대한 매매계약이 체결된다. 임대인의 매매대금지급의무는 기한의 정함이 없는 채무이고, 임차인의 목적물의 인도 및 소유권이전등기의무와 동시이행관계에 선다.

Ⅳ 임대차의 종료

1 임대차의 종료원인

(i) 임대차기간을 약정한 경우라면 그 존속기간의 만료로 임대차는 종료한다. 그럼에도 당사자 일방이나 쌍방이 그 기간 내에 해지할 권리를 유보하였다면 그러한 사유가 발생하는 경우 해지를 통고할 수 있다(제636조). 임대차기간을 약정하지 않은 경우에는 당사자가 언제든지 계약해지의 통고를 할 수 있다(제635조 제1항). 임차인이 파산선고를 받은 경우에는 임대인 또는 파산관재인이 해지통고를 할 수 있다(제637조 제1항). 이러한 해지통고는 일정기간 지나야 효력이 발생한다(제635조 제2항).

(ii) 이 외에도 임차인의 의사에 반하여 임대인이 보존행위를 하여 임차인이 임차목적을 달성할 수 없는 경우(제625조), 임차물의 일부가 임차인의 과실없이 멸실 기타 사유로 사용·수익할 수 없어 그 잔존부분으로 임차의 목적을 달성할 수 없는 경우(제627조), 임차인이 임대인의 동의없이 그 권리를 양도하거나 임차물을 전대한 경우(제629조), 차임연체액이 2기의 차임액에 달하는 경우(제640조, 제641조) 등일 때 임대차계약을 해지할 수 있다.

2 보증금

보증금은 임대인의 차임채권, 손해배상채권 등을 담보하기 위하여 임차인이나 제3자가 임대인에게 지급하는 금전 또는 기타의 유가물이다. 임대차가 종료되어 임차물과 보증금을 서로 반환하는 경우 임대인은 보증금으로부터 이러한 모든 채권액을 공제한 후 그 나머지만을 반환하게 된다. 이러한 임대인의 보증금반환의무는 임차인의 임차물반환의무와 서로 동시이행의 관계에 있다.

제4절

주택임대차와 상가건물임대차

민법이 임대차에 관하여 규정하고 있지만 주택과 상가를 임차하는 경우 임차인의 권리를 더욱 보호하기 위하여 1981년 주택임대차보호법과 2001년 상가건물임대차보호법을 제정하였다. 이들은 민법의 임대차 규정에 대한 특별법으로 민법에 우선하여 적용된다.

I 주택임대차보호법

1 보호대상

(i) 주택임대차보호법(주임법)은 원칙적으로 대한민국 국적을 갖고 주민등록을 할 수 있는 자연인을 보호대상으로 한다. 외국인은 그 보호대상이 아니지만 외국인등록과 체류지 변경신고로서 동등한 법적 보호를 받을 수 있다. 재외동포의 경우 장기체류하면서 국내거소신고나 거소이전신고의 요건을 갖추면 된다.

(ii) 법인은 원칙적으로 주임법의 보호를 받지 못한다. 예외적으로 한국토지주택공사, 주택사업을 목적으로 설립된 지방공사가 주택을 임차한 후 지방자치

단체의 장 또는 그 법인이 선정한 입주자가 인도받고 주민등록을 마친 경우에는 보호대상이 된다(제3조 제2항). 중소기업기본법 제2조에 따른 중소기업이 소속 직원의 주거용으로 임차한 후 그 직원이 해당 주택을 인도받고 주민등록을 마쳤을 때에도 보호대상이 된다(동조 제3항).

2 적용범위

주임법은 주거용 건물의 전부 또는 일부를 임대차하는 경우에 적용된다(제2조 전단). 주택의 일부를 주거 외 목적으로 사용하는 경우(동조 후단) 및 미등기건물을 주거목적으로 임차하는 경우에도 적용된다. 다만 숙박계약과 같은 일시사용을 위한 임대차에는 적용하지 않는다(제11조).

3 주임법상 대항력

민법상 임대차에서도 대항력을 확보하기 위하여 임대인의 협력을 얻어 임차권등기가 가능하다(제621조). 주임법에서는 주택을 인도받고 주민등록(전입 신고)을 하면 그 다음 날부터 제3자에 대항력을 갖게 된다(제3조 제1항). 전입신고를 할 때 다가구용 단독주택을 제외하고는 번지, 동, 호수 등을 정확히 기재해야 대항요건을 갖추게 된다. 그러나 대항력을 취득하였어도 임차인이 그 가족과 함께 일시적으로 주민등록을 이전하면 대항력은 소멸한다. 이 외에도 임대차종료시 법원에 임차권등기명령을 신청하여 대항력을 유지할 수도 있다(제3조 의3).

4 존속의 보장

주택임대차 기간의 약정이 없거나 2년 미만으로 정한 경우 그 기간은 2년으로 본다. 다만 임차인은 2년 미만으로 정한 기간을 주장할 수 있다(제4조 제1항).

가. 법정갱신

주택임대차 기간이 종료될 때 우선 합의에 갱신될 수도 있다. 그러나 임대인이 임대차기간 만료 전 6개월부터 2개월까지 갱신거절의 통지 또는 조건을 변경하지 아니하면 갱신하지 못한다는 뜻의 통지를 하지 않으면 법정갱신, 즉 묵시의 갱신이 성립한다(제6조 제1항 전단). 임차인이 임대차 종료 2개월 전까지 통지하지 않은 경우에도 같다(동조 동항 후단). 묵시의 갱신이 성립하면 임차내용은 종전과 동일하게 되지만, 존속기간은 2년으로 의제된다(동조 제2항). 다만 임차인이 2기의 차임액에 달하는 연체가 있는 등의 사유가 있다면 묵시의 갱신을 일어나지 않는다(동조 제3항). 묵시의 갱신이 성립한다고 하여도 임차인은 언제든지 임대인에게 해지를 통지할 수 있고, 그 통지가 도달한 후 3개월이 지나면 효력이 발생한다(제6조 의2).

나. 갱신요구권

임차인은 묵시적 갱신 외에도 갱신요구권을 행사하여 존속을 보장받을 수 있다. 임대차기간이 끝나기 6개월 전부터 2개월 전까지 임차인이 갱신을 요구하면 임대인은 거절할 수 없다(제6조의3의 제1항 본문). 갱신요구권은 1회에 한하여 행사할 수 있고, 갱신되면 전 임대차와 동일한 조건으로 2년의 기간을 더 보장받지만, 차임과 보증금은 증감될 수 있다(동조 제2항, 제3항). 그러나 임대인은 이러한 갱신요구권에 대하여 임대인 본인과 그 직계존속이나 직계비속이 실제 거주하려는 사유 등이 있는 경우 거절이 가능하다(동조 제1항 단서 각호). 만약 실제 거주사유로 갱신거절하였음에도 제3자에게 임대하였다면 임차인은 손해배상을 청구할 수 있다(동조 제5항). 이때 손해배상액은 갱신거절시 환산월차임의 3개월분, 제3자에게 임대한 환산월차임과 갱신거절시 환산월차임 차액의 2년분, 갱신거절로 임차인이 입은 손해액 가운데 가장 큰 금액으로 한다(동조 제6항).

5 보증금의 우선변제권

(i) 주택임대차가 종료하면 임차인은 임대인으로부터 보증금을 반환받아야 한다. 그럼에도 반환받지 못할 상황이 발생되면 임차인은 목적물로부터 우선변

제를 받을 수 있어야 한다. 우선변제권을 얻기 위해서는 임차인이 대항요건으로서 주택의 인도와 주민등록 외에 임대차계약서에 확정일자를 갖춰야 한다(제3조의2 제2항). 확정일자를 먼저 받고 대항력을 나중에 갖추면 대항력을 취득한 다음날이 기준이 되고, 반대로 대항력을 먼저 갖추고 확정일자를 나중에 얻으면 확정일자일을 기준으로 우선변제권을 취득한다.

(ii) 소액임차인의 경우 확정일자가 늦어 선순위로 변제받지 못하더라도, 만약 주택에 대한 경매신청 등기 전에 대항요건을 갖추었다면 보증금 중 일정액을 우선변제받을 수 있다(제8조 제1항). 이때 보호받는 보증금 중 일정액, 즉 최우선변제권이 인정되는 보증금의 범위는 주택가액의 2분의 1을 넘지 못한다(동조 제3항 단서).

[최우선변제권이 인정되는 보증금의 범위와 최우선변제되는 보증금액]

	보증금	최우선변제되는 보증금액
서울	1억 6,500만원 이하	5,500만원까지
수도권 과밀억제권역(인천 포함), 세종, 용인, 화성, 김포	1억 4,500만원 이하	4,800만원까지
광역시, 안산, 광주, 파주, 이천, 평택	8,500만원 이하	2,800만원까지
기타 지역	7,500만원 이하	2,500만원까지

6 임차권등기명령

(i) 주택임대차가 종료되어 임차인이 다른 곳으로 주거를 이전해야 되는 상황이라면, 우선변제권을 확보하기 위한 대항력을 유지할 수 없다. 이러한 문제를 해결하기 위해 임차인이 임차권등기명령을 신청할 수 있도록 하고 있다. 즉 보증금을 반환받지 못한 임차인이 임차권등기명령을 신청하면 대항력과 우선변제권을 취득하게 되고, 주거의 이전으로 대항요건을 상실하더라도 이미 취득한 대항력을 그대로 유지할 수 있게 하는 것이다(제3조의3 제5항).

(ii) 주의할 점은 임차인이 임차권등기를 하기 전에 기존에 유지하고 있던 점

유를 상실하면 임차권의 기존 대항력은 그때 소멸한다는 것이다. 유지하고 있던 점유의 상실로 기존의 대항력이 상실되면, 새롭게 임차권등기명령을 마친다고 하더라도 소멸하였던 대항력이 소급해서 회복되는 것이 아니라 임차권등기가 마쳐진 때부터 새로운 대항력이 발생하는 것이다. 기존의 대항력 상실 시점과 임차권등기명령이 마쳐진 시점 사이에 근저당권이 설정되었다면 그러한 근저당권은 임차권등기명령에 의해 대항력을 갖춘 임차권보다 선순위 권리에 해당한다. 만약 위 주택에 경매가 진행된다면 근저당권이 소멸하면서 임차권도 소멸하는 것이다(대법원 2025. 4. 15. 선고 2024다326398 판결).

(iii) 임차권등기가 마쳐진 주택을 그 이후에 임차한 임차인은 소액임차인에 해당하더라도 그에 따른 우선변제권을 확보할 수 없다(동법 동조 제6항).

이 계약서는 법무부가 국토교통부·서울시 및 관련 전문가들과 함께 민법, 주택임대차보호법, 공인중개사법 등 관계법령에 근거하여 만들었습니다. 법의 보호를 받기 위해 【중요확인사항】(별지1)을 꼭 확인하시기 바랍니다.

주택임대차표준계약서

□보증금 있는 월세

□전세 □월세

임대인(이름 또는 법인명 기재)과 임차인(이름 또는 법인명 기재)은 아래와 같이 임대차 계약을 체결한다

[임차주택의 표시]

소재지	(도로명주소)			
토지	지목		면적	㎡
건물	구조·용도		면적	㎡
임차할부분	상세주소가 있는 경우 동·층·호 정확히 기재		면적	㎡

계약의종류	ㅁ신규 계약	ㅁ합의에 의한 재계약
	ㅁ「주택임대차보호법」 제6조의3의 계약갱신요구권 행사에 의한 갱신계약 * 갱신 전 임대차계약 기간 및 금액 계약 기간:_____ 보증금:_____원, 차임:_____월 _____원	

미납 국세·지방세	선순위 확정일자 현황	
ㅁ 없음 (임대인 서명 또는 날인_____㊞) ㅁ 있음(중개대상물 확인·설명서 제2쪽 Ⅱ. 개업공인중개사 세부 확인사항 '⑨ 실제 권리관계 또는 공시되지 않은 물건의 권리사항'에 기재)	ㅁ 해당 없음 (임대인 서명 또는 날인_____㊞) ㅁ 해당 있음(중개대상물 확인·설명서 제2쪽 Ⅱ.개업공인중개사 세부 확인사항 '⑨ 실제 권리관계 또는 공시되지 않은 물건의 권리사항'에 기재)	확정일자 부여란 ※ 주택임대차계약서를 제출하고 임대차 신고의 접수를 완료한 경우에는 별도로 확정일자 부여를 신청할 필요가 없습니다.

[계약내용]

제1조(보증금과 차임 및 관리비) 위 부동산의 임대차에 관하여 임대인과 임차인은 합의에 의하여 보증금과 차임 및 관리비를 아래와 같이 지불하기로 한다.

보증금	금 _____________원정(₩_____________)
계약금	금 _________원정(₩_________)은 계약시에 지불하고 영수함. 영수자(_____인)
중도금	금 _________원정(₩_________)은 _____년 _____월 일에 지불하며
잔금	금 _________원정(₩_________)은 _____년 _____월 일에 지불한다

차임 (월세)	금 ______원정은 매월 _____일에 지불한다(입금계좌: ________)
관리비	(정액인 경우) 금 ____________원정(₩____________________)
	(정액이 아닌 경우) 관리비의 항목 및 산정방식을 기재

제2조(임대차기간) 임대인은 임차주택을 임대차 목적대로 사용·수익할 수 있는 상태로 ______년 ____월 _____일까지 임차인에게 인도하고, 임대차기간은 인도일로부터 _______년 _______월 ______일까지로 한다.

제3조(입주 전 수리) 임대인과 임차인은 임차주택의 수리가 필요한 시설물 및 비용부담에 관하여 다음과 같이 합의한다.

수리 필요 시설	□ 없음　　□ 있음(수리할 내용: ______________________)
수리 완료 시기	□ 잔금지급 기일인 ____년 ___월 ___일까지　□ 기타 (______)
약정한 수리 완료 시기까지 미수리한 경우	□ 수리비를 임차인이 임대인에게 지급하여야 할 보증금 또는 차임에서 공제 □ 기타(____)

제4조(임차주택의 사용·관리·수선) ① 임차인은 임대인의 동의 없이 임차주택의 구조변경 및 전대나 임차권 양도를 할 수 없으며, 임대차 목적인 주거 이외의 용도로 사용할 수 없다.

② 임대인은 계약 존속 중 임차주택을 사용·수익에 필요한 상태로 유지하여야 하고, 임차인은 임대인이 임차주택의 보존에 필요한 행위를 하는 때 이를 거절하지 못한다.

③ 임대인과 임차인은 계약 존속 중에 발생하는 임차주택의 수리 및 비용부담에 관하여 다음과 같이 합의한다. 다만, 합의되지 아니한 기타 수선비용에 관한 부담은 민법, 판례 기타 관습에 따른다.

임대인 부담	(예컨대, 난방, 상·하수도, 전기시설 등 임차주택의 주요설비에 대한 노후·불량으로 인한 수선은 민법 제623조, 판례상 임대인이 부담하는 것으로 해석됨)

임차인 부담	(예컨대, 임차인의 고의·과실에 기한 파손, 전구 등 통상의 간단한 수선, 소모품 교체 비용은 민법 제623조, 판례상 임차인이 부담하는 것으로 해석됨)

④ 임차인이 임대인의 부담에 속하는 수선비용을 지출한 때에는 임대인에게 그 상환을 청구할 수 있다.

제5조(계약의 해제) 임차인이 임대인에게 중도금(중도금이 없을 때는 잔금)을 지급하기 전까지, 임대인은 계약금의 배액을 상환하고, 임차인은 계약금을 포기하고 이 계약을 해제할 수 있다.

제6조(채무불이행과 손해배상) 당사자 일방이 채무를 이행하지 아니하는 때에는 상대방은 상당한 기간을 정하여 그 이행을 최고하고 계약을 해제할 수 있으며, 그로 인한 손해배상을 청구할 수 있다. 다만, 채무자가 미리 이행하지 아니할 의사를 표시한 경우의 계약해제는 최고를 요하지 아니한다.

제7조(계약의 해지) ① 임차인은 본인의 과실 없이 임차주택의 일부가 멸실 기타 사유로 인하여 임대차의 목적대로 사용할 수 없는 경우에는 계약을 해지할 수 있다.

② 임대인은 임차인이 2기의 차임액에 달하도록 연체하거나, 제4조 제1항을 위반한 경우 계약을 해지할 수 있다.

제8조(갱신요구와 거절) ① 임차인은 임대차기간이 끝나기 6개월 전부터 2개월 전까지의 기간에 계약갱신을 요구할 수 있다. 다만, 임대인은 자신 또는 그 직계존속 · 직계비속의 실거주 등 주택임대차보호법 제6조의3 제1항 각 호의 사유가 있는 경우에 한하여 계약갱신의 요구를 거절할 수 있다. (※ 별지2) 계약갱신 거절통지서 양식 사용 가능)

② 임대인이 주택임대차보호법 제6조의3 제1항 제8호에 따른 실거주를 사유로 갱신을 거절하였음에도 불구하고 갱신요구가 거절되지 아니하였더라면 갱신되었을 기간이 만료되기 전에 정당한 사유 없이 제3자에게 주택을 임대한 경우, 임대인은 갱신거절로 인하여 임차인이 입은 손해를 배상하여야 한다.

③ 제2항에 따른 손해배상액은 주택임대차보호법 제6조의3 제6항에 의한다.

제9조(계약의 종료) 임대차계약이 종료된 경우에 임차인은 임차주택을 원래의 상태로 복구하여 임대인에게 반환하고, 이와 동시에 임대인은 보증금을 임차인에게 반환하여야 한다. 다만, 시설물의 노후화나 통상 생길 수 있는 파손 등은 임차인

의 원상복구의무에 포함되지 아니한다.

제10조(비용의 정산) ① 임차인은 계약종료 시 공과금과 관리비를 정산하여야 한다.

② 임차인은 이미 납부한 관리비 중 장기수선충당금을 임대인(소유자인 경우)에게 반환 청구할 수 있다. 다만, 관리사무소 등 관리주체가 장기수선충당금을 정산하는 경우에는 그 관리주체에게 청구할 수 있다.

제11조(분쟁의 해결) 임대인과 임차인은 본 임대차계약과 관련한 분쟁이 발생하는 경우, 당사자 간의 협의 또는 주택임대차분쟁조정위원회의 조정을 통해 호혜적으로 해결하기 위해 노력한다.

제12조(중개보수 등) 중개보수는 거래 가액의 _____%인 ___________원(□ 부가가치세 포함 □ 불포함)으로 임대인과 임차인이 각각 부담한다. 다만, 개업공인중개사의 고의 또는 과실로 인하여 중개의뢰인간의 거래행위가 무효·취소 또는 해제된 경우에는 그러하지 아니하다.

제13조(중개대상물확인·설명서 교부) 개업공인중개사는 중개대상물 확인·설명서를 작성하고 업무보증관계증서(공제증서등) 사본을 첨부하여 _________년 _______월 _______일 임대인과 임차인에게 각각 교부한다.

[특약사항]

- 주택을 인도받은 임차인은 ______년 ____월 ____일까지 주민등록(전입신고)과 주택임대차계약서상 확정일자를 받기로 하고, 임대인은 위 약정일자의 다음날까지 임차주택에 저당권 등 담보권을 설정할 수 없다.
- 임대인이 위 특약에 위반하여 임차주택에 저당권 등 담보권을 설정한 경우에는 임차인은 임대차계약을 해제 또는 해지할 수 있다. 이 경우 임대인은 임차인에게 위 특약 위반으로 인한 손해를 배상하여야 한다.
- 임대차계약을 체결한 임차인은 임대차계약 체결 시를 기준으로 임대인이 사전에 고지하지 않은 선순위 임대차 정보(주택임대차보호법 제3조의6 제3항)가 있거나 미납 또는 체납한 국세·지방세가 _____원을 과하는 것을 확인한 경우 임대차기간이 초 시작하는 날까지 제5조에도 불구하고 계약금 등의 임대인에게 교부한 금전 기타 물건을 포기하지 않고 임대차계약을 해제할 수 있다.

- 주택 임대차 계약과 관련하여 분쟁이 있는 경우 임대인 또는 임차인은 법원에 소를 제기하기 전에 먼저 주택임대차분쟁조정위원회에 조정을 신청한다
  (□ 동의 □ 미동의)
  ※ 주택임대차분쟁조정위원회 조정을 통할 경우 60일(최대 90일) 이내 신속하게 조정 결과를 받아볼 수 있습니다.
- 주택의 철거 또는 재건축에 관한 구체적 계획
  (□ 없음 □ 있음 ※공사시기: ※ 소요기간: 개월)
- 상세주소가 없는 경우 임차인의 상세주소부여 신청에 대한 소유자 동의여부
  (□ 동의 □ 미동의)

※ 기타

____

____

____

본 계약을 증명하기 위하여 계약 당사자가 이의 없음을 확인하고 각각 서명·날인 후 임대인, 임차인, 개업공인중개사는 매 장마다 간인하여, 각각 1통씩 보관한다.

______년 ______월 ______일

<table>
<tr><td rowspan="3">임
대
인</td><td>주소</td><td colspan="7"></td><td rowspan="3">서명
또는
날인
㊞</td></tr>
<tr><td>주민등록번호</td><td colspan="2"></td><td>전화</td><td></td><td>성명</td><td></td></tr>
<tr><td>대리인</td><td>주소</td><td></td><td>주민등록번호</td><td></td><td>성명</td><td></td></tr>
<tr><td rowspan="3">임
차
인</td><td>주소</td><td colspan="7"></td><td rowspan="3">서명
또는
날인
㊞</td></tr>
<tr><td>주민등록번호</td><td colspan="2"></td><td>전화</td><td></td><td>성명</td><td></td></tr>
<tr><td>대리인</td><td>주소</td><td></td><td>주민등록번호</td><td></td><td>성명</td><td></td></tr>
<tr><td rowspan="2"></td><td>사무소소재지</td><td colspan="2"></td><td>사무소소재지</td><td colspan="4"></td></tr>
<tr><td>사무소명칭</td><td colspan="2"></td><td>사무소명칭</td><td colspan="4"></td></tr>
</table>

개업공인중개사	대표	서명 및 날인	(인)		대표	서명 및 날인	(인)	
	등록번호		전화		등록번호		전화	
	소속공인 중개사	서명 및 날인	(인)		소속공인 중개사	서명 및 날인	(인)	

법무부 홈페이지 참조(https://www.immigration.go.kr/bbs/moj/118/569781/artclView.do)

Ⅱ 상가건물임대차보호법

1 적용범위

상가건물임대차보호법(상임법)은 자연인을 보호대상으로 삼고 있지 않으며, 사업자등록의 대상이 되는 상가건물로서 주된 부분을 영업용으로 사용하는 경우에 적용된다(제2조 제1항). 주임법과 마찬가지로 일시사용을 위한 임대차임이 명백한 경우에는 적용되지 않는다(제16조). 그런데 모든 상가건물임대차에 적용되는 것은 아니고 지역별로 일정 보증금 이하의 경우에 적용된다. 상가임대차에서는 환산보증금제도를 적용하기 때문에 월 단위의 차임에 100을 곱한 후 보증금과 합산한 금액이 임차보증금이 된다(제2조 제2항). 다만, 대항력, 계약갱신요구 및 계약갱신의 특례, 권리금, 차임연체로 인한 해지, 표준계약서의 작성 등의 규정은 지역별로 정해진 보증금의 일정 기준금액을 초과하는 임대차에 대해서도 적용된다(동조 제3항).

2 존속의 보장

기간을 약정하지 않았거나 1년 미만으로 정한 경우 1년으로 간주하지만, 임차인은 1년 미만으로 주장할 수 있다(제9조 제1항). 상가건물임대차도 합의에 의해 갱신되거나 묵시의 갱신이 성립할 수 있다. 묵시의 갱신은 상가임대차 만료되기 6개월 전부터 1개월 전까지 갱신거절의 통지 또는 계약조건 변경의 통지를 하지 않으면 전 임대차와 동일한 조건으로 임대한 것으로 본다(제10조 제4항). 이때 존속기간은 1년으로 의제되지만 임차인은 언제든지 해지통고가 가능하고 임대인이 통고받은 날부터 3개월이 지나면 효력이 발생한다(동조 제5항). 이 외에도 임차인은 기간 만료 전 6개월부터 1개월까지 사이 갱신을 요구할 수 있고 임대인은 거절할 수 없다(동조 제1항 본문). 갱신요구는 최초 임대차기간을 포함한 전체 임대차기간이 10년을 초과하지 않는 범위에서 가능하며(동조 제2항), 전 임대차와 동일한 조건으로 다시 계약한 것으로 본다(동조 제3항). 그럼에도 임대인은 임차인이 3기의 차임액을 연체하였다는 사실 등이 존재하면 갱신을 거절할 수 있다(동조 제1항 단서 각호).

3 대항력과 우선변제권, 임차권등기명령

(i) 상가건물 임차인은 목적물을 인도받고 사업자등록신청을 한 다음 날부터 대항력을 취득한다(제3조 제1항). 대항력을 갖춘 임차인은 관할세무서장으로부터 임대차계약서상에 확정일자를 받으면 우선변제권을 취득한다(제4조 제1항). 주임법과 마찬가지로 상가건물에 대한 경매신청 등기 전 대항요건을 취득한 소액임차인이라면 우선변제권을 보호받는다(제14조 제1항).

(ii) 임대차가 종료되었음에도 상가건물 임차인이 임대인으로부터 보증금을 반환받지 못한다면, 주택임차인과 마찬가지로 임차권등기명령을 신청할 수 있다(제6조 제1항). 주임법과 마찬가지로 임차권등기명령에 의하여 임차권등기가 있게 되면 임차인은 대항력과 우선변제권을 취득한다(동조 제5항 본문). 기존에 이미 취득하고 있던 대항력과 우선변제권은 계속 유지되며, 임차권등기 이후에 대항요건을 상실하더라도 대항력과 우선변제권을 잃지 않게 된다(동조 동항 단서). 그런데 소액임차인이 이러한 임차권등기를 마친 건물을 그 이후에 임차하게 된다면 최우선변제권을 행사할 수 없다(동조 제6항).

4 권리금

(i) 권리금은 유형·무형의 재산적 가치의 양도 또는 이용대가로서 임대인, 임차인에게 보증금과 차임 이외에 지급하는 금전 등의 대가를 의미한다(제10조의3 제1항). 보통 임대인은 임대차 종료 6개월 전부터 임대차 종료 시까지 임차인이 주선한 신규임차인이 되려는 자로부터 권리금을 지급받는 것을 방해해서는 안 된다(제10조의4 제1항 본문). 다만, 임대인에게 계약갱신요구를 거절할 정당한 사유가 있다면, 가령 임차인이 3기의 차임액에 해당하는 금액에 이르도록 차임을 연체한 사실 등이 있는 경우에는 그러하지 않다(동항 단서).

(ii) 신규임차인에게 보증금 또는 차임을 지급할 자력이 없다거나 임대차 목적물인 상가건물을 1년 6개월 이상 영리목적으로 사용하지 않을 경우 등이 존재한다면, 그것은 정당한 사유로서 임대인은 임차인이 주선한 신규임차인과 임대차계약의 체결을 거절할 수 있다(동항 제4호, 동조 제2항). 이에 따라 임차인은 자신이 알고 있는 신규임차인에 대한 정보를 임대인에게 제공해야 한다(동조 제5항).

임대인이 권리금회수를 방해하여 임차인에게 손해가 발생하였다면, 그 손해배상액은 신규임차인이 지급하기로 한 권리금과 임대차 종료 당시 권리금 중 낮은 금액을 넘지 못한다(동조 제3항). 이와 관련된 손해배상청구권의 소멸시효는 임대차가 종료한 날로부터 3년이다(동조 제4항). 상가건물이 유통산업발전법 제2조에 따른 대규모점포 또는 준대규모점포의 일부인 경우와 국유재산법에 따른 국유재산 또는 공유재산 및 물품 관리법에 따른 공유재산인 경우에는 권리금 회수 방해금지 규정을 적용받지 않는다(제10조의5).

제11장

각종 사고와 손해배상

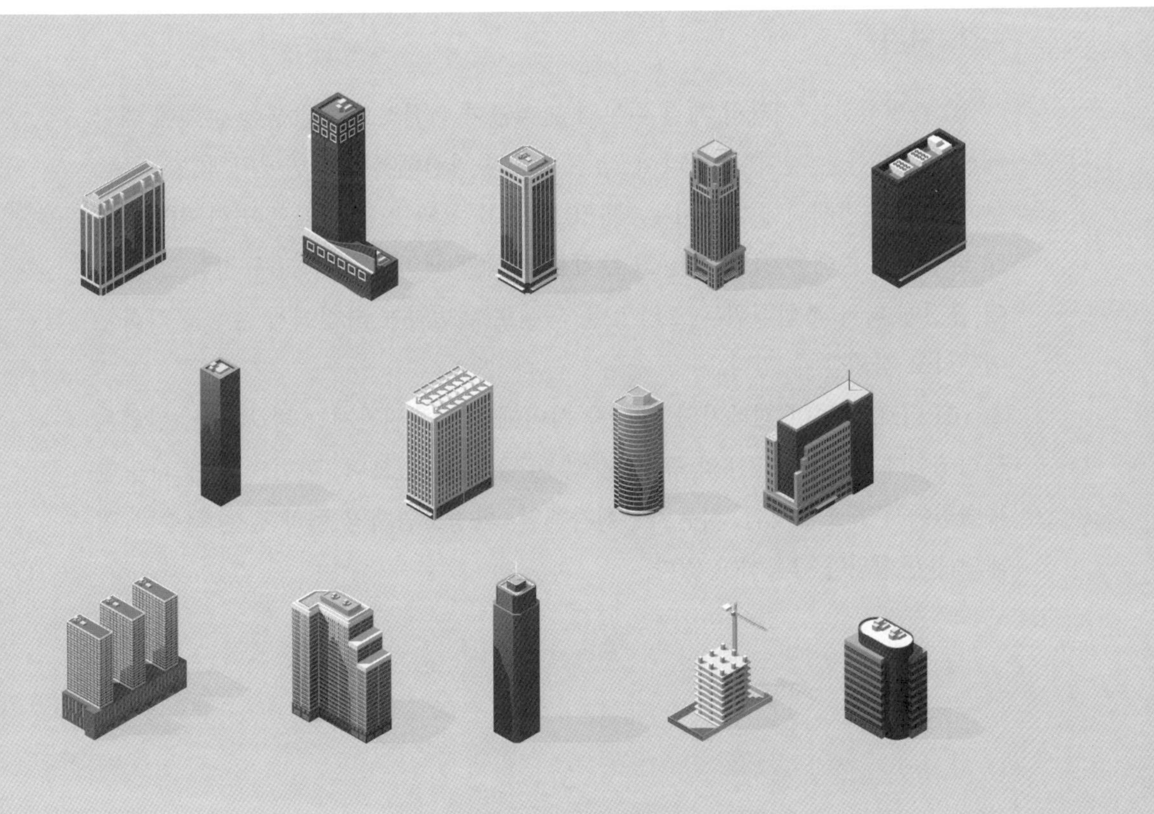

제1절

불법행위

I 서설

1 불법행위의 의의 및 성질

가. 의의

(i) 불법행위는 계약의 체결 여부와 관계없이 현실적으로 발생한 손해에 대한 배상책임을 묻는 것이다. 따라서 각종 사고와 관련해서는 불법행위책임이 종종 문제된다. 불법행위에 대해서는 제750조에서 "고의 또는 과실로 인한 위법행위로 타인에게 손해를 가한 자는 그 손해를 배상할 책임이 있다"고 규정하고 있다. 이 규정에 따라 불법행위는 고의 또는 과실로 위법하게 타인에게 손해를 가하는 행위라고 정의할 수 있다.

(ii) 이로 인하여 피해자와 가해자 사이에 법정채권관계가 발생한다. 민법은 불법행위에 관하여 17개의 규정(제750조 내지 제766조)을 두고 있으며, 민법 이외에 다양한 특별법에서 제조물책임, 자동차운행자책임, 환경오염책임 등과 같은 특수한 형태의 불법행위를 규율하고 있다.

나. 성질

(i) 불법행위는 채무불이행과 더불어 대표적인 위법행위이다. 그런데 어떠한 행위가 위법한지 여부를 판단하는 것이 항상 쉬운 일은 아니다. 특히 인격적 법익이 침해된 경우에는 그 침해행위가 위법한지 여부를 판단하기 어려운 경우도 있다. 그리고 불법행위는 법률요건에 해당된다.

(ii) 불법행위라는 법률요건은 손해배상책임이라는 법률효과를 발생시킨다. 손해배상책임은 불법행위 외에도 채무불이행으로 인하여 발생할 수도 있고, 매도인의 담보책임(제570조 이하)이나 계약체결상 과실책임(제535조)의 효과로도 인정된다.

2 민사책임과 형사책임

가. 민사책임과 형사책임의 의의 및 구분

민사책임은 불법행위에 의한 손해배상책임이고, 형사책임은 형사상의 형벌에 의한 제재이다. 오늘날에는 민법이라는 법률과 형법이라는 법률이 따로 존재하고, 재판과정도 민사소송과 형사소송이 따로 존재한다. 이에 따라 어떠한 가해행위로 피해를 입었을 경우에 손해배상을 받기 위해서는 소를 제기하여 민사소송절차를 거쳐야 하고, 가해자를 처벌하게 하기 위해서는 기소를 하여 형사소송절차를 거쳐야 한다.

나. 민사책임과 형사책임의 차이

(i) 민사책임은 피해자에게 생긴 손해를 메워주는 '손해전보'에 목적이 있는 반면, 형사책임은 행위자에 대한 응보 또는 장래에 발생할 수 있는 해악 발생의 방지에 목적이 있다. 민사책임은 가해자에게 고의 또는 과실이 있는 경우에 손해를 배상하게 하는 것이므로 고의의 경우와 과실의 경우에 책임의 경중에 차이가 없음이 원칙이다. 다만 비재산적 손해에 대한 배상책임, 즉 위자료를 산정함에 있어서는 차이가 있을 수 있다.

(ii) 형사책임은 고의범을 처벌하는 것이 원칙이며, 과실범은 예외적으로 처벌규정이 있는 경우에만 처벌되는데, 형법은 과실범을 처벌하는 규정을 많이 두

고 있지는 않다. 예를 들면 과실로 다른 사람의 재물을 손괴한 경우에 형법상 이를 처벌하는 규정이 없어서 처벌되지 않는다. 과실로 다른 사람을 사망하게 한 경우에는 형법상 과실치사죄에 대한 규정(형법 제267조)이 있으므로, 이 규정에 따라 처벌된다.

(iii) 민사책임에서는 손해가 생기지 않는 미수(未遂)는 문제되지 않는다. 이 경우에는 손해가 발생하지 않았으므로 손해배상책임 문제가 발생하지 않는다. 그러나 형사책임에 있어서는 미수, 예비, 음모도 처벌규정이 있으면 처벌된다. 왜냐하면 형사책임의 목적에 의하면 미수, 예비, 음모도 처벌할 필요성이 인정될 수 있기 때문이다.

다. 민사책임과 형사책임의 관계

(i) 민사책임과 형사책임은 완전히 별개의 것이며, 민사책임과 형사책임의 발생요건이 다르므로 하나의 가해행위에 의하여 두 책임이 모두 생기는 때가 있는가 하면, 어느 하나의 책임만 생길 수도 있다. 예를 들면 과실로 다른 사람의 재물을 손괴한 경우에 민법상 불법행위에 기한 손해배상책임과 같은 민사책임은 발생하지만, 형사책임은 인정되지 않는다. 형법에는 과실손괴에 대하여 처벌하는 규정이 존재하지 않기 때문이다.

(ii) 제도상 구분되어 있는 민사재판과 형사재판에서 그 결과가 달라질 수도 있지만, 가해자가 형사상 유죄판결을 받으면 민사적으로도 손해배상책임이 인정될 가능성이 높다. 민사책임과 형사책임이 모두 발생하는 경우에 어느 하나의 책임을 졌다고 해서 다른 책임을 면하는 것은 아니다. 그리고 가해자가 손해배상을 했다고 해서 형사책임을 면하게 되지는 않는다.

3 과실책임과 무과실책임

가. 과실책임의 원칙

과실책임의 원칙은 개인이 다른 사람에게 가한 손해에 대해서는 그 행위가 고의 또는 과실에 기한 경우에만 책임을 진다는 원칙으로서, 민법의 기본원리

중 하나이다. 민법은 제750조에서 불법행위에 관하여 이를 규정하고 있으며, 채무불이행에 관해서는 제390조에서 이를 규정하고 있다. 과실책임의 원칙이 갖는 의미는 손해가 발생하였다는 결과만으로 손해배상책임이 인정되지 않는다는 점이다. 즉 개인이 적절한 주의를 베풀어 과실이 인정되지 않는다면, 설사 그 행위의 결과 손해가 발생했더라도 손해배상책임을 부담하지 않는다. 과실책임의 원칙은 개인의 자유로운 활동을 보장하는 기능을 한다.

나. 무과실책임론과 그 입법

(i) 과학기술이 발달하면서 손해 발생에 과실이 없다고 인정되는 상황이 많이 나타나고, 과실이 있다고 하더라도 이를 증명하기가 쉽지 않은 경우가 증가하기 때문에 과실이 없어도 책임을 진다는 무과실책임론이 주장되었고, 필요한 분야에서는 무과실책임을 수용하는 입법을 하고 있다. 특히 기업과 같이 무과실책임이 인정되면 책임을 지는 자는 손해를 대금·요금 등의 형식으로 소비자나 이용자에게 분담시키거나 책임보험제도에 의해 손실을 같은 위험을 지는 자 사이에 분산시키게 된다.

(ii) 민법에서는 공작물의 소유자책임(제758조)이 무과실책임으로 되어 있으며, 현재 여러 분야에서 무과실책임을 인정하는 입법을 하고 있다. 예를 들면 환경오염 또는 환경훼손으로 인하여 피해가 발생한 경우에 해당 환경오염 또는 환경훼손의 원인자가 지는 무과실책임(환경정책기본법 제44조), 원자력손해에 대한 원자력사업자의 무과실책임(원자력손해배상법 제3조), 제조물의 결함으로 인한 손해에 대한 제조업자의 무과실책임(제조물책임법 제3조), 도로·하천 등 공공의 영조물의 설치나 관리에 하자가 있어 타인에게 손해가 발생한 경우에 국가나 지방자치단체가 지는 무과실책임 등을 들 수 있다(국가배상법 제5조). 그리고 자동차의 운행으로 인한 타인의 사망·부상에 대한 자동차운행자의 책임의 경우에는 과실의 증명책임을 전환하여 사실상 무과실책임으로 하고 있다(자동차손해배상보장법 제3조).

4 불법행위책임과 계약책임의 관계

(i) 일정한 사안에서는 동일한 사실로부터 계약책임의 요건과 불법행위의 요

건을 모두 충족시켜서 피해자가 채무불이행으로 인한 손해배상청구권과 불법행위에 의한 손해배상청구권을 선택적으로 행사할 수 있는 경우가 발생하기도 하는데, 여기에서 불법행위책임과 계약책임의 관계가 문제된다. 이 경우에 판례는, 피해자는 두 권리 중 자신이 원하는 것을 자유롭게 선택하여 행사할 수 있다는 이른바 '청구권경합설'의 입장을 취한다(대법원 2021. 6. 24. 선고 2016다210474 판결). 물론 어느 하나의 권리를 행사하여 손해배상을 받은 후에는 다른 권리를 더 이상 행사하지 못한다.

(ii) 불법행위책임과 계약책임은 여러 가지 면에서 차이가 있는데, 대체로 계약책임을 묻는 것이 채권자에게 유리하다고 할 수 있다. 왜냐하면 불법행위책임에서는 제750조에 따라 피해자가 가해자의 고의 또는 과실을 증명해야 하는 것과 달리 계약책임에서는 제390조에 의해 가해자인 채무자가 자신에게 고의 또는 과실이 없었음을 증명해야 하기 때문이다.

Ⅱ 일반 불법행위의 성립요건

1 개관

민법상의 불법행위는 일반 불법행위(제750조)와 특수 불법행위(제755조 내지 제760조)로 나누어진다. 일반 불법행위의 성립요건은 ① 가해자의 고의 또는 과실에 의한 행위가 있을 것(가해자의 고의·과실), ② 가해자에게 책임능력이 있을 것(가해자의 책임능력), ③ 가해행위가 위법할 것(가해행위의 위법성), ④ 가해행위에 의해 손해가 발생할 것(가해행위에 의한 손해 발생)의 네 가지가 있다. 이 중에서 ①과 ②는 가해자를 표준으로 판단하는 주관적 요건이며, ③과 ④는 객관적 요건이다.

2 가해자의 고의·과실에 의한 행위

(i) 불법행위가 성립하기 위해서는 가해자의 고의 또는 과실에 의한 행위가 있어야 한다. 불법행위에서의 고의는 일정한 결과의 발생을 인식하면서 행위를

하는 심리상태이며, 과실은 일정한 결과의 발생을 인식했어야 함에도 불구하고 부주의로 인하여 인식하지 못하고 행위를 하는 심리상태이다. 미필적 고의도 고의로 보며, 고의가 위법함을 인식할 필요까지는 없다.

[미필적 고의]

미필적 고의란 고의의 지적·의지적 요소가 가장 위축된 형태의 약한 고의로서, 행위자가 객관적 구성요건의 실현가능성을 충분히 인식하고 또한 그것을 감수하는 의사를 표명한 경우를 말한다. 이러한 미필적 고의는 가장 불확정적인 고의의 형태이므로 과실, 특히 인식 있는 과실과의 구별이 모호하다. 그러나 고의와 과실은 형벌의 경중에서도 커다란 차이가 있으므로 그 구별을 확실히 할 필요가 있다. 이에 대해서는 많은 이론이 제시되고 있다. 이와 관련하여 판례는 행위자가 결과 발생의 가능성을 인식하면서도 이를 용인(容認)한 경우는 미필적 고의이고, 용인하지 않은 경우는 인식 있는 과실이 된다고 한다. 즉 미필적 고의가 성립하려면 인화물질 근처에서의 흡연은 위험하다는 인식과 같은 '결과 발생의 가능성에 대한 인식'이 있어야 함은 물론, 나아가 화재가 발생하여도 어쩔 수 없다는 범의(犯意)와 같은 '결과 발생을 용인하는 내심의 의사'가 있어야 한다(대법원 1987. 2. 10. 선고 86도2338 판결).

(ii) 과실행위란 자신의 행위로 인한 결과 발생을 예견할 수 있었고 또 그러한 결과 발생을 회피할 수 있었음에도 사회생활상 요구되는 주의의무를 위반하는 행위를 말한다. 불법행위에 있어서의 과실은 보통 평균인의 주의력을 기준으로 하는 추상적 과실을 의미한다. 그 결과 과실에 있어서 기준이 되는 주의는 보통 평균인이 베푸는 정도의 주의, 즉 '선량한 관리자의 주의'이다.

(iii) 고의나 과실이 있다면 행위가 작위이든 부작위이든 관계없다. 부작위에 의한 불법행위는 계약 등을 통하여 작위의무가 부여된 사람이 본인의 작위의무를 저버리고 아무런 조치를 하지 않은 경우에 인정된다. 불법행위의 성립에 관한 한 과실은 경과실이든 주의의무의 현저한 위반을 의미하는 '중과실'이든 상관없다.

(iv) 가해자의 행위가 고의나 과실에 기인했는지는 원칙적으로 불법행위의 성립을 주장하는 피해자가 증명하여야 한다. 그러나 민법이나 특별법에서 가해자인 피고가 자신에게 고의·과실이 없었음을 증명하지 못하면 책임을 지도록 증명책임을 전환하는 경우도 있다.

3 가해자의 책임능력

가. 책임능력의 의의

책임능력이란 자기의 행위에 대한 책임을 인식할 수 있는 지능으로서, 자기의 행위에 의해 발생하는 결과가 위법한 것으로서 법률상 비난받는 것임을 인식할 수 있는 정신능력을 말한다. 이러한 책임능력은 불법행위능력이라고도 하는데, 그 이유는 이 능력이 없으면 불법행위가 성립되지 않기 때문이다. 책임능력이 있는지 여부는 행위 당시를 기준으로 하여 구체적으로 판단한다. 따라서 연령 등에 의해 획일적으로 책임능력의 인정 여부가 결정되지 않는다.

나. 미성년자의 책임능력

(i) 책임능력이 없는 미성년자는 불법행위책임을 지지 않지만(제753조), 미성년자라도 책임능력이 있으면 책임을 지게 된다. 다만 가해행위를 한 자가 면책되는 경우에 그를 감독할 의무가 있는 자가 책임을 지는 경우가 있다(제755조). 미성년자의 경우에는 원칙적으로 책임의 변식능력을 개별적으로 판단해야 한다. 따라서 미성년자가 어느 정도의 연령에서 책임능력을 갖추는가에 대한 기준은 없지만, 대체로 12세를 전후하여 책임능력을 갖추는 것으로 볼 수 있다.

(ii) 판례는 보통 연령을 기준으로 책임의 변식능력 여부를 판단하기도 한다. 판례의 대략적인 경향을 설명하면 일반적으로 판례는 12세 미만자의 책임능력을 대체로 부정하며(대법원 1977. 8. 23. 선고 77다604 판결), 12세 이상 14세 미만자에 대해서는 구체적 사정을 고려하여 사안별로 판단한다. 예를 들면 판례 중에는 13세 5개월된 자에게 책임능력이 없다고 판시한 것이 있는가 하면(대법원 1977. 5. 24. 선고 77다354 판결), 13세 6개월이 된 자에게는 책임능력이 있다고 판시한 것도 있다(대법원 1971. 4. 6. 선고 71다187 판결).

다. 심신상실자의 책임능력

심신상실 중에 타인에게 손해를 가한 자는 배상의 책임이 없다(제754조 본문). 여기에서 심신상실이란 판단능력이 없는 상태를 말한다. 심신상실의 상태를 가해자가 고의 또는 과실로 초래한 때에는 면책되지 않는다(동조 단서).

4 가해행위의 위법성

가. 위법성의 본질

(i) 불법행위가 성립하려면 가해행위가 위법해야 한다. 그런데 위법성을 어떤 기준에 의하여 판단할 것인지가 문제된다. 이에 대하여 일반적인 견해는 실정법뿐만 아니라 선량한 풍속 기타 사회질서도 기준으로 해야 한다는 '실질적 위법론'의 입장을 취한다. 한편 신체침해, 소유물의 멸실과 같은 '침해의 결과'가 발생하면 그 결과를 야기한 행위는 위법성 조각사유가 없는 한 위법하다고 보는 견해인 '결과위법론'이 일반적이다.

(ii) 위법성이란 "가해자의 행위가 법질서에 반한다"는 행위에 대한 평가를 말하는데, 이러한 평가는 대단히 어려운 문제이다. 판례는 침해법익이 물권이나 인격권(절대권)인 경우와 채권(상대권)인 경우를 나누어서 판단한다. 즉 물권이나 인격권과 같은 절대권이 침해되는 경우에는 위법성 판단이 일응 위법한 것으로 평가되어서 사실상 위법성 조각사유의 존재 여부가 주로 문제된다.

(iii) 채권과 같은 상대권은 제3자가 채권의 실현을 방해할 적극적인 의도로써 침해한 경우에만 위법성을 인정한다. 왜냐하면 채권은 물권과 달리 그 존재가 공시되지 않는 경우가 대부분이어서 채권의 존재를 모르고 침해행위를 한 가해자에게 과실이 있다고 볼 수 없고, 가해자의 과실을 인정하기 위해서는 사회생활상 요구되는 주의의무 위반이 있어야 하는데 특정인인 채무자에 대한 권리에 불과한 채권에 대하여 가해자에게 주의의무가 부과되는 경우는 드물기 때문이다.

나. 위법행위의 구체적인 예

(i) 불법행위는 가해자의 가해행위로 인하여 타인의 권리 내지 법익을 침해하는 것을 요건으로 하는 점에서, 위법성을 판단하는 데에는 침해되는 이익과 침해행위의 양자를 고려하여 판단해야 한다. 판례도 위법성 여부에 대하여 침해된 법익의 종류, 침해의 방법과 정도 등을 종합하여 '문제되는 행위마다 개별적·상대적'으로 판단한다(대법원 2020. 11. 26. 선고 2018다221676 판결).

(ii) 침해된 법익의 종류와 관련하여 생명, 신체, 인격권 등은 재산권보다 강하게 보호받는다. 일반적으로 판례는 소음 및 환경 침해, 조망권 및 일조권 침해 등의 위법성을 평가할 때에 '수인한도론'을 기초로 판단한다(대법원 2014. 2. 27. 선고 2009다40462 판결). 물론 재산적 이익이 침해된 경우에는 위법성을 비교적 쉽게 판단할 수 있다. 예를 들면 다른 사람의 소유물을 훼손하는 것은 그 사람의 소유권을 침해한 것으로서 위법하며, 다른 사람의 특허권, 저작권 등 지식재산권을 침해하는 것도 마찬가지로 위법하다. 그러나 생명, 신체, 자유, 명예, 초상(肖像), 성명(姓名), 정조(貞操) 등과 같은 인격적 이익이 침해된 경우에는 위법성 판단이 쉽지 않은 경우가 있다. 인격적 이익이 표현의 자유 등 다른 이익과 충돌하면 인격적 이익과 다른 이익의 비교 형량, 즉 어느 쪽의 이익이 더 우월한지를 평가하여 위법성을 판단해야 한다.

(iii) 가족권(친족권)에 대한 침해도 위법하다. 예를 들면 처(妻)에 대한 강간은 그 처 자신에 대한 불법행위이기도 하지만(정조 침해), 남편의 배우자로서의 권리를 침해한 것도 된다. 그리고 자녀를 유괴한 행위는 친권의 침해로서 위법하다.

다. 위법성의 조각

타인에게 손해를 발생시키는 행위라고 하더라도 일정한 사유가 있는 때에는 위법성이 없는 것이 되는데, 그러한 사유를 위법성 조각사유라고 한다. 민법은 위법성 조각사유로 정당방위(제761조 제1항)와 긴급피난(동조 제2항)을 규정하고 있으며, 그 외에 명문규정은 없지만 일반적인 견해 및 판례는 자력구제, 피해자의 승낙, 의사의 치료행위·운동경기 중 정당행위에 의한 상해와 같은 '정당행위'도 위법성을 조각한다고 해석한다(대법원 1979. 9. 11. 선고 79다522 판결).

5 가해행위에 의한 손해 발생

가. 손해의 발생

어떤 가해행위가 불법행위로 되려면 현실적으로 손해가 생겼어야 한다. 판례는 대체로 '손해야기사건이 없었다면 있었을 법익의 현재의 상태와 법익침해로 인한 현재의 법익상태를 비교하여 발생한 재산상의 차이'를 손해로 보지만(차액설, 대법원 2024. 1. 4. 선고 2022다286335 판결), 일부 판례는 구체적 손해설에 따라 규범적 손해개념을 인정하기도 한다(대법원 1992. 12. 22. 선고 92다31361 판결). 또한 판례는 "타인의 불법행위로 인하여 상해를 입은 피해자에게 신체장애가 생긴 경우에 그 피해자는 그 신체장애 정도에 상응하는 가동능력을 상실했다고 봄이 경험칙에 합치되고, 피해자가 종전과 같은 직종에 종사하면서 종전과 다름없는 수입을 얻고 있다고 하더라도 당해 직장이 피해자의 잔존 가동능력의 정상적 한계에 알맞은 것이었다는 사정까지 나타나지 않는 한, 피해자의 신체훼손에도 불구하고 바로 피해자가 재산상 아무런 손해를 입지 않았다고 단정할 수는 없다"고 판시한 바 있다(대법원 1992. 12. 22. 선고 92다31361 판결). 요컨대 판례는 주로 차액설의 입장으로 손해를 판단하면서도 차액설에 의한 한계를 규범적 손해개념으로 보완하고 있다고 볼 수 있다.

나. 가해행위와 손해발생 사이의 인과관계

(i) 불법행위로 인한 손해배상책임이 인정되려면 가해행위와 손해발생 사이에 인과관계가 있어야 한다. 이 인과관계에 대하여 판례는 채무불이행에 있어서와 마찬가지로 이른바 상당인과관계로 해석한다(대법원 2007. 7. 13. 선고 2005다23599 판결). 즉 손해가 인정된다고 하더라도 그 손해가 가해자의 가해행위와 상당인과관계가 인정되어야 한다. 다만 인과관계가 인정되는 손해라 해도 배상이 인정되지 않을 수도 있다. 왜냐하면 이는 배상범위의 확정단계에서 결정되어야 할 문제이기 때문이다.

(ii) 피해자가 손해의 발생 및 인과관계에 대한 증명책임을 부담한다. 그러나 의료사고, 환경사고와 같은 현대의 다양한 사고형태를 감안하면, 피해자가 손해의 발생 및 인과관계를 증명한다는 것은 대단히 어려운 일이다. 이에 따라 판례는 이러한 사정을 감안하여 최근 인과관계의 증명을 완화시키는 방법을 모색하고 있다(대법원 2016. 12. 29. 선고 2014다67720 판결).

Ⅲ 특수 불법행위

1 개요

일반 불법행위의 성립요건과 다른 특수한 요건이 정해져 있는 불법행위를 통틀어서 특수 불법행위라고 한다. 민법이 규정하는 특수 불법행위에는 책임무능력자의 감독자의 책임(제755조), 사용자책임(제756조), 공작물 등의 점유자·소유자의 책임(제758조), 동물점유자의 책임(제759조), 공동불법행위자의 책임(제760조) 등이 있다. 민법이 규정하는 특수 불법행위에는 고의·과실의 증명책임을 피해자로부터 가해자에게 전환한 경우가 많은데, 이를 중간적 책임이라고 한다. 이 경우에는 피해자가 고의·과실을 증명할 필요가 없으며, 오히려 가해자가 자신에게 고의·과실이 없었음을 증명하지 못하면 책임을 지게 된다. 그 결과 피해자를 두텁게 보호하게 된다.

2 책임무능력자의 감독자책임

(i) 책임무능력자가 책임능력이 없어서(제753조, 제754조) 불법행위책임을 지지 않는 경우에는 친권자, 후견인과 같이 '책임무능력자를 감독할 법정의무 있는 자'와 학교장, 유치원장, 정신병원장과 같이 '감독의무자에 갈음하여 무능력자를 감독하는 자'는 무능력자가 제3자에게 가한 손해를 배상할 책임이 있다(제755조). 물론 법정감독자 및 대리감독자가 책임무능력자의 불법행위에 대하여 책임을 지려면 가해자에게 책임능력이 없다는 것 이외에 유책사유와 위법성과 같은 다른 불법행위의 성립요건은 충족되어야 한다. 다만 감독의무자가 감독의무를 게을리 하지 않았음을 증명하면 면책될 수 있다(동조 제1항 단서).

(ii) 책임무능력자가 미성년자인 경우에는 그의 친권자가 법정감독의무자이며, 취학 아동이라면 학교 또는 유치원의 교사나 교장 등이 감독의무자에 갈음하여 무능력자를 감독하는 자가 될 것이다. 다만 교사나 교장은 학교 내에서의 교육활동 및 이와 밀접 불가분의 관계에 있는 생활관계에 한하여 대리감독자로서 책임을 진다. 대리감독자가 있다는 사실만 가지고는 친권자의 법정감독책임

이 면책되지는 않는다. 따라서 법정감독자와 대리감독자가 모두 있는 경우에 그들은 피해자에게 부진정연대책임을 부담한다.

(iii) 미성년자가 책임능력이 있다면 설령 그 자가 변제자력이 없다고 하더라도 책임무능력자의 법정감독자 및 대리감독자는 제755조 소정의 책임을 질 필요가 없다. 물론 피해자는 그들을 상대로 유책사유인 '감독의무를 위반한 사실' 등을 증명하여 일반 불법행위에 기한 손해배상을 청구할 수는 있지만(제750조), 실제로 그들의 유책사유를 증명하기는 어렵다.

3 사용자의 책임

가. 의의

사용자책임이란 피용자가 사무집행에 관하여 제3자에게 손해를 가한 경우에 사용자 또는 사용자에 갈음하여 그 사무를 감독하는 자가 그에 대하여 지는 배상책임을 말한다(제756조). 사용자책임이 인정되는 근거는 타인을 사용하여 이익을 얻고 있는 자는 그 피용자가 주는 손해에 대해서도 책임을 져야 한다는 보상책임의 원리를 드는 것이 일반적이다.

나. 요건

(1) 타인을 사용하여 어느 사무에 종사하게 했을 것

사용자책임이 인정되기 위해서는 가해자인 불법행위자가 사용자의 피용자에 해당되어야 한다. '사무'란 일반적으로 말하는 일이며, 매우 넓은 의미이다. 또한 "타인을 사용한다"는 것은 사용자가 피용자를 실질적으로 지휘·감독하는 관계, 즉 사용관계에 있음을 말한다. 위임의 경우에도 위임인과 수임인 사이에 지휘·감독관계가 있고 수임인의 불법행위가 외형상 객관적으로 위임인의 사무집행과 관련된 경우에는 위임인은 수임인의 불법행위에 대하여 사용자책임을 진다. 실질적으로 지휘·감독관계가 있는지 여부는 객관적·규범적으로 볼 때 사용자가 그 불법행위자를 지휘·감독해야 할 지위에 있었느냐를 기준으로 판단한다.

(2) 피용자가 그 사무집행에 관하여 손해를 가했을 것

피용자의 불법행위에 사무집행관련성이 인정되어야 한다. 그런데 어떤 행위가 사무집행에 관한 행위인지 문제된다. 이에 대하여 판례는 원칙적으로 피용자의 직무범위에 속하는 행위이어야 할 것이지만, 직무집행행위 자체는 아닐지라도 그 행위의 외형으로 관찰하여 마치 직무범위 내에 속하는 것과 같이 보이는 행위도 포함된다는 '외형이론'을 채택한다(대법원 1985. 8. 13. 선고 84다카979 판결). 또한 판례는 피용자의 불법행위가 사무집행행위에 해당되지 않음을 피해자 자신이 알았거나 중대한 과실로 알지 못한 경우, 피해자는 사용자책임을 물을 수 없다고 본다(대법원 2011. 11. 24. 선고 2011다41529 판결). 이는 본래 외형이론이 피용자와 거래한 상대방의 신뢰를 보호하려는 데에서 출발하였기 때문에 두어진 제한이다. 외형상 객관적으로 사용자의 사무집행과 관련된 것인지의 여부는 피용자의 본래 직무와 불법행위의 관련 정도 및 사용자에게 손해 발생에 대한 위험창출과 방지조치 결여의 책임이 어느 정도 있는지를 고려하여 판단한다.

(3) 제3자에게 손해를 가했을 것

여기에서의 '제3자'는 사용자와 가해행위를 한 피용자 이외의 자를 말한다.

(4) 피용자의 가해행위가 불법행위의 요건을 갖출 것

피용자의 가해행위가 불법행위의 일반성립요건을 구비하여야 한다. 물론 제756조에서 명시적으로 이를 언급하고 있지 않지만, 일반적인 견해 및 판례는 조문 체계상 당연히 피용자가 제750조의 불법행위의 성립요건을 모두 구비한 것을 전제로 사용자가 책임을 지는 것으로 이해한다(대법원 1981. 8. 11. 선고 81다298 판결). 사용자책임은 사용자 고유의 책임이 아니라 피용자의 불법행위책임을 사용자가 대신 지는 것으로 이를 대위책임이라고 한다. 따라서 사용자책임이 성립하기 위해서는 피용자의 가해행위가 고의·과실, 책임능력 등의 불법행위 성립요건을 갖추어야 한다(대법원 1981. 8. 11. 선고 81다298 판결).

(5) 사용자가 면책사유 있음을 증명하지 못할 것

제756조 제1항 단서에 따라 사용자는 피용자의 선임 및 그 사무 감독에 상당한 주의를 한 때 또는 상당한 주의를 기울여도 손해가 있을 경우에는 사용자

책임을 지지 않는다. 그 증명은 사용자가 해야 한다. 다시 말하면 사용자에 의한 동조 동항 단서의 면책사유의 증명이 없어야 한다. 다만 예외적으로 피용자의 행위가 사무집행행위에 해당되지 않음을 피해자가 이미 알고 있었으나 중대한 과실로 몰랐다면 사용자는 책임을 면한다.

다. 배상책임

(1) 배상책임자

위의 요건이 갖추어진 경우에 책임을 지는 자는 '사용자'(제756조 제1항)와 '사용자에 갈음하여 그 사무를 감독하는 자', 즉 대리감독자이다(동조 제2항).

(2) 피용자 자신의 책임

사용자책임이 성립하는 경우, 피용자는 이와 별도로 제750조에 의한 불법행위책임을 진다. 이 두 책임은 부진정연대채무의 관계에 있다.

(3) 피용자에 대한 구상권

사용자 또는 대리감독자가 피해자에게 배상한 때에는 피용자에 대하여 구상권을 행사할 수 있다(제756조 제3항). 그런데 판례는 신의칙상 상당하다고 인정되는 한도 내에서만 구상권을 행사할 수 있다는 입장을 취하여 사용자의 구상권 행사를 제한한다(대법원 1994. 12. 13. 선고 94다17246 판결).

4 공작물 등의 점유자·소유자의 책임

가. 공작물의 점유자책임

'공작물'이란 인공적 작업에 의하여 만들어진 물건을 말하며, 여기에는 건물·교량·전신주와 같은 '토지의 공작물', 천장·계단·광고판과 같은 '건물 내외의 설비', 자동차·항공기와 같은 '동적(動的)인 기업설비' 등이 있다. 현대사회는 무수하게 많은 공작물들이 존재한다. 이로 인하여 누구나 피해를 받을 수 있는 위험사회에 살고 있다고 보아도 무리가 아니다. 따라서 공작물의 설치 또는 보존의 하자로 인하여 타인에게 손해를 가한 때에는 제1차적으로 공작물의 점유자가 손해를 배상할 책임이 있다(제758조 제1항 본문). 다만 공작물의 점유자가 손해의 방지에 필요한 주의를 게을리하지 않은 때에는 면책된다(동조 동항 단서).

나. 공작물의 소유자책임

공작물의 점유자가 면책되는 경우에 2차적으로 공작물의 소유자가 책임을 진다(제758조 제1항 단서). 이 경우에 공작물의 소유자가 지는 책임은 면책이 인정되지 않는 무과실책임이다.

다. 공작물의 점유자 · 소유자의 구상권

공작물의 점유자 또는 소유자가 피해자에게 배상한 때에는 그 손해의 원인에 대하여 책임 있는 자가 있는 경우에 그에게 구상권을 행사할 수 있다(제758조 제3항).

라. 수목의 점유자 · 소유자의 책임

수목을 심고 기르거나 보존하는 데 하자가 있는 경우에 수목의 점유자와 소유자는 공작물에서와 같은 책임을 지며(제758조 제2항), 구상권도 같다(동조 제3항).

5 동물점유자의 책임

동물의 점유자 또는 점유자에 갈음하여 동물을 보관하는 자는 그 동물이 타인에게 가한 손해를 배상할 책임이 있지만, 동물의 종류와 성질에 따라 그 보관에 상당한 주의를 게을리하지 않은 때에는 배상책임이 없다(제759조).

6 공동불법행위

가. 의의

공동불법행위란 여러 사람이 공동으로 불법행위를 해서 타인에게 손해를 가하는 것을 말한다. 제760조는 공동불법행위의 경우에 공동행위자들이 연대하여 손해를 배상할 책임이 있다고 규정한다. 여기에서 '연대'의 의미에 대하여 일반적인 견해 및 판례는 부진정연대채무로 해석한다(대법원 1982. 4. 27. 선고 80다2555 판결). 피해자에게 손해를 배상한 공동불법행위자는 다른 공동불법행위자들에게 각자의 내부부담비율에 따라 구상권을 행사할 수 있다.

나. 좁은 의미의 공동불법행위

좁은 의미의 공동불법행위란 수인이 공동의 불법행위로 타인에게 손해를 가한 것을 말한다(제760조 제1항). 좁은 의미의 공동불법행위가 성립하려면 각 행위자의 가해행위 사이에 관련공동성이 있어야 한다. 여기에서 '공동'의 의미를 어떻게 이해할 것인지에 대하여 판례는 객관적 공동설의 입장을 취한다. 즉 판례는 행위자 상호간의 공모는 물론 공동의 인식을 필요로 하지 않으며, 가해행위가 객관적으로 관련성 및 공동성이 있으면 족하다고 한다(대법원 2009. 4. 23. 선고 2009다1313 판결).

다. 가해자 불명의 공동불법행위

공동 아닌 수인의 행위 중 어느 자의 행위가 그 손해를 가한 것인지를 알 수 없는 경우이다(제760조 제2항). 제760조 제2항은 여러 사람의 행위가 경합하여 손해가 생긴 경우 중 동조 제1항에서 말하는 공동의 불법행위로 보기에 부족할 때에 각각의 행위와 손해 발생 사이의 인과관계를 법률상 추정한 것이다. 그런데 전술한 바와 같이 판례는 동조 제1항의 '공동'의 의미에 대하여 객관적 공동설의 입장을 취하므로, 대부분이 좁은 의미의 공동불법행위로 인정된다. 따라서 실질적으로 동조 제2항이 문제된 사건은 많지 않다.

라. 교사, 방조

교사자나 방조자는 공동행위자로 본다(제760조 제3항). 여기에서 교사(教唆)란 타인으로 하여금 불법행위의 의사를 결정하게 하는 것을 말하며, 방조(幇助)란 불법행위의 보조적 행위로서, 불법행위를 용이하게 하는 직접·간접의 모든 행위를 의미한다.

제2절 불법행위의 효과

I 손해배상청구권의 발생

불법행위의 성립요건이 갖추어지면, 피해자는 가해자에 대하여 손해배상청구권을 취득하게 된다(제750조). 명예훼손의 경우에 피해자는 손해배상뿐만 아니라 명예회복에 적당한 처분을 통하여 구제받을 수도 있다(제764조). 예를 들면 가해행위자의 명예훼손행위에 대한 방해중지 및 예방청구를 하거나 정정보도를 명할 수도 있다. 인격권 침해에 대해서는 사전(예방적) 구제수단으로 침해행위의 정지·방지 등의 금지청구권을 인정해야 할 것이다.

II 손해배상청구권자

1 원칙

불법행위에 의해 손해를 입은 자, 즉 직접적 피해자가 손해배상청구권을 가지게 된다(제750조). 그리고 여기에서의 손해에는 재산적 손해뿐만 아니라 비재산적 손해, 즉 정신적 손해도 포함되므로 정신적 손해를 입은 자는 그 배상청구권, 즉 위자료청구권을 갖는다.

2 특수한 경우

가. 생명침해의 경우

(i) 생명침해의 경우 재산적 손해에 대한 배상청구권자가 누구인지 문제된다. 일반적인 견해 및 판례는 피해자가 치명상을 입은 때에 그에게 신체침해를 이유로 한 배상청구권이 발생하였다가 피해자가 사망하면 그 청구권이 상속인에게 상속된다는 입장을 취한다(대법원 1967. 5. 23. 선고 66다1025 판결). 또한 생명침해의 경우 정신적 손해에 대한 배상청구권자에 대해서도 판례는 생명침해에 의해 피해자에게 정신적 손해가 발생한다고 하면서, 그 근거로 치명상과 사망 사이에는 시간적 간격이 인정될 수 있는 점을 든다(대법원 1969. 4. 15. 선고 69다268 판결).

(ii) 유족의 위자료청구권에 대하여 제752조는 "타인의 생명을 해한 자는 피해자의 직계존속, 직계비속 및 배우자에 대하여는 재산상의 손해 없는 경우에도 손해배상의 책임이 있다"고 규정한다. 이와 관련하여 판례는, 동조는 제한적 규정이 아니고 열거된 친족에 대하여 정신적 고통에 관한 증명책임을 경감한 취지의 것이므로 그 이외의 친족도 정신적 고통을 증명하면 일반원칙인 제750조·제751조에 의해 위자료를 청구할 수 있다는 입장을 취한다(대법원 1967. 9. 5. 선고 67다1307 판결).

나. 신체침해의 경우

신체침해의 경우 피해자 이외의 자에게는 원칙적으로 재산적 손해배상청구권이 생기지 않는다. 다만 피해자에 대한 부양의무자가 의료비를 지출하거나 간호를 위하여 휴업으로 수입을 잃은 때와 같은 특별한 사정이 있는 때에는 배상을 인정해야 한다. 정신적 손해와 관련하여 판례는 상해를 입은 피해자의 부모·배우자·형제자매 등에게도 위자료청구권을 인정한다(대법원 1967. 9. 19. 선고 67다1445 판결).

Ⅲ 손해배상청구권의 소멸시효

(i) 불법행위로 인한 손해배상청구권은 피해자나 그의 법정대리인이 그 손해 및 가해자를 안 날부터 3년간 행사하지 않으면 시효로 인하여 소멸한다(제766조 제1항). 그리고 불법행위를 한 날부터 10년이 지난 때에도 같다(동조 제2항). 판례는 3년, 10년 모두 소멸시효기간으로 해석한다(대법원 2005. 5. 13. 선고 2004다71881 판결).

(ii) 제766조 제2항에 의한 소멸시효의 기산점이 되는 '불법행위를 한 날'이란 현실적으로 손해의 결과가 발생한 날을 말한다. 이 두 기간 중 어느 하나의 기간이 만료하면 손해배상청구권은 소멸한다. 한편 미성년자가 성폭력, 성추행, 성희롱, 그 밖의 성적 침해를 당한 경우에 이로 인한 손해배상청구권의 소멸시효는 그가 성년이 될 때까지는 진행되지 않는다(동조 제3항).

Ⅳ 손해배상의 방법

민법상 손해배상은 금전으로 해야 한다(제763조, 제394조). 다만 법률에 특별규정이 있거나 당사자의 다른 의사표시가 있는 때에는 예외적으로 원상회복청구가 인정된다. 그리고 불법행위에 의해 인과관계가 인정되는 손해를 통상손해와 특별손해로 나누어서 배상범위를 결정한다(제763조, 제393조). 만약 어떤 손해가 통상손해에 해당된다면 가해자가 반드시 배상해야 할 손해가 되며, 어떤 손해가 특별손해에 해당된다면 가해자가 특별한 사정을 알았거나 알 수 있었을 때에 한하여 배상하게 된다. 제764조는 명예훼손의 경우에 대한 특칙을 규정하고 있는데, 이에 의하면 피해자의 청구에 의해 법원이 손해배상에 갈음하거나 손해배상과 함께 명예회복에 적당한 처분을 명할 수 있다.

V 손해배상의 범위와 금액

1 재산적 손해의 산정

가. 소유물의 멸실·훼손

소유물이 멸실된 경우에는 원칙적으로 불법행위 당시, 즉 멸실 당시의 교환가격이 통상손해이다. 다만 소유물이 훼손된 경우에는 수선이 가능한지 여부에 따라 통상손해의 의미가 달라진다. 즉 수선이 가능한 때에는 그 수선비와 수선기간 중 통상의 방법으로 사용하지 못함으로 인한 손해가 통상의 손해이지만, 수선이 불가능한 때에는 그 훼손 당시의 교환가치, 즉 물건의 시가 상당액이 통상손해이다.

나. 부동산의 불법점유

부동산을 불법점유함으로 인하여 입은 손해는 특별한 사정이 없는 한 그 부동산의 임료 상당액이다.

다. 생명침해

생명침해의 경우에 재산적 손해로 일실이익(逸失利益)의 배상을 청구할 수 있는데, 여기에서 일실이익이란 생명침해가 없었다면 피해자가 장래 얻을 수 있었던 이익을 말한다.

라. 신체침해

신체침해의 경우 무엇보다 치료비를 배상하여야 하며 신체침해의 피해자가 다른 사람의 도움 없이 일상생활을 할 수 없어 개호인(介護人), 즉 환자 등을 보살펴주는 사람이 필요한 때에는 그 비용도 배상하여야 한다. 또한 일실이익도 배상하여야 하는데, 우선 피해자가 치료를 받는 동안 수입을 얻지 못한 것에 대하여 배상해야 한다. 피해자가 노동능력을 완전히 또는 부분적으로 상실한 때에는 그로 인하여 얻지 못할 이익을 배상해야 한다.

2 정신적 손해의 산정

판례에 의하면 사실심법원이 제반 사정을 참작하여 직권으로 위자료액을 결정할 수 있다고 한다(대법원 2020. 12. 24. 선고 2017다51603 판결).

3 손익상계·과실상계

(i) 손익상계란 불법행위로 손해를 입은 자가 같은 원인으로 이익을 얻고 있는 경우에 손해배상액의 산정에 있어서 그 이익을 공제하는 것을 말한다. 이러한 의미에서 이익공제라는 용어가 적합할 것이다. 과실상계는 손해의 발생 또는 확대에 관하여 피해자에게도 과실이 있는 경우에 손해배상의 범위를 정함에 있어서 그 과실을 참작하는 제도로 앞에서 이미 설명하였다(제763조, 제396조).

(ii) 과실상계와 손익상계가 동시에 이루어지는 경우에는 채무자의 이익을 위하여 비율에 의하여 감액되는 과실상계를 정액으로 감액되는 손익상계보다 먼저 산정한다(대법원 2010. 2. 25. 선고 2009다87621 판결).

제12장

혼인

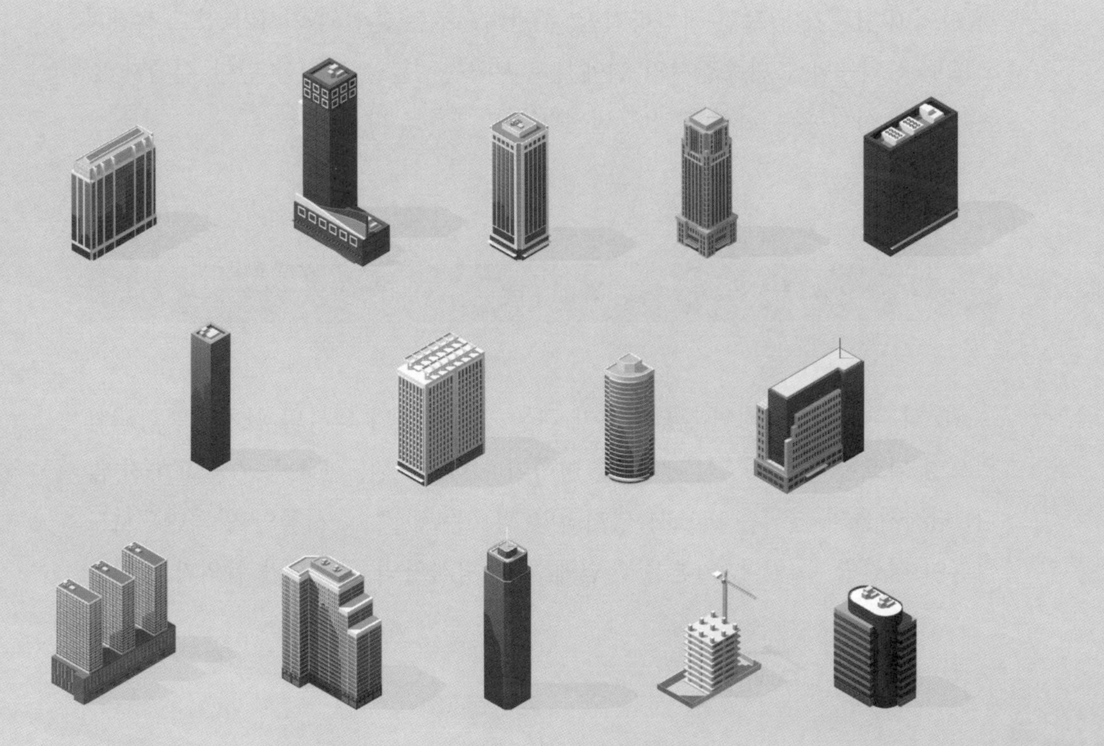

제1절 약혼

I 약혼의 의의

약혼(約婚)은 장래에 혼인을 성립시키겠다는 남녀 사이의 계약으로서, '혼인의 예약'이다. 약혼은 특별한 형식을 거칠 필요 없이 장차 혼인을 체결하려는 당사자 사이에 합의가 있으면 성립하지만, 주관적으로는 혼인의 의사가 있고 객관적으로도 사회통념상 가족질서의 면에서 부부공동생활을 인정할 만한 실체가 있는 경우에 성립하는 '사실혼'과 구별된다(대법원 1998. 12. 8. 선고 98므961 판결).

II 약혼의 성립

(i) 약혼이 성립하려면 혼인하고자 하는 당사자들의 의사의 합치, 즉 합의만 있으면 되고, 약혼식과 같은 특별한 형식이나 예물교환, 신고 등은 필요하지 않다. 당사자들의 합의는 반드시 명시적일 필요는 없고, 묵시적인 합의만으로도 약혼이 성립할 수 있다. 약혼은 혼인에 대한 당사자의 실질적인 합의가 있어야

한다는 점에서 제3자에 의한 대리는 허용되지 않으며, 당사자들의 의사와 무관하게 가장(家長) 또는 부모에 의해 혼인을 약속하는 정혼(定婚)은 역시 무효이다.

(ii) 민법상 성년인 19세에 달한 자는 자유롭게 약혼할 수 있다(제800조). 미성년자가 약혼하고자 할 때에는 남녀 모두 18세가 된 후 부모나 미성년후견인의 동의를 받아 약혼할 수 있고(제801조), 피성년후견인의 경우 부모나 성년후견인의 동의를 받아 약혼할 수 있다(제802조). 동의가 필요한 약혼에 있어서 부모 중 한쪽이 동의권을 행사할 수 없는 때에는 다른 한쪽의 동의를 받아야 하고, 부모가 모두 동의권을 행사할 수 없을 때에는 미성년후견인 또는 성년후견인의 동의를 받아야 한다(제808조). 반면 피한정후견인은 한정후견인의 동의 없이 약혼할 수 있다. 한편 동의를 얻지 않은 약혼은 혼인에 관한 제816조 제1호에 준하여 취소할 수 있다는 것이 통설적인 견해이다.

(iii) 배우자가 있는 자의 약혼이나 법률상 또는 사실상 혼인관계에 있는 자의 약혼은 사회질서에 반하기 때문에 원칙적으로 무효이다. 다만 배우자가 있는 자의 약혼이라도 특별한 사정이 있는 경우, 예를 들어 혼인관계가 파탄되어 사실상 이혼상태에 있으면서 이혼절차를 밟은 후에 혼인하겠다는 합의는 약혼으로 인정될 수 있을 것이지만, 배우자의 사망이나 축출한 후에 혼인하겠다는 혼인예약은 약혼으로 인정될 수 없다(대법원 1955. 7. 14. 선고 4288민상156 판결).

(iv) 약혼하고자 하는 당사자들이 법률상 혼인이 금지되는 근친관계(제809조 제1항)에 있다면, 이들의 약혼은 불능을 목적으로 하는 것이므로 무효이다(제815조). 약혼에 조건이나 기한을 붙이는 것은 선량한 풍속 기타 사회질서에 반하지 않는 이상 유효하다. 하지만 '동거를 해보고 임신이 되면 혼인하자'와 같은 정지조건(停止條件)이 있는 약혼이나, '1년 동안만 혼인하자' 등의 종기(終期)가 있는 약혼은 선량한 풍속 기타 사회질서에 반하므로 무효라고 할 것이다.

Ⅲ 약혼의 효과

(i) 약혼한 당사자들은 성실하게 교제하고 가까운 장래에 혼인할 의무를 부담

한다. 하지만 실제 혼인에 이르지 못하더라도 다른 당사자가 그 이행을 강제할 수 없다(제803조). 비록 당사자들이 혼인을 약속한 경우라도 그 이행을 강제하는 것은 혼인이 개인의 존엄과 양성의 평등을 기초로 성립되고 유지되어야 한다는 헌법 제36조와 혼인의 본질에 비추어 허용될 수 없기 때문이다. 그러므로 약혼은 자유롭게 해제할 수 있고, 심지어 정당한 사유 없이 일방적으로 해제할 수도 있다. 하지만 약혼당사자는 혼인의무를 불이행한 과실있는 상대방에 대해 손해배상을 청구할 수 있고(제806조 제1항), 약혼을 깨뜨리는데 제3자가 기여했다면 그를 상대로 손해배상청구를 할 수 있다.

(ii) 약혼했다는 사정만으로 약혼한 당사자들에게 친족관계가 발생되지는 않는다. 따라서 약혼 중에 출생한 자(子)는 혼인 중에 태어난 자가 아니므로 혼인 외의 출생자, 즉 혼외자(婚外子)가 된다. 그러나 그 후 약혼당사자들이 혼인하게 되면, 그 자(子)는 준정(準正)이 되어 그때부터 혼인중의 출생자, 즉 혼생자(婚生子)가 된다(제855조 제2항).

Ⅳ 약혼의 해제

1 약혼의 해제사유와 방법

(i) 약혼은 강제할 수 없으므로 약혼한 당사자는 언제든지 합의를 통해 약혼관계를 해소하는, 이른바 '파혼'(破婚)을 할 수 있고, 정당한 사유가 있다면 약혼을 일방적으로 해제할 수도 있다.

(ii) 민법 제804조의 제1호 내지 제8호에서 정하고 있는 약혼의 해제사유로는, ① 약혼 후 자격정지 이상의 형을 선고받은 경우, ② 약혼 후 성년후견개시나 한정후견개시의 심판을 받은 경우, ③ 성병, 불치의 정신병, 그 밖의 불치의 병질(病疾)이 있는 경우, ④ 약혼 후 다른 사람과 약혼이나 혼인을 한 경우, ⑤ 약혼 후 다른 사람과 간음(姦淫)한 경우, ⑥ 약혼 후 1년 이상 생사(生死)가 불명한 경우, ⑦ 정당한 이유 없이 혼인을 거절하거나 그 시기를 늦추는 경우, ⑧ 그 밖에

중대한 사유가 있는 경우가 있다.

(iii) 이들 중 마지막 해제사유인 '그 밖의 중대한 사유'의 경우 약혼한 당사자들간의 신뢰가 회복될 수 없을 정도로 파괴되어 당사자들에게 약혼을 유지시켜 혼인에까지 이르도록 하는 것이 사회관념상 무리라고 생각되는 정도라면 이에 해당한다고 보아야 할 것이다. 판례는 자신의 학력, 경력 및 직업과 같은 혼인의사를 결정하는 데 있어 중대한 영향을 미치는 사항에 관하여 상대방을 속이고 약혼하였다면 민법 제804조 제8호의 '기타 중대한 사유'에 해당한다고 보았지만(대법원 1995. 12. 8. 선고 94므1676, 1683 판결), 임신불능(대법원 1960. 8. 18. 선고 4292민상995 판결), 상대방의 저시력증(서울가정법원 2005. 9. 1. 선고 2004드합7422 판결)은 이에 해당하지 않는다고 보았다.

[임신불가능과 혼인예약의 파기]

혼인은 종생의 공동생활을 목적으로 하는 1남 1녀의 도덕상 및 풍속상으로 정당시되는 결합을 이루는 것이고 자손번식은 그 결과에 불과하는 것이다. 그러므로 구 민법이 재판상의 이혼원인을 법정한 제813조(현행 민법 제840조)에도 처의 임신불가능을 규정하지 아니하였던 것인즉 혼인예약에 있어서도 상대자인 여성이 임신불가능이라 하여 그 예약을 파기할 수는 없는 것이다(대법원 1960. 8. 18. 선고 4292민상995 판결).

(iv) 약혼의 해제는 상대방에 대한 의사표시로 한다. 하지만 제804조 제6호의 '약혼 후 1년 이상 생사가 불명한 경우'와 같이 상대방에 대하여 의사표시를 할 수 없는 때에는 그 해제의 원인있음을 안 때에 해제된 것으로 본다(제805조).

2 약혼해제의 효과

(i) 약혼이 해제되면 약혼은 소급하여 처음부터 없었던 것으로 된다. 만약 약혼이 상대방의 과실로 인해 해제된 경우라면, 어느 당사자가 해제했는지와 상관없이, 당사자 일방은 과실있는 상대방에 대해 이로 인한 손해의 배상을 청구할 수 있다(제806조 제1항). 이때의 손해배상에는 혼인준비비용 등의 재산상의 손해와 정신적인 고통에 대한 위자료가 포함된다(동조 제2항). 정신적인 고통에 대한 손해배상청구권은 양도 또는 승계되지 않지만, 당사자 사이에 이미 그 배상에 관한 계약이 성립되거나 소를 제기한 후에는 승계될 수 있다(동조 제3항).

(ii) 가사소송법 제2조에 의하면 '약혼해제로 인한 손해배상청구 및 원상회복의 청구'는 '다류(類) 가사소송사건'으로 다루어지므로, 이른바 '조정전치주의'에 따라 가정법원에 소를 제기하거나 심판을 청구하려는 사람은 먼저 조정을 신청하여야 한다(가사소송법 제50조).

3 약혼예물반환청구권

(i) 약혼이 해제되는 경우, 약혼을 위해 서로 주고받은 예물인 이른바 '약혼예물'을 반환해야 하는지가 문제된다. 약혼예물의 법적 성질에 대해 통설과 판례(대법원 1994. 12. 27. 선고 94므895 판결)는 '혼인의 불성립을 해제조건으로 하는 증여'라고 본다. 그러므로 약혼이 해제되어 혼인이 성립될 수 없게 되면 혼인의 불성립이라는 해제조건이 성취되었으므로 이미 증여된 약혼예물은 '부당이득의 법리'에 따라 반환되어야 한다.

(ii) 판례에 따르면 약혼의 해제에 관하여 과실이 있는 유책자로서는 그가 제공한 약혼예물을 적극적으로 반환청구할 권리는 인정되지 않는다(대법원 1976. 12. 28. 선고 76므41, 42 판결). 다만 당사자 쌍방에 과실이 있다면 과실상계의 규정을 준용하여 부당이득의 범위를 결정하는 것이 타당하다. 한편 일단 부부관계가 성립하고 그 혼인이 상당 기간 지속되었다면 나중에 혼인이 해소되어도 약혼예물의 반환을 구할 수는 없다(대법원 1996. 5. 14. 선고 96다5506 판결).

[약혼예물반환청구권]

약혼예물의 수수는 약혼의 성립을 증명하고 혼인이 성립한 경우 당사자 내지 양가의 정리를 두텁게 할 목적으로 수수되는 것으로 혼인의 불성립을 해제조건으로 하는 증여와 유사한 성질을 가지므로, 예물의 수령자측이 혼인 당초부터 성실히 혼인을 계속할 의사가 없고 그로 인하여 혼인의 파국을 초래하였다고 인정되는 등 특별한 사정이 있는 경우에는 신의칙 내지 형평의 원칙에 비추어 혼인 불성립의 경우에 준하여 예물반환의무를 인정함이 상당하나, 그러한 특별한 사정이 없는 한 일단 부부관계가 성립하고 그 혼인이 상당 기간 지속된 이상 후일 혼인이 해소되어도 그 반환을 구할 수는 없으므로, 비록 혼인 파탄의 원인이 며느리에게 있더라도 혼인이 상당 기간 계속된 이상 약혼예물의 소유권은 며느리에게 있다(대법원 1996. 5. 14. 선고 96다5506 판결).

제2절

혼인

I 혼인의 성립

1 혼인의 의의

(i) 혼인은 당사자가 평생 부부로서의 생활공동체를 형성하기로 하는 친족법상의 합의이다. 혼인은 일생의 공동생활을 목적으로 하여 부부의 실체를 이루는 신분상 계약으로서, 그 본질은 애정과 신뢰에 바탕을 둔 인격적 결합에 있다. 부부는 동거하면서 서로 부양하고 협조하여야 할 의무가 있는데(제826조 제1항), 이는 혼인의 본질이 요청하는 바로서, 혼인생활을 하면서 부부는 애정과 신의 및 인내로서 상대방을 이해하고 보호하여 혼인생활의 유지를 위한 최선의 노력을 기울여야 한다(대법원 2022. 5. 26. 선고 2021므15480 판결).

(ii) 혼인은 넓은 의미의 계약에 해당하지만 친족법상의 계약이어서 채권계약과는 다른 특수성이 인정되는바, 혼인은 일반적인 계약과는 달리 가족관계의 등록 등에 관한 법률(가족관계 등록법)에 정한 바에 의하여 신고함으로써 그 효력이 생긴다(제812조 제1항).

2 혼인의 성립요건

민법상 혼인이 성립하기 위해서는 남녀가 부부관계를 형성할 의사로 혼인신고를 해야 한다. 만약 실질적으로 부부관계를 형성하고 있지만 혼인신고를 하지 않았다면 이는 혼인관계가 아닌 '사실혼'에 불과하다. 즉, 혼인이 성립하기 위해서는 '혼인의사'와 '혼인신고'가 필요하지만, 만약 혼인의 장애사유가 존재하면 성립한 혼인이 무효가 되거나 취소될 수 있으므로 혼인이 유효하기 위한 소극적 요건으로서 혼인의 장애사유들이 존재하지 않아야 한다. 이하에서는 혼인이 성립하기 위한 요건으로서 실질적인 요건과 형식적인 요건에 대해 먼저 살펴보기로 한다.

가. 혼인의 실질적 요건

혼인이 성립하기 위해서는 당사자들에게 다음의 실질적인 요건이 갖추어져야 한다.

(1) 혼인당사자 사이에 혼인의 합의가 있을 것

(i) '혼인의사'의 의미에 대해 학설은 ① 부부로서 정신적·육체적 결합으로 부부공동체를 생기게 할 의사가 실질적 의사이고 신고는 그 방식에 불과하다는 견해(실질적 의사설)와 ② 혼인의사는 신고의사만을 말하고, 실질적 의사는 혼인의 유·무효에 영향을 없다는 견해(형식적 의사설)가 존재하지만, 판례는 ①설에 가까운 입장이다(대법원 1980. 1. 29. 선고 79므62, 63 판결). 따라서 '가장혼인'(假裝婚姻)과 같이 실질적으로 부부공동체를 형성하려는 의사 없이 임의의 목적을 위해 혼인신고를 하기로 하여 혼인신고가 이루어졌다면 그 혼인은 무효이다(대법원 1975. 5. 27. 선고 74므23 판결).

[혼인무효]

단순히 피청구인으로 하여금 국민학교의 교사직으로부터 면직당하지 않게 할 수단으로 호적부상 부부가 되는 것을 가장하기 위하여 이루어졌을 뿐 당사자 사이에 혼인의 합의 즉 정신적, 육체적 결합을 생기게 할 의사로서 신고된 것이 아니면 청구인과 피청구인간의 혼인관계는 무효이다(대법원 1980. 1. 29. 선고 79므62, 63 판결).

(ii) 혼인의 합의는 혼인신고를 할 당시에도 존재해야 하므로, 혼례식을 거행하고 사실혼관계에 있었으나 일방이 뇌졸중으로 혼수상태에 빠져 있는 사이에 혼인신고가 이루어졌다면 특별한 사정이 없는 한 위 신고에 의한 혼인은 무효이다(대법원 1996. 6. 28. 선고 94므1089 판결). 혼인의 합의는 당연히 생존하고 있는 자만이 가능하므로, 사망자 사이 또는 생존하는 자와 사망한 자 사이에서는 혼인은 인정되지 않으며, 혼인신고특례법과 같이 예외적으로 혼인신고의 효력의 소급을 인정하는 특별한 규정이 없는 한 혼인신고도 할 수 없다(대법원 1995. 11. 14. 선고 95므694 판결).

(2) 혼인당사자가 혼인적령에 달하였을 것

민법상 남녀는 성년이 되는 19세가 되면 자유롭게 혼인할 수 있다. 하지만 혼인하고자 하는 남녀가 미성년자 또는 피성년후견인라면 부모 등의 동의를 얻어 혼인할 수 있다. 미성년자는 혼인적령인 18세가 되면 혼인할 수 있다(제807조). 다만 미성년자가 혼인을 하는 경우에는 부모의 동의를 받아야 하며, 부모 중 한쪽의 동의권을 행사할 수 없을 때에는 다른 한 쪽의 동의를 받아야 하고, 부모가 모두 동의권을 행사할 수 없을 때에는 미성년후견인의 동의를 받아야 한다(제808조 제1항). 이때의 부모는 단순히 부모라는 자격으로 동의권이 인정되므로 반드시 친권자일 필요는 없다(제925조의3). 피성년후견인은 부모나 성년후견인의 동의를 받아 혼인할 수 있다(제808조 제2항). 피한정후견인은 성년자라면 누구의 동의 없이 자유롭게 혼인할 수 있다.

(3) 혼인당사자 사이에 금혼(禁婚)사유가 없을 것

(i) 동성동본(同姓同本)인 혈족 간의 혼인을 금지했던 개정 전 민법 제809조 제1항은 "동성동본인 혈족 사이에서는 혼인하지 못한다"고 규정하고 있었지만, 1997년 헌법재판소의 결정(헌법재판소 1997. 7. 16. 자 95헌가6 내지 13 결정)에 의해 헌법불합치가 선언되었다. 개정 전 해당 조문은 '동성동본인 혈족'이란 부계(父系)혈족을 의미하고 촌수(寸數)에 상관없이 동성동본인 남녀간의 혼인을 금지했지만, 이는 '인간으로서의 존엄과 가치 및 행복추구권'을 규정한 헌법이념 및 규정과 '개인의 존엄과 양성의 평등'에 기초한 혼인과 가족생활의 성립·유지라는 헌법규정에 정면으로 배치되고, 또 혼인이 금지되는 범위를 동성동본인 혈족, 즉 부계혈족에 한정하여

성별에 의한 차별을 하는 것으로서 헌법상 평등의 원칙에도 위반되었다.

(ii) 2005년 개정된 민법 제809조에서는 금지되는 근친혼의 범위를 ① 8촌 이내의 혈족(친양자의 입양 전의 혈족을 포함한다), ② 6촌 이내의 혈족의 배우자, 배우자의 6촌 이내의 혈족, 배우자의 4촌 이내의 혈족의 배우자인 인척이거나 이러한 인척이었던 자, ③ 6촌 이내의 양부모계(養父母系)의 혈족이었던 자와 4촌 이내의 양부모계의 인척이었던 자 사이의 혼인으로 규정하였다. 혼인이 성립하기 위해서는 혼인하고자 하는 당사자 사이에 위와 같은 혈족 또는 인척관계가 존재하지 않아야 하지만, 만약 금지되는 근친간의 혼인신고가 수리되었다면 그 효과는 당사자간의 관계에 따라 무효가 되거나 혼인취소의 사유로 다루어지게 된다.

(4) 중혼(重婚)에 해당하지 않을 것

(i) 민법은 일부일처제 원칙을 견지하고 있으므로 배우자가 있는 자는 다시 혼인하지 못한다(제810조). 중혼은 '법률상' 배우자가 있는 자가 '법률상' 다시 혼인하는 것을 말하므로, 혼인하고자 하는 당사자들은 법률상 혼인관계에 있지 않아야 한다. 그러므로 사실혼 상태인 당사자가 다른 사람과 법률혼을 하거나, 법률혼 상태인 당사자가 다른 사람과 사실혼 관계를 맺은 경우에는 중혼에 해당하지 않는다. 이때 전자의 경우에는 손해배상의 문제가, 후자의 경우에는 상대방의 부정(不貞)한 행위를 원인으로 한 이혼청구가 문제될 수 있다.

(ii) 혼인신고가 수리되기 전에는 가족관계등록담당공무원이 그 혼인이 관련 법률규정들과 기타 법령에 위반함이 없다는 점을 확인하게 되는데, 이 과정에서 신고하고자 하는 당사자의 법률상 혼인상태가 확인되므로 만약 이미 법률혼 상태에 있는 자가 다시 혼인신고를 하게 되면 그 신고는 수리가 거부될 것이다(제813조). 하지만 만약 신고가 수리되면 일단 혼인은 성립하겠지만, 이중의 혼인관계에 대해서는 취소를 청구할 수 있다(제816조 제1호).

나. 혼인의 형식적 요건

(i) 혼인이 성립하기 위한 형식적 요건은 '혼인신고'이다. 혼인은 가족관계등록법에 정한 바에 의하여 신고함으로써 그 효력이 생긴다(제812조 제1항). 그러므로 혼인이 성립하기 위해서는 혼인신고를 반드시 해야 하며, 설사 혼인식을 거행하고

사실상 동거를 했더라도 사망 당시까지 혼인신고를 하지 않았다면 법률상의 혼인으로 인정되지 않는다(대법원 2000. 6. 9. 선고 99다54349 판결).

(ii) 혼인신고의 절차는 당사자 쌍방과 성년자인 증인 2인의 연서한 서면으로 해야 하지만(제812조 제2항), 가족관계등록법 제23조 제1항에 근거하여 구술신고도 가능하다고 해석된다. 서면으로 신고하는 경우에는 신고서에 당사자가 서명하거나 기명날인한 이상 그 신고를 본인이 직접 제출할 필요는 없고, 우편 또는 타인을 통해 제출하는 것도 가능하다(가족관계등록법 제23조 제1항 및 제41조 제1항).

[혼인신고서]

[양식 제10호]

혼 인 신 고 서
(년 월 일)

※ 신고서 작성 시 뒷면의 작성 방법을 참고하고, 선택항목에는 '영표(○)'로 표시하기 바랍니다.

구분			남 편(부)		아 내(처)	
①혼인당사자(신고인)	성명	한글	*(성) /(명)	㊞ 또는 서명	*(성) /(명)	㊞ 또는 서명
		한자	(성) /(명)		(성) /(명)	
	본(한자)		전화		본(한자) 전화	
	출생연월일					
	*주민등록번호		-		-	
	*등록기준지					
	*주소					
②부모(양부모)	부 성명					
	주민등록번호		-		-	
	등록기준지					
	모 성명					
	주민등록번호		-		-	
	등록기준지					
③외국방식에 의한 혼인성립일자			년 월 일			
④성·본의 협의			자녀의 성·본을 모의 성·본으로 하는 협의를 하였습니까? 예□아니요□			
⑤근친혼 여부			혼인당사자들이 8촌이내의 혈족사이에 해당됩니까? 예□아니요□			
⑥기타사항						
⑦증인	성 명		㊞ 또는 서명		주민등록번호	-
	주 소					
	성 명		㊞ 또는 서명		주민등록번호	-
	주 소					
⑧동의자	남편	부 성명	㊞ 또는 서명	후견인	성명	㊞ 또는 서명
		모 성명	㊞ 또는 서명		주민등록번호	
	아내	부 성명	㊞ 또는 서명		성명	㊞ 또는 서명
		모 성명	㊞ 또는 서명		주민등록번호	
⑨신고인 출석여부			1 남편(부)		2 아내(처)	
⑩제출인	성명				주민등록번호	-

※ 타인의 서명 또는 인장을 도용하여 허위의 신고서를 제출하거나, 허위신고를 하여 가족관계등록부에 실제와 다른 사실을 기록하게 하는 경우에는 형법에 의하여 처벌받을 수 있습니다. 눈표(*)로 표시한 자료는 국가통계작성을 위해 통계청에서도 수집하고 있는 자료입니다.

※ 아래 사항은 「통계법」 제24조의2에 의하여 통계청에서 실시하는 인구동향조사입니다. 「통계법」 제32조 및 제33조에 의하여 성실응답의무가 있으며 개인의 비밀사항이 철저히 보호되므로 사실대로 기입하여 주시기 바랍니다.

※ 첨부서류 및 혼인당사자의 국적과 혼인종류는 국가통계작성을 위해 통계청에서도 수집하고 있는 자료입니다.

인구동향조사

항목		남편(부)		아내(처)
㉮ 실제 결혼 생활 시작일		년 월 일부터 동거		
㉯ 혼인종류	남편	1초혼 2사별 후 재혼 3이혼 후 재혼	아내	1초혼 2사별 후 재혼 3이혼 후 재혼
㉰ 최종 졸업학교	남편(부)	1 학력 없음 2 초등학교 3 중학교 4 고등학교 5 대학(교) 6 대학원 이상	아내(처)	1 학력 없음 2 초등학교 3중학교 4 고등학교 5 대학(교) 6대학원 이상
㉱ 직업	남편(부)	1 관리직 2 전문직 3 사무직 4 서비스직 5 판매직 6 농림어업 7 기능직 8 장치·기계 조작 및 조립 9 단순노무직 10 군인 11 학생·가사·무직	아내(처)	1 관리직 2 전문직 3 사무직 4 서비스직 5 판매직 6 농림어업 7 기능직 8 장치·기계 조작 및 조립 9 단순노무직 10 군인 11 학생·가사·무직

(iii) 혼인신고서가 제출되면 가족관계등록담당공무원은 신고된 혼인이 민법 제807조 내지 제810조 및 제812조 제2항의 규정 기타 법령에 위반함이 있는지 심사하고, 위반함이 없다면 이를 수리하게 된다(제813조). 혼인신고의 '수리'(受理)는 혼인신고가 요건을 갖추었기에 가족관계등록담당공무원이 그 수령을 인용한다는 처분으로서, 단순히 신고를 수령한다는 '접수'(接受)와 구별된다. 한편 법원은 만약 위 법령들에 위반되는 혼인신고라도 일단 수리된다면 혼인이 성립하게 되고, 무효 또는 취소의 문제가 발생하게 된다는 입장이다(대법원 1978. 2. 28. 선고 78므1 판결).

(iv) 외국에서 혼인하는 경우, 혼인신고하는 방법은 다음과 같다. 먼저 외국에 있는 본국민 사이의 혼인은 그 외국에 주재하는 대사, 공사 또는 영사에게 신고할 수 있다(제814조 제1항). 이를 '영사혼'(領事婚)이라고 하는데, 이러한 신고를 수리한 대사, 공사 또는 영사는 지체없이 그 신고서류를 본국의 재외국민 가족관계등록 사무소에 송부하여야 한다(제814조 제2항). 다음으로 국내에서 하는 것과 마찬가지로 혼인신고서를 등록기준지인 시·읍·면의 장에게 신고서를 송부하여 신고할 수도 있다. 그밖에 외국의 법률이 정하는 방식으로 혼인을 성립시킬 수 있다(국제사법 제63조 제2항). 이에 따라 그 나라의 법이 정하는 방식으로 혼인절차를 마쳤다면 혼인이 유효하게 성립하는 것이고 별도로 우리나라의 법에 따른 혼인신고를 하지 않더라도 혼인의 성립에 영향이 없으며, 혼인신고를 하더라도 이는 창설적 신고가 아니라 이미 유효하게 성립한 혼인에 관한 보고적 신고에 불과하다(대법원 1994. 6. 28. 선고 94므413 판결).

Ⅱ 혼인의 무효와 취소

혼인의 무효와 취소는 혼인의 성립에 일정한 흠이 있는 상태에서 혼인신고가 수리된 경우 그 혼인관계를 종료시키는 것을 말한다. 혼인이 무효 또는 취소되는 경우에는 재산상의 법률행위와는 달리 원상회복이 불가능하므로, 민법은 비록 혼인의 성립에 하자가 있더라도 법이 예외적으로 규정하고 있는 경우에만 혼인을 무효로 하고(제815조), 취소할 수 있는 경우라도 취소청구를 제한하기도 하며(제819조 내지 제823조), 실제 취소되는 경우에도 소급효를 인정하지 않는다(제824조).

1 혼인의 무효

민법 제815조는 혼인의 무효사유로서 다음의 경우들을 정하고 있다.

가. 당사자간에 혼인의 합의가 없는 때

(i) 혼인의 실질적 요건으로서 혼인하고자 하는 당사자들간에 혼인의 합의가 없이 혼인신고가 이루어졌다면 그 혼인관계는 무효이다. '혼인의 합의'는 '당사자 사이에 사회관념상 부부라고 인정되는 정신적·육체적 결합을 생기게 할 의사의 합치(대법원 2010. 6. 10. 선고 2010므574 판결)'를 말하는데, 이는 부부관계의 형성 당시뿐만 아니라 혼인신고를 할 당시에도 존재해야 한다(대법원 1996. 6. 28. 선고 94므1089 판결).

(ii) 실질적으로 참다운 부부관계의 설정을 바라는 효과의사가 없는 '가장혼인'이나 사실혼관계가 해소된 상태에서 혼인신고가 일방적으로 이루어졌다면 이는 당사자간에 혼인의 합의가 없는 경우에 해당하여 무효이다(대법원 1989. 1. 24. 선고 88므795 판결).

나. 당사자 사이에 8촌 이내의 혈족관계가 있는 때

(i) 민법상 8촌 이내의 혈족 사이에서는 혼인하지 못한다(제809조 제1항). 이때의 혈족은 자연혈족·법정혈족(양부모계의 혈족), 부계(父系)혈족·모계(母系)혈족을 모두 포함한다. 친양자의 경우 입양이 성립함으로써 입양 전의 친족관계는 종료되지만(제908조의3 제2항), 혼인에 있어서 혈족관계가 있는 것과 같이 다루어 입양 전의 8촌 이내의 혈족과 혼인하는 것을 금지하고 있는데, 이는 우생학적인 고려에 의한 것이다.

(ii) 최근 헌법재판소는 금혼규정인 제809조 제1항은 혼인의 자유를 침해하지 않지만, 이를 위반한 근친혼을 무효로 하는 민법 제815조 제2호에 대해 이미 근친혼이 이루어져 당사자 사이에 부부간의 권리와 의무의 이행이 이루어지고 있고, 자녀를 출산하거나 가족 내의 신뢰와 협력에 대한 기대가 발생하였다고 볼 사정이 있는 때에도 일률적으로 그 효력을 소급하여 상실시키는 것은 과도한 제한으로 보아 헌법불합치 결정을 하였다(헌법재판소 2022. 10. 27. 자 2018헌바115 결정).

다. 당사자 사이에 직계인척관계가 있거나 있었던 때

직계인척이란 배우자의 직계혈족과 직계혈족의 배우자를 말하는데, 장모·시아버지·계모·계부 등이 이에 해당한다. 그러므로 이러한 관계가 있거나 있었던 자들의 혼인은 무효이다.

라. 당사자 사이에 양부모계의 직계혈족관계가 있었던 때

(i) 양부모계의 8촌 이내의 혈족 사이에도 자연혈족과 마찬가지로 혼인이 금지되고(제809조 제1항), 만약 수리되더라도 무효가 되지만(제815조 제2호), 양친자관계가 해소된 후에는 그 금지범위가 6촌 이내로 축소되며(제809조 제3항), 직계혈족관계가 있었던 때에 한하여 무효가 된다. 예를 들어, 양부(養父)와 양녀(養女) 또는 양모(養母)와 양자(養子)였던 자들의 혼인은 무효이다.

(ii) 혼인의 무효사유가 있는 혼인관계는 일정 범위의 사람들에 의해 혼인무효확인의 소가 제기되고 혼인무효의 확정판결이 확정되기 전까지는 일단 혼인이 유효한 것으로 다루어져야 한다는 견해도 있지만, 별도의 확정판결이 없어도 처음부터 무효라고 보는 것이 판례의 입장이다(대법원 2013. 9. 13. 선고 2013두9564 판결). 따라서 무효인 혼인의 당사자는 처음부터 부부가 아니었던 것으로 되므로, 부부관계를 기초로 발생한 상속 또는 기타 권리변동은 무효가 되고 재산분할청구도 할 수 없다. 무효인 혼인관계에서 태어난 자녀는 혼인외의 출생자가 되는데(제855조 제1항 제2문), 그 자녀가 아직 미성년자라면, 가정법원은 재판상 이혼의 경우와 마찬가지로 먼저 친권을 행사할 사람에 관하여 협의하도록 권고하고(가사소송법 제25조 제1항), 협의를 할 수 없거나 협의가 되지 않은 때에는 가정법원이 직권으로 친권자를 정한다고 해석하는 것이 타당하다(제909조 제5항).

(iii) 혼인이 무효가 된 경우 당사자 일방은 과실있는 상대방에 대하여 재산상의 손해와 정신적인 고통에 대해 손해배상을 청구할 수 있지만(제825조에 의한 제806조의 준용), 이 경우 먼저 조정을 거쳐야 한다. 혼인무효는 '가류(類) 가사소송사건'으로서 관련 확정판결은 제3자에게도 효력이 있다(가사소송법 제21조 제1항). 다만 제3자를 보호하는 규정이 존재하지 않아 제3자는 무효혼의 당사자에게 일상가사에 대한 연대책임을 물을 수 없으므로 이에 대한 입법적인 보완이 필요하다고 할 것이다.

2 혼인의 취소

혼인의 취소는 일정한 사유가 있는 경우에 취소청구권자가 일방적으로 혼인의 효력을 소멸시키는 제도를 말한다. 취소할 수 있는 혼인도 취소되기 전까지는 유효한 혼인으로 다루어지므로, 일정한 사유를 근거로 혼인을 취소하려면 법률에 규정된 취소청구권자가 법원에 혼인의 취소를 청구해야 한다(제816조). 혼인의 취소는 '나류(類) 가사소송사건'이어서 가정법원에 소를 제기하거나 심판을 청구하려는 사람은 먼저 조정을 신청하여야 한다(가사소송법 제50조 제1항). 민법이 정하고 있는 혼인의 취소사유와 취소권자 및 상대방은 다음과 같다.

가. 혼인적령 미달의 혼인

혼인적령인 18세에 달하지 않은 남녀의 혼인은 당사자 또는 그 법정대리인이 법원에 취소를 청구할 수 있다(제816조 제1호, 제807조, 제817조 전단). 다만 혼인적령에 미달한 자가 이후 18세가 된 때에는 동의가 없는 혼인에 관한 제819조를 유추적용하여 혼인의 취소청구를 할 수 없고, 혼인적령에 미달하더라도 혼인 중 임신하였다면 혼인의 취소청구를 할 수 없다고 보아야 한다.

나. 부모 등의 동의를 얻지 못한 혼인

18세에 달하였지만 아직 성년이 아닌 미성년자 또는 피성년후견인이 부모 또는 후견인의 동의를 받지 않고 혼인하였다면, 당사자 또는 그 법정대리인이 혼인의 취소를 청구할 수 있다(제816조 제1호, 제808조, 제817조 전단). 다만 혼인의 당사자가 19세가 된 후 또는 성년후견종료의 심판이 있은 후 3개월이 지나거나 혼인 중에 임신한 경우에는 그 취소를 청구하지 못한다(제819조).

다. 무효가 아닌 근친혼

(i) 혼인무효사유에 해당하지 않는 근친혼은 취소할 수 있다. 그러므로 취소의 대상이 되는 근친혼은 당사자간에 직계인척관계가 있거나 있었던 때 또는 양부모계의 직계혈족관계가 있었던 때를 제외하고, ① 6촌 이내의 혈족의 배우

자·배우자의 6촌 이내의 혈족·배우자의 4촌 이내의 혈족의 배우자인 인척이거나 이러한 인척이었던 자 사이의 혼인(제809조 제2항), ② 6촌 이내의 양부모계의 혈족이었던 자 사이의 혼인(동조 제3항)과 ③ 4촌 이내의 양부모계의 인척이었던 자 사이의 혼인이다(동조 제3항).

(ii) 취소의 대상이 되는 근친혼은 당사자, 그 직계존속 또는 4촌 이내의 방계혈족이 혼인의 취소를 청구할 수 있다(제817조). 다만 이 경우에도 그 당사자가 혼인 중 임신한 때에는 그 취소를 청구하지 못한다(제820조).

(iii) 취소의 상대방은 부부 중 어느 한쪽이 제기하는 경우에는 배우자가 상대방이 되고, 제3자가 소를 제기할 때에는 부부를 상대방으로 하지만 부부 중 어느 한쪽이 사망한 경우에는 그 생존자를 상대방으로 한다. 두 경우에 상대방이 될 사람이 모두 사망했다면 검사를 상대방으로 한다(가사소송법 제24조 제1항 내지 제3항).

라. 중혼

(i) '법률상' 배우자가 있는 자는 '법률상' 다시 혼인할 수 없고(제810조), 혼인신고를 하더라도 수리되지 않을 것이어서, 중혼(重婚)은 특별한 사정이 있는 경우에만 성립될 수 있다. 중혼의 성립이 문제될 수 있는 대표적인 사례로는 ① 이혼 후 재혼하였는데 이혼이 무효 또는 취소가 확정된 경우, ② 해외와 국내에서 이중으로 혼인한 경우, ③ 실종선고 후 재혼했지만 실종선고가 취소되어 전혼(前婚)이 부활한 경우, ④ 담당공무원의 실수로 혼인상태인 자의 혼인신고가 수리된 경우가 있다.

(ii) 중혼이 성립되었다면, 당사자 및 배우자(전혼의 배우자와 후혼의 배우자 모두 해당), 직계혈족, 4촌 이내의 방계혈족 또는 검사는 혼인의 취소를 청구할 수 있고(제818조), 중혼을 취소하는 소의 상대방은 근친혼의 경우와 마찬가지이다. 중혼의 경우 취소기간의 제한이 없으므로 중혼이 존재하는 한 취소청구권은 소멸되지 않는다(헌법재판소 2014. 7. 29. 자 2011헌바 275 결정). 중혼자가 사망하더라도 전혼의 배우자가 생존한 중혼의 일방당사자를 상대로 중혼의 취소를 청구할 수 있다(대법원 1991. 12. 10. 선고 91므535 판결). 다만 사정에 따라 혼인취소청구권의 행사가 권리남용에 해당할 수도 있다(대법원 1993. 8. 24. 선고 92므907 판결).

[중혼자의 사망과 중혼취소]

중혼자가 사망한 후에라도 그 사망에 의하여 중혼으로 인하여 형성된 신분관계가 소멸하는 것은 아니므로 전혼의 배우자는 생존한 중혼의 일방 당사자를 상대로 중혼의 취소를 구할 이익이 있다. 중혼관계에 있어 전혼의 배우자가 사망한 상대방과 이미 사실상 이혼상태에 있었다든가 그 혼인사실을 뒤늦게 공관장에게 신고하였다는 사정만 가지고 전혼의 배우자가 생존한 중혼의 일방 당사자를 상대로 제기한 혼인취소청구가 오로지 피청구인을 괴롭히기 위한 소송으로 권리남용에 해당하거나 신의칙에 반하여 위법한 것이 된다고 할 수 없다(대법원 1991. 12. 10. 선고 91므535 판결).

마. 악질 기타 중대사유 있음을 알지 못한 혼인

(i) 혼인 당시 당사자 일방에 부부생활을 계속할 수 없는 악질(惡疾) 기타 중대사유가 있다는 사실을 알지 못한 혼인은 상대방이 그 사유있음을 안 날로부터 6개월 이내에 그 취소를 청구할 수 있다(제816조 제2호, 제822조). '악질'은 성병이나 불치의 정신병, 암(癌)과 같은 그 밖의 불치의 병질이 이에 해당할 수 있다(제804조 제3호의 유추적용). '중대한 사유'는 구체적인 사정을 고려하되 혼인 전에 당사자에게 어떠한 사유가 있었음을 알았더라면 혼인하지 않았을 것이라고 일반적으로 인정되는 사유를 말한다.

(ii) 판례는 '남편의 무정자증'을 부부생활을 계속할 수 없는 악질 기타 중대한 사유에 해당하지 않는다고 보았다(대법원 2015. 2. 26. 선고 2014므4734, 4741 판결). 이때 중대한 사유는 그러한 문제를 소극적으로 숨기는 경우만 해당한다고 해석되는데, 판례는 적극적으로 정신병이 있다는 사실을 숨기고 상대방이 이를 알지 못하도록 약혼식 후 며칠 만에 결혼식을 올리게 했다면 이는 제816조 제3호의 사기에 해당된다고 보았다(대법원 1977. 1. 25. 선고 76다2223 판결). 취소의 상대방은 원고의 배우자이나, 만약 그 배우자가 사망했다면 검사가 상대방이 된다(가사소송법 제24조 제3항).

바. 사기 또는 강박으로 인한 혼인

(i) 사기 또는 강박으로 인하여 혼인의 의사표시를 한 자는 사기를 안 날 또는 강박을 면한 날로부터 3개월 이내에 혼인의 취소를 청구할 수 있다(제816조 제3호, 제823조). 사기는 혼인당사자의 일방 또는 쌍방에게 허위의 사실을 고지하거나 침묵하여 이들을 착오에 빠뜨려 혼인의사를 결정하도록 하는 것을 말한다. 강박은 혼인당

사자의 일방 또는 쌍방에게 해악을 고지하여 공포심을 유발함으로써 혼인의사를 결정하도록 하는 것을 의미한다. 사기와 강박의 행위자는 혼인의 당사자뿐만 아니라 친척 또는 중매인 등의 제3자여도 무방하다.

(ii) 사기에 의한 혼인의 경우, 혼인의 당사자 일방 또는 제3자가 고지해야 할 의무가 인정됨에도 불구하고 소극적으로 고지를 하지 아니하거나 침묵한 경우도 포함된다. 다만 혼인의 당사자 일방 또는 제3자가 출산의 경력을 고지하지 아니한 경우에 그것이 상대방의 혼인의 의사결정에 영향을 미칠 수 있었을 것이라는 사정만을 들어 일률적으로 고지의무위반을 인정하고 혼인취소사유에 해당한다고 해서는 안된다(대법원 2016. 2. 18. 선고 2015므654, 661 판결). 사회통념상 당사자가 제3자에게 그에 대한 고지를 기대할 수 있거나 이를 고지하지 아니한 것이 신의성실 의무에 비추어 비난받을 정도가 아니라면 사기로 인한 혼인취소사유에 해당하지 않는다고 보는 것이 타당하다.

[혼인의 취소사유]

당사자가 성장과정에서 본인의 의사와 무관하게 아동성폭력범죄 등의 피해를 당해 임신을 하고 출산까지 하였으나 이후 자녀와의 관계가 단절되고 상당한 기간 동안 양육이나 교류 등이 전혀 이루어지지 않은 경우라면, 출산의 경력이나 경위는 개인의 내밀한 영역에 속하는 것으로서 당사자의 명예 또는 사생활 비밀의 본질적인 부분에 해당하고, 단순히 출산의 경력을 고지하지 않았다고 하여 그것이 곧바로 제816조 제3호의 혼인취소사유에 해당한다고 보아서는 아니된다(대법원 2016. 2. 18. 선고 2015므654, 661 판결).

(iii) 사기 또는 강박을 이유로 하는 혼인의 취소청구권자는 사기 또는 강박을 당한 당사자 일방 또는 쌍방이며, 소의 상대방은 사기 또는 강박을 한 배우자이지만 만약 그 배우자가 사망했다면 검사가 상대방이 된다(가사소송법 제24조 제3항). 위와 같은 사유를 근거로 혼인취소의 소를 제기하고 혼인취소판결이 확정되면 혼인은 취소되지만 그 효력은 소급하지 않는다(제824조). 그러므로 부부의 일방이 사망하여 상대방 배우자가 상속받은 후에 그 혼인이 취소되었다는 사정만으로 그 전에 이루어진 상속관계가 소급하여 무효로 되거나 그 상속재산이 법률상 원인 없이 취득한 것이라고는 볼 수 없다(대법원 1996. 12. 23. 선고 95다48308 판결). 혼인이 취소되면 혼인관계 및 인척관계는 종료되지만(제775조 제1항), 혼인으로 인한 성년의제(제826조의2)의 효력은 그대로 유지

된다.

(iv) 혼인이 취소되기 전에 출생한 자녀가 있다면 그는 혼인 중의 자(혼생자, 婚生子)가 되고, 가정법원은 직권으로 친권자를 정하게 되지만(제909조 제5항), 그 자녀의 양육책임과 면접교섭권에 관하여 이혼시 자녀의 양육책임에 관한 제837조와 면접교섭권에 관한 제837조의2가 준용된다(제824조의2).

(v) 혼인이 취소가 된 경우 당사자 일방은 과실있는 상대방에 대하여 재산상의 손해와 정신적인 고통에 대해 손해배상을 청구할 수 있고(제825조에 의한 제806조의 준용), 이 경우 먼저 조정을 거쳐야 한다는 점은 혼인의 무효에서와 동일하다. 혼인의 취소에서는 이혼과 마찬가지로 재산분할청구권이 인정되는데, 이는 가사비송사건 중 '마류(類) 사건'에 해당하므로(가사소송법 제2조 제1항 제2호 나목), 마찬가지로 소를 제기하거나 심판을 청구하기에 앞서 조정을 거쳐야 한다(가사소송법 제50조 제1항).

Ⅲ 혼인의 효력

혼인이 성립되면 부부간에는 여러 가지 법적 효력이 발생한다. 이하에서는 신분과 공동생활에 관한 효과를 '일반적 효력'으로, 재산과 관련된 효과를 '재산적 효력'으로 나누어 살펴보기로 한다.

1 혼인의 일반적 효력

가. 친족관계의 발생

혼인이 성립하면 부부는 서로 배우자로서 친족이 된다(제767조, 제777조 제3호). 그리고 부부는 배우자의 혈족, 배우자의 혈족의 배우자와 인척관계가 성립한다(제769조).

나. 가족관계등록부의 기록

혼인이 성립하면 부부 각자의 가족관계등록부에 혼인에 관한 사항이 기록되는데, 이에 따라 배우자의 성명·성별·본(本)·출생연월일과 주민등록번호가 표시된다(가족관계등록법 제15조 제2항 제1호 다목). 혼인관계증명서에도 위와 같은 정보가 혼인신고일과 함께 표시된다(제3호 나목과 다목).

다. 부부의 성

민법상 부부의 성(姓)에 관해 규정하는 조문은 존재하지 않으며, 부부는 혼인 후에도 각자 본래의 성(姓)을 그대로 유지한다.

라. 부부간의 의무 발생

(1) 동거·부양·협조의무

부부는 동거하며 서로 부양하고 협조해야 한다(제826조 제1항 본문). 부부간의 동거·부양·협조의무는 애정과 신뢰를 바탕으로 일생에 걸친 공동생활을 목적으로 하는 혼인의 본질이 요청하는 바이다(대법원 1999. 2. 12. 선고 97므612 판결). 부부간의 동거·부양·협조의무는 정상적이고 원만한 부부관계의 유지를 위한 광범위한 협력의무를 구체적으로 표현한 것으로서 서로 독립된 별개의 의무가 아니다(대법원 1991. 12. 10. 선고 91므245 판결).

(가) 동거의무

(i) 동거의무는 동일한 거소(居所)에서 부부로서 공동생활을 하는 것을 말한다. 하지만 직업·건강·교육 등의 정당한 이유로 일시적으로 동거하지 아니하는 경우에는 서로 인용해야 한다(제826조 제1항 단서). 동거의 장소는 부부의 협의에 의하여 정하는데, 협의가 이루어지지 않으면 당사자의 청구에 의해 가정법원이 이를 정한다(동조 제2항).

(ii) 부부의 일방이 정당한 이유 없이 동거의무를 이행하지 않는다면, 상대방은 동거에 관한 심판을 청구할 수 있으며, 이 경우 먼저 조정을 신청하여야 한다(가사소송법 제2조 제1항 제2호 나목과 동법 제50조 제1항). 하지만 동거를 명하는 심판에 대해서는 혼인관계의 본질을 고려하여 직접강제는 물론 간접강제도 허용되지 않지만, 부부의 일방은 동거의무를 이행하지 않는 상대방에 대해 정신적인 고통에 따른 위자료를 청구할 수 있다(대법원 2009. 7. 23. 선고 2009다32454 판결).

(iii) 부당한 동거의무의 위반은 악의의 유기로서 이혼의 원인이 되며(제840조 제2호),

부당하게 동거를 거부하는 배우자 일방은 상대방의 동거청구가 권리남용에 해당하는 등의 특별한 사정이 없는 한 상대방에 대하여 부양료의 지급을 청구할 수 없다(대법원 1991. 12. 10. 선고 91므245 판결). 부부의 동거의무에는 배우자와 성(性)생활을 함께 할 의무가 포함된다(대법원 2013. 5. 16. 선고 2012도14788, 2012전도252 전원합의체판결).

[동거의무]

부부의 일방이 상대방에 대하여 동거에 관한 심판을 청구한 결과로 그 심판절차에서 동거의무의 이행을 위한 구체적인 조치에 관하여 조정이 성립한 경우에 그 조치의 실현을 위하여 서로 협력할 법적 의무의 본질적 부분을 상대방이 유책하게 위반하였다면, 부부의 일방은 바로 그 의무의 불이행을 들어 그로 인하여 통상 발생하는 비재산적 손해의 배상을 청구할 수 있고, 그에 반드시 이혼의 청구가 전제되어야 할 필요는 없다고 할 것이다. 비록 부부의 동거의무는 인격존중의 귀중한 이념이나 부부관계의 본질 등에 비추어 일반적으로 그 실현에 관하여 간접강제를 포함하여 강제집행을 행하여서는 안 된다고 하더라도, 또 위와 같은 손해배상이 현실적으로 동거의 강제로 이끄는 측면이 있다고 하더라도, 동거의무 또는 그를 위한 협력의무의 불이행으로 말미암아 상대방에게 발생한 손해에 대하여 그 배상을 행하는 것은 동거 자체를 강제하는 것과는 목적 및 내용을 달리하는 것으로서, 후자가 허용되지 않는다고 하여 전자도 금지된다고는 할 수 없다(대법원 2009. 7. 23. 선고 2009다32454 판결).

(나) 부양의무

(i) 부부는 서로 부양(扶養)할 의무가 있다(제974조 제1호). 부양에는 금전과 물질을 제공하는 '경제적 부양'과 가사노동과 간호 등의 '신체적·정신적 부양'이 모두 포함된다. 부부간의 부양의무는 혼인관계의 본질적 의무로서 부양을 받을 자의 생활을 부양의무자와 같은 정도로 보장하여 부부공동생활의 유지를 가능하게 하는 것을 내용으로 하는 제1차적 부양의무이다(대법원 2012. 12. 27. 선고 2011다96932 판결). 이것은 제2차적 부양의무로서 부양의무자가 자기의 생활을 유지하면서 여유가 있음을 전제로 최저한도의 생활을 보장하는 친족간의 부양의무와 다르다(제974조 제3호).

(ii) 부부의 일방이 부양의무를 불이행하는 경우 상대방은 가정법원에 부양에 관한 심판을 청구할 수 있지만, 부양료 청구의 경우 가사비송사건 중 '마류(類) 사건'에 해당하므로, 소를 제기하거나 심판을 청구하기에 앞서 조정을 거쳐야 한다(가사소송법 제50조). 가정법원의 부양료지급 심판에서 경제적 부양의무는 동거의무와 달리 강제집행(직접강제, 간접강제)이 가능하다(가사소송법 제62조 내지 제64조, 제67조, 제68조). 부양의무의 위반은 악의의 유

기(제840조 제2호) 또는 기타 혼인을 계속하기 어려운 중대한 사유(동조 제6호)로서 이혼의 원인이 될 수 있다.

(다) 협조의무

협조의무는 부부로서의 공동생활에서 분업에 기초하여 협력해야 할 의무를 말한다. 부부의 일방이 협조의무를 불이행하는 경우에는 가정법원에 협조에 관한 심판을 청구할 수 있지만, 동거·부양의무와 마찬가지로 사전에 조정을 거쳐야 하고, 의무의 성질상 강제집행은 허용되지 않는다. 협조의무 불이행 역시 이혼의 원인이 될 수 있다(제840조 제6호).

(2) 정조의무

부부는 부정행위를 하지 아니하여야 하는 성적(性的) 성실의무를 부담한다(대법원 2015. 5. 29. 선고 2013므2441 판결). 민법은 배우자의 부정(不貞)한 행위를 이혼의 원인으로 규정함으로써(제840조 제1호), 부부에게 정조의무(貞操義務)를 부여하고 있다. 부부의 일방이 부정행위를 한 경우에 부부의 일방은 그로 인하여 배우자가 입은 정신적 고통에 대하여 불법행위에 의한 손해배상의무를 진다(제843조에 의한 제806조의 준용). 부정행위를 한 제3자도 상대방이 배우자가 있음을 알고 했다면 공동불법행위자로서 손해를 배상할 책임이 있다(제760조).

[성적(性的) 성실의무와 불법행위책임]

부부는 정신적·육체적·경제적으로 결합된 공동체로서 서로 협조하고 보호하여 부부공동생활로서의 혼인이 유지되도록 상호 간에 포괄적으로 협력할 의무를 부담하고 그에 관한 권리를 가진다. 이러한 동거의무 내지 부부공동생활 유지의무의 내용으로서 부부는 부정행위를 하지 아니하여야 하는 성적(性的) 성실의무를 부담한다. 부부의 일방이 부정행위를 한 경우에 부부의 일방은 그로 인하여 배우자가 입은 정신적 고통에 대하여 불법행위에 의한 손해배상의무를 진다. 한편 제3자도 타인의 부부공동생활에 개입하여 부부공동생활의 파탄을 초래하는 등 그 혼인의 본질에 해당하는 부부공동생활을 방해하여서는 아니 된다. 제3자가 부부의 일방과 부정행위를 함으로써 혼인의 본질에 해당하는 부부공동생활을 침해하거나 유지를 방해하고 그에 대한 배우자로서의 권리를 침해하여 배우자에게 정신적 고통을 가하는 행위는 원칙적으로 불법행위를 구성한다. 그리고 부부의 일방과 제3자가 부담하는 불법행위책임은 공동불법행위책임으로서 부진정연대채무 관계에 있다(대법원 2015. 5. 29. 선고 2013므2441 판결).

마. 성년의제

(i) 미성년자가 혼인한 때에는 성년자로 본다(제826조의2). 이를 '성년의제'(成年擬制)라고 하며, 혼인생활의 독립성을 보장하기 위한 목적으로 마련되었다. 혼인한 미성년자는 사법(私法)상 모든 관계에서 성년자와 같은 행위능력을 가지므로 그에 대한 친권과 후견은 종료되고, 자신의 자(子)에 대해 친권을 행사할 수 있다(제910조는 적용되지 않음). 타인의 후견인이 될 수 있고 소송능력도 인정되지만(민사소송법 제55조), 투표 등 공법(公法)상의 관계에 있어서는 여전히 미성년자로 취급된다.

(ii) 혼인에 의해 성년의제된 자가 미성년의 상태에서 배우자의 사망·이혼·혼인의 취소 등으로 혼인이 해소되더라도 성년의제의 효과는 소멸되지 않지만, 만약 혼인취소의 원인이 혼인적령의 미달이라면 그를 미성년자로 보는 것이 타당하다. 혼인이 무효인 경우 성년의제의 효과는 처음부터 생기지 않는다.

2 혼인의 재산적 효력

혼인한 당사자가 혼인 당시에 재산을 가지고 있거나 혼인 후에 새롭게 재산을 취득하는 경우 그 재산의 귀속과 관리가 문제될 수 있다. 이와 관련하여 민법은 혼인성립 전에는 당사자간의 합의로 재산관계를 정하도록 하고(제829조), 만약 그러한 합의가 없다면 민법상 부부재산제(부부별산제, 夫婦別産制)를 적용하도록 규정하고 있다(제830조, 제831조).

가. 부부재산계약

(i) 부부는 혼인이 성립하기 전에 그 재산에 관하여 자유롭게 계약을 체결할 수 있는데(제829조 제1항), 이 계약을 '부부재산계약'이라고 한다. 부부재산계약은 반드시 혼인이 성립하기 '전'에 성립되어야 하고, 혼인 중에는 이를 원칙적으로 변경할 수 없지만 정당한 사유가 있는 때에는 법원의 허가를 얻어 변경할 수 있다(동조 제2항).

(ii) 부부재산계약에 의해 부부의 일방이 다른 일방의 재산을 관리하는 경우에 부적당한 관리로 인하여 그 재산을 위태하게 한 때에는 다른 일방은 자기가

관리할 것을 법원에 청구할 수 있고 그 재산이 부부의 공유인 때에는 그 분할을 청구할 수 있다(동조 제3항).

(iii) 부부재산계약의 방식에 대해서는 제한이 없으므로 자유롭게 체결할 수 있지만, 혼인이 성립되기 전까지 그 등기를 하지 아니하면 이로써 부부의 승계인 또는 제3자에게 대항하지 못한다(동조 제4항). 이는 혼인 중 계약내용의 변경·관리자의 변경·공유재산의 분할이 있는 때에도 마찬가지이다(동조 제5항). 이때의 등기를 '부부재산약정등기'라고 하고 대법원규칙인 부부재산약정등기규칙에 따라 '부부재산약정등기부'에 의해 기록·관리된다.

(iv) 부부재산계약의 내용에 대해서는 별도의 규정이 없지만, 혼인의 본질적 요소나 남녀평등, 사회질서에 반하는 내용은 허용되지 않는다. 부부재산계약은 혼인 성립시에 효력이 발생하고, 혼인이 종료되면 그때부터 효력을 상실한다. 그러므로 부부재산계약으로 혼인이 성립되기 전이나 종료 후의 재산관계를 정할 수는 없다.

(v) 부부재산계약은 혼인관계의 소멸 또는 혼인 중 부부재산계약의 종료에 의해 소멸한다. 전자의 경우 이혼·혼인의 취소·배우자의 사망 등으로 혼인이 해소되면 부부재산계약도 종료된다. 후자의 경우 가정법원의 허가에 의한 변경 외에 사기나 강박을 이유로 계약을 취소하는 경우·계약이 사해행위를 이유로 취소되는 경우가 있을 수 있는데, 이러한 경우 부부재산계약은 효력을 잃고 법정재산제로 전환된다.

나. 법정재산제

(1) 재산의 귀속과 관리

(i) 우리 민법은 '부부별산제'(夫婦別産制)를 채택하여, 부부의 일방이 혼인전부터 가진 고유재산과 혼인 중 자기의 명의로 취득한 재산은 각자의 특유재산이 되고(제830조 제1항), 부부는 그 특유재산을 각자 관리·사용·수익한다(제831조). 부부의 누구에게 속한 것인지 분명하지 아니한 재산은 부부의 공유로 추정한다(제830조 제2항).

(ii) 판례는 부부의 일방이 혼인 중에 자기 명의로 취득한 재산을 그 명의자의 특유재산으로 추정되지만, 실질적으로 다른 일방 또는 쌍방이 그 재산의 대가를

부담하여 취득한 것이 증명된 때에는 특유재산의 추정은 번복되고 다른 일방의 소유이거나 쌍방의 공유라고 보아야 한다는 입장이다(대법원 1995. 10. 12. 선고 95다25695 판결). 다만 혼인생활에 있어 내조의 공이 있었다거나(대법원 1986. 9. 9. 선고 85다카1337, 1338 판결), 가정주부로서 남편의 약국 경영을 도왔다는 것만으로는 그 추정을 번복하기에 부족하다고 한다(대법원 1998. 6. 12. 선고 97누7707 판결).

[특유재산의 추정]

부부의 일방이 혼인중 그의 명의로 취득한 부동산은 그의 특유재산으로 추정되는 것으로서 그 부동산을 취득함에 있어 상대방의 협력이 있었다거나 혼인생활에 있어 내조의 공이 있었다는 것만으로는 위 추정을 번복할 수 있는 사유가 되지 못하고 그 부동산을 부부각자가 대금의 일부씩을 분담하여 매수하였다거나 부부가 연대채무를 부담하여 매수하였다는 등의 실질적 사유가 주장입증되는 경우에 한하여 위 추정을 번복하고 그 부동산을 부부의 공유로 인정할 수 있다(대법원 1986. 9. 9. 선고 85다카1337, 1338 판결).

부부 중 일방의 명의로 된 농지나 예금 등 재산은 그의 특유재산으로 추정되는바, 그 취득에 상대방 배우자가 대가나 채무를 부담하였다거나 적극적인 재산증식의 노력이 있었다는 등의 실질적인 사유에 관한 아무런 입증이 없는 이상 상대방 배우자가 가정주부로서 남편의 약국 경영을 도왔다는 것만으로는 그 추정을 번복하기에 부족하다(대법원 1998. 6. 12. 선고 97누7707 판결).

(2) 공동생활비용의 부담

부부의 공동생활에 필요한 비용은 당사자간에 특별한 약정이 없으면 부부가 공동으로 부담한다(제833조). 부부의 공동생활에 필요한 비용은 가족공동체의 유지에 필요한 비용으로서 가족의 의식주와 자녀의 출산·양육·교육 등에 필요한 비용을 의미한다. 부부가 공동으로 부담한다고 하여 반드시 균등한 액수를 부담해야 한다는 의미는 아니며 각자의 경제적 능력에 따라 부담비율은 달라질 수 있다.

(3) 일상가사대리권과 일상가사채무의 연대책임

(i) 부부는 일상의 가사에 관하여 서로 대리권이 있다(제827조 제1항). 부부의 일방이 일상의 가사에 관하여 제3자와 법률행위를 한 때에는 다른 일방은 이로 인한 채무에 대해 연대책임이 있지만, 이미 제3자에 대하여 다른 일방의 책임없음을 명

시한 때에는 그러하지 아니하다(제832조). 판례는 사실상 부부관계에서도 일상가사대리권을 인정하고 있지만(대법원 1980. 12. 23. 선고 80다2077 판결), 부부라고 하더라도 일상가사가 아닌 모든 법률행위에 관하여 당연히 대리권이 있다고 볼 수는 없다는 입장이다(대법원 2000. 12. 8. 선고 99다27856 판결).

[일상가사대리권]

대리가 적법하게 성립하기 위하여는 대리행위를 한 자, 즉 대리인이 본인을 대리할 권한을 가지고 그 대리권의 범위 내에서 법률행위를 하였음을 요하며, 부부의 경우에도 일상의 가사가 아닌 법률행위를 배우자를 대리하여 행함에 있어서는 별도로 대리권을 수여하는 수권행위가 필요한 것이지, 부부의 일방이 의식불명의 상태에 있어 사회통념상 대리관계를 인정할 필요가 있다는 사정만으로 그 배우자가 당연히 채무의 부담행위를 포함한 모든 법률행위에 관하여 대리권을 갖는다고 볼 것은 아니다(대법원 2000. 12. 8. 선고 99다27856 판결).

(ii) 민법 제832조에서 말하는 일상의 가사에 관한 법률행위는 부부가 공동생활을 영위하는데 통상 필요한 법률행위를 말하므로 그 내용과 범위는 그 부부공동체의 생활 구조, 정도와 그 부부의 생활 장소인 지역사회의 사회통념에 의해 결정되며, 법률행위가 부부의 일상가사에 관한 것인지 판단함에 있어서는 그 법률행위의 종류·성질 등 객관적 사정과 함께 가사처리자의 주관적 의사와 목적, 부부의 사회적 지위·직업·재산·수입능력 등 현실적 생활상태를 종합적으로 고려하여 사회통념에 따라 판단하여야 한다(대법원 1999. 3. 9. 선고 98다46877 판결).

(iii) 기본적인 의식주와 관련된 비용과 자녀의 양육 및 교육을 위한 비용은 일반적으로 일상가사의 범위에 속한다고 볼 수 있다. 다만 판례에 의하면 부인이 교회에의 건축 헌금, 가게의 인수대금, 장남의 교회 및 주택임대차보증금의 보조금, 거액의 대출금에 대한 이자 지급 등의 명목으로 금원을 차용한 행위는 일상가사에 속한다고 볼 수는 없으며, 주택 및 아파트 구입비용 명목으로 차용한 경우 그와 같은 비용의 지출이 부부공동체를 유지하기 위하여 필수적인 주거공간을 마련하기 위한 것이라면 일상의 가사에 속한다고 볼 여지가 있을 수 있으나 그 주택 및 아파트의 매매대금이 거액에 이르는 대규모의 주택이나 아파트라면 그 구입 또한 일상의 가사에 속하는 것이라고 보기는 어렵다(대법원 1997. 11. 28. 선고 97다31229 판결).

제3절

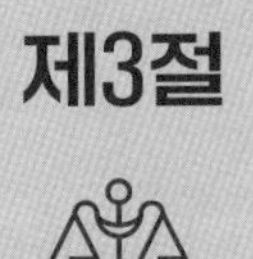

사실혼

I 사실혼의 의의

(i) 사실혼은 사실상 부부로서 혼인생활을 하고 있으나 혼인신고를 하지 않아 법률혼으로 인정되지 않는 남녀의 결합관계를 말한다. 혼인신고는 없지만 당사자간에 혼인의 합의와 혼인생활의 실체가 존재해야 하는 사실혼은 장차 혼인하기로 하는 합의만을 하고 부부로서 혼인생활의 실체가 없는 약혼이나 혼인의사 없이 경제적 지원을 받으면서 성적(性的) 관계만 유지하고 있는 첩(妾)관계와 구별된다.

(ii) 민법은 혼인에 대해 법률혼주의를 취하고 있고 사실혼에 관한 규정을 두고 있지 않다. 다만 혼인의 형식적 요건인 혼인신고가 없을 뿐 실제로 존재하는 사실상의 혼인관계는 법적으로 보호할 필요가 있으므로 사실혼을 '준혼관계'(準婚關係)로 파악하는 것이 일반적이다. 학설과 판례는 사실혼에 대하여 혼인신고와 불가분적으로 결합되어 있는 것을 제외하고 일정한 법적 효과를 인정하고 있다.

Ⅱ 사실혼의 성립요건

(i) 사실혼이 성립하기 위해서는 당사자 사이에 주관적으로 혼인의사의 합치가 있고, 객관적으로 부부공동생활이라고 인정할 만한 혼인생활의 실체가 존재해야 한다(대법원 2001. 1. 30. 선고 2000도4942 판결). 다만 상대방의 혼인의사가 불분명한 경우에는 혼인의 관행과 신의성실의 원칙에 따라 사실혼관계를 형성시킨 상대방의 행위에 기초하여 그 혼인의사의 존재를 추정할 수 있다(대법원 2012. 11. 29. 선고 2012므2451 판결).

(ii) 법률상 혼인을 한 부부가 별거하고 있는 상태에서 그 다른 한쪽이 제3자와 혼인의 의사로 실질적인 부부생활을 하는 중혼적 사실혼의 경우, 특별한 사정이 없는 한, 이를 사실혼으로 인정하여 법률혼에 준하는 보호를 할 수는 없는 것이 법원의 입장이지만(대법원 2001. 4. 13. 선고 2000다52943 판결), 법률혼이 이미 파탄되어 그 실체가 없어졌다면 사실혼 배우자의 선의 여부와 상관없이 사실혼을 보호해야 한다는 견해가 유력하다.

[사실혼과 혼인의사]

상대방의 혼인의사가 불분명한 경우에는 혼인의 관행과 신의성실의 원칙에 따라 사실혼관계를 형성시킨 상대방의 행위에 기초하여 그 혼인의사의 존재를 추정할 수 있으므로 이와 반대되는 사정, 즉 혼인의사를 명백히 철회하였다거나 당사자 사이에 사실혼관계를 해소하기로 합의하였다는 등의 사정이 인정되지 아니하는 경우에는 그 혼인을 무효라고 할 수 없다(대법원 2012. 11. 29. 선고 2012므2451 판결).

Ⅲ 사실혼의 효력

사실혼과 관련하여 일반적 견해와 판례는 혼인신고를 전제로 하여 인정되는 효과는 인정하지 않지만, 부부의 실질적인 부부공동생활을 전제로 하는 권리의무는 대체로 인정하고 있다.

1 사실혼의 일반적 효력

(i) 사실혼이 성립하여도 사실혼 배우자 및 그 혈족과의 사이에 친족관계는 발생하지 않는다. 사실혼이 성립한다고 해도 성년의제 역시 인정되지 않는다. 사실혼 배우자는 배우자로서 상속권이 인정되지 않지만, 상속인이 존재하지 않는 경우 특별연고자에 대한 상속재산분여의 규정(제1057조의2)에 의하여 상속재산의 전부 또는 일부를 분여(分與)받을 수 있다. 사실혼 관계에서 태어난 자는 혼인 외의 출생자가 되고, 부자(父子)관계를 형성하기 위해서는 부(父)가 인지해야 하며(제855조 제1항), 부가 인지하지 않는 한 자(子)는 모(母)의 성(姓)과 본(本)을 따르게 된다(제781조 제3항).

(ii) 사실혼 부부 사이에는 동거·부양·협조의무가 인정되고(대법원 1998. 8. 21. 선고 97므544, 551 판결), 정조의 의무도 인정된다(대법원 1967. 1. 24. 선고 66므39 판결). 사실혼의 관계에 부당하게 간섭하여 파탄시킨 제3자는 불법행위로 인한 손해배상책임을 부담한다(대법원 1970. 4. 28. 선고 69므37 판결). 사실혼의 배우자에게 상해를 입힌 제3자는 상대방 배우자에 대해 정신적 고통에 대한 위자료를 지급해야 한다(대법원 1969. 7. 22. 선고 69다684 판결).

[사실혼과 위자료]

사실상 혼인관계에 있는 배우자도 다른 배우자가 제3자의 불법행위로 인하여 상해를 입은 경우에는 자기가 받은 정신적 고통에 대한 위자료를 청구할 권리가 있다고 보는 것이 상당하다(대법원 1969. 7. 22. 선고 69다684 판결).

2 사실혼의 재산적 효력

(i) 사실혼 부부에게도 일상가사대리권(대법원 1980. 12. 23. 선고 80다2077 판결)과 특유재산에 관한 법정재산제(대법원 1994. 12. 22. 선고 93다52068, 52075 판결)가 인정된다. 일상가사채무의 연대책임과 공동생활비용의 부담 및 재산분할청구권 등 부부공동생활을 전제로 하는 민법 규정들이 유추적용될 수 있다. 다만 부부재산계약은 혼인신고와 등기를 전제로 하므로 사실혼 상태에서는 제3자에 대항할 수 있는 효력은 발생하지 않는다.

(ii) 민법 외의 여러 특별법 등에서는 사실혼 배우자를 특별히 보호하는 규정

을 두고 있는데, 공무원연금법·근로기준법 및 동법 시행령·군인연금법·선원법 및 동법 시행령·독립유공자예우에 관한 법률 등에서는 유족의 범위 중 배우자에 사실상 혼인관계에 있던 자를 포함하고 있다. 주택임대차보호법에서는 임차인이 상속인 없이 사망한 경우 그 주택에서 가정공동생활을 하던 사실상의 혼인관계에 있는 자가 임차인의 권리와 의무를 승계하도록 하고(제9조 제1항), 임차인이 사망한 때에 사망 당시 상속인이 그 주택에서 가정공동생활을 하고 있지 아니한 경우 그 주택에서 가정공동생활을 하던 사실상의 혼인 관계에 있는 자와 2촌 이내의 친족이 공동으로 임차인의 권리와 의무를 승계하도록 하고 있다(제2항).

Ⅳ 사실혼의 해소

사실혼은 사실상의 관계를 기초로 하여 존재하는 것이므로 당사자의 사망, 사실혼해소의 합의에 의해 해소된다. 사실상 혼인관계는 사실상의 관계를 기초로 하여 존재하는 것이므로 당사자 일방의 의사에 의하여 해소될 수 있고, 당사자 일방의 파기로 인하여 공동생활의 사실이 없게 되면 사실상의 혼인관계는 해소되는 것이며, 정당한 사유없이 해소된 때에는 유책자가 상대방에 대하여 손해배상의 책임을 지는데 지나지 않는다(대법원 1977. 3. 22. 선고 75므28 판결). 사실혼의 부당파기로 인한 손해배상에는 재산적 손해와 정신적 손해가 포함되고 그 재산적 손해에는 사실혼관계의 성립·유지와 인과관계 있는 모든 손해가 포함된다(대법원 1989. 2. 14. 선고 88므146 판결).

제13장

혼인 해소

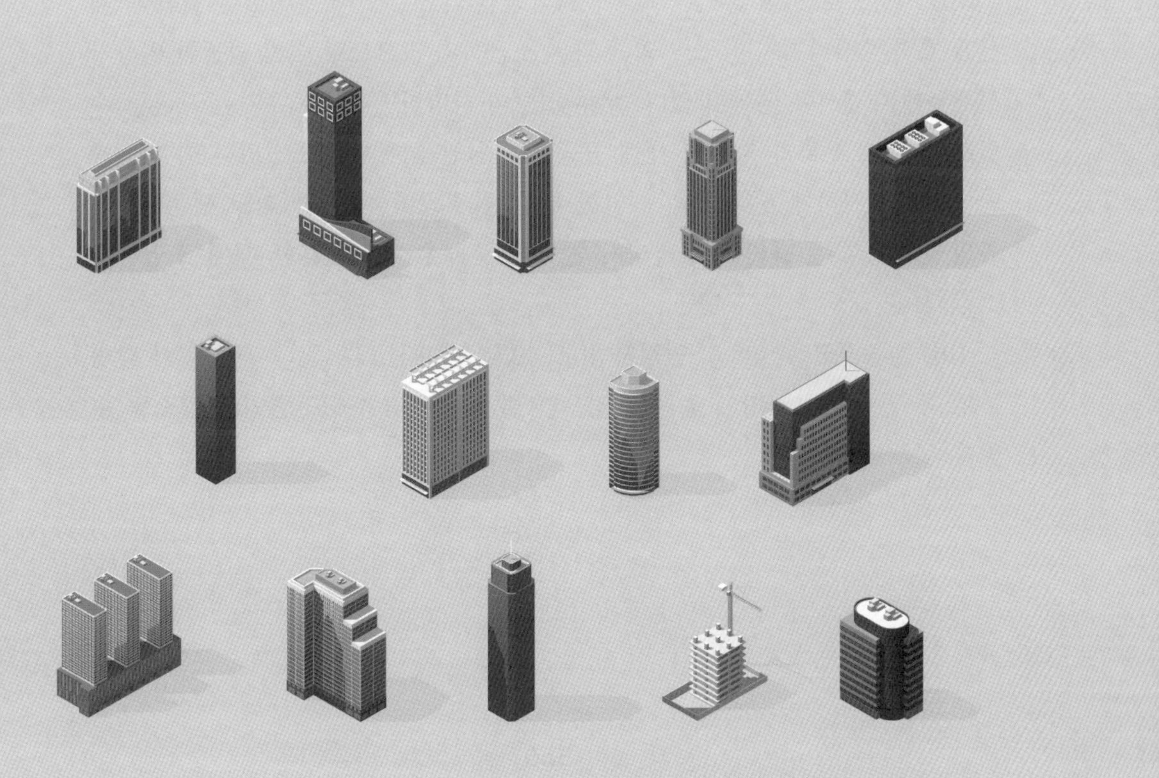

제1절 사망 등에 의한 혼인의 해소

(i) 부부 중 일방이 사망하면 자동으로 혼인관계는 종료된다. 민법상 이를 명시하는 규정은 없지만, 혼인관계는 부부가 생존하고 있음을 전제하므로 그 부부 일방이 사망한다면 혼인관계는 법률상 당연히 해소되고, 생존배우자는 사망자의 재산을 상속받을 수 있다(제1003조).

(ii) 사망으로 인해 혼인관계가 종료되면 혼인으로 인해 발생했던 일반적·재산적 효력은 사라지지만, 소멸의 효과는 소급하지 않으므로 이미 발생한 일상가사채무에 대해서는 영향이 없다. 부부 일방이 사망하면 생존배우자는 재혼할 수 있고(제810조), 부부가 자녀에 대해 공동으로 친권을 행사하고 있었다면, 친권을 단독으로 행사하게 된다(제909조 제3항). 한편 부부 중 일방이 사망하더라도 생존배우자와의 인척관계는 당연히 소멸되지 않고 생존배우자가 재혼한 때에 소멸된다(제775조 제2항).

(iii) 실종선고(제27조 내지 제29조), 인정사망(가족관계등록법 제87조), 부재선고(부재선고에 관한 특별조치법 제2조 내지 제4조)와 같이 부부 중 일방에게 사망에 준하는 경우가 발생하는 경우에도 혼인은 해소될 수 있다.

제2절 이혼에 의한 혼인의 해소

친족법에서 혼인의 해소사유로서 주로 문제되는 것은 이혼이다. 이혼은 유효하게 성립한 혼인을 당사자의 협의 또는 재판절차를 통해 종료시키는 것을 말하는데, 현행 민법은 이혼의 방식으로 '협의상 이혼'과 '재판상 이혼'을 규정하고 있다. 참고로 통계청의 '2023년 혼인·이혼 통계'에 따르면, 2023년 이혼건수는 약 92,394건으로 전년대비 0.9%(838건) 정도 감소되었고, 그 중 협의이혼은 약 7만 2,000건, 재판상 이혼은 약 2만 건으로 집계되었다.

[이혼종류별 이혼건수 추이(2003~2023년)]

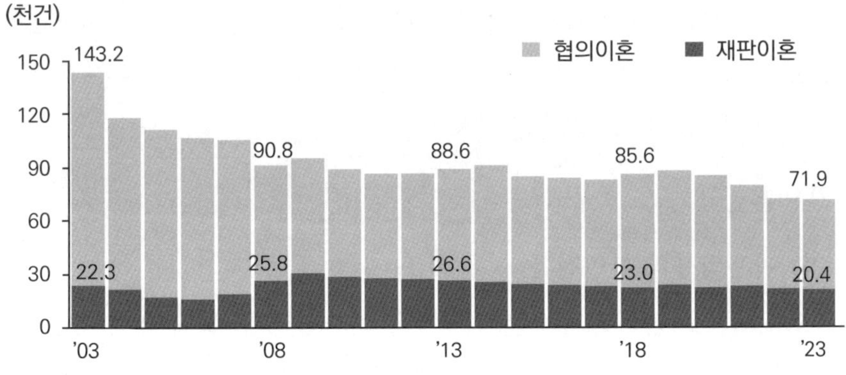

I 이혼의 방식

1 협의이혼

가. 협의이혼의 의의

부부는 협의에 의하여 이혼할 수 있다(제834조). 이처럼 유효하게 성립한 혼인을 당사자 쌍방의 협의로 종료시키는 것을 협의상 이혼(협의이혼)이라고 한다. 협의상 이혼은 일종의 계약으로서 이혼의 효력이 발생하기 위하여 신고가 필요한 요식행위이다.

나. 협의이혼의 요건

민법 제836조는 협의이혼의 성립요건으로 이혼신고만을 규정하고 있지만, 협의이혼은 일종의 계약이므로 부부 쌍방의 이혼의사가 합치되어야 한다. 이하에서는 협의이혼이 성립하기 위한 실질적 요건인 이혼의 합의와 형식적 요건인 이혼신고에 대해 살펴보기로 한다.

(1) 이혼의 합의

협의이혼의 실질적 요건으로서 혼인관계에 있는 부부 사이에 혼인을 해소하기로 하는 의사의 합치, 즉 이혼의 합의가 필요하다. 이때 부부는 법률상 혼인관계에 있어야 하며, 협의이혼이 법률행위인 이상 부부에게는 당연히 의사능력이 있어야 한다. 행위능력과 관련하여 혼인 당시에 미성년이었던 자는 성년으로 의제되므로 자유롭게 이혼의 합의를 할 수 있지만, 피성년후견인은 부모나 성년후견인의 동의가 필요하다(제835조에 의한 제808조 제2항의 준용).

(2) 이혼신고

(가) 이혼의사의 확인절차

(i) 협의이혼을 하려는 부부는 먼저 이혼의사의 유무 등에 대해 가정법원의 확인을 받아야 한다(가족관계등록법 제75조 제1항). 이를 위해 부부는 관할 가정법원에 출석하여 협

의이혼의사확인신청서를 제출하고 이혼에 대해 안내를 받아야 한다(가족관계의 등록 등에 관한 규칙(가족관계등록규칙) 제73조 제1항). 가정법원은 필요한 경우 당사자에게 상담에 관하여 전문적인 지식과 경험을 갖춘 전문상담인의 상담을 받을 것을 권고할 수 있다(제836조의2 제1항).

(ii) 가정법원에 이혼의사의 확인을 신청한 당사자는 위 안내를 받은 날로부터 '일정기간'이 경과한 후에 법원으로부터 이혼의사의 확인을 받을 수 있는데, 이 기간을 '이혼숙려기간'이라고 한다. 이혼숙려기간은 부부에게 이혼여부를 숙고하게 하여 경솔한 이혼을 방지하고 이혼하더라도 재산분할과 자녀 양육 등에 대해 합리적으로 합의할 수 있는 시간을 확보하기 위한 것으로서, 그 기간은 이혼에 관한 안내를 받은 날로부터 포태(胞胎) 중인 자를 포함하여 양육해야 할 자가 있는 경우에는 3개월, 그렇지 않은 경우는 1개월이다(동조 제2항). 다만 가정법원은 당사자에게 폭력으로 인한 고통 등의 사유로 이혼을 해야 할 급박한 사정이 있다면 이 기간을 단축 또는 면제할 수 있다(동조 제3항).

(iii) 이혼의사확인신청을 한 부부에게 양육해야 할 자녀가 있는 경우 당사자는 이혼의사확인기일까지 자녀의 양육과 친권자결정에 관한 협의서 또는 가정법원의 심판정본을 제출해야 한다(동조 제4항). 협의서에는 양육자의 결정과 양육비용의 부담 및 면접교섭권에 관한 내용이 포함되어야 하지만, 이러한 협의가 자(子)의 복리에 반하는 경우, 법원은 보정을 명하거나 직권으로 그 자(子)의 의사·나이와 부모의 재산상황, 그 밖의 사정을 참작하여 양육에 필요한 사항을 정한다(제837조 제1항 내지 제3항). 만약 양육에 대한 합의가 이루어지지 않거나 협의할 수 없는 때에는 가정법원이 직권으로 또는 당사자의 청구에 따라 정한다(동조 제4항). 이혼의사확인신청을 한 부부는 이혼의사를 확인받기 전까지 그 신청을 취하할 수 있다(가족관계등록규칙 제77조 제1항).

(iv) 이혼숙려기간이 지나고 이혼의사확인기일이 되면 가정법원은 부부 양쪽을 출석시켜 그 진술을 듣고 이혼의사와 양육 및 친권자결정에 관한 협의서 또는 가정법원의 심판정본 및 확정증명서를 확인한다(동규칙 제74조 제1항). 부부가 협의한 양육비부담에 관한 내용을 확인하는 양육비부담조서도 작성해야 한다(제836조의2 제5항). 양육비부담조서를 작성하면 이는 가사소송법 제41조의 집행권원으로서 강제집행을 신청할 때 별도의 재판절차가 필요하지 않다.

[이혼신고서]

[양식 제11호]

이혼(친권자 지정)신고서 (년 월 일)	※ 뒷면의 작성방법을 읽고 기재하시되, 선택항목은 해당번호에 "○"으로 표시하여 주시기 바랍니다.

구 분			남 편(부)				아 내(처)			
①이혼당사자(신고인)	성 명	한글	(성) / (명)		㊞ 또는 서명		(성) / (명)		㊞ 또는 서명	
		한자	(성) / (명)				(성) / (명)			
	본(한자)			전화			본(한자)		전화	
	주민등록번호		-				-			
	출생연월일									
	등록기준지									
	주 소									
②부모(양부모)	부(양부)성명									
	주민등록번호									
	모(양모)성명									
	주민등록번호									
③기 타 사 항										
④재판확정일자 ( )			년 월 일			법원명	법원			

아래 친권자란은 협의이혼 시에는 법원의 협의이혼의사확인 후에 기재합니다.

⑤친권자 지 정								
	미성년인 자의 성명							
	주민등록번호	-			-			
	친권자	①부 ②모 ③부모	효력발생일	년 월 일	①부 ②모 ③부모	효력발생일	년 월 일
			원인	①협의 ②재판		원인	①협의 ②재판
	미성년인 자의 성명							
	주민등록번호	-			-			
	친권자	①부 ②모 ③부모	효력발생일	년 월 일	①부 ②모 ③부모	효력발생일	년 월 일
			원인	①협의 ②재판		원인	①협의 ②재판

⑥신고인출석여부		① 남편(夫)	② 아내(婦)
⑦제출인	성 명	주민등록번호	-

※ 다음은 국가의 인구정책 수립에 필요한 자료로 「통계법」 제32조 및 제33조에 따라 성실응답의무가 있으며 개인의 비밀사항이 철저히 보호되므로 사실대로 기입하여 주시기 바랍니다.

⑧실제결혼(동거) 생활 시작일		년 월 일부터		⑨실제이혼연월일	년 월 일부터
⑩20세 미만 자녀 수		명		⑪이혼의 종류	① 협의이혼 ② 재판에 의한 이혼
⑫이 혼 사 유(택일)	① 배우자 부정 ②정신적·육체적 학대 ③ 가족간 불화 ④ 경제문제 ⑤성격차이 ⑥ 건강문제 ⑦ 기타				
⑬국 적	남편	① 대한민국(출생 시 국적취득) ② 대한민국(귀화등 국적취득, 귀화전국적:) ③ 외 국(국가명기입)	처	① 대한민국(출생 시 국적취득) ② 대한민국(귀화등 국적취득, 귀화전국적:) ③ 외 국(국가명기입)	
⑭최 종 졸업학교	남편	①무학 ②초등학교 ③중학교 ④고등학교 ⑤대학(교) ⑥대학원 이상	처	①무학 초등학교 ③중학교 ④고등학교 ⑤대학(교) ⑥대학원 이상	
⑮직 업	남편	*주된 일의 종류와 내용을 기입합니다	처	*주된 일의 종류와 내용을 기입합니다	

※ 타인의 서명 또는 인장을 도용하여 허위의 신고서를 제출하거나, 허위신고를 하여 가족관계등록부에 부실의 사실을 기록하게 하는 경우에는 형법에 의하여 5년 이하의 징역 또는 1천만원 이하의 벌금에 처해집니다.

(나) 이혼신고의 절차와 방법

(i) 협의이혼의 형식적 요건인 이혼신고는 가정법원의 확인을 받아 가족관계등록법이 정한 바에 따라 신고해야 효력이 발생한다(제836조 제1항). 가정법원에서 이혼의사를 확인받은 당사자는 가정법원으로부터 교부·송달받은 확인서등본을 수령한 날로부터 3개월 내에 그 등본을 첨부하여 이혼신고를 해야 하는데, 만약 이 기간이 경과하면 가정법원의 이혼의사 확인은 효력을 상실한다(가족관계등록법 제75조 제2항, 제3항).

(ii) 이혼신고는 이혼하고자 하는 부부와 성년자인 증인 2인의 연서한 서면으로 해야 한다(제836조 제2항). 하지만 협의이혼신고서에 가정법원의 이혼의사확인서등본을 첨부하면 제836조 제2항에서 정한 증인 2인의 연서가 있는 것으로 보기 때문에 가족관계등록법 제76조에 따라 이혼신고서에 증인을 기재할 필요가 사실상 없게 되었다. 이혼신고는 가족관계등록법 제23조 제1항에 따라 구술신고로도 가능한 것으로 해석되는데, 구술에 의한 이혼신고는 서면으로 이루어지는 경우(가족관계등록법 제23조 제2항)와 달리 타인이 대리할 수 없다(동법 제31조 제3항).

다. 협의이혼의 무효와 취소

(i) 협의이혼의 무효에 대해 민법상 규정은 없지만, 가사소송법 제2조 제1항 제1호 가목에서는 이혼의 무효를 '가류(類) 가사소송사건' 중 하나로 규정하고 있다. 당사자간에 '이혼의 합의'가 없이 이루어진 협의이혼의 신고는 무효이다. 예를 들어 부부가 협의이혼의사를 법원으로부터 확인을 받았지만 신고하기 전 부부 일방이 협의이혼의사의 철회신고서를 제출하였음에도 협의이혼신고서가 수리되었다면 협의이혼이 효력은 발생하지 않는다(대법원 1994. 2. 8. 선고 93도2869 판결).

[협의이혼의사의 철회와 협의이혼신고서의 수리]

부부가 이혼하기로 협의하고 가정법원의 협의이혼의사 확인을 받았다고 하더라도 호적법에 정한 바에 의하여 신고함으로써 협의이혼의 효력이 생기기 전에는 부부의 일방이 언제든지 협의이혼의사를 철회할 수 있는 것이어서, 협의이혼신고서가 수리되기 전에 협의이혼의사의 철회신고서가 제출되면 협의이혼신고서는 수리할 수 없는 것이므로, 설사 호적공무원이 착오로 협의이혼의사 철회신고서가 제출된 사실을 간과한 나머지 그 후에 제출된 협의이혼신고서를 수리하였다고 하더라도 협의상 이혼의 효력이 생길 수 없다(대법원 1994. 2. 8. 선고 93도2869 판결).

(ii) 협의이혼의 무효와 관련하여 부부공동생활관계를 해소할 의사가 없음에도 어떠한 목적을 위해 이혼신고를 하는, 이른바 '가장이혼'(假裝離婚)이 문제된다. 이와 관련하여 부부가 가지는 이혼의사가 혼인의사에서와 같이 그것이 당사자 사이에 혼인관계를 실제로 해소시키려는 의사라는 견해(실질적 의사설)와 단지 이혼신고를 하려는 의사라는 견해(형식적 의사설)가 있지만, 현재 판례는 후자의 견해를 따르고 있다고 평가된다.

[가장이혼]

협의상 이혼이 가장이혼으로서 무효로 인정되려면 누구나 납득할 만한 특별한 사정이 인정되어야 하고, 그렇지 않으면 이혼당사자 간에 일시적으로나마 법률상 적법한 이혼을 할 의사가 있었다고 보는 것이 이혼신고의 법률상 및 사실상의 중대성에 비추어 상당하다 할 것이다(대법원 1994. 2. 8. 선고 93도2869 판결).

(iii) 협의이혼의 취소에 대해 민법 제838조는 "사기 또는 강박으로 인하여 이혼의 의사표시를 한 자는 그 취소를 가정법원에 청구할 수 있다"고 규정하고 있다. 여기서 사기(詐欺) 또는 강박(强拍)을 한 자에는 부부의 일방 외에 제3자도 포함된다. 이혼의 취소는 '나류(類) 가사소송사건'으로서 소를 제기하거나 심판을 청구하기에 앞서 조정을 거쳐야 한다(가사소송법 제2조 제1항 제1호 나목과 동법 제50조 제1항). 이혼취소의 소는 '형성의 소'로서 그 판결이 확정됨으로써 이혼이 취소된다. 이혼의 취소청구권은 사기를 안 날 또는 강박을 면할 날로부터 3월을 경과하면 소멸하지만(제839조에 의한 제823조의 준용), 혼인취소의 효력에 관한 제824조는 준용되지 않으므로 협의이혼 취소의 효력은 소급효가 있다. 그 결과 취소판결이 확정되면 이혼이 처음부터 무효였던 것이 되어 혼인이 계속된 것으로 되는데, 이로써 중혼(重婚)이 된다면 부활한 전혼(前婚)에 재판상 이혼사유가, 중혼인 후혼(後婚)에는 취소사유가 발생한다(대법원 1994. 10. 11. 선고 94므932 판결). 한편 사기 또는 강박으로 협의이혼을 한 당사자는 사기 또는 강박을 행한 상대방 배우자나 제3자를 상대로 손해배상을 청구할 수 있다.

[이혼취소의 효력]

甲남이 법률상 부부였던 乙녀를 상대로 이혼심판을 청구하여 승소심판을 선고받고 그 심판이 확정되자 곧 丙녀와 혼인하여 혼인신고를 마쳤으나 그 후 乙녀의 재심청구에 의하여 그 이혼심판의 취소 및 이혼청구기각의 심판이 확정되었다면 甲남과 丙녀 사이의 혼인은 중혼에 해당하므로 취소되어야 한다(대법원 1994. 10. 11. 선고 94므932 판결).

2 재판상 이혼

가. 재판상 이혼의 의의

부부는 이혼에 대해 합의가 이루어지지 않거나 합의할 수 없는 경우 법원에 이혼을 청구할 수 있다. 이처럼 유효하게 성립한 혼인을 당사자 일방이 청구하는 재판절차를 통해 종료시키는 것을 재판상 이혼이라고 한다. 민법은 재판상 이혼을 청구할 수 있는 실체적 요건인 이혼사유와 제척기간 그리고 이혼의 효과를 규정하고 있고, 이혼의 효과에 대해서는 주로 협의이혼에 관한 규정들을 준용한다.

[제척기간]

제척기간(除斥期間)은 어떤 종류의 권리에 대해 법률이 정하는 존속기간을 말하며, 권리의 존속기간인 제척기간이 지나면 그 권리는 당연히 소멸한다. 제척기간은 권리자로 하여금 해당 권리를 신속하게 행사하도록 함으로써 법률관계를 조속히 확정시키려는데 그 취지가 있는 것으로서, 기간의 경과 자체만으로 곧 권리 소멸의 효과를 가져오게 하는 것이다(대법원 2015. 1. 29. 선고 2013다215256 판결).

나. 재판상 이혼사유

재판상 이혼은 일정한 사유가 있는 경우에만 인정되는데, 이러한 사유를 재판상 이혼사유라고 한다. 민법 제840조는 재판상 이혼사유에 대해 제1호부터 제6호까지 정하고 있는데 그 내용은 다음과 같다.

[제840조의 각 호의 관계에 대한 견해와 판례의 입장]

제840조에 열거된 제1호부터 제5호의 사유와 제6호가 어떠한 관계에 있는지에 대해 ① 제1호부터 제6호의 사유가 독립된 별개의 이혼사유라는 견해(독립설), ② 제1호부터 제5호의 사유는 제6호의 예시라는 견해(독립예시설), ③ 제1호부터 제5호의 사유는 제6호를 전제로 하는 단순한 예시이고, 그러한 사유가 있어도 제6호 규정의 충족 여부에 따라 이혼

이 결정된다는 견해(단순예시설) 등이 있다. 판례는 "재판상 이혼사유에 관한 민법 제840조는 동조가 규정하고 있는 각 호 사유마다 각 별개의 독립된 이혼사유를 구성하는 것이고, 이혼청구를 구하면서 위 각 호 소정의 수개의 사유를 주장하는 경우 법원은 그 중 어느 하나를 받아들여 청구를 인용할 수 있다"는 입장을 취하고 있다(대법원 2000. 9. 5. 선고 99므1886 판결).

(1) 배우자가 부정한 행위를 한 경우

(i) 제840조 제1호에서 규정된 '배우자의 부정(不貞)한 행위'는 간통보다 넓은 개념으로 부부의 정조의무(貞操義務)에 충실하지 않은 일체의 부정한 행위를 포함하고, 부정한 행위인지 여부는 구체적 사안에 따라 그 정도와 상황을 참작하여 평가한다(대법원 1987. 5. 26. 선고 87므5, 6 판결). 일반적으로 부정한 행위로 인정되기 위해서는 ① 혼인 중에, ② 객관적·외형적으로 정조의무에 반하는 사실이 있고, ③ 그것이 내심의 자유의사에 의한 것이어야 한다.

[부정행위와 이혼사유]

민법 제840조 제1호 소정의 재판상 이혼사유인 배우자에 부정한 행위가 있었을 때라 함은 혼인한 부부간의 일방이 부정한 행위를 한 때를 말하는 것이므로 혼인 전 약혼단계에서 부정한 행위를 한 때에는 위 제1호의 이혼사유에 해당한다고 할 수는 없다(대법원 1991. 9. 13. 선고 91므85, 92 판결).

[부정한 행위의 의미]

민법 제840조 제1호 소정 배우자에 부정(不貞)한 행위가 있었을 때의 부정한 행위라고 함은 객관적으로 그것이 부정한 행위에 해당한다고 볼만한 사실이 있어야 하고 또 이것이 내심의 자유로운 의사에 의하여 행하여 졌다는 두 가지의 요소를 필요로 하는 것으로서 비록 객관적으로는 부정한 행위라고 볼 수 있는 사실이 있다고 하더라도 그것이 자유로운 의사에 의하여 이루어지지 않은 경우는 여기에서 말하는 부정한 행위라고 할 수는 없다(대법원 1976. 12. 14. 선고 76므10 판결).

(ii) 배우자가 부정한 행위를 했다고 하더라도 부정한 행위에 대하여 다른 일방이 사전동의나 사후용서를 한 때 또는 이를 안 날로부터 6월, 그 사유있은 날로부터 2년을 경과한 때에는 이혼을 청구하지 못한다(제841조). '사전동의'(事前同意)는 부부 일방이 다른 일방에 대해 장래 부정행위를 하더라도 이의가 없다는 뜻을 통지하는 것을 말한다. 판례는 이혼의사의 합치가 있다면 비록 법률적으로

혼인관계가 존속한다고 하더라도 부정행위에 대한 사전동의가 그 합의 속에 포함되어 있다고 보고 있고(대법원 2000. 7. 7. 선고 2000도868 판결), 첩(妾)계약에 대한 본처(本妻)의 동의는 선량한 풍속에 반하여 무효라고 하였다(대법원 1998. 4. 10. 선고 96므1434 판결). '사후용서'(事後容恕)는 부부 일방이 다른 일방의 부정행위의 사실을 알면서도 혼인관계를 지속시키기 위해 상대방에게 그에 대한 책임을 묻지 않겠다는 뜻을 표시하는 일방행위이다(대법원 1991. 11. 26. 선고 91도2049 판결). 용서의 방식에는 제한이 없으므로 명시적 또는 묵시적으로 가능하다. '6개월'과 '2년'의 기간은 '제척기간'으로서, 만약 부정행위가 계속된다면 이혼청구권은 소멸하지 않고, 계속되었던 부정행위가 종료된 시점부터 기산된다.

[부첩관계와 용서]

소위 첩계약(妾契約)은 본처(本妻)의 동의 유무를 불문하고 선량한 풍속에 반하는 사항을 내용으로 하는 법률행위로서 무효일 뿐만 아니라 위법한 행위이므로, 부첩관계에 있는 부(夫) 및 첩은 특별한 사정이 없는 한 그로 인하여 본처가 입은 정신상의 고통에 대하여 배상할 의무가 있고, 이러한 손해배상책임이 성립하기 위하여 반드시 부첩관계로 인하여 혼인관계가 파탄에 이를 필요까지는 없고, 한편 본처가 장래의 부첩관계에 대하여 동의하는 것은 그 자체가 선량한 풍속에 반하는 것으로서 무효라고 할 것이나, 기왕의 부첩관계에 대하여 용서한 때에는 그것이 손해배상청구권의 포기라고 해석되는 한 그대로의 법적 효력이 인정될 수 있다(대법원 1998. 4. 10. 선고 96므1434 판결).

(iii) 부정행위 중 간통은 형법상 간통죄로서 처벌규정(형법 제241조)이 있었지만, 2015년 헌법재판소의 위헌결정으로 삭제되었다(헌법재판소 2015. 2. 26. 자 2009헌바17 결정).

(2) 배우자가 악의로 다른 일방을 유기한 경우

제840조 제2호에서 규정된 '악의(惡意)의 유기(遺棄)'는 배우자가 정당한 이유 없이 서로 동거·부양·협조해야 할 부부로서의 의무를 포기하고 다른 일방을 버리는 것을 말한다. 악의의 유기인지는 부부공동생활을 폐지할 의사가 있었는지(대법원 1986. 6. 24. 선고 85므6 판결)와 그 유기가 상당기간 계속되었는지를 기준으로 판단한다. 상대방을 내쫓거나 무단가출한 경우(대법원 1985. 7. 9. 선고 85므5 판결)나 상대방을 집에 두고 나가서 돌아오지 않는 경우는 악의의 유기에 해당한다(대법원 1986. 10. 28. 선고 86므83, 84 판결). 학업이나 직업상의 이유 또는 치료를 위하여 부득이 별거하거나 상대방의 학대를 피해 가출한 경우(대법원 1990. 8. 10. 선고 90므408 판결) 또는 단기간의 일시적 가출은 악의의 유기에 해당하지 않는

다. 악의의 유기를 이유로 하는 이혼청구권은 악의의 유기 상태가 이혼청구시점까지 계속되는 한 소멸되지 않는다(대법원 1998. 4. 10. 선고 96므1434 판결).

[악의의 유기]

악의의 유기라 함은 정당한 이유없이 배우자를 버리고 부부공동생활을 폐지하는 것을 말하는 바, 가정불화가 심화되어 처 및 자녀들의 냉대가 극심하여지자 가장으로서 이를 피하여 자제케 하고 그 뜻을 꺾기 위하여 일시 집을 나와 별거하고 가정불화가 심히 악화된 기간이래 생활비를 지급하지 아니한 것뿐이고 달리 부부생활을 폐지하기 위하여 가출한 것이 아니라면 이는 민법 제840조 제2호 소정의 악의의 유기에 해당할 수 없다(대법원 1986. 6. 24. 선고 85므6 판결).

[가출과 악의의 유기]

청구인과 피청구인이 혼인신고를 한 후 약 20일간 동거하다가 피청구인이 농사일이 힘들고 청구인의 건강이 나쁘다는 이유로 집을 나가 돌아오고 있지 않다면 이는 민법 제840조 제2호의 '배우자가 악의로 다른 일방을 유기한 때'에 해당한다(대법원 1986. 10. 28. 선고 86므83, 84 판결).

[이혼청구권의 제척기간]

악의의 유기를 원인으로 하는 재판상 이혼청구권이 법률상 그 행사기간의 제한이 없는 형성권으로서 10년의 제척기간에 걸린다고 하더라도 피고가 부첩관계를 계속 유지함으로써 민법 제840조 제2호에 해당하는 배우자가 악의로 다른 일방을 유기하는 것이 이혼청구 당시까지 존속되고 있는 경우에는 기간 경과에 의하여 이혼청구권이 소멸할 여지는 없다(대법원 1998. 4. 10. 선고 96므1434 판결).

(3) 배우자 또는 그 직계존속으로부터 심히 부당한 대우를 받은 경우

제840조 제3호의 '심히 부당한 대우를 받았을 때'는 혼인관계의 지속을 강요하는 것이 가혹하다고 여겨질 정도의 폭행이나 학대 또는 모욕을 받았을 경우를 말한다(대법원 2021. 3. 25. 선고 2020므14763 판결). 어느 정도의 행위가 심히 부당한 대우에 해당하는지는 구체적인 경우에 사회통념과 당사자 개인의 감정과 의사를 고려하여 판단하는 것이 타당하고, 배우자의 직계존속으로부터의 심히 부당한 대우를 판단함에 있어서는 그 직계존속과 공동생활을 하고 있는지 여부가 고려될 수 있다. 직계존속과 공동생활을 하지 않더라도 배우자의 직계존속의 심히 부당한 대우로 인해 혼인을 계속할 수 없다면 동조 제6호에 의해 이혼을 청구할 수 있다고 할 것이다.

(4) 자기의 직계존속이 배우자로부터 심히 부당한 대우를 받은 경우

제840조 제4호에서 규정한 배우자가 자기의 직계존속에 대해 '심히 부당한 대우'를 한 경우로서, '심히 부당한 대우'의 의미는 제3호에서와 동일하다.

(5) 배우자의 생사가 3년 이상 분명하지 아니한 경우

제840조 제5호의 '생사불명'은 생존도 사망도 증명할 수 없는 경우를 말하고, 생사불명으로 인해 재판상 이혼을 청구하기 위해서는 생사불명이 3년 이상이고 현재에도 생사불명이어야 한다. 배우자의 생사가 3년 이상 분명하지 않은 것은 실종선고에 의한 혼인관계해소와는 별개의 문제로서, 만약 이혼판결이 확정된 후 실종된 배우자가 살아 돌아오더라도 실종선고가 취소된 경우와는 달리 혼인이 부활하지 않는다. 3년이라는 기간의 기산점은 생사불명된 배우자의 생존을 확인할 수 있는 마지막 시기이다.

(6) 기타 혼인을 계속하기 어려운 중대한 사유가 있는 경우

(i) 제840조 제6호의 '혼인을 계속하기 어려운 중대한 사유'는 부부 사이의 애정과 신뢰가 바탕이 되어야 할 혼인의 본질에 상응하는 부부 공동생활관계가 회복할 수 없을 정도로 파탄되고 혼인생활의 계속을 강제하는 것이 한쪽 배우자에게 참을 수 없는 고통이 되는 경우를 말한다(대법원 2022. 6. 16. 선고 2022므10932 판결). 이는 파탄주의에 따른 이혼사유로서 어느 것이 이에 해당하는지 구체적인 것은 법원이 판단한다. 혼인을 계속하기 어려운 중대한 사유인지 판단할 때 법원은 혼인계속의사의 유무, 파탄의 원인에 관한 당사자의 책임 유무, 혼인생활의 기간, 자녀의 유무, 당사자의 연령, 이혼 후의 생활보장 등 혼인관계에 관한 여러 사정을 두루 고려해야 한다(대법원 2022. 5. 26. 선고 2021므15480 판결).

(ii) 법원이 혼인을 계속하기 어려운 중대한 사유라고 인정한 주요 사례로는 ① 배우자의 중대한 범죄, ② 합리적인 이유 없는 성관계의 거부, ③ 불치의 정신병, ④ 상습도박, ⑤ 지나친 신앙생활, ⑥ 남편의 독선과 억압 및 의처증으로 인한 혼인파탄 등이 있다. 중대한 사유라고 인정하지 않은 주요 사례로는 ① 일시적인 성기능 장애, ② 출산불능, ③ 이혼합의 사실의 존재, ④ 회복 가능한 가벼운 정신병 증세, ⑤ 일상생활에 별다른 지장이 없는 우울증 증세 등이 있다.

(iii) 기타 혼인을 계속하기 어려운 중대한 사유가 있음을 이유로 한 이혼청구는 다른 일방이 이를 안 날로부터 6개월, 그 사유가 있은 날로부터 2년이 경과하면 허용되지 않는다(제842조). 다만 법원은 그 사유가 이혼심판청구 당시까지 계속 존재한다면 이혼청구권의 제척기간에 관한 이 규정은 적용되지 않는다는 입장이다(대법원 1987. 12. 22. 선고 86므90 판결).

다. 유책배우자의 이혼청구

(i) 혼인관계가 회복할 수 없을 정도로 파탄된 경우, 혼인의 파탄에 주된 책임이 있는 유책배우자(有責配偶者)가 제840조 제6호를 근거로 이혼을 청구할 수 있는지가 문제된다. 종래의 판례는 유책배우자의 이혼청구를 엄격하게 금지하였는데, 그 이유는 혼인의 파탄을 자초한 자에게 재판상 이혼청구권을 인정하는 것은 혼인제도가 요구하고 있는 도덕성에 근본적으로 배치되고, 배우자 일방의 의사에 의한 이혼 내지는 축출이혼(逐出離婚, 유책배우자가 책임 없는 다른 배우자를 쫓아내는 이혼)을 시인하는 부당한 결과가 되기 때문이라고 판시한 바 있다(대법원 1987. 4. 14. 선고 86므28 판결).

(ii) 현재의 학설과 판례는 원칙적으로 유책배우자의 이혼청구를 허용하지 않지만, 예외적으로 일정한 경우에는 허용하는 입장을 취하고 있다. 이와 관련하여 2015년 대법원 전원합의체판결은 민법 제840조 제6호의 이혼사유에 관하여 유책배우자의 이혼청구를 원칙적으로 허용하지 아니하는 종래의 대법원판례를 변경하는 것이 옳다는 주장을 아직은 받아들이기 어렵지만, 유책배우자의 이혼청구를 허용하지 아니하는 것은 혼인제도가 요구하는 도덕성에 배치되고 신의성실의 원칙에 반하는 결과를 방지하려는 데 있으므로, 이에 비추어 책임이 반드시 이혼청구를 배척해야 할 정도로 남아 있지 아니한 경우에는 그러한 배우자의 이혼청구는 혼인과 가족제도를 형해화할 우려가 없고 사회의 도덕관·윤리관에도 반하지 아니하므로 허용될 수 있다고 보았다. 그리하여 ① 상대방 배우자에게도 혼인을 계속할 의사가 없는 경우, ② 이혼을 청구하는 배우자의 유책성을 상쇄할 정도로 상대방 배우자 및 자녀에 대한 보호와 배려가 이루어진 경우, ③ 세월의 경과에 따라 유책성과 상대방의 정신적 고통이 약화되어 쌍방의 책임의 경중을 엄밀히 따지는 것이 더이상 무의미할 정도가 된 경우 등과 같이 그 유책성이 이혼청구를 배척해야 할 정도로 남아 있지 아니한 특별한 사정이 있는

경우에는 예외적으로 유책배우자의 이혼청구를 허용할 수 있다고 판시한 바 있다(대법원 2015. 9. 15. 선고 2013므568 전원합의체판결).

라. 재판상 이혼의 절차

(1) 조정에 의한 이혼

재판상 이혼을 하려는 자는 우선 가정법원에 조정을 신청하여야 하고, 조정을 신청하지 아니하고 소를 제기하거나 심판을 청구한 경우 가정법원은 특별한 사정이 없는 한 원칙적으로 그 사건을 조정에 회부하여야 한다(가사소송법 제50조). 조정절차에서 당사자간에 이혼의 합의가 성립하여 그것을 조서에 기재하면 조정이 성립하는데, 이는 재판상 화해와 동일한 효력이 있으므로 혼인이 해소된다(동법 제59조). 조정을 신청한 당사자는 조정이 성립한 후 1개월 이내에 이혼신고를 해야 하는데(가족관계등록법 제78조에 의한 제58조의 준용), 이때의 신고는 보고적 신고이다.

(2) 재판에 의한 이혼

조정을 신청했지만 ① 조정이 성립하지 않거나 ② 조정을 하지 않기로 하는 결정이 있거나 ③ 조정에 갈음하는 결정에 대해 이의신청이 있는 때에는 조정신청을 한 때에 소가 제기된 것으로 본다(가사소송법 제49조에 의한 민사조정법 제36조 제1항의 준용). 이혼에 대한 판결이 확정되면 별도의 이혼신고 없이 혼인은 해소되고, 그 효력은 제3자에게도 미친다(가사소송법 제21조 제1항). 소를 제기한 자는 판결이 확정된 날로부터 1개월 이내에 이혼신고를 해야 하는데(가족관계등록법 제78조에 의한 제58조의 준용), 이미 이혼은 판결이 확정된 때 효력이 발생했으므로 이때의 신고 역시 보고적 신고이다.

Ⅱ 이혼의 효과

1 일반적 효과

이혼이 성립하면 혼인은 해소되고, 혼인관계상 인정되는 부부간의 권리의무도 소멸한다. 혼인에 의해 발생했던 배우자의 혈족과의 인척관계(姻戚關係)도 소멸한다(제775조 제1항). 이혼한 부부는 재혼이 가능하지만, 소멸되었던 인척관계와 관련된 혼인장애사유는 여전히 존속한다(제809조 제2항).

2 자녀에 대한 효과

가. 자녀의 신분

부부 사이에 출생한 자녀는 부모가 이혼하더라도 혼인 중의 출생자라는 지위는 변하지 않는다. 그러므로 부모의 자에 대한 친족관계는 그대로 유지된다.

나. 자녀의 양육문제

(1) 양육사항의 결정과 변경

(i) 양육은 부모가 미성년 자녀를 부양하는 것을 말한다. 이혼하는 부부 사이에 미성년인 자녀가 있으면 당사자는 자녀의 양육에 관한 사항을 협의로 정해야 하는데, 그 협의에는 ① 양육자의 결정, ② 양육비용의 부담, ③ 면접교섭권의 행사 여부 및 그 방법에 관한 내용이 포함되어야 하며(제837조 제1항, 제2항), 당사자에 의해 협의된 내용은 서면으로 작성되어 법원에 제출되어야 한다(제836조의2 제4항).

(ii) 당사자의 합의가 자녀의 복리에 반한다면 가정법원은 보정을 명하거나 직권으로 그 자녀의 의사(意思)·연령과 부모의 재산상황, 그 밖의 사정을 참작하여 양육에 필요한 사항을 정한다(제837조 제3항). 양육에 관한 사항의 협의가 이루어지지 않거나 협의할 수 없는 때에는 가정법원은 직권으로 또는 당사자의 청구에 따라 이에 관하여 결정하는데, 이 경우 앞의 사정을 참작하여야 한다(동조 제4항). 이후 가정

법원은 자녀의 복리를 위하여 필요하다고 인정하는 경우, 부·모·자녀 및 검사의 청구 또는 직권으로 자녀의 양육에 관한 사항을 변경하거나 다른 적당한 처분을 할 수 있다(동조 제5항).

(2) 양육권자의 결정

양육에 관한 사항 중 가장 중요한 것은 부모 중 누가 양육자가 될 것인지 결정하는 것이다. 이에 대해 법원은 "미성년인 자의 성별과 연령, 그에 대한 부모의 애정과 양육의사의 유무는 물론, 양육에 필요한 경제적 능력의 유무, 부 또는 모와 미성년인 자 사이의 친밀도, 미성년인 자의 의사 등의 모든 요소를 종합적으로 고려하여 미성년인 자의 성장과 복지에 가장 도움이 되고 적합한 방향으로 판단하여야 한다"는 입장이다(대법원 2009. 4. 9. 선고 2008므3105, 3112 판결). 그리하여 부모 중 일방이 양육자로 정해지는 것이 일반적이지만, 예외적으로 부와 모를 공동양육자로 하는 것도 가능하다(대법원 2020. 5. 14. 선고 2018므15534 판결).

[공동양육자 지정의 요건]

재판상 이혼의 경우 부모 모두를 자녀의 공동양육자로 지정하는 것은 부모가 공동양육을 받아들일 준비가 되어 있고 양육에 대한 가치관에서 현저한 차이가 없는지, 부모가 서로 가까운 곳에 살고 있고 양육환경이 비슷하여 자녀에게 경제적·시간적 손실이 적고 환경 적응에 문제가 없는지, 자녀가 공동양육의 상황을 받아들일 이성적·정서적 대응능력을 갖추었는지 등을 종합적으로 고려하여 공동양육을 위한 여건이 갖추어졌다고 볼 수 있는 경우에만 가능하다고 보아야 한다(대법원 2020. 5. 14. 선고 2018므15534 판결).

(3) 양육비

(가) 양육비의 결정과 청구

(i) 부모는 자녀를 공동으로 양육할 책임이 있고, 양육에 필요한 통상적인 비용인 양육비도 원칙적으로 공동으로 부담하여야 한다. 협의이혼의 경우, 양육비는 당사자간에 이루어진 협의에 의하겠지만, 재판상 이혼에 의해 친권자와 양육자로 지정된 부모의 일방은 상대방에게 양육비를 청구할 수 있는데, 이 경우 가정법원은 자녀의 양육비 중 양육자가 부담해야 할 양육비를 제외하고 상대방이 분담해야 할 적정금액의 양육비만을 결정하는 것이 타당하다(대법원 2020. 5. 14. 선고 2019므15302 판결).

(ii) 당사자간의 협의나 법원의 결정으로 양육비가 결정되더라도 자녀를 양육하지 않는 자(비양육친, 非養育親)가 양육비를 지급하지 않는 경우가 적지 않다. 물론 이러한 경우에는 민사집행법에 의해 강제집행을 할 수 있지만, 일반적으로 소액인 양육비를 받는 방법으로는 효율적이지 못하다. 그리하여 양육비 확보를 위한 보다 간편하고 효율적인 방법들이 가사소송법에 마련되었다.

(나) 양육비의 지급확보 방법

1) 이행명령

가정법원은 판결, 심판, 조정조서, 조정을 갈음하는 결정 또는 양육비부담조서에 의하여 양육비를 지급해야 하는 의무를 이행해야 하는 사람이 정당한 이유 없이 그 의무를 이행하지 아니하는 경우에는 당사자의 신청에 의하여 일정한 기간 내에 그 의무를 이행할 것을 명할 수 있다(가사소송법 제64조 제1항 제1호).

2) 양육비 직접지급명령

가정법원은 양육비를 정기적으로 지급할 의무가 있는 사람(양육비 채무자)이 정당한 사유 없이 2회 이상 양육비를 지급하지 아니한 경우에 정기금 양육비 채권에 관한 집행권원을 가진 채권자(양육비 채권자)의 신청에 따라 양육비채무자에 대하여 정기적 급여채무를 부담하는 소득세원천징수의무자(예를 들어, 회사)에게 양육비채무자의 급여에서 정기적으로 양육비를 공제하여 양육비채권자에게 직접 지급하도록 명할 수 있다(동법 제63조의2 제1항).

3) 담보제공명령과 양육비의 일시금지급명령

가정법원은 양육비를 정기금으로 지급하는 경우에 그 이행을 확보하기 위하여 직권으로 양육비채무자에게 상당한 담보의 제공을 명할 수 있고(동법 제63조의3 제1항), 양육비채무자가 정당한 사유 없이 그 이행을 하지 아니하는 경우에는 양육비채권자의 신청에 의해 양육비채무자에게 상당한 담보의 제공을 명할 수 있다(동조 제2항). 하지만 양육비채무자가 담보를 제공하여야 할 기간 이내에 담보를 제공하지 아니하면 가정법원은 양육비채권자의 신청에 의해 양육비의 전부 또는 일부를 일시금으로 지급하도록 명할 수 있다(동법 제63조의3 제4항).

4) 재산명시명령과 재산조회

가정법원은 미성년자인 자녀의 양육비 청구사건을 위해 필요하다고 인정하는 경우에는 직권으로 또는 당사자의 신청에 의해 당사자에게 재산상태를 구체적으로 밝힌 재산목록을 제출하도록 명할 수 있다(동법 제48조의2 제1항). 만약 이에 따라 제출된 재산목록만으로 미성년자인 자녀의 양육비 청구사건의 해결이 곤란하다고 인정된다면, 가정법원은 직권으로 또는 당사자의 신청에 의해 당사자 명의의 재산에 관하여 조회할 수 있다(동법 제48조의3 제1항).

5) 명령위반에 대한 제재

양육비를 지급해야 하는 당사자가 이행명령 등 지금까지 살펴본 가정법원의 명령을 위반하는 경우, 가정법원은 직권으로 또는 당사자의 신청에 의해 결정으로 1,000만 원 이하의 과태료 또는 30일의 범위에서 감치(監置)를 명할 수 있다(동법 제67조 제1항, 제67조의3, 제68조 제1항 본문 및 제1호). 재산조회와 관련하여 개인의 재산 및 신용에 관한 전산망을 관리하는 공공기관·금융기관·단체 등은 정당한 사유 없이 그 조회를 거부하지 못하고(가사소송법 제48조의3 제2항에 의한 민사집행법 제74조 제4항의 준용), 조회를 받은 기관·단체의 장이 정당한 사유 없이 거짓 자료를 제출하거나 자료제출을 거부하면 1,000만 원 이하의 과태료를 부과한다(동법 제67조의4).

6) 양육비 이행확보법

양육비 이행확보 및 지원에 관한 법률(양육비이행확보법)은 미성년 자녀를 직접 양육하는 부 또는 모가 양육하지 아니하는 부 또는 모로부터 양육비를 원활히 받을 수 있도록 2014년에 제정되었다. 이 법은 미성년 자녀의 양육비 청구와 이행확보 지원 등에 관한 업무수행을 목적으로 하는 '양육비이행관리원'의 설치, 양육비와 관련한 상담과 협의 성립의 지원, 면접교섭 지원, 법률지원, 양육비채무 불이행자에 대한 운전면허 정지처분과 출국금지의 요청 및 명단공개 등을 주요 내용으로 하고 있다.

다. 면접교섭권

(i) '면접교섭권'은 부모의 이혼으로 인해 자녀를 직접 양육하지 아니하는 부모의 일방과 자녀가 상호 면접교섭할 수 있는 권리를 말하며(제837조의2 제1항), '방문권'이

라고도 한다. 1990년 민법개정에 의해 도입된 면접교섭권은 본래 부모만의 일방적인 권리였지만, 2007년 부모와 자녀 모두의 권리로 개정되었다. 그후 면접교섭권은 2016년 개정을 통해 부모 일방의 직계존속인 조부모에게도 특별한 경우에 제한적으로 인정되었다(동조 제2항). 면접교섭권의 구체적인 내용에 대해서는 민법상 규정되어 있지 않지만, 단순한 만남 외에 전화·편지 등을 통한 연락과 방학이나 휴가를 이용한 일정기간의 체류 등이 이루어지는 것이 일반적이다.

(ii) 가정법원은 자녀의 복리를 위해 필요한 때에는 당사자의 청구 또는 직권으로 면접교섭을 제한·배제·변경할 수 있는데(동조 제3항), 이와 관련하여 대법원은 "가정법원은 원칙적으로 부모와 자녀의 면접교섭을 허용하되, 면접교섭이 자녀의 복리를 침해하는 특별한 사정이 있는 경우에 한하여 당사자의 청구 또는 직권에 의하여 면접교섭을 배제할 수 있다. 다만 이 경우에도 부모의 이혼 등에 따른 갈등 상황에서 단기적으로 자녀의 복리에 부정적인 영향을 미치는 요인이 일부 발견되더라도 장기적으로 면접교섭이 이루어질 때 자녀의 복리에 미치는 긍정적인 영향 등을 깊이 고려하여, 가정법원은 개별 사건에서 합목적적인 재량에 따라 면접교섭의 시기, 장소, 방법 등을 제한하는 등의 방법으로 가능한 한 자녀의 성장과 복지에 가장 도움이 되고 적합한 방향으로 면접교섭이 이루어질 수 있도록 하여야 하고, 이러한 고려 없이 막연한 우려를 내세워 면접교섭 자체를 배제하는 데에는 신중하여야 한다"고 결정한 바 있다(대법원 2021. 12. 16. 자 2017스628 결정).

(iii) 자녀와의 면접교섭을 허용해야 하는 의무를 이행해야 할 사람이 정당한 이유 없이 그 의무를 이행하지 아니하는 경우, 가정법원은 당사자의 신청에 따라 일정한 기간 내에 그 의무를 이행할 것을 명할 수 있다(가사소송법 제64조 제1항 제3호). 당사자가 정당한 이유 없이 명령을 위반한 경우에는 직권으로 또는 권리자의 신청에 따른 결정으로 1,000만 원 이하의 과태료를 부과할 수 있다(동법 제67조 제1항).

라. 친권자의 결정

(i) 혼인 중인 부모는 미성년자인 자녀에 대해 공동으로 친권을 행사하지만, 부모가 이혼하게 되면 자녀에 대한 공동양육이 어렵게 되므로 일반적으로 부모 중 어느 한쪽을 친권자로 정하게 된다. 그러나 반드시 어느 일방을 친권자로 정하지 않고 공동친권으로 정하는 것도 가능하다(대법원 2012. 4. 13. 선고 2011므4719 판결).

[친권과 양육권의 분리]

민법 제837조, 제909조 제4항, 가사소송법 제2조 제1항 제2호 나목의 3) 및 5) 등이 부부의 이혼 후 그 자의 친권자와 그 양육에 관한 사항을 각기 다른 조항에서 규정하고 있는 점 등에 비추어 보면, 이혼 후 부모와 자녀의 관계에 있어서 친권과 양육권이 항상 같은 사람에게 돌아가야 하는 것은 아니며, 이혼 후 자에 대한 양육권이 부모 중 어느 일방에, 친권이 다른 일방에 또는 부모에 공동으로 귀속되는 것으로 정하는 것은, 비록 신중한 판단이 필요하다고 하더라도, 일정한 기준을 충족하는 한 허용된다고 할 것이다(대법원 2012. 4. 13. 선고 2011므4719 판결).

(ii) 부부의 이혼시 미성년 자녀의 친권자를 지정하는 방법은 협의이혼과 재판상 이혼에 따라 다르다. 먼저 협의이혼의 경우 부모의 협의로 친권자를 정할 수 있다. 다만 부모의 협의가 자녀의 복리에 반하는 경우 가정법원은 보정을 명하거나 직권으로 친권자를 정하게 된다(제909조 제4항 단서). 협의할 수 없거나 협의가 이루어지지 않은 경우 가정법원은 직권으로 또는 당사자의 청구에 따라 친권자를 지정해야 한다(제909조 제4항 본문). 친권자결정에 관한 협의서 또는 가정법원의 심판정본은 이혼의사 확인기일까지 제출되어야 한다(제836조의2 제4항).

(iii) 재판상 이혼의 경우 가정법원은 직권으로 친권자를 정한다(제909조 제5항). 그에 앞서 가정법원은 재판상 이혼의 청구가 인용될 경우를 대비하여 부모에게 미성년자인 자녀의 친권자로 지정될 사람에 대해 협의하도록 권고해야 한다(가사소송법 제25조 제1항 본문 및 제1호). 가정법원의 협의권고에 따라 친권자로 지정될 자에 관한 협의가 성립되거나 가정법원이 직권으로 친권자를 정한 때에는 가정법원은 이를 판결주문에 기재해야 한다(가사소송규칙 제18조 제1항). 가정법원이 친권자를 직권으로 정하는 경우 자녀가 13세 이상인 때에는 그 자녀의 의견을 청취하는 것이 원칙이다(동규칙 제18조의2).

(iv) 일단 친권자가 정해졌더라도 자녀의 복리를 위해 친권자를 변경할 필요가 있는 경우, 가정법원은 자녀의 4촌 이내의 친족의 청구에 의해 정해진 친권자를 다른 일방으로 변경할 수 있다(제909조 제6항).

3 재산분할청구권

가. 재산분할청구권의 의의와 연혁

(i) 재산분할청구권은 이혼을 한 부부의 일방이 다른 일방에 대하여 재산의 분할을 청구할 수 있는 권리를 말한다. 민법상 재산분할청구권은 협의상 이혼에 규정되어 있지만(제839조의2 제1항), 이 규정은 재판상 이혼에 준용된다(제843조). 재산분할청구권은 부부가 혼인생활 중에 협력하여 이룬 재산에 대한 청산이라는 의미와 이혼으로 인해 경제적 능력이 없을 수 있는 배우자의 보호라는 부양(扶養)의 의미를 가진다. 재산분할청구권은 혼인관계의 파탄에 책임이 있는 유책배우자에게도 인정되지만(대법원 1993. 5. 11. 자 93스6 결정), 일방당사자의 사망에 의해 해소된 사실혼관계의 생존배우자에게는 인정되지 않는다(대법원 2006. 3. 24. 선고 2005두15595 판결).

(ii) 재산분할청구권은 1990년 민법개정에 의해 신설되었으며, 2007년 개정으로 재산분할청구권 보전을 위한 사해행위취소권에 관한 규정(제839조의3)이 신설되었다.

[유책배우자의 재산분할청구권]

협의상 이혼한 자의 일방은 민법 제839조의2가 정하는 바에 따라 상대방에 대하여 당사자 쌍방의 협력으로 이룩한 재산의 분할을 청구할 수 있는바, 혼인 중에 쌍방이 협력하여 이룩한 재산이 있는 경우에는 혼인관계의 파탄에 대하여 책임이 있는 배우자라도 그 재산의 분할을 청구할 수 있다(대법원 1993. 5. 11. 자 93스6 결정).

[사실혼의 해소와 재산분할청구권]

사실혼관계에 있었던 당사자들이 생전에 사실혼관계를 해소한 경우 재산분할청구권을 인정할 수 있으나, 법률상 혼인관계가 일방 당사자의 사망으로 인하여 종료된 경우에도 생존배우자에게 재산분할청구권이 인정되지 아니하고 단지 상속에 관한 법률 규정에 따라서 망인의 재산에 대한 상속권만이 인정된다는 점 등에 비추어 보면, 사실혼관계가 일방 당사자의 사망으로 인하여 종료된 경우에는 그 상대방에게 재산분할청구권이 인정된다고 할 수 없다(대법원 2006. 3. 24. 선고 2005두15595 판결).

나. 재산분할의 대상

(1) 혼인 중에 부부의 협력으로 이룩한 재산

(i) 혼인 중에 부부가 협력하여 취득한 재산은 재산분할의 대상이 된다. 본래 부부 일방의 특유재산은 원칙적으로 재산분할의 대상이 되지 않지만, 특유재산일지라도 다른 일방이 적극적으로 특유재산의 유지에 협력하여 그 감소를 방지했거나 그 증식에 협력했다고 인정된다면 분할의 대상이 될 수 있다(대법원 1998. 2. 13. 선고 97므1486, 1493 판결). 부부 일방이 혼인 전에 취득하여 소유하고 있는 재산이나 혼인 중이라도 쌍방의 협력과 상관없이 상속 또는 증여로 취득한 특유재산은 재산분할의 대상이 아니다.

(ii) 재산은 부동산은 물론 현금 및 예금자산 등도 포함하며 그 명의와 관리의 주체가 누구인지를 불문하고 재산분할의 대상이 된다(대법원 1999. 6. 11. 선고 96므1397 판결). 제3자 명의의 재산이더라도 그것이 부부 중 일방에 의하여 명의신탁된 재산 또는 부부의 일방이 실질적으로 지배하고 있는 재산으로서 부부 쌍방의 협력에 의하여 형성된 것이거나 형성된 유·무형의 자원에 기한 것이라면 재산분할의 대상이 된다(대법원 1998. 4. 10. 선고 96므1434 판결). 부부 일방이 소득활동을 전담하고 다른 일방이 가사와 육아를 전담한 경우, 다른 일방의 가사노동이 재산의 유지 또는 증가에 기여했다고 인정된다면 그 재산은 재산분할의 대상이 되고(대법원 1994. 10. 25. 선고 94므734 판결, 대법원 1994. 5. 13. 선고 93므1020 판결), 이는 부부 일방이 제3자로부터 증여받은 재산도 마찬가지다(대법원 2009. 6. 9. 자 2008스111 결정).

(iii) 재산분할에 있어 분할의 대상이 되는 재산과 액수는 협의이혼의 경우 협의이혼이 성립한 날인 이혼신고일을 기준으로 정해야 한다(대법원 2006. 9. 14. 선고 2005다74900 판결). 재판상 이혼의 경우 이혼소송의 사실심 변론종결일을 기준으로 정하는 것이 원칙이다(대법원 2019. 10. 31. 선고 2019므12549, 12556 판결).

[현금과 예금자산]

혼인중에 쌍방의 협력에 의하여 이룩한 부부의 실질적인 공동재산은 부동산은 물론 현금 및 예금자산 등도 포함하여 그 명의가 누구에게 있는지 그 관리를 누가 하고 있는지를 불문하고 재산분할의 대상이 되는 것이고, 부부의 일방이 별거 후에 취득한 재산이라도 그것이 별거 전에 쌍방의 협력에 의하여 형성된 유형·무형의 자원에 기한 것이라면 재산분할의 대상이 된다고 할 것이다(대법원 1999. 6. 11. 선고 96므1397 판결).

[부동산매수자금]

부동산의 매수대금 중 일부가 부의 상속재산을 처분한 대금으로 충당되었다 하더라도 그 부동산을 취득하고 유지함에 있어 처의 가사노동 등에 의한 내조가 상당한 정도로 기여하였다면 그 부동산은 재산분할의 대상이 된다(대법원 1994. 10. 25. 선고 94므734 판결).

[협의이혼과 재산분할의 기준시점]

협의이혼에 따른 재산분할에 있어 분할의 대상이 되는 재산과 액수는 협의이혼이 성립한 날(이혼신고일)을 기준으로 정하여야 한다. 따라서 협의이혼 성립일 이후에 부부 일방이 새로운 채무를 부담하거나, 부부 일방의 채무가 변제된 경우에도 이와 같은 재산변동 사항은 재산분할의 대상이 되는 재산과 액수를 정함에 있어 이를 참작할 것이 아니다(대법원 2006. 9. 14. 선고 2005다74900 판결).

[재판상 이혼과 재산분할의 기준시점]

재판상 이혼에 따른 재산분할을 할 때 분할의 대상이 되는 재산과 그 액수는 이혼소송의 사실심 변론종결일을 기준으로 하여 정하는 것이 원칙이다. 다만 혼인관계가 파탄된 이후 사실심 변론종결일 사이에 생긴 재산관계의 변동이 부부 중 일방에 의한 후발적 사정에 의한 것으로서 혼인 중 공동으로 형성한 재산관계와 무관하다는 등 특별한 사정이 있는 경우 그 변동된 재산은 재산분할 대상에서 제외하여야 하나, 부부의 일방이 혼인관계 파탄 이후에 취득한 재산이라도 그것이 혼인관계 파탄 이전에 쌍방의 협력에 의하여 형성된 유형·무형의 자원에 기한 것이라면 재산분할의 대상이 된다(대법원 2019. 10. 31. 선고 2019므12549, 12556 판결).

(2) 퇴직금과 퇴직연금

(가) 퇴직금

(i) 퇴직금은 제공한 근로에 대한 대가가 유예된 것이므로 부부의 혼인 중 재산의 일부가 되며, 부부 일방이 이혼 당시에 이미 퇴직금 등의 금원을 수령하여 소지하고 있는 경우에는 재산분할의 대상이 된다(대법원 1995. 3. 28. 선고 94므1584 판결). 이때의 퇴직금에는 명예퇴직금도 포함된다는 것이 판례의 입장이다(대법원 2011. 7. 14. 선고 2009므2628, 2635 판결).

[명예퇴직금]

이혼소송의 사실심 변론종결 당시에 부부 중 일방이 직장에서 일하다가 명예퇴직을 하고 통상의 퇴직금 이외에 별도로 명예퇴직금 명목의 금원을 이미 수령한 경우, 명예퇴직금이 정년까지 계속 근로로 받을 수 있는 수입의 상실이나 새로운 직업을 얻기 위한 비용지출 등에 대한 보상의 성격이 강하다고 하더라도 일정기간 근속을 요건으로 하고 상대방 배우자의 협력이 근속 요건에 기여하였다면, 명예퇴직금은 그 전부를 재산분할의 대상으로 삼을 수 있다고 할 것이다. 다만 법원으로서는 상대방 배우자가 근속 요건에 기여한 정도, 이혼소송 사실심 변론종결일부터 정년까지의 잔여기간 등을 민법 제839조의2 제2항이 정한 재산분할의 액수와 방법을 정하는 데 필요한 기타 사정으로 참작할 수 있다(대법원 2011. 7. 14. 선고 2009므2628, 2635 판결).

(ii) 장래 수령하게 될 퇴직금이 재산분할의 대상이 되는지에 대해 종래 판례는 부정적이었다. 과거 대법원은 부부 일방이 아직 직장에 근무하고 있을 경우 그의 퇴직일과 수령할 퇴직금이 확정되었다는 등의 특별한 사정이 없다면, 그가 장차 퇴직금을 받을 개연성이 있다는 사정만으로 그 장래의 퇴직금을 청산의 대상이 되는 재산에 포함시킬 수는 없고, 민법 제839조의2 제2항의 '기타 사정'으로 참작되면 충분하다는 입장이었다(대법원 1995. 5. 23. 선고 94므1713, 1720 판결). 2014년 대법원 전원합의체판결은 "비록 이혼 당시 부부 일방이 아직 재직 중이어서 실제 퇴직급여를 수령하지 않았더라도 이혼소송의 사실심 변론종결 시에 이미 잠재적으로 존재하여 경제적 가치의 현실적 평가가 가능한 재산인 퇴직급여채권은 재산분할의 대상에 포함시킬 수 있으며, 구체적으로는 이혼소송의 사실심 변론종결시를 기준으로 그 시점에서 퇴직할 경우 수령할 수 있을 것으로 예상되는 퇴직급여 상당액의 채권이 그 대상이 된다"고 하여 기존의 입장을 변경하였다(대법원 2014. 7. 16. 선고 2013므2250 전원합의체판결).

(나) 퇴직연금

(i) 과거 대법원은 향후 수령할 퇴직연금은 여명(餘命, 생존가능한 남은 목숨)을 확정할 수 없으므로 이를 바로 분할대상 재산에 포함시킬 수는 없고, 이를 참작하여 분할액수와 방법을 정해야 한다는 입장이었다(대법원 1997. 3. 14. 선고 96므1533, 1540 판결). 하지만 2014년 대법원 전원합의체판결에서는 혼인기간 중의 근무에 대하여 상대방 배우자의 협력이 인정되는 이상 공무원 퇴직연금 수급권 중 적어도 그 기간에 해당하는 부분은 부부 쌍방의 협력으로 이룩한 재산으로 볼 수 있으므로 이미 발생한 공무원 퇴직연금수급권도 재산분할의 대상에 포함될 수 있고, 구체적으로는 연금수급권자인 배우자가 매월 수령할 퇴직연금액 중 일정 비율에 해당하는 금액을 상대방 배우자에게 정기적으로 지급하는 방식의 재산분할도 가능하다고 판시하였다

(대법원 2014. 7. 16. 선고 2012므2888 전원합의체판결).

(ii) 공무원연금법 제45조는 혼인기간이 5년 이상인 사람이 일정한 요건(배우자와 이혼하였을 것, 배우자였던 사람이 퇴직연금 또는 조기퇴직연금 수급자일 것, 65세가 되었을 것)을 모두 갖추면 그때부터 그가 생존하는 동안 배우자였던 사람의 퇴직연금 또는 조기퇴직연금을 분할한 일정한 금액의 연금을 받을 수 있고(공무원연금법 제45조 제1항), 이 분할연금액은 배우자였던 사람의 퇴직연금액 또는 조기퇴직연금액 중 혼인기간에 해당하는 연금액을 균등하게 나눈 금액으로 한다고 규정하고 있다(동조 제2항. 동법 제46조는 분할연금액을 정하는 이 규정에도 불구하고 만약 민법 제839조의2 또는 제843조에 따라 연금분할이 별도로 결정된 경우에는 그에 따르도록 하고 있다). 공무원연금법의 해당 규정은 사립학교교직원 연금법에도 준용되고(사립학교교직원 연금법 제42조 제1항), 국민연금법(국민연금법 제64조, 제64조의2)과 군인연금법(군인연금법 제22조, 제23조)에도 이와 유사한 내용이 존재한다.

(다) 채무

(i) 부부 일방이 혼인 중 제3자에게 부담한 채무는 일상가사에 관한 것 이외에는 원칙적으로 개인의 채무로서 청산의 대상이 되지 않으나 그것이 공동재산의 형성에 수반하여 부담한 채무인 경우에는 청산의 대상이 된다(대법원 2010. 4. 15. 선고 2009므4297 판결). 재산분할에 있어서 청산의 대상이 되는 채무를 부부 일방이 부담하고 있다면, 이를 고려하여 재산분할의 비율 또는 액수를 정해야 하는데, 금전의 지급을 명하는 방식의 경우에는 그 채무액을 재산가액으로부터 공제한 잔액을 기준으로 지급액을 산정하여야 하고, 목적물의 지분을 취득시켜 공유로 하는 방식의 경우에는 상대방의 취득비율을 줄여 주는 등으로 분할비율을 합리적으로 정하여야 한다(대법원 1994. 12. 2. 선고 94므1072 판결).

(ii) 분할의 대상이 되는 총 재산가액에서 청산의 대상이 되는 채무액을 공제하면 남는 금액이 없는 경우, 과거 대법원은 상대방의 재산분할청구가 받아들여질 수 없다고 하였다(대법원 1997. 9. 26. 선고 97므933 판결). 그러나 2013년 대법원 전원합의체판결은 "소극재산의 총액이 적극재산의 총액을 초과하여 재산분할을 한 결과가 결국 채무의 분담을 정하는 것이 되는 경우에도 법원은 채무의 성질, 채권자와의 관계, 물적 담보의 존부 등 일체의 사정을 참작하여 이를 분담하게 하는 것이 적합하다고 인정되면 구체적인 분담의 방법 등을 정하여 재산분할청구를 받아들일 수 있다"고 하여 기존의 입장을 변경하였다(대법원 2013. 6. 20. 선고 2010므4071, 4088 전원합의체판결).

다. 재산분할의 비율과 방법

(i) 재산분할청구에 있어 가정법원은 당사자에게 재산상태를 구체적으로 밝힌 재산목록을 제출하도록 명할 수 있다(가사소송법 제48조의2 제1항). 재산명시절차에 따라 제출된 재산목록만으로는 재산분할사건의 해결이 곤란하다고 인정할 경우 직권으로 또는 당사자의 신청에 의해 당사자 명의의 재산에 관하여 조회할 수 있다(가사소송법 제48조의3 제1항). 부부의 일방이 다른 일방의 재산분할청구권 행사를 해함을 알면서도 증여나 매매와 같은 재산권을 목적으로 하는 법률행위를 한 때에는 다른 일방은 채권자취소권(제406조 제1항)을 행사하여 그 취소 및 원상회복을 가정법원에 청구할 수 있다(제839조의3 제1항).

(ii) 재산분할에 있어 비율과 방법은 먼저 당사자의 협의에 의해 정할 수 있고, 협의가 되지 아니하거나 협의할 수 없을 때에는 가정법원은 당사자 청구에 의하여 당사자 쌍방의 협력으로 이룩한 재산의 액수 기타 사정을 참작하여 분할의 액수와 방법을 정한다(제839조의2 제2항). 재산분할비율은 개별재산에 대한 기여도를 일컫는 것이 아니라 기여도 기타 모든 사정을 고려하여 전체로서의 형성된 재산에 대하여 상대방 배우자로부터 분할받을 수 있는 비율을 일컫는 것으로 봄이 상당하므로, 법원이 합리적인 근거 없이 분할대상 재산들을 개별적으로 구분하여 분할비율을 달리 정하는 것은 허용될 수 없다(대법원 2002. 9. 4. 선고 2001므718 판결). 재산분할의 방법으로는 금전지급과 현물분할이 있지만, 판례에 따르면 가사소송규칙 제98조에도 불구하고 당사자 일방의 단독소유인 재산을 쌍방의 공유로 하는 방법에 의한 분할도 가능하다(대법원 1997. 7. 22. 선고 96므318, 325 판결).

[가사비송사건]

민법 제839조의2의 규정에 의한 재산분할사건은 가사비송사건으로서, 법원으로서는 당사자 쌍방의 일체의 사정을 참작하여 분할의 액수와 방법을 정할 수 있는 것이므로, 가사소송규칙 제98조에 불구하고 당사자 일방의 단독소유인 재산을 쌍방의 공유로 하는 방법에 의한 분할도 가능하다(대법원 1997. 7. 22. 선고 96므318, 325 판결).

라. 재산분할청구권의 제척기간

(i) 재산분할청구권은 이혼한 날로부터 2년을 경과한 때에는 소멸한다(제839조의2 제3항). 이 기간은 일반 소멸시효기간이 아니라 제척기간으로서 그 기간이 도과하였는지 여부는 당사자의 주장에 관계없이 법원이 당연히 조사하여 고려할 사항이고, 제척기간이 경과하였다면 재산분할심판청구는 각하된다(대법원 1994. 9. 9. 선고 94다17536 판결). 이 기간은 재판 외에서 권리를 행사하는 것으로 족한 기간이 아니라 그 기간 내에 재판상 재산분할심판청구를 해야 하는 출소기간(出訴期間)이다(대법원 2022. 11. 10. 자 2021스766 결정).

(ii) 만약 2년의 제척기간 내에 재산의 일부에 대해서만 재산분할을 청구하고 제척기간이 지난 경우, 그때까지 청구 목적물로 하지 않은 재산에 대해서는 청구권이 소멸하지만(대법원 2018. 6. 22. 자 2018스18 결정), 재산분할재판에서 분할대상인지 여부가 전혀 심리된 바 없는 재산이 재판확정 후 추가로 발견된 경우에는 별도로 재산분할청구를 할 수 있다(대법원 2003. 2. 28. 선고 2000므582 판결). 다만 추가 재산분할청구 역시 이혼한 날로부터 2년 이내라는 제척기간을 준수해야 한다(대법원 2018. 6. 22. 자 2018스18 결정).

4 손해배상청구권과 위자료청구권

가. 배상의 내용

(i) 재판상 이혼의 경우 당사자 일방은 과실있는 상대방에 대하여 재산상의 손해뿐만 아니라 정신상의 고통에 대해서도 손해배상을 청구할 수 있다(제843조에 의한 제806조 제1항과 제2항의 준용). 민법은 재판상 이혼에 따른 손해배상책임에 대해서만 규정하고 있지만, 협의이혼에서 손해배상청구를 부정할 이유는 없다.

(ii) 이혼에 따른 정신상의 고통을 이유로 한 위자료청구권에 대해서는 과실상계의 규정이 준용되므로(제763조에 의한 제396조의 준용), 혼인파탄에서 쌍방의 책임정도가 대등한 경우 어느 일방의 위자료청구권은 인정되지 않는다(대법원 1994. 4. 26. 선고 93므1273, 1280 판결). 위자료청구권은 일신전속적인 권리이므로 양도 또는 승계되지 못하지만, 당사자간에 이미 그 배상에 관한 계약이 성립되거나 소를 제기한 후에는 승계될 수 있으므로(제843조에 의한 제806조 제3항의 준용), 청구권자가 위자료청구소송을 제기한 후 사망한 때에는 그 소송이 종료되지 않고 상속인들이 수계할 수 있다(대법원 1993. 5. 27. 선고 92므143 판결).

[쌍방의 책임이 대등한 경우의 위자료청구]

관계증거와 기록에 의하면, 원심이 그 채택증거에 의하여 판시사실을 인정한 다음 이 사건 혼인의 파탄에는 원고와 피고 쌍방에게 각각 그 설시와 같은 귀책사유가 있고 그 정도를 비교하여 볼 때 어느 쪽에게 더 무거운 책임이 있다고 하기 어려울 정도로 쌍방의 책임정도가 대등하다고 판단하여 피고의 위자료청구를 기각한 것은 정당한 것으로 수긍이 가고, 그 과정에 소론과 같이 채증법칙을 위반하여 사실을 잘못 인정한 위법이 있다고 볼 수 없다(대법원 1994. 4. 26. 선고 93므1273, 1280 판결).

[위자료청구권의 승계]

이혼위자료청구권은 상대방인 배우자의 유책불법한 행위에 의하여 그 혼인관계가 파탄상태에 이르러 부득이 이혼을 하게 된 경우에 그로 인하여 입게 된 정신적 고통을 위자하기 위한 손해배상청구권으로서, 이는 이혼의 시점에서 확정, 평가되는 것이며 이혼에 의하여 비로소 창설되는 것은 아니라 할 것이다. 이러한 이혼위자료청구권의 양도 내지 승계의 가능 여부에 관하여, 민법 제806조 제3항은 약혼해제로 인한 손해배상청구권에 관하여 정신상 고통에 대한 손해배상청구권은 양도 또는 승계하지 못하지만 당사자간에 이미 그 배상에 관한 계약이 성립되거나 소를 제기한 후에는 그러하지 아니하다고 규정하고, 민법 제843조가 위 규정을 재판상 이혼의 경우에 준용하고 있으므로 이혼위자료청구권은 원칙적으로 일신전속적 권리로서 양도나 상속 등 승계가 되지 아니하나 이는 행사상의 일신전속권이고 귀속상의 일신전속권은 아니라 할 것이며, 그 청구권자가 위자료의 지급을 구하는 소송을 제기함으로써 그 청구권을 행사할 의사가 외부적 객관적으로 명백하게 된 이상 양도나 상속 등 승계가 가능하다 할 것이다(대법원 1993. 5. 27. 선고 92므143 판결).

나. 제3자에 대한 손해배상청구

이혼하는 부부 일방은 혼인의 파탄에 가담한 제3자를 상대로 손해배상청구가 가능하다. 법원은 심히 부당한 대우를 한 배우자의 직계존속(대법원 1969. 8. 19. 선고 69므17 판결), 배우자의 일방과 부정한 행위를 한 자(대법원 2008. 7. 10. 선고 2008다17762 판결), 부첩관계(夫妾關係)에 있는 부(夫)와 첩(妾)에 대해 위자료청구권을 인정한 바 있다(대법원 1998. 4. 10. 선고 96므1434 판결). 부정한 행위를 한 부부 일방과 제3자가 다른 일방에 대해 부담하는 불법행위책임은 공동불법행위책임으로서 부진정연대채무 관계에 있다고 판시한 바 있다(대법원 2015. 5. 29. 선고 2013므2441 판결). 부부관계가 이미 파탄되어 회복될 수 없는 상태에 있었다면, 제3자가 배우자의 일방과 부정한 행위를 했다고 하더라도 불법행위는 성립하지 않는다.

[위자료청구권]

배우자의 직계존속으로부터 심히 부당한 대우를 받은 것을 이유로 한 위자료청구가 인정되려면 그 전체로서 그 직계존속으로부터 심히 부당한 대우를 받은 것을 이유로 한 이혼판결이 있어야 할 것이고, 단순히 그 직계존속으로부터 심히 부당한 대우를 받았다는 것만으로서는 위자료를 청구할 수 없다(대법원 1969. 8. 19. 선고 69므17 판결).

[공동불법행위]

제3자가 부부의 일방과 부정행위를 함으로써 혼인의 본질에 해당하는 부부공동생활을 침해하거나 유지를 방해하고 그에 대한 배우자로서의 권리를 침해하여 배우자에게 정신적 고통을 가하는 행위는 원칙적으로 불법행위를 구성한다. 그리고 부부의 일방과 제3자가 부담하는 불법행위책임은 공동불법행위책임으로서 부진정연대채무 관계에 있다(대법원 2015. 5. 29. 선고 2013므2441 판결).

[실질적 이혼]

비록 부부가 아직 이혼하지 아니하였지만 이처럼 실질적으로 부부공동생활이 파탄되어 회복할 수 없을 정도의 상태에 이르렀다면, 제3자가 부부의 일방과 성적인 행위를 하더라도 이를 두고 부부공동생활을 침해하거나 유지를 방해하는 행위라고 할 수 없고 또한 그로 인하여 배우자의 부부공동생활에 관한 권리가 침해되는 손해가 생긴다고 할 수도 없으므로 불법행위가 성립한다고 보기 어렵다. 그리고 이러한 법률관계는 재판상 이혼청구가 계속 중에 있다거나 재판상 이혼이 청구되지 않은 상태라고 하여 달리 볼 것은 아니다(대법원 2014. 11. 20. 선고 2011므2997 전원합의체판결).

제14장

부모와 자녀

제1절

친생자

민법상 신분관계 중 부모와 자녀의 관계를 친자관계라 한다. 부부관계와 함께 친자관계는 가족 공동생활의 기반을 이룬다. 민법상 친자관계는 크게 두 가지로 나누어 볼 수 있는데, 혈연에 기초한 친자관계인 친생자관계와 법률상 인정되는 친자관계인 법정친자관계가 그것이다. 현행 민법상 법정친자관계는 양친자관계이다. 이하에서 친생자관계와 양친자관계에 대해 차례대로 살펴본다.

I 혼인 중의 출생자

1 의의

친생자관계는 크게 혼인 중의 출생자와 혼인 외의 출생자로 나뉜다. 혼인관계에 있는 부모로부터 태어난 자녀를 혼인 중의 출생자라 하고 혼인관계에 있지 않은 부모 사이에 태어난 자녀를 혼인 외의 출생자라고 한다. 혼인 중의 출생자 중에는 태어날 때부터 혼인 중의 출생자인 경우가 있는 반면, 태어날 때에는 혼인 외의 출생자였지만 나중에 부모가 혼인하여 혼인 중의 출생자 지위를 취득하는 경우도 있다. 후자를 준정(準正)이라 하고 뒤에서 설명한다.

2 친생자의 추정

(i) 제844조는 부자(父子) 사이의 친생자관계를 추정하는 내용의 규정이다. 모자(母子) 사이의 친생자관계는 임신과 분만이라는 자연적이며 객관적인 사실에 의해 그대로 확정되지만, 부자 관계는 그와 같이 확정될 수 없다. 이에 민법은 법률상 부자 관계의 존재 여부를 조기에 확정하여 분쟁을 방지하고자 혼인 중의 자에 대해 친생을 추정하는 규정을 마련하였다.

(ii) 제844조 제1항에 따라 아내가 혼인 중에 임신한 자녀는 남편의 자로 추정하고, 제2항은 혼인이 성립한 날부터 200일 후에 출생한 자녀를, 제3항은 혼인관계가 종료된 날로부터 300일 이내에 출생한 자녀를 혼인 중 임신한 것으로 추정한다. 이에 혼인 성립일로부터 200일 전에 혹은 혼인 종료일로부터 300일 경과 후에 출생한 자는 친생추정을 받지 않는다. 여기서 통상 혼인 성립일은 혼인신고일로 본다. 이와 달리 사실혼이 성립한 날을 포함하는 견해도 있다. 혼인관계 종료일은 이혼의 효력이 발생한 날, 즉 이혼신고일 또는 이혼심판 확정일을 의미한다.

(iii) 제844조에 의한 추정은 반대증거에 의한 복멸을 허용하지 않는 강력한 추정이다. 이 추정을 번복하려면 친생부인의 소를 제기해야 한다(제846조 이하). 친생추정을 받는 자에 대해 친생자관계 존부 확인의 소를 제기하거나 친생추정을 받는 자가 다른 사람을 상대로 인지청구를 하는 것은 허용되지 않는다. 물론 이 추정을 받지 않는 자의 경우 친생자관계 부존재 확인의 소를 통해 부자관계를 부정할 수 있다(제865조).

(iv) 친생추정의 한계에 대해서 생각해 볼 필요가 있다. 부자관계와 관련된 분쟁의 방지와 자녀의 복리를 고려할 때 제844조의 친생자추정은 가정의 평화를 위해 만들어진 것으로서 나름대로 합리적이라 할 수 있지만, 그럼에도 만약 부의 자녀가 아님이 객관적으로 명백한 사정이 존재하는 경우 그 친생자추정이 여전히 미친다고 볼 수 있는지 문제될 수 있다(대법원 2021. 9. 9. 선고 2021므13293 판결). 즉 객관적으로 남편에 의한 임신 가능성이 전혀 없는 사정이 존재할 때에도 가족관계등록부에 기재된 남편이라는 이유만으로 친생추정을 인정하게 되면 부당하지 않은지 의문이 제기된다. 이와 관련하여 대법원은 "부부의 한쪽이 장기간에 걸쳐 해외에

나가 있거나 사실상의 이혼으로 부부가 별거하고 있는 경우 등 동서의 결여로 처가 부의 자를 포태할 수 없는 것이 외관상 명백한 사정이 있는 경우에는 그 추정이 미치지 아니"한다고 판시한 바 있다(대법원 1983. 7. 12. 선고 82므59 전원합의체판결).

(v) 2019년 대법원은 아내가 혼인 중 남편이 아닌 제3자로부터 정자를 제공받아 인공수정으로 자녀를 출산한 경우에도 친생추정의 규정을 적용하여 인공수정으로 태어난 자녀가 남편의 자녀로 추정된다고 판시하였다(대법원 2019. 10. 23. 선고 2016므2510 전원합의체 판결). 이 판결 내용을 각자 검색하여 읽어보면서 민법 제844조의 규범적 의미에 대해 다시금 숙고해 볼 필요가 있다. 아울러 대법원 2021. 9. 9. 선고 2021므13293 판결도 함께 비교하며 읽어보아야 한다.

3 친생부인의 소

(i) 민법은 부자관계를 결정함에 가정의 평화 또는 자녀의 복리를 위하여 혼인 중 출생자를 부의 친생자로 강력하게 추정하면서도, 혈연진실주의에 따라 일정한 경우 친생자임을 부인하는 소를 제기할 수 있도록 한다(대법원 2014. 12. 11. 선고 2013므4591 판결). 자녀의 친생추정은 제846조 이하에 규정된 친생부인의 소를 통해서만 번복될 수 있다. 부부의 일방은 친생부인의 소를 제기하고 판결을 받아 부자관계를 자의 출생시로 소급하여 소멸시킬 수 있고, 그 판결이 확정되면 자녀는 생모의 혼인 외 출생자가 된다.

(ii) 친생부인의 소를 제기하기 위해서는 먼저 가정법원에 조정을 신청하여야 한다(조정전치주의, 가사소송법 제50조, 제2조 제1항 제1호 나목). 남편이 자의 친생을 인정하는 사항을 조정조서에 적으면 이로써 조정이 성립하여 자는 남편의 친생자로 확정된다(동법 제59조 제1항). 친생을 부인하는 조정이 성립된다 해도 이것은 당사자가 임의로 처분할 수 없는 사항에 해당하여 친생부인의 효력이 발생하지 않는다(동조 제2항). 조정이 성립하지 않으면 조정신청을 한 때에 소가 제기된 것으로 본다(동법 제49조, 민사조정법 제36조).

(iii) 친생부인의 소는 제846조가 규정하는 바와 같이 남편 또는 아내만이 제기할 수 있다. 자녀는 친생부인의 소를 제기할 수 없다. 친생부인의 소는 제847조에 따라 원칙적으로 남편 또는 아내가 다른 일방 또는 자를 상대로 제기하며, 상대방이 될 자가 모두 사망한 경우 그 사망을 안 날로부터 2년 내에 검사를 상

대로 하여 소를 제기하면 된다. 자가 사망한 때에도 그의 직계비속이 있는 경우 친생부인의 소를 제기할 수 있으며, 이때 자의 모가 있으면 모를 상대방으로 하고 모가 없으면 검사를 상대로 한다(제849조).

[친생부인의 소]

민법 제846조에서의 '부부의 일방'은 제844조의 경우에 해당하는 '부부의 일방', 즉 제844조 제1항에서의 '부'와 '자를 혼인 중에 포태한 처'를 가리키고, 그렇다면 이 경우의 처는 '자의 생모'를 의미하며, 제847조 제1항에서의 '처'도 제846조에 규정된 '부부의 일방으로서의 처'를 의미한다고 해석되므로, 결국 친생부인의 소를 제기할 수 있는 처는 자의 생모를 의미한다...민법 제846조, 제847조 제1항에서 정한 친생부인의 소의 원고적격이 있는 '부, 처'는 자의 생모에 한정되고, 여기에 친생부인이 주장되는 대상자의 법률상 부와 '재혼한 처'는 포함되지 않는다(대법원 2014. 12. 11. 선고 2013므4591 판결).

(iv) 친생부인의 소는 그 사유가 있음을 안 날로부터 2년 내에 제기해야 한다(제847조). 즉 제소기간의 제한이 있다. 자녀의 출생 후 친생자임을 승인한 자는 다시 친생부인의 소를 제기할 수 없다(제852조). 묵시적 승인의 경우에도 마찬가지이다. 이러한 승인이 사기나 강박에 의한 때에는 이를 취소할 수 있다(제854조).

(v) 친생부인의 판결이 확정되면 이제 자는 모의 혼인 외의 자로서 더 이상 모의 부(夫)와 부자관계를 갖지 않는다. 이 판결의 효력은 제3자에게도 미친다(가사소송법 제21조 제1항). 이에 따라 자의 생부(生父)는 자를 인지할 수 있게 된다.

4 친생부인의 허가청구와 인지 허가청구

(i) 제844조 제3항의 경우와 관련하여 친생추정을 좀 더 수월하게 번복할 수 있도록 해주는 제도가 바로 친생부인의 허가청구(제854조의2)와 인지 허가청구이다(제855조의2). 개정 전 민법 제844조 제2항은 "혼인성립의 날로부터 200일 후 또는 혼인관계 종료의 날로부터 300일 내에 출생한 자는 혼인 중에 포태한 것으로 추정한다"고 규정하였는데, 여기서 '혼인관계 종료의 날로부터 300일 내에 출생한 자' 부분에 대해 헌법재판소는 헌법불합치 결정을 한 바 있다. 즉 이혼숙려기간 및 조정전치주의가 도입됨에 따라 혼인 파탄으로부터 법률상 이혼까지

시간적 간격이 늘어남에 따라 여성이 전남편 아닌 생부의 자를 포태하여 혼인 종료일로부터 300일 이내에 그 자를 출산할 가능성이 과거에 비하여 크게 증가하게 되었으며, 유전자검사 기술의 발달로 부자관계를 의학적으로 확인하는 것이 쉽게 된 점 등 민법 제정 이후의 사회적·법률적·의학적 사정변경을 고려해 볼 때, 혼인 종료 후 300일 내에 출생한 자녀가 전남편의 친생자가 아님이 명백하고 전남편이 친생추정을 원하지도 않으며 생부가 그 자를 인지하려는 경우에도 아무런 예외 없이 그 자를 전남편의 친생자로 추정함으로써 친생부인의 소를 거치도록 하는 개정 전 민법 제844조 제2항은 입법형성의 한계를 벗어나 모가 가정생활과 신분관계에서 누려야 할 인격권, 혼인과 가족생활에 관한 기본권을 침해한다고 보았다(헌법재판소 2015. 4. 30. 자 2013헌마623 결정).

(ii) 이에 따라 2017년 민법 개정에서, 개정 전 제844조 제2항의 '혼인관계 종료의 날로부터 300일 내에 출생한 자' 부분을 제3항으로 따로 떼어내었고, 이 제3항의 경우에 대해 친생부인의 허가청구제도와 인지 허가청구제도를 신설하게 되었다.

5 부(父)를 정하는 소

(i) 제845조의 소를 이른바 '부(父)를 정하는 소'라 한다. 여성이 배우자의 사망이나 이혼으로 혼인이 해소된 다음 바로 재혼을 하여 자녀를 출산한 경우, 자녀의 출산일이 전혼 종료일로부터 300일 이내이면서 후혼 성립일로부터 200일 이후에 해당할 수 있다. 이때 제844조의 친생추정이 충돌될 수 있는데, 제845조에 따라 당사자의 청구로 가정법원이 자의 부를 결정할 수 있다(가사소송법 제29조도 참조).

(ii) 부를 정하는 소에 조정전치주의가 적용되며(동법 제50조, 제2조 제1항 제1호 나목), 조정이 성립하여도 부를 결정하는 효력이 생기는 것은 아닌데, 부의 결정은 당사자가 임의로 처분할 수 있는 사항이 아니기 때문이다(동법 제59조 제2항). 소를 제기할 수 있는 자는 자녀, 모, 모의 배우자 또는 모의 전 배우자이다(동법 제27조 제1항). 이 소를 제기함에 기간 제한은 없다. 이에 부를 정해야 할 필요가 있다면 언제든 제소할 수 있다.

Ⅱ 혼인 외의 출생자

1 의의

부모가 혼인하지 않은 상태에서 태어난 자를 혼인 외의 출생자(혼외자, 婚外子)라 한다. 제855조 제1항 제2문이 규정하듯 부모의 혼인이 무효인 경우의 출생자도 혼인 외의 출생자이다. 하지만 제824조에 비추어 볼 때 혼인 취소의 경우 출생자는 혼인 외의 출생자가 아니다. 혼인 외의 출생자인 경우 생모와의 사이에서는 태어남과 동시에 친자관계가 발생하지만, 생부와 친자관계가 인정되려면 인지가 필요하다.

2 인지

(i) 생부나 생모가 혼인 외의 출생자를 자신의 자녀로 인정하여 법률상 친자관계를 발생시키는 일방적 의사표시를 인지(認知)라고 한다(제855조 제1항 제1문). 인지는 제859조 제1항에 따른 요식행위이며, 인지신고는 창설적 신고로서 신고가 없으면 그 효력이 발생하지 않는다. 하지만 동조 제2항에 따라 인지는 유언으로도 할 수 있으며 이때 유언집행자가 신고를 하게 되는데, 이 경우 신고는 보고적 신고에 불과하여 신고가 없더라도 인지의 효력은 유언자가 사망한 때 발생한다(제1073조 제1항). 인지는 크게 임의인지와 강제인지로 나뉜다. 전자는 부 또는 모가 스스로 인지의 의사표시를 하는 경우이고, 후자는 부 또는 모를 상대로 인지의 소를 제기하여 인지의 효과를 발생하게 만드는 경우이다.

(ii) 생부와 혼인 외의 자 사이에 친자관계는 생부의 인지를 통해서만 발생하므로 인지 전에는 아무리 실제 아버지라 하더라도 법률상 부양의무는 없다(대법원 1987. 12. 22. 선고 87므59 판결). 친권이나 상속 등도 문제될 여지가 없다. 생모와의 친자관계는 인지 없이도 출산을 통해 당연히 인정되는 것이므로 사실 적극적인 인지의 필요성은 없고, 아이가 버려진 경우 등에서 생모가 사실상 인지할 필요가 있으나 이는 법적으로 확인적 의미만을 가진다.

(iii) 제862조는 혼인 외의 자를 생부 아닌 사람이 인지를 한 경우 자 기타 이해관계인은 인지의 신고 있음을 안 날로부터 1년내에 인지에 대한 이의의 소를 제기할 수 있음을 규정한다. 동조는 임의인지의 경우만을 대상으로 삼는다. 즉 재판상 인지의 경우에는 그 심판에 대한 재심의 소로서 이를 다투어야 하고, 인지에 대한 이의의 소로서 위 인지심판의 효력을 다툴 수는 없다(대법원 1981. 6. 23. 선고 80므109 판결).

(iv) 이와 유사한 목적으로 가사소송법상 인지무효의 소가 존재한다(가사소송법 제26조 제1항, 제28조). 친생자가 아닌 자에 대하여 한 인지신고는 당연무효이며 이런 인지는 무효를 확정하기 위한 판결 기타의 절차에 의하지 아니하고도, 또 누구에 의하여도 그 무효를 주장할 수 있다(대법원 1992. 10. 23. 선고 92다29399 판결). 민법 제861조는 사기·강박 또는 중대한 착오로 인해 인지한 경우 사기나 착오를 안 날 또는 강박을 면한 날로부터 6개월 내에 가정법원에 취소를 청구할 수 있음을 규정한다.

(v) 강제인지에 대해서는 제863조와 제864조가 규율한다. 인지청구를 인용하는 판결이 확정된 경우 생부와의 친자관계는 이를 통해 창설되는 것이며, 생모와의 친자관계는 확인의 의미를 가진다(대법원 1967. 10. 4. 선고 67다1791 판결). 인지청구의 소에서 제소기간의 제한은 원칙적으로 없으나, 제864조의 경우에 따른 제한만 존재한다. 제863조에 따라 인지청구의 소를 제기할 수 있는 원고는 부자관계가 존재한다는 것을 증명하여야 한다. 당사자 증명이 충분하지 못한 때에는 법원이 가능한 한 직권으로 사실조사 및 필요한 증거조사를 해야 한다(대법원 1985. 11. 26. 선고 85므8 판결).

(vi) 인지청구권은 스스로 포기할 수 없으며, 포기하더라도 그 효력이 발생하지 않는다(대법원 1987. 1. 20. 선고 85므70 판결). 인지청구권의 포기가 허용되지 않으므로 여기에 실효의 법리가 적용되지도 않는다(대법원 2001. 11. 27. 선고 2001므1353 판결).

[친자관계의 증명]

혈연상의 친자관계라는 주요사실의 존재를 증명함에 있어서는 부와 친모 사이의 정교관계의 존재 여부, 다른 남자와의 정교의 가능성이 존재하는지 여부, 부가 자를 자기의 자로 믿은 것을 추측하게 하는 언동이 존재하는지 여부, 부와 자 사이에 인류학적 검사나 혈액형검사 또는 유전자검사를 한 결과 친자관계를 배제하거나 긍정하는 요소가 있는지 여부 등 주요사실의 존재나 부존재를 추인시키는 간접사실을 통하여 경험칙에 의한 사실상의 추정에 의하여 주요사실을 추인하는 간접증명의 방법에 의할 수밖에 없는데, 여기에서 혈액형검사나 유전자검사 등 과학적 증명방법이 그 전제로 하는 사실이 모두 진실임이 증명되고 그 추론의 방법이 과학적으로 정당하여 오류의 가능성이 전무하거나 무시할 정도로 극소한 것으로 인정되는 경우라면 그와 같은 증명방법은 가장 유력한 간접증명의 방법이 된다(대법원 2002. 6. 14. 선고 2001므1537 판결).

(vii) 임의인지와 강제인지 모두 그 효과는 친자관계를 발생시키는 것이다. 제860조에 따르면 인지는 그 자의 출생시에 소급하여 효력이 발생한다. 즉 임의인지의 경우 인지신고에 의하여, 강제인지의 경우 인지의 소 확정에 의하여 친자관계가 자녀의 출생시에 소급하여 발생한다. 그러나 제860조 단서가 규율하는 바와 같이 인지에 아무리 소급효가 있더라도 제3자가 취득한 권리를 해하지는 못한다. 이는 특히 상속과 관련하여 문제가 되고, 예컨대 다른 공동상속인들은 자신들이 위 제3자에 해당한다고 주장할 수 없으나, 그 공동상속인들로부터 재산을 양수한 사람은 제3자에 해당할 수 있다.

[인지의 소급효]

민법 제860조는 인지의 소급효는 제3자가 이미 취득한 권리에 의하여 제한받는다는 취지를 규정하면서 민법 제1014조는 상속개시 후의 인지 또는 재판의 확정에 의하여 공동상속인이 된 자는 그 상속분에 상응한 가액의 지급을 청구할 권리가 있다고 규정하여 제860조 소정의 제3자의 범위를 제한하고 있는 취지에 비추어 볼 때, 혼인 외의 출생자가 부의 사망 후에 인지의 소에 의하여 친생자로 인지받은 경우 피인지자보다 후순위 상속인인 피상속인의 직계존속 또는 형제자매 등은 피인지자의 출현과 함께 자신이 취득한 상속권을 소급하여 잃게 되는 것으로 보아야 하고, 그것이 민법 제860조 단서의 규정에 따라 인지의 소급효 제한에 의하여 보호받게 되는 제3자의 기득권에 포함된다고는 볼 수 없다(대법원 1993. 3. 12. 선고 92다48512 판결).

3 준정

혼인 외의 출생자가 그 부모의 혼인에 따라 혼인 중의 출생자가 되는 것을 준정이라고 한다. 제855조 제2항이 이를 규정하고 있다. 준정의 경우에는 소급효가 없다. 즉 그 부모가 혼인을 한 때부터 혼인 중의 출생자로 인정된다. 준정에 의해 인정되는 혼인 중의 출생자에 대해서는 친생자추정이 미치지 않으므로 친자관계를 다투려는 경우 친생부인의 소에 의하지 않고, 후술하는 친생자관계 부존재 확인의 소에 의한다.

Ⅲ 친생자관계존부확인의 소

1 의의

친생자관계의 존부가 명확하지 않을 때 이에 대한 확인을 구하기 위해 제기하는 소를 친생자관계존부확인의 소라고 한다. 이를 제865조가 규정하고 가정법원에 제기한다. 이에 대해서는 조정전치주의가 적용되지 않는다.

2 사유

친생자관계존부확인의 소는 앞서 살펴본 부를 정하는 소(제845조), 친생부인의 소(제846조, 제848조, 제850조, 제851조), 인지에 대한 이의의 소(제862조), 인지청구의 소(제863조)의 내용에 해당하지 않는 다른 사유를 원인으로 가족관계등록부의 기록을 정정하고 이를 통해 신분관계를 분명하게 정리해야 하는 경우 제기하게 된다. 예컨대 친생자추정을 받지 못하는 자녀와 관련하여 이 소를 제기할 수 있다. 부가 만약 혼인 외의 자를 처와의 사이에서 태어난 친생자로 허위의 출생신고를 한 경우도 마찬가지이다. 하지만 허위의 친생자 출생신고가 입양신고로 기능할 때에는 친생자관계 부존재 확인청구는 허용되지 않는다. 이에 대해서는 입양 부분에서 설명될 것이나 우선 대법원 2001. 5. 24. 선고 2000므1493 전원합의체판결을 참조하기 바란다.

[친생자관계부존재확인소송]

민법 제844조는 부부가 동거하여 처가 부의 자를 포태할 수 있는 상태에서 자를 포태한 경우에 적용되는 것이지 부부의 한 쪽이 사실상의 이혼으로 별거하고 있는 경우 등 동서의 결여로 처가 부의 자를 포태할 수 없는 것이 외관상 명백한 사정이 있는 경우에는 그 추정이 미치지 않는다고 새겨야 할 것이므로 이때는 민법 제865조, 제863조에 의하여 자도 친자관계부존재확인소송을 제기할 수 있다(대법원 1988. 5. 10. 선고 88므85 판결).

3 소를 제기할 수 있는 사람 및 제소기간

(i) 친생자관계존부확인의 소를 제기할 수 있는 사람은 제865조에 규정된 바와 같이 부를 정하는 소, 친생부인의 소, 인지에 대한 이의의 소, 인지청구의 소를 제기할 수 있는 사람이다. 이러한 유형의 소를 제기할 수 있는 자들이 제소권자에 해당하는데, 여기서 특히 제862조에 규정된 '이해관계인'은 친생자관계의 존부 확인 판결이 확정됨으로써 일정한 권리·의무에 영향을 받는 등 법률상 이해관계가 있는 제3자를 말한다. 이와 관련하여 종전 대법원 판례는 제777조의 친족에 해당하면 친생자관계 존부 확인의 소를 제기할 수 있다고 보았는데, 2020년 이를 변경하여 친족이라는 사실만으로 당연히 그러한 소를 제기할 수 있는 것은 아니라고 판시하였다(대법원 2020. 6. 18. 선고 2015므8351 전원합의체판결).

(ii) 친생자관계존부확인의 소에서 원칙적으로 제소기간의 제한은 없으나, 제865조 제2항의 제한은 존재한다.

Ⅳ 기타 문제

(i) 인공수정 방식, 즉 기구를 이용하여 남성의 정액을 여성의 체내로 주입하여 포태하게 하는 것으로 자녀가 태어난 경우 친자관계와 관련하여 문제가 제기될 수 있다. 배우자 간 인공수정의 경우 보통의 친자관계와 다르게 다룰 필요는 없다. 하지만 제3자의 정액에 의한 인공수정의 경우에 부자관계가 문제된다. 이때 남편의 동의가 있는지를 기준으로 나누어 생각하는 것이 일반적이다. 동의가 있는 경우 친생자추정을 인정하면서 그 남편이 자녀의 출생 후 친생부인의 소를 제기하는 것은 신의칙 위반이 될 수 있다고 보는 견해가 일반적이나, 동의가 없는 경우 그 자녀에 대해 친생자추정이 미치는지에 대해서는 견해가 대립된다.

(ii) 체외수정, 즉 불임 등으로 인해 난자와 정자를 체외(시험관)에서 수정시켜 아내의 자궁에 착상시키는 경우와 대리모출산, 즉 아내의 자궁에 이상이 있는 경우 등에서 체외수정한 수정란을 제3자의 자궁에 착상시키는 경우와 관련해서

도 여러 문제가 제기될 수 있다. 예컨대 체외수정에서 남편의 정자와 아내의 난자를 수정시킨 경우 별다른 문제는 없으나, 다른 제공자의 정자 또는 난자가 개입되는 경우 일의적으로 판단하기는 어렵다. 그리고 이렇게 보조생식술이 발전함에 따라 현재의 친생추정 법리와 더불어 모자관계의 확실성에 대해서도 의문이 제기될 여지가 있다.

제2절 입양

I 입양의 의의 및 성립

(i) 입양이란 일반적으로 양친자관계의 설정을 목적으로 하는 양자와 양부모 사이의 합의를 말한다. 양친자관계는 혈연에 따른 친자관계가 없는 사람 사이에 인위적으로 형성된 법률상 친자관계이다. 이는 제866조 이하를 통해 규율되고 있다. 입양에 관한 특별법으로서 입양특례법이 있다. 이 법은 요보호아동의 입양에 관한 요건 및 절차 등에 대한 특례와 지원에 필요한 사항을 정함으로써 양자가 되는 아동의 권익과 복지를 증진하는 것을 목적으로 한다(입양특례법 제1조).

(ii) 입양이 성립하려면 우선 당사자, 즉 양친과 양자 사이에 입양의 합의가 있어야 한다. 민법상 아무런 근거가 없는 양손(養孫)입양은 강행규정인 신분법규정 위반으로 무효이다(대법원 1988. 3. 22. 선고 87므105 판결). 제878조에 따라 입양에는 가족관계의 등록 등에 관한 법률에서 정한 바에 따른 신고가 필요하다(동법 제23조, 제61조, 제62조). 이처럼 입양의 성립에서 합의 외에 입양신고가 필수적임에도, 입양사실이 알려지는 것을 막기 위해 입양신고 대신에 친생자 출생신고를 하는 경우가 있었다. 이와 관련하여 대법원은 당사자 사이 양친자관계를 창설하려는 명백한 의사가 있고 기타 입양의 실질적 성립요건이 모두 구비된 경우 입양신고 대신 친생자 출생신고가

있더라도 입양의 효력이 있다고 판시하였다(대법원 1977. 7. 26. 선고 77다492 전원합의체판결).

(iii) 여기서 말하는 실질적 성립요건을 구비하려면 제883조에 규정된 입양의 무효 사유가 없어야 하고 양육 등 양친자로서의 신분적 생활사실이 반드시 수반되어야 하는데, 이를 갖추지 못한 경우 입양신고로서의 효력이 생기지 않는다(대법원 2010. 3. 11. 선고 2009므4099 판결). 이처럼 친생자 출생신고 당시에 입양의 실질적 요건이 갖추어지지 못한 경우 그 출생신고는 입양신고로서 기능하지 못하지만, 그 후 입양의 실질적 요건을 갖추게 된 때에는 그 친생자 출생신고는 소급적으로 입양신고로서의 효력을 가진다고 한다(대법원 2004. 11. 11. 선고 2004므1484 판결).

(iv) 양친자관계 존부 확인의 소를 제기할 수 있는지와 관련하여 대법원은 이를 긍정하면서 친생자관계존부확인의 소를 여기에 유추적용한다(대법원 1993. 7. 16. 선고 92므372 판결).

Ⅱ 입양의 무효와 취소

1 입양의 무효

(i) 무효원인으로서 먼저 당사자 사이에 입양의 합의가 없는 경우(제883조 제1호)를 들 수 있다. 즉 입양의사의 합치가 있어야 하는데, 예를 들어 다른 목적을 위해 등록상 입양한 것처럼 꾸미는 가장입양이 그러하다. 다음으로 제883조 제2호의 사유가 무효원인을 구성한다. ① 제867조 제1항 위반, 즉 미성년자를 입양하려는 사람이 가정법원의 허가를 받지 않고 입양한 경우와 제873조 제2항에 따라 피성년후견인이 입양을 하거나 양자가 되면서 가정법원의 허가를 받지 않은 경우 그 입양은 무효이다. ② 제869조 제2항 위반, 즉 양자가 될 사람이 13세 미만인 경우 법정대리인의 입양승낙이 없다면 그 입양은 무효이다. ③ 제877조 위반, 즉 양자가 양친의 존속이거나 연장자인 경우 그 입양은 무효이다.

(ii) 이러한 사유가 존재하는 경우 입양무효의 소를 제기할 수 있다(가사소송법 제31조, 제23조). 여기에 조정전치주의는 적용되지 않는다. 입양무효판결이 확정되면 애당

초 입양이 없었던 것과 같다. 입양으로 인해 발생했던 친족관계 역시 없었던 것과 같다. 입양 무효의 경우 당사자 일방은 과실 있는 상대방에 대해 손해배상청구를 할 수 있다(제897조, 제806조). 이 경우에는 조정을 먼저 거쳐야 한다(가사소송법 제50조, 제2조 제1항 제1호 다목).

2 입양의 취소

(i) 입양의 취소란 법률상 정해진 사유가 존재하는 경우 취소청구권자가 입양의 효력을 소멸하게 할 수 있는 제도를 말한다. 제884조 이하가 이를 규율한다. 입양취소를 청구할 수 있는 자가 일방적으로 취소의 의사표시를 한 것만으로 취소가 이루어지는 것은 아니고, 가정법원에 취소를 청구한 다음 취소판결이 확정되어야 입양이 취소된다(제884조 제1항). 취소판결에 따른 입양취소의 효력은 입양 성립 시에 소급하지 않고 장래를 향해서만 발생한다(제897조, 제824조).

(ii) 제884조 제1항 제1호에 규정된 입양취소의 원인은 다음과 같다. ① 제866조 위반, 즉 미성년자가 입양을 한 경우 제885조에 따라 양부모, 양자와 그 법정대리인 또는 직계혈족이 가정법원에 입양의 취소를 청구할 수 있다. 이때 양부모가 성년이 되면 그 입양의 취소를 청구할 수 없다(제889조). ② 제869조 제1항 위반, 즉 양자가 될 사람이 13세 이상의 미성년자인 경우 법정대리인의 동의를 받지 않고 입양의 승낙을 하였다면 제886조에 따라 양자나 동의권자가 입양의 취소를 청구할 수 있다. ③ 제869조 제3항 제2호 위반, 즉 법정대리인의 소재를 알 수 있음에도 알 수 없다고 하는 등의 사유로 가정법원으로부터 입양허가를 받아 양자가 된 경우에 제886조에 따라 양자나 동의권자가 취소를 청구할 수 있다. ④ 제870조 제1항 위반, 즉 양자가 될 미성년자가 부모의 동의를 받지 않은 경우 제886조에 따라 양자나 동의권자는 입양의 취소를 청구할 수 있다. ⑤ 제871조 제1항 위반, 즉 양자가 될 성년자가 부모의 동의를 받지 못한 경우에 제886조에 따라 동의권자만 취소를 청구할 수 있다. 그러나 양자가 사망한 경우 입양의 취소를 청구할 수 없다(제891조 제2항). ⑥ 제873조 제1항 위반, 즉 피성년후견인이 입양을 하거나 양자가 되면서 성년후견인의 동의를 받지 않은 경우 제887조에 따라 피성년후견인이나 성년후견인이 입양의 취소를 청구할 수 있다. 그러나 성년후견개시 심판이 취소된 후 3개월이 지나면 취소를 청구할 수 없다

(제893조). ⑦ 제874조 위반, 즉 배우자 있는 사람이 배우자와 공동 입양하지 않았거나 배우자 있는 사람이 양자가 되면서 그 배우자의 동의를 얻지 않은 경우 제888조에 따라 배우자가 입양의 취소를 청구할 수 있다.

(iii) 이상의 입양 취소 원인과 관련하여 위 제889조 및 제893조에 규정된 입양 취소 청구권의 소멸 외에 제891조 제1항은 ②, ③, ④의 경우 양자가 성년이 된 후 3개월이 지나거나 사망하면 입양의 취소를 청구할 수 없다고 규정한다. 제894조 역시 입양 취소 청구권의 소멸에 관한 것인바, 동조는 ②, ③, ④, ⑤, ⑥, ⑦의 경우 그 사유가 있음을 안 날부터 6개월, 그 사유가 있었던 날부터 1년이 지나면 그 취소를 청구하지 못한고 규정한다.

(iv) 다음으로 제884조 제1항 제2호의 입양취소 원인은 입양 당시 양부모와 양자 중 어느 한쪽에 악질이나 그밖에 중대한 사유가 있음을 알지 못한 경우이다. 이때 양부모와 양자 중 어느 한쪽이 그 사유가 있음을 안 날부터 6개월이 지나면 그 취소를 청구하지 못한다(제896조). 여기서 중대한 사유란 일반적으로 입양 당시 그 사유를 알았더라면 입양하지 않았거나 양자가 되지 않았을 사유를 의미한다. 예컨대 폭력적인 성향, 알코올 중독, 심한 도벽 등이 이에 해당할 것이다.

(v) 마지막으로 제884조 제1항 제3호의 입양취소 원인은 사기 또는 강박으로 인해 입양의 의사표시를 한 경우이다. 이때에는 제897조에 따라 제823조가 준용되어 사기를 안 날 또는 강박을 면한 날부터 3개월이 지나면 취소를 청구할 수 없다. 제884조 제2항은 제867조 제2항 역시 준용한다고 규정한다. 즉 위와 같은 입양의 취소 원인이 존재하더라도 가정법원은 양자가 된 미성년자의 복리를 위하여 그 양육 상황, 입양의 동기, 양부모의 양육 능력, 그 밖의 사정을 고려하여 그 입양을 취소하지 않을 수 있다.

(vi) 입양취소의 소를 제기하려면 가정법원에 조정을 신청해야 한다(조정전치주의, 가사소송법 제50조, 제2조 제1항 제1호 나목). 입양취소의 효력은 소급되지 않으며 취소판결이 확정된 때로부터 입양의 효력은 상실된다(제897조, 제824조). 이와 함께 입양에 따른 친족관계도 소멸한다(제776조). 입양이 취소되면 당사자 일방은 과실 있는 상대방에 대하여 이로 인한 재산상 손해와 정신적 손해의 배상을 청구할 수 있다(제897조, 제806조).

Ⅲ 입양의 효과

1 법정혈족관계

제882조의2 제1항에 따라 입양된 때, 즉 입양신고일로부터 양자는 양부모의 친생자와 같은 지위를 가진다. 양자가 미성년자일 경우 양부모의 친권에 따르게 되고(제909조 제1항 제2문), 이에 생부와 생모의 친권은 소멸한다. 양부모가 이혼하여 양모가 양부의 가(家)를 떠난다고 해도 양모자관계가 소멸하지는 않는다(대법원 2001. 5. 24. 선고 2000므1493 전원합의체판결). 양부모의 혈족 및 인척과도 친족관계를 가지게 된다(제772조). 이에 양자와 양부모 및 그 혈족 사이에 상호 부양관계와 상속관계가 인정된다.

2 생가친족과의 관계

제882조의2 제2항에 따라 입양 전 양자의 친족관계는 그대로 존속한다. 생가 친족에 대한 부양 및 상속관계 역시 변함없다. 예컨대 양자는 친생부모와 양부모 모두로부터 상속받을 수 있고, 반대로 양자가 직계비속이나 배우자 없이 사망하였을 때 친생부모와 양부모가 공동상속인이 될 수 있다.

3 양자의 성

입양에 따라 양자의 성(姓)이 바로 변경되는 것은 아니다. 물론 제781조 제6항이 규정하는 바와 같이 자녀의 복리를 위하여 자의 성과 본을 변경할 필요가 있을 때 양부, 양모 또는 자녀의 청구로 법원의 허가를 받아 변경할 수 있다. 다만 입양특례법에 따라 입양된 아동은 입양특례법 제14조에 의해 친양자와 같은 지위를 갖게 되어 양친의 성과 본을 따르게 된다.

Ⅳ 파양

1 의의

파양(罷養)이란 유효하게 성립된 양친자관계를 인위적으로 해소하는 것이다. 양친자관계는 파양에 의해서만 해소되며, 여기에는 협의상 파양과 재판상 파양이 있다. 협의상 파양이나 재판상 파양이 이루어지면 양친자관계 및 친족관계가 모두 소멸하고, 입양으로 인해 발생했던 부양, 상속, 친권과 관련된 법률효과 역시 사라진다.

2 협의상 파양

(i) 제898조에 따르면 양부모와 양자는 협의하여 파양할 수 있다. 여기서 협의만으로 파양이 이루어지는 것은 아니고, 제904조에 따라 준용되는 제878조에서 규정하는 것처럼 신고가 필요하다. 즉 협의에 따른 파양의 합의와 파양신고가 협의상 파양의 성립요건이다. 다만 제898조 단서가 규정하듯 양자가 미성년자 또는 피성년후견인일 때 협의상 파양은 인정되지 않는다. 이때는 재판상 파양만 가능하다. 제902조에 따라 양부모가 피성년후견인일 때에는 성년후견인의 동의를 받아 파양을 협의할 수 있다.

(ii) 협의상 파양의 무효에 대해 민법은 규정하고 있지 않으나 가사소송법 제31조에 그에 관한 규율이 있다. 무효 사유에 대해서는 입양 무효에 관한 규정을 유추적용할 수 있다고 봄이 일반적이다. 협의상 파양의 취소와 관련하여 제904조에 따라 제823조가 준용될 수 있다. 파양의 무효에서는 조정전치주의의 적용이 없으나, 협의상 파양의 취소를 청구할 때에는 조정전치주의가 적용된다(가사소송법 제50조, 제2조 제1항 제1호 나목).

3 재판상 파양

(i) 제905조 각 호의 사유에 해당하는 경우 양부모, 양자 또는 제906조에 따

른 재판상 파양청구권자는 가정법원에 파양을 청구할 수 있는데, 이를 재판상 파양이라고 한다. 즉 제905조 제1호 내지 제4호가 재판상 파양원인이다. 여기서 제3호를 제외한 나머지 경우 그 사유가 있음을 안 날부터 6개월, 그 사유가 있었던 날부터 3년이 지나면 파양을 청구할 수 없다(제907조).

(ii) 재판상 파양에는 조정전치주의가 적용된다. 파양청구권자와 관련하여 제906조의 특별규정이 존재한다. 재판상 파양의 효력은 파양청구를 인용하는 판결에 의해 발생한다. 제908조에 따라 제806조가 준용되어 재판상 파양에 있어 과실 있는 상대방에 대해 이로 인한 재산적, 정신적 손해배상을 청구할 수 있다.

V 친양자 제도

1 의의

(i) 입양제도에 의하면 입양이 되더라도 친부모와의 관계는 존속하며 양자의 성(姓)도 원칙적으로 유지된다. 그렇다 보니 그동안 사회적으로 입양 자체에 소극적인 분위기가 존재하였고, 앞서 설명한 바와 같이 입양을 하면서도 입양신고 대신에 친생자로 출생신고를 하는 경향도 나타났다. 재혼으로 이루어진 가정에서 남편이 아내의 자녀를 입양하더라도 그 자녀의 성이 자신의 성과 같지 않은 점 등도 문제되어 왔다.

(ii) 결국 이러한 측면들은 양자로 될 자의 복리를 저해할 수 있으므로 이를 극복하기 위해 친양자 제도가 도입되었다. 친양자 입양은 가정법원의 재판에 의해 이루어지고, 친양자는 양부모의 혼인 중 출생자로 간주되면서 양부나 양모의 성과 본을 따르게 되며, 친생부모와의 친자관계는 단절된다는 점에서 보통 입양과 다르다.

2 친양자 입양의 요건

(i) 제908조의2 제1항은 친양자 입양의 요건에 대해 규율한다. 즉 제1항 각 호에서 규정된 요건을 갖추어 가정법원에 친양자 입양을 청구해야 한다. 즉 ① 3년 이상 혼인 중의 부부로서 공동 입양할 것, ② 미성년자를 친양자로 입양할 것, ③ 친생부모가 친양자 입양에 동의할 것, ④ 친양자가 될 사람이 13세 이상인 경우 그가 법정대리인의 동의를 받아 입양을 승낙할 것, ⑤ 친양자가 될 사람이 13세 미만인 경우 법정대리인이 그에 갈음하여 입양을 승낙할 것이 충족되어야 한다.

(ii) 가정법원이 친양자 입양청구를 인용하는 재판이 확정되면 친양자를 입양하려는 사람은 재판확정일부터 1개월 이내에 신고하여야 하고, 이는 일반적으로 보고적 신고이다. 즉 제836조 제1항처럼 신고하여야 효력이 생긴다는 규정이 친양자 입양 제도에 없어 친양자 입양은 가정법원의 재판확정시에 성립된다고 본다.

(iii) 제908조의2 제2항은 각 호의 사유가 있으면 동조 제1항 제3호 및 제4호에서의 동의 그리고 제5호에서의 승낙 없이도 가정법원이 친양자 입양청구를 인용할 수 있음을 규정한다. 동조 제3항은 친양자가 될 사람의 복리를 위하여 양육상황, 입양동기, 양부모의 양육능력 및 기타 사정을 고려하여 친양자 입양이 적당하지 않다고 판단될 때 가정법원이 친양자 입양청구를 기각할 수 있음을 규정한다.

3 친양자 입양의 효과

(i) 제908조의3 제1항에 따라 친양자는 양부모의 혼인 중의 출생자로 간주되며, 이에 기본적으로 양친의 성과 본을 따르게 되고(제781조 제1항), 부양이나 상속 등의 관계도 양부모 및 그의 친족 사이에서 발생한다. 친양자로 입양이 확정된 때에 입양 전 생가친족과의 관계는 종료되지만, 친양자 입양의 효력이 친양자의 출생시로 소급하는 것은 아니다. 부부 일방이 배우자의 친생자를 단독으로 입양할 때 배우자 및 그 친족과 친생자 간의 친족관계는 유지된다(제908조의3 제2항).

(ii) 친양자는 가족관계등록부에 양친의 친생자로 기록되기 때문에 여기에 입양사실이 드러나지 않는다. 다만 친양자 입양사실은 친양자 입양관계증명서에 나타나게 된다.

4 친양자 입양의 취소와 파양

(i) 기본적으로 친양자 입양은 가정법원의 심사와 판단을 통해서만 이루어지기 때문에 이를 통해 성립된 친양자 입양에 앞서 본 일반 입양의 무효나 취소 사유가 존재할 가능성은 낮다. 이에 제908조의4 제2항은 친양자 제도에 일반 입양의 무효와 취소에 관한 제883조와 제884조를 적용하지 않는다고 규정한다. 다만 하나의 사유에 관해서만 취소청구를 인정하고 있다(제908조의4 제1항). 즉 친생의 아버지 또는 어머니는 자신에게 책임 없는 사유로 인하여 제908조의2 제1항 제3호 단서에 따른 동의를 할 수 없었던 경우에 친양자 입양의 사실을 안 날부터 6개월 내 가정법원에 친양자 입양의 취소를 청구할 수 있다. 이와 같은 친양자 입양 취소의 소에서 상대방은 양부모와 친양자가 되는데, 그중 일부가 사망한 경우 생존자가 상대방이 되고, 3인 모두 사망시 검사가 상대방이 된다(가사소송법 제31조, 제24조). 이러한 취소청구와 관련하여 제908조의6에서 제908조의2 제3항을 준용하고 있다. 친양자 입양이 취소되면 친양자관계는 소멸하고 입양 전 친족관계는 부활하며, 그 취소의 효력은 소급하지 않는다(제908조의7). 친양자 입양취소의 소에는 조정전치주의가 적용된다(가사소송법 제50조, 제2조 제1항 제1호 나목).

(ii) 친양자 제도가 친양자를 양부모의 친생자와 같이 다루려는 목적에 기인한 것임을 고려할 때 사실 친양자의 파양은 어색한 것이다. 이에 제908조의5는 제한적인 범위 내에서 친양자의 파양을 허용하고 있다. 즉 양친, 친양자, 친생의 부 또는 모나 검사는 ① 양친이 친양자를 학대 또는 유기하거나 그 밖에 친양자의 복리를 현저히 해하는 때나 ② 친양자의 양친에 대한 패륜행위로 인하여 친양자관계를 유지할 수 없게 된 때 중 어느 하나의 사유가 있는 경우 가정법원에 친양자의 파양을 청구할 수 있다. 제908조의5 제2항에 따라 제898조가 적용되지 않아 협의상 파양이 불가하고, 제905조도 적용되지 않아 재판상 파양원인에 관한 규정의 적용 역시 없다. 제908조의7에 따라 파양되면 친양자관계는 소멸

하고 입양 전 친족관계는 부활하며, 그 취소의 효력은 소급하지 않는다. 친양자 파양의 소에도 조정전치주의가 적용된다(가사소송법 제50조, 제2조 제1항 제1호 나목).

제15장

상속

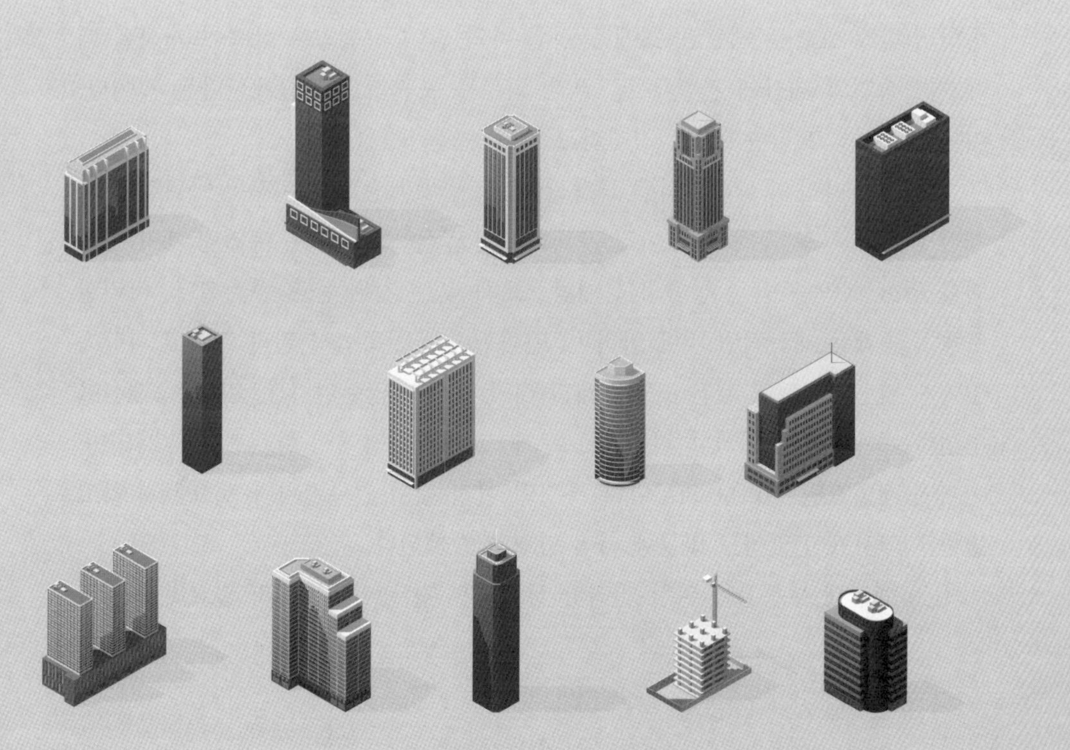

제1절

상속제도 개관

(i) 상속이란 일반적으로 사망한 자가 가지고 있던 재산상의 지위 또는 권리·의무가 상속인에게 승계되는 것을 의미한다. 이때 사망으로 자신의 재산상 지위 또는 권리·의무를 물려주게 되는 사람을 피상속인이라 하고, 이를 승계하는 사람을 상속인이라 한다. 상속에 따른 법률효과가 일어나는 것을 보통 상속의 개시라고 하는데, 상속개시는 피상속인의 사망에 의해 일어난다(제997조). 상속의 일반적 효과는 제1005조에 규정된 바와 같이 상속인은 상속이 개시된 때에 피상속인의 재산에 관한 모든 권리·의무를 포괄적으로 승계한다는 것이다. 이를 상속법상 포괄승계의 원칙이라고 한다.

(ii) 이에 따라 피상속인의 적극재산 내지 권리만 승계되는 것이 아니라 소극재산 내지 채무도 승계되며, 아직 구체화되지 않은 법적 지위, 예컨대 계약의 성립을 위한 청약을 받은 청약의 상대방으로서 갖는 지위 등도 승계된다. 이러한 포괄적 승계는 재산적인 것에 한하며, 인격권이나 친족법적 권리 그리고 피상속인에게 일신전속적인 것은 포괄승계의 대상이 되지 않는다(제1005조 단서). 상속재산을 구성하는 개별적인 권리나 의무는 모두가 그 승계과정에서 한꺼번에 승계되며, 여기에 개별적인 권리나 의무마다 특정의 이전 내지 인수절차가 필요하지 않고 별다른 의사표시 없이도 법률에 따라 당연히 승계된다.

(iii) 예컨대 부동산에 관한 권리가 상속되는 경우 이전등기가 필요하지 않고

(제187조), 동산의 경우 인도가 필요하지 않다. 이와 같은 상속법상 포괄승계원칙은 무엇보다도 피상속인의 재산 승계 과정을 명확하고 통일적으로 처리하여 상속재산과 관련된 채권자들이나 상속인들의 법률관계를 안정적이고 효율적으로 정리하려는 제도적 원리이다(헌법재판소 2004. 10. 28. 자 2003헌가13 결정, 대법원 2005. 7. 22. 선고 2003다43681 판결).

[제사용 재산]

상속법상 포괄승계원칙의 예외를 제1008조의3이 규정하고 있는바, 대법원 1997. 11. 28. 선고 96누18069 판결은 "금양임야 등 제사용 재산을 일반상속의 대상에서 제외하여 특별상속에 의하도록 하고 있는 이유는 제사용 재산을 공동상속하게 하거나 평등분할하도록 하는 것은 조상 숭배나 가통의 계승을 중시하는 우리의 습속이나 국민감정에 반하는 것이므로 일반상속재산과는 구별하여 달리 취급하기 위한 것이라 할 것"이라고 판시한 바 있다. 이 조문과 관련하여 대법원 2008. 11. 20. 선고 2007다27670 전원합의체판결도 읽어볼 필요가 있다.

제2절

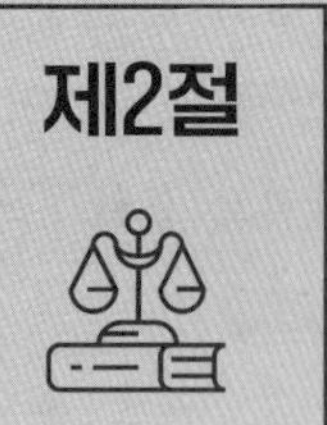

상속인과 상속분

I 상속능력과 상속결격

1 상속능력

(i) 상속인이 될 수 있는 자격 내지 지위를 보통 상속능력이라 한다. 상속을 통해 권리·의무를 승계하는데, 이를 승계받기 위해서 우선 권리·의무의 주체가 될 수 있게 하는 권리능력이 필요하다. 물론 상속인으로서 상속을 받기 위해서는 피상속인이 사망할 때 생존해 있어야 한다. 이에 대한 하나의 예외로서 태아의 상속능력이 인정된다. 즉 제1000조 제3항에서 규율하듯 태아는 상속에 관해서 이미 출생한 것으로 본다. 여기서 "이미 출생한 것으로 본다"의 의미와 관련하여 대법원 1976. 9. 14. 선고 76다1365 판결을 찾아서 읽어볼 필요가 있다.

(ii) 우리 민법은 상속인의 범위를 피상속인의 일정한 친족으로 한정한다(제1000조, 제1003조). 이에 자연인만 상속인이 될 수 있으며, 법인은 상속인이 될 수 없다. 하지만 법인은 포괄적 유증(제1078조)을 통해 상속받는 것과 실질상 같은 효과를 누릴 수는 있다.

2 상속결격

(i) 상속을 인정하기에 적합하지 않은 사유가 존재할 때 상속인으로서 자격이 박탈되는 것을 상속결격이라 하는데, 그 결격사유가 제1004조에 규정되어 있다. 이에 해당하면 법률상 당연히 상속인이 되지 못하며, 여기에 이해관계인의 청구나 재판 등이 필요하지 않다. ① 고의로 직계존속, 피상속인, 그 배우자 또는 상속의 선순위나 동순위에 있는 자를 살해하거나 살해하려 한 경우, ② 고의로 직계존속, 피상속인과 그 배우자에게 상해를 가하여 사망에 이르게 한 경우, ③ 사기 또는 강박으로 피상속인의 상속에 관한 유언 또는 유언의 철회를 방해한 경우, ④ 사기 또는 강박으로 피상속인의 상속에 관한 유언을 하게 한 경우, ⑤ 피상속인의 상속에 관한 유언서를 위조·변조·파기 또는 은닉한 경우가 민법상 상속결격사유이다.

(ii) 이때 ①과 관련하여 살인의 고의가 있어야 함은 물론이나, 고의 외에 살인을 통해 상속에 유리하다는 인식까지 갖추어야 하는 것은 아니다(대법원 1992. 5. 22. 선고 92다2127 판결). 대법원은 상속에 있어 선순위나 동순위가 될 수 있는 태아를 낙태한 경우도 ①에 포함된다고 판시한 바 있다(대법원 1992. 5. 22. 선고 92다2127 판결).

Ⅱ 상속순위

(i) 제1000조와 제1003조가 상속순위를 규정하고 있다. 상속인이 될 수 있는 자가 여러 명일 수 있는데, 이들 간의 순위를 정함에 있어 민법은 크게 혈족상속인(제1000조)과 배우자상속인(제1003조)으로 나눈다. 그들 간의 순위가 다른 때에는 최우선순위자만이 상속인이며, 후순위자는 상속할 수 없다. 동순위인 경우 공동으로 상속한다. 만약 상속인이 없고 또한 특별연고자로서 상속재산의 분여를 청구하는 자도 없을 때 상속재산은 국고에 귀속된다(제1058조).

(ii) 혈족상속인의 순위를 보면, 제1순위는 피상속인의 직계비속이다(제1000조 제1항 제1호). 여기에는 피상속인의 자녀뿐 아니라 피상속인의 손자녀까지 포함된다(대법원

(대법원 2005. 7. 22. 선고 2003다43681 판결). 제2순위는 피상속인의 직계존속이고(제2호), 제3순위는 피상속인의 형제자매이다(제3호). 제4순위는 4촌 이내의 방계혈족이다(제4호). 인척은 여기에 규정되어 있지 않아 상속인이 되지 못한다. 물론 포괄적 유증(제1078조)을 받음으로써 상속과 같은 효과를 거둘 수는 있다.

[상속인의 범위]

신민법 시행 후 양자가 직계비속 없이 사망한 경우 그가 미혼인 경우 제2순위 상속권자인 직계존속이, 그에게 유처가 있는 경우 직계존속과 처가 동순위로 각 상속인이 되는바, 이 경우 양자를 상속할 직계존속에 대하여 아무런 제한을 두고 있지 않으므로 양자의 상속인에는 양부모뿐 아니라 친부모도 포함된다고 보아야 한다(대법원 1995. 1. 20. 자 94마535 결정).

(iii) 제1003조 제1항에 따르면 피상속인의 배우자는 피상속인의 직계비속이나 직계존속이 있는 경우 그 상속인과 공동상속인이 되고, 이러한 상속인이 없는 경우 단독상속인이 된다. 여기서 피상속인의 배우자는 혼인신고를 마친 법률상의 배우자만을 가리킬 뿐이다. 즉 사실혼 배우자는 상속을 받을 수 없다(헌법재판소 2024. 3. 28. 자 2020헌바494 결정).

Ⅲ 상속분

1 법정상속분

상속인이 동순위에 여러 명 있는 경우 그 상속분은 균등하게 나눈다(제1009조 제1항). 배우자 상속과 관련하여 제1009조 제2항에 따르면, 피상속인의 배우자에게 주어지는 상속분은 직계비속과 공동으로 상속하는 때에는 직계비속의 상속분의 5할(50%)를 가산하고, 직계존속과 공동으로 상속하는 때에는 직계존속의 상속분의 50%를 가산한다. 이에 따라 예컨대 피상속인 甲에게 아내 乙과 아들 丙, 딸 丁, 戊가 있는 경우 乙은 배우자로서 50%를 가산하고 자녀는 동등하게 상속하여, 乙 : 丙 : 丁 : 戊는 상속재산을 1.5 : 1 : 1 : 1의 비율로 나누어 상속받게 된다.

2 특별수익의 반환

(i) 제1008조는 특별수익자의 상속분에 관한 규정이다. 동조에 따르면 공동상속인 중에 피상속인으로부터 재산의 증여 또는 유증을 받은 자가 있는 경우 그 수증재산이 자기의 상속분에 달하지 못한 때에는 그 부족한 부분의 한도에서 상속분이 있다. 공동상속인 간의 공평을 위한 제도이다.

(ii) 특별수익자가 있는 경우 일반적으로 다음과 같이 구체적 상속분을 산정한다(대법원 1995. 3. 10. 선고 94다16571 판결). 먼저 피상속인이 상속개시 당시 갖고 있던 적극재산의 가액에 생전증여의 가액을 더한 다음, 이 가액에서 각 공동상속인마다 법정상속분 비율대로 상속분의 가액을 계산한다. 특별수익자의 상속분은 이 상속분 가액에서 증여 또는 유증받은 가액을 공제한 것을 가리킨다.

[특별수익자의 상속분]

피상속인 甲이 배우자 없이 자녀 乙, 丙, 丁을 남기고 사망하였는데, 사망 당시 재산가액이 3억 원이었다. 甲이 사망하기 6개월 전 乙에게 결혼 준비에 쓰라며 3,000만 원을 증여하였다. 이때 만약 특별수익반환 제도가 없다면 乙, 丙, 丁은 각각 1억 원씩 상속받게 될 것이다. 하지만 현행 특별수익반환 제도에 따르면, 먼저 상속개시시 적극재산인 3억 원에다가 乙에게 증여한 3,000만 원을 더한 다음 상속분을 계산하게 되고 일단 乙, 丙, 丁의 상속분은 각각 1억 1,000만 원이 된다. 여기에서 증여받은 乙의 상속분은 1억 1,000만 원에서 이미 증여받은 3,000만 원을 공제한 8,000만 원이다.

(iii) 무엇을 특별수익으로 볼지 문제될 것이다. 즉 그 범위의 문제인데, 일단 이에 관해 민법에 구체적으로 규정되어 있지 않다. 생전 증여의 경우 대법원은 피상속인의 생전 자산, 수입, 생활수준 등을 참작하고 공동상속인들 간의 형평을 고려하여 그 생전 증여가 장차 상속인으로 될 자에게 돌아갈 상속재산 중 그의 몫 일부를 미리 주는 것이라고 볼 수 있는지에 따라 결정해야 한다고 본다(대법원 2022. 3. 17. 선고 2021다230083, 230090 판결). 유증의 경우 증여와 같이 특별수익으로 고려될 수 있는데, 유증의 목적물은 상속개시시에 아직 상속재산에 포함되어 있으므로 생전 증여처럼 유증의 가액을 가산하여 계산하지 않는다. 생명보험금, 사망퇴직금, 유족연금 등은 상속재산에 포함되지는 않지만 보통 특별수익에는 해당한다고 본다.

3 기여분

(i) 제1008조의2에 따르면, 공동상속인 중에 상당한 기간 동거·간호 그 밖의 방법으로 피상속인을 특별히 부양하거나 피상속인의 재산의 유지 또는 증가에 특별히 기여한 자가 있을 때 상속개시 당시 피상속인의 재산가액에서 공동상속인의 협의로 정한 그 자의 기여분을 공제한 것을 상속재산으로 보고 제1009조 및 제1010조에 의하여 산정한 상속분에 기여분을 가산한 액으로써 그 기여한 자의 상속분으로 한다. 공동상속인 사이의 형평을 위한 제도로서, 특별한 재산상 기여나 부양을 상속분에 고려하기 위한 것이다. 여기서 부양은 친족 간 통상의 부양의무의 범위를 넘어서는 것이어야 한다. 예컨대 아내가 사고를 당한 남편을 간병한 것은 보통 부부간 통상적인 부양의무의 이행일 뿐이므로 특별한 기여라 보기 어렵다(대법원 1996. 7. 10. 자 95스30, 31 결정).

[배우자 기여분]

배우자가 장기간 피상속인과 동거하면서 피상속인을 간호한 경우, 민법 제1008조의2의 해석상 가정법원은 배우자의 동거·간호가 부부 사이의 제1차 부양의무 이행을 넘어서 '특별한 부양'에 이르는지 여부와 더불어 동거·간호의 시기와 방법 및 정도뿐 아니라 동거·간호에 따른 부양비용의 부담 주체, 상속재산의 규모와 배우자에 대한 특별수익액, 다른 공동상속인의 숫자와 배우자의 법정상속분 등 일체의 사정을 종합적으로 고려하여 공동상속인들 사이의 실질적 공평을 도모하기 위하여 배우자의 상속분을 조정할 필요성이 인정되는지 여부를 가려서 기여분 인정 여부와 그 정도를 판단하여야 한다. 배우자의 장기간 동거·간호에 따른 무형의 기여행위를 기여분을 인정하는 요소 중 하나로 적극적으로 고려할 수 있다. 다만 이러한 배우자에게 기여분을 인정하기 위해서는 앞서 본 바와 같은 일체의 사정을 종합적으로 고려하여 공동상속인들 사이의 실질적 공평을 도모하기 위하여 배우자의 상속분을 조정할 필요성이 인정되어야 한다(대법원 2019. 11. 21. 자 2014스44, 45 전원합의체결정).

(ii) 기여분은 우선 모든 공동상속인의 협의에 의해 정하고, 협의가 되지 않거나 협의할 수 없는 경우 기여자의 청구에 따라 가정법원이 심판으로 결정한다. 기여분의 결정에는 조정전치주의가 적용된다(가사소송법 제50조, 제2조 제1항 제2호 나목). 기여분은 상속재산 분할의 전제적 성격을 가지므로, 기여분 결정의 심판청구는 보통 상속재산분할 청구가 있는 경우에 이루어진다.

[기여분 산정]

민법 제1008조의2, 제1112조, 제1113조 제1항, 제1118조에 비추어 보면, 기여분은 상속재산분할의 전제 문제로서의 성격을 가지는 것으로서, 상속인들의 상속분을 일정 부분 보장하기 위하여 피상속인의 재산처분의 자유를 제한하는 유류분과는 서로 관계가 없다. 따라서 공동상속인 중에 상당한 기간 동거·간호 그 밖의 방법으로 피상속인을 특별히 부양하거나 피상속인의 재산의 유지 또는 증가에 특별히 기여한 사람이 있을지라도 공동상속인의 협의 또는 가정법원의 심판으로 기여분이 결정되지 않은 이상 유류분반환청구소송에서 기여분을 주장할 수 없음은 물론이거니와, 설령 공동상속인의 협의 또는 가정법원의 심판으로 기여분이 결정되었다고 하더라도 유류분을 산정함에 있어 기여분을 공제할 수 없고, 기여분으로 유류분에 부족이 생겼다고 하여 기여분에 대하여 반환을 청구할 수도 없다(대법원 2015. 10. 29. 선고 2013다60753 판결).

Ⅳ 상속재산의 분할

(i) 공동상속의 경우 상속재산은 제1006조에 따라 일단 공동상속인의 공유에 해당한다. 이러한 공유 상태를 벗어나 공동상속인 각각에 속한 부분으로, 즉 단독소유 형태로 바꾸기 위해 행해지는 분배를 상속재산의 분할이라고 한다. 민법상 세 가지 분할의 형태가 있다. 유언에 의한 지정분할(제1012조), 협의분할(제1013조 제1항), 심판분할(제1013조 제2항, 제269조 제1항)이 그것이다. 상속재산의 분할은 상속이 개시된 때에 소급하여 효력이 발생한다(제1015조 본문). 다만 상속재산 분할의 소급효는 제3자의 권리를 해하지 못한다(동조 단서).

[상속재산분할의 소급효]

상속재산분할의 소급효를 인정하여 공동상속인이 분할 내용대로 상속재산을 피상속인이 사망한 때에 바로 피상속인으로부터 상속한 것으로 보면서도, 상속재산분할 전에 이와 양립하지 않는 법률상 이해관계를 가진 제3자에게는 상속재산분할의 소급효를 주장할 수 없도록 함으로써 거래의 안전을 도모하고자 한 것이다. 이때 민법 제1015조 단서에서 말하는 제3자는 일반적으로 상속재산분할의 대상이 된 상속재산에 관하여 상속재산분할 전에 새로운 이해관계를 가졌을 뿐만 아니라 등기, 인도 등으로 권리를 취득한 사람을 말한다(대법원 2020. 8. 13. 선고 2019다249312 판결).

(ii) 제1016조 내지 제1018조는 상속재산분할과 관련하여 공동상속인 간의 형평을 위해 상호 담보책임을 부담하는 것으로 규율한다. 상속개시 후의 인지 또는 재판의 확정에 의하여 공동상속인이 된 자가 상속재산의 분할을 청구할 경우 다른 공동상속인이 이미 분할 기타 처분을 한 때에는 그 상속분에 상당한 가액의 지급을 청구할 권리가 있다(제1014조). 즉 동 규정은 상속재산 분할 후에는 그 분할의 효력은 그대로 두고, 인지 등에 의해 공동상속인이 된 자에게는 그의 상속분에 상당한 가액의 지급을 청구할 권리를 인정하고 있다. "상속개시 후의 인지 또는 재판의 확정에 의하여 공동상속인이 된 사람이 제1014조에 따라 그 상속분에 상당한 가액의 지급을 소송으로 청구하는 경우 상속재산의 가액은 사실심 변론종결 당시의 시가를 기준으로 산정"한다(대법원 2002. 11. 26. 선고 2002므1398 판결).

V 상속회복청구권

(i) 제999조는 상속회복청구권을 규정한다. 즉 상속권이 참칭상속권자(진정하지 않은 상속인)로 인하여 침해된 때에는 상속권자 또는 그 법정대리인은 상속회복의 소를 제기할 수 있으며(제1항), 이러한 상속회복청구권은 그 침해를 안 날부터 3년, 상속권의 침해행위가 있은 날부터 10년을 경과하면 소멸된다(제2항). 판례에 따르면, 자신이 진정한 상속인임을 전제로 그 상속으로 인한 소유권 또는 지분권 등 재산권의 귀속을 주장하면서 참칭상속인 또는 참칭상속인으로부터 상속재산에 관한 권리를 취득하거나 새로운 이해관계를 맺은 제3자를 상대로 상속재산인 부동산에 관한 등기의 말소 등을 청구하는 경우 그 소유권 또는 지분권이 귀속되었다는 주장이 상속을 원인으로 하는 것인 이상 그 청구원인에 관계없이 이는 제999조 상속회복청구의 소에 해당하고, 상속회복청구권의 제척기간에 관한 제999조 제2항은 이 경우에도 적용된다(대법원 2010. 1. 14. 선고 2009다41199 판결).

[상속회복청구권의 제척기간 기산점]

상속회복청구권의 제척기간 기산점이 되는 민법 제999조 제2항 소정의 '상속권의 침해를 안 날'이라 함은 자기가 진정한 상속인임을 알고 또 자기가 상속에서 제외된 사실을 안 때를 가리키는 것으로서, 단순히 상속권 침해의 추정이나 의문만으로는 충분하지 않으며, 언제 상속권의 침해를 알았다고 볼 것인지는 개별적 사건에 있어서 여러 객관적 사정을 참작하고 상속회복청구가 사실상 가능하게 된 상황을 고려하여 합리적으로 인정하여야 한다(대법원 2007. 10. 25. 선고 2007다36223 판결).

(ii) 상속회복청구의 상대방인 참칭상속인은 보통 재산상속인임을 신뢰하게 만드는 외관이 존재하거나 상속인이라고 참칭하여 상속재산을 점유하는 등으로 진정한 상속인의 상속권을 침해하는 자를 말한다. 이에 공동상속인 중 1인이 자기의 단독상속이라고 주장하며 상속재산을 점유하거나 자기의 상속분을 초과하여 점유하는 경우에도 참칭상속인에 해당할 수 있다.

[참칭상속인]

상속회복청구의 상대방이 되는 참칭상속인이라 함은 정당한 상속권이 없음에도 재산상속인임을 신뢰케 하는 외관을 갖추고 있는 자나 상속인이라고 참칭하여 상속재산의 전부 또는 일부를 점유하고 있는 자를 가리키는 것으로서, 상속재산인 부동산에 관하여 공동상속인 중 1인 명의로 소유권이전등기가 경료된 경우 그 등기가 상속을 원인으로 경료된 것이라면 등기명의인의 의사와 무관하게 경료된 것이라는 등의 특별한 사정이 없는 한 그 등기명의인은 재산상속인임을 신뢰케 하는 외관을 갖추고 있는 자로서 참칭상속인에 해당된다(대법원 1997. 1. 21. 선고 96다4688 판결).

제3절

대습상속

I 의의 및 성질

상속개시 전 원래 상속인이 될 수 있었던 피상속인의 직계비속 또는 형제자매가 사망하거나 결격된 경우 그 사망 또는 결격자의 직계비속과 배우자가 사망 또는 결격자의 순위에 갈음하여 상속하는 것을 대습상속(代襲相續)이라 한다. 제1001조가 이를 규정하고 있다. 대습상속은 위의 사망 또는 결격자의 상속권을 대신하거나 승계받는 것이 아니고, 법률상 인정되는 대습상속인의 고유한 상속이다.

Ⅱ 요건

(i) 대습상속이 일어나기 위해서는 사망 또는 결격자(피대습자)가 피상속인의 직계비속이거나 형제자매이어야 하고, 대습상속을 하는 사람은 그 사망 또는 결격자의 직계비속과 배우자이다. 여기서 사망은 피상속인이 사망하기 전에 일어

나야 한다. 이와 관련하여 피상속인과 그의 상속인으로 될 자가 동시에 사망한 것으로 추정되는 경우가 포함되는지에 대하여 대법원 2001. 3. 9. 선고 99다13157 판결을 찾아 읽어볼 필요가 있다.

(ii) 사망과 달리 결격의 경우 반드시 상속이 개시되기 전에 이루어져야 하는 것은 아니다. 왜냐하면 상속결격의 효과는 상속이 개시될 때로 소급하기 때문이다. 상속포기는 대습상속의 원인이 되지 못한다. 예컨대 피상속인의 배우자와 자녀들 전원이 상속포기를 하였을 때 대습상속이 일어나지 않는다(대법원 1995. 4. 7. 선고 94다11835 판결).

[상속포기와 대습상속]

채무자인 피상속인이 그의 처와 동시에 사망하고 제1순위 상속인인 자 전원이 상속을 포기한 경우, 상속을 포기한 자는 상속 개시시부터 상속인이 아니었던 것과 같은 지위에 놓이게 되므로 같은 순위의 다른 상속인이 없어 그 다음 근친 직계비속인 피상속인의 손들이 차순위의 본위 상속인으로서 피상속인의 채무를 상속하게 된다고 한 사례(대법원 1995. 9. 26. 선고 95다27769 판결). 참고로 대법원 2017. 1. 12. 선고 2014다39824 판결도 읽어볼 필요가 있다.

Ⅲ 효과

제1010조 제1항에 따라 대습상속의 요건이 구비된 경우 대습자는 피대습자가 받았을 상속분을 상속한다. 동조 제2항은 대습상속인이 여러 명인 경우 그 상속분의 한도에서 법정상속에 따른다고 규정한다.

제4절 상속의 승인과 포기

I 일반론

1 상속 승인과 상속 포기의 의의 및 성질

(i) 제1005조에 따라 상속이 개시되면 상속인은 포괄적으로 피상속인의 권리와 의무를 당연히 승계한다. 이로 인해 상속인에게 권리취득이나 의무부담이 강요될 우려가 있다. 이에 민법은 상속인에게 대습상속도 포함하여 상속을 승인 내지 포기할 자유를 인정한다. 승인에는 단순승인과 한정승인이 있다. 전자는 권리와 의무가 승계되는 것을 전면적으로 받아들이는 것이고, 후자는 피상속인의 채무를 상속재산의 한도 내에서만 변제하겠다는 유보와 함께 상속을 승인하는 것이다.

(ii) 상속의 승인 및 포기는 상대방 없는 단독행위로 분류된다. 다만 제1030조와 제1041조에 따라 상속의 한정승인과 포기는 법원에 신고해야 한다. 이에 양자는 요식행위이다. 그러나 단순승인은 불요식행위이다.

(iii) 상속의 승인 및 포기는 상속이 개시된 후에만 할 수 있고, 상속개시 전의 승인 및 포기는 무효이다. 즉 유류분을 포함한 상속의 포기는 상속이 개시된 후 일정한 기간 내에만 가능하고 가정법원에 신고하는 등 일정한 절차와 방식에 따

라야만 그 효력이 있는 바, 이에 상속개시 전에 이루어진 상속포기약정은 이와 같은 절차와 방식에 따르지 아니한 것으로 그 효력이 인정되지 않는다(대법원 1994. 10. 14. 선고 94다8334 판결). 상속의 승인 및 포기는 포괄적으로만 가능하고, 특정재산을 정하여 그에 대해서만 승인 및 포기를 할 수는 없다.

[상속의 포기]

상속의 포기는 상속인이 법원에 대하여 하는 단독의 의사표시로서 포괄적·무조건적으로 하여야 하므로, 상속포기는 재산목록을 첨부하거나 특정할 필요가 없다고 할 것이고, 상속포기서에 상속재산의 목록을 첨부했다 하더라도 그 목록에 기재된 부동산 및 누락된 부동산의 수효 등과 제반 사정에 비추어 상속재산을 참고 자료로 예시한 것에 불과하다고 보여지는 이상, 포기 당시 첨부된 재산 목록에 포함되어 있지 않은 재산의 경우에도 상속포기의 효력은 미친다(대법원 1995. 11. 14. 선고 95다27554 판결).

2 고려기간

(i) 제1019조 제1항에 따라 상속인은 상속개시 있음을 안 날로부터 3개월 내에 단순승인, 한정승인 또는 포기를 할 수 있다. 상속인이 이와 같은 기간 동안 승인이나 포기를 하지 않으면 단순승인한 것으로 의제된다(제1026조 제2호). 대법원 판례에 따르면 여기서 '상속개시 있음을 안 날'이란 상속개시의 원인되는 사실의 발생을 알고 또 이로써 자신이 상속인이 되었음을 안 날을 뜻한다(대법원 2005. 7. 22. 선고 2003다43681 판결). 3개월의 고려기간에 관하여 이해관계인 또는 검사의 청구에 의해 가정법원이 이를 연장할 수도 있다(제1019조 제1항 단서). 상속인이 제한능력자인 경우 특칙으로서 제1020조가 적용된다.

(ii) 제1019조 제3항은 특별한정승인 제도를 규정하고 있다. 즉 상속인은 상속채무가 상속재산을 초과한다는 사실을 제1019조 제1항의 기간 내에 중대한 과실 없이 알지 못한 상태에서 단순승인하거나 의제된 경우 그러한 초과사실을 안 날로부터 3개월 내에 한정승인을 할 수 있다.

(iii) 2022년 제1019조 제4항이 신설되었다. 미성년자 빚 대물림 방지를 위한 것으로서 이에 따르면, 동조 제1항에도 불구하고 미성년자인 상속인이 상속

채무가 상속재산을 초과하는 상속을 성년이 되기 전에 단순승인한 경우에는 성년이 된 후 그 상속의 상속채무 초과사실을 안 날부터 3개월 내에 한정승인을 할 수 있고, 미성년자인 상속인이 제3항에 따른 한정승인을 하지 아니하였거나 할 수 없었던 경우에도 또한 같다.

3 철회금지와 취소 및 무효

제1024조 제1항에 의하면 상속인이 승인이나 포기를 한 다음에는 고려기간 내라도 이를 철회하지 못한다. 이 규정의 취지는 상속 승인 및 포기에 대한 이해관계인의 신뢰를 보호하기 위함이다. 그렇더라도 민법총칙 편의 규정에 따른 취소가 금지되는 것은 아니다(제1024조 제2항).

4 상속재산의 관리

제1022조에 의하면 상속인은 그 고유재산에 대하는 것과 동일한 주의로 상속재산을 관리하여야 한다. 상속이 개시되면 일단은 상속인에게 포괄적으로 당연히 승계되나, 승인 또는 포기하여 상속인이 최종 확정될 때까지는 상속재산의 귀속은 사실상 불확정적인 상태에 놓인다. 이렇게 불확정적인 기간에 상속인이 상속재산을 관리해야 함을 제1022조가 규정한다. 상속재산의 보존에 필요한 처분에 대해 제1023조가 규율한다.

Ⅱ 상속의 승인

1 단순승인

상속이 개시되면 당연히 포괄승계가 이루어지므로, 사실 단순승인의 의사표시를 해도 상관은 없지만 이것이 별도로 필요한 것은 아니다. 여기서 주로 문제되는 것은 단순승인으로 의제되는 경우이다. 이를 제1026조가 규율한다. 동조에 따르면 ① 상속인이 상속재산에 대한 처분행위를 한 때, ② 상속인이 3개월의 고려기간 내에 한정승인 또는 포기를 하지 않은 때, ③ 상속인이 한정승인 또는 포기를 한 후에 상속재산을 은닉 또는 부정소비하거나 고의로 재산목록에 기입하지 않은 때 단순승인한 것으로 의제된다. 상속인이 단순승인을 한 때에는 제한 없이 피상속인의 권리·의무를 승계한다(제1025조).

[부정소비와 단순승인]

민법 제1026조 제1호는 상속인이 한정승인 또는 포기를 하기 이전에 상속재산을 처분한 때에만 적용되는 것이고, 상속인이 한정승인 또는 포기를 한 후에 상속재산을 처분한 때에는 그로 인하여 상속채권자나 다른 상속인에 대하여 손해배상책임을 지게 될 경우가 있음은 별론으로 하고, 그것이 같은 조 제3호에 정한 상속재산의 부정소비에 해당되는 경우에만 상속인이 단순승인을 한 것으로 보아야 한다. 민법 제1026조 제3호에 정한 '상속재산의 부정소비'라 함은 정당한 사유 없이 상속재산을 써서 없앰으로써 그 재산적 가치를 상실시키는 행위를 의미한다. 상속인이 상속재산을 처분하여 그 처분대금 전액을 우선변제권자에게 귀속시킨 것이라면, 그러한 상속인의 행위를 상속재산의 부정소비에 해당한다고 할 수 없다(대법원 2004. 3. 12. 선고 2003다63586 판결).

2 한정승인

(i) 상속인은 상속으로 인하여 취득할 재산의 한도에서 피상속인의 채무와 유증을 변제할 것을 조건으로 상속을 승인할 수 있는데 이를 한정승인이라고 한다(제1028조). 피상속인의 채무초과 상태가 확실한 경우라면 상속을 포기하는 편이 나을 것이고, 채무초과 상태가 불분명한 경우에는 이와 같은 한정승인을 하는 것이 적절하다. 제1019조 제1항, 제3항 또는 제4항의 기간 내에 상속인이 상속재산의 목록을 첨부하여 가정법원에 한정승인의 신고를 하여야 한다(제1030조 제1항).

(ii) 한정승인을 하게 되면 상속인은 상속으로 취득하게 되는 적극재산의 한도 내에서 피상속인의 채무와 유증을 변제하면 된다. 이때 상속인에게 승계되는 채무가 줄어드는 것은 아니다. 피상속인의 채무를 그대로 승계하지만 단지 책임의 범위가 상속재산에 한정될 뿐이다. 이를 물적 유한책임이라고도 한다. 이에

따라 상속채권자는 한정승인한 상속인에 대해서 채무 전부의 이행을 청구할 수 있다. 한정승인한 상속인이 상속재산을 초과하는 채무 부분에 대해 임의로 변제하더라도 이는 채무가 없음에도 변제한 것과 같은 비채변제가 아니고 그저 유효한 변제일 뿐이다.

[한정승인 판결]

상속의 한정승인은 채무의 존재를 한정하는 것이 아니라 단순히 그 책임의 범위를 한정하는 것에 불과하기 때문에, 상속의 한정승인이 인정되는 경우에도 상속채무가 존재하는 것으로 인정되는 이상, 법원으로서는 상속재산이 없거나 그 상속재산이 상속채무의 변제에 부족하다고 하더라도 상속채무 전부에 대한 이행판결을 선고하여야 하고, 다만, 그 채무가 상속인의 고유재산에 대해서는 강제집행을 할 수 없는 성질을 가지고 있으므로, 집행력을 제한하기 위하여 이행판결의 주문에 상속재산의 한도에서만 집행할 수 있다는 취지를 명시하여야 한다(대법원 2003. 11. 14. 선고 2003다30968 판결).

Ⅲ 상속의 포기

(i) 상속을 포기함으로써 상속인은 확정적으로 상속의 효력을 소멸하게 할 수 있다. 이는 일방적 의사표시로서, 3개월의 고려기간 내에 가정법원에 포기의 신고를 하여야 한다(제1041조). 상속의 포기는 제1042조에 따라 상속이 개시된 때에 소급하여 그 효력이 있다. 이에 상속포기자는 처음부터 상속인이 아니었던 것으로 다루어진다(대법원 2022. 3. 17. 선고 2020다267620 판결).

(ii) 상속포기의 효력은 피상속인의 사망으로 개시된 상속에만 미치는 것이지, 그 후 피상속인을 피대습자로 하여 개시된 대습상속에까지 포기의 효력이 미치는 것은 아니다. 대습상속은 상속과는 별개의 원인으로 발생하는 것인 데다가 대습상속이 개시되기 전에는 이를 포기하는 것이 허용되지 않기 때문이다(대법원 2017. 1. 12. 선고 2014다39824 판결). 상속인이 수인인 경우에 어느 상속인이 상속을 포기한 때에는 그 상속분은 다른 상속인의 상속분의 비율로 그 상속인에게 귀속된다(제1043조).

[상속포기와 상속재산분할 협의]

상속재산을 공동상속인 1인에게 상속시킬 방편으로 나머지 상속인들이 한 상속포기 신고가 민법 제1019조 제1항 소정의 기간을 경과한 후에 신고된 것이어서 상속포기로서의 효력이 없다고 하더라도, 공동상속인들 사이에서는 1인이 고유의 상속분을 초과하여 상속재산 전부를 취득하고 나머지 상속인들은 이를 전혀 취득하지 않기로 하는 내용의 상속재산에 관한 협의분할이 이루어진 것으로 보아야 한다(대법원 1996. 3. 26. 선고 95다45545, 45552, 45569 판결).

제5절 유언

I 유언 제도 일반론

1 유언의 의의 및 법적 성질

(i) 유언(遺言)이란 사망 후의 법률관계 중 일정한 사항에 대해 정하는 일방적인 의사표시를 말한다. 이러한 의사표시의 법적 성질은 상대방 없는 단독행위이다. 즉 유언으로 정하는 법률관계에서의 상대방이 승낙할 필요가 없고 또 그 상대방에게 유언의 의사표시가 도달하거나 그에게 발하여질 필요도 없다.

(ii) 유언은 법률상 정해진 일정한 사항에 대해서만 가능하다. 이를 벗어나는 사항에 관해 유언을 한다고 해도 그것은 유언이 아니다. 법정의 유언사항은 다음과 같다. ① 재단법인의 설립을 위한 재산출연행위(제47조 제2항), ② 친생부인(제850조), ③ 인지(제859조 제2항), ④ 미성년후견인 지정(제931조 제1항), ⑤ 미성년후견감독인의 지정(제940조의2), ⑥ 상속재산의 분할방법 지정 또는 위탁(제1012조 전단), ⑦ 상속재산의 분할 금지(제1012조 후단), ⑧ 유증(제1074조 이하), ⑨ 유언집행자의 지정 또는 위탁(제1093조), ⑩ 신탁의 설정(신탁법 제3조)이다.

(iii) 민법의 기본원리인 사적 자치의 원칙으로부터 유언의 자유 역시 승인된다. 이러한 유언의 자유에 의해, 특히 유증을 통해 유산의 자유로운 처분이 가능

해 보인다. 그렇더라도 우리 민법상 유언으로 상속인을 지정하는 것은 불가능하다. 즉 우리 법제상 상속은 법정상속만을 의미한다. 물론 유언자가 포괄적 유증을 하여 실질적으로나마 상속인 지정이나 상속분 변경과 같은 효과를 가져올 수는 있지만 이는 별개의 문제이다. 결국 민법상 법정상속은 유증이 없거나 그 효력이 없을 때 문제된다.

2 유언능력

유언을 유효하게 할 수 있는 능력을 유언능력이라고 한다. 제1061조는 17세에 달하지 못한 자는 유언을 할 수 없다고 규정한다. 17세 이상이면서 적어도 의사능력은 있어야 한다. 피성년후견인은 의사능력이 회복된 경우에만 유언을 할 수 있다(제1063조). 미성년자는 17세에 달한 뒤에는 법정대리인의 동의 없이도 유언할 수 있고, 법정대리인의 동의 없음을 들어 취소할 수 없다(제1062조 참조). 이러한 유언능력은 유언 당시에 갖추고 있어야 한다.

3 유언의 방식

(i) 제1060조에 따르면 유언은 민법상 정해진 방식에 의하지 아니하면 효력이 생기지 않는다. 이를 유언의 요식성이라고 한다. 유언의 효력은 유언자가 사망한 후에 발생하므로 유언의 존재와 내용에 대한 분쟁을 미리 방지하고 유언자의 진의를 명확하게 확보하기 위해 유언 제도는 엄격한 형식성을 요구한다. 이에 방식을 위배한 유언은 설령 유언자의 진의에 부합하더라도 무효이다(대법원 2006. 3. 9. 선고 2005다57899 판결). 이하에서 구체적인 유언의 방식에 대해 살펴본다.

(ii) 제1066조가 자필증서에 의한 유언 방식을 규정한다. 즉 유언자가 그 전문(全文)과 연월일, 주소, 성명을 스스로 쓰고 날인함으로써 성립하는 유언을 자필증서에 의한 유언이라 한다. 타자기나 컴퓨터 등을 이용하거나 타인으로 하여금 대필하게 한 것 모두 방식 위배로 무효이다. 판례에 따르면, 연·월만 기재하고 일의 기재가 없는 자필유언증서는 그 작성일을 특정할 수 없으므로 효력이 없고(대법원 2009. 5. 14. 선고 2009다9768 판결), 유언자가 주소를 자서하지 않았다면 이는 법정된 요건

과 방식에 어긋난 유언으로 그 효력이 인정되지 않는다(대법원 2014. 9. 26. 선고 2012다71688 판결). 유언자의 날인이 없는 유언장 역시 자필증서에 의한 유언으로서의 효력이 부정된다(대법원 2006. 9. 8. 선고 2006다25103, 25110 판결). 이와 관련하여 헌법재판소 2008. 3. 27. 자 2006헌바82 결정도 함께 읽어볼 필요가 있다.

(iii) 제1067조는 녹음에 의한 유언 방식을 규정한다. 즉 유언자가 유언의 취지, 그 성명과 연월일을 구술하고 이에 참여한 증인이 유언의 정확함과 그 성명을 구술함으로써 성립한다. 예전에는 테이프나 필름에 음향을 기록하는 것을 주로 녹음으로 생각했으나, 현재에는 다양한 디지털 기기에 영상과 함께 녹음이 가능하다.

(iv) 제1068조는 공정증서에 의한 유언 방식을 규정한다. 즉 유언자가 증인 2인이 참여한 공증인의 면전에서 유언의 취지를 구수(口授, 말로 진술하는 것)하고 공증인이 이를 필기낭독하여 유언자와 증인이 그 정확함을 승인한 다음 각자 서명 또는 기명날인함으로써 성립하는 유언이다.

[공정증서에 의한 유언]

유언공정증서를 작성할 당시에 유언자가 반혼수상태였으며, 유언공정증서의 취지가 낭독된 후에도 그에 대하여 전혀 응답하는 말을 하지 아니한 채 고개만 끄덕였다면, 유언공정증서를 작성할 당시에 유언자에게는 의사능력이 없었으며 그 공정증서에 의한 유언은 유언자가 유언의 취지를 구수하고 이에 기하여 공정증서가 작성된 것으로 볼 수 없어서, 민법 제1068조가 정하는 공정증서에 의한 유언의 방식에 위배되어 무효라고 판단한 원심판결을 수긍한 사례(대법원 1996. 4. 23. 선고 95다34514 판결).

(v) 제1069조는 비밀증서에 의한 유언 방식을 규정한다. 즉 유언자가 유언의 취지와 필자의 성명을 기입한 증서를 엄봉날인하고, 이를 2인 이상의 증인 면전에 제출하여 자기의 유언서임을 표시한 후, 그 봉서 표면에 제출연월일을 기재하고 유언자와 증인이 각자 서명 또는 기명날인을 한 다음, 일정기간 내에 확정일자를 받음으로써 성립하는 유언이다. 이와 관련하여 제1071조는 이 비밀증서에 의한 유언이 그 방식에 흠결이 있는 경우 그 증서가 자필증서의 방식에 적합한 때에는 무효행위 전환의 법리에 따라 자필증서에 의한 유언으로 본다.

(vi) 제1070조는 구수증서에 의한 유언 방식을 규정한다. 즉 질병 기타 급박

한 사유로 인해 위 4가지 유언 방식에 의해 유언을 할 수 없는 경우에 유언자가 2인 이상의 증인 참여로 그 1인에게 유언의 취지를 구수하고 그 구수를 받은 자가 이를 필기·낭독하여 유언자와 증인이 그 정확함을 승인한 다음 각자 서명 또는 기명날인함으로써 성립하는 유언이다. 증인 또는 이해관계인은 급박한 사유의 종료한 날로부터 7일 내에 법원에 그 검인을 신청하여야 한다(동조 제2항). 판례에 따르면, 유언자가 질병 기타 급박한 사유에 있는지를 판단할 때 유언자의 진의를 존중하기 위하여 유언자의 주관적 입장을 고려할 필요가 있을 수 있지만, 자필증서, 녹음, 공정증서 및 비밀증서의 방식에 의한 유언이 객관적으로 가능한 경우까지 구수증서에 의한 유언을 허용해야 하는 것은 아니다(대법원 1999. 9. 3. 선고 98다17800 판결).

[구수증서에 의한 유언]

여기서 '유언취지의 구수'라 함은 말로써 유언의 내용을 상대방에게 전달하는 것을 뜻하는 것이므로, 증인이 제3자에 의하여 미리 작성된, 유언의 취지가 적혀 있는 서면에 따라 유언자에게 질문을 하고 유언자가 동작이나 간략한 답변으로 긍정하는 방식은 유언 당시 유언자의 의사능력이나 유언에 이르게 된 경위 등에 비추어 그 서면이 유언자의 진의에 따라 작성되었음이 분명하다고 인정되는 등의 특별한 사정이 없는 한 민법 제1070조 소정의 유언취지의 구수에 해당한다고 볼 수 없다… 유언 당시에 자신의 의사를 제대로 말로 표현할 수 없는 유언자가 유언취지의 확인을 구하는 변호사의 질문에 대하여 고개를 끄덕이거나 '음', '어'라고 말한 것만으로는 민법 제1070조가 정한 유언의 취지를 구수한 것으로 볼 수 없다고 한 사례(대법원 2006. 3. 9. 선고 2005다57899 판결).

(vii) 이상의 민법상 유언의 방식 중 자필증서에 의한 유언 방식을 제외하고는 모두 증인의 참여가 필요하다. 이와 관련하여 증인결격자를 정한 제1072조를 유의하여야 한다. 즉 미성년자, 피성년후견인과 피한정후견인, 유언에 의해 이익을 받을 사람, 예컨대 유언자의 상속인이나 유증을 받게 될 수증자와 그의 배우자와 직계혈족은 증인이 될 수 없다. 결격자가 참여한 유언은 결국 무효가 될 수 있는데, 결격자가 한 명이라도 참여한 경우 항상 무효가 되는지 아니면 결격자를 제외해도 법률에 규정된 증인 수를 충족하면 유효인지 등에 관해 견해의 대립은 있다.

Ⅱ 유언의 철회

(i) 유언 제도는 엄격한 요식성을 요구하면서 유언자의 최종적 의사를 존중하고 확인하기 위하여 자유로운 철회를 승인한다. 제1108조 제1항에 따라 유언자는 언제든지 유언 또는 생전행위로써 유언의 전부나 일부를 철회할 수 있다. 이러한 철회의 자유를 보장하기 위하여 제1108조 제2항은 유언자가 유언을 철회할 권리를 포기하지 못한다고 규정한다. 제1109조는 전후의 유언이 저촉되거나 유언 후의 생전행위가 유언과 저촉되는 경우 그 저촉된 부분의 전 유언은 이를 철회한 것으로 본다. 제1110조에 따르면 유언자가 고의로 유언증서 또는 유증의 목적물을 파훼한 때에는 그 파훼한 부분에 관한 유언은 이를 철회한 것으로 본다.

(ii) 유언이 철회되면 철회된 유언 또는 유언 중 철회된 부분은 처음부터 없었던 것으로 다루어진다. 유언을 철회한 후 그 철회를 다시 철회하면 처음의 유언이 부활하는가에 대해 우리 민법상 명문의 규정은 없고 견해의 대립이 있다.

Ⅲ 유언의 효력

1 유언의 효력발생시기

기본적으로 유언은 제1073조 제1항에 따라 유언자가 사망한 때부터 그 효력이 발생한다. 동조 제2항은 정지조건이 유언에 붙어 있는 경우 그 조건이 유언자의 사망 후 성취된 때에는 그때부터 효력이 생긴다고 규정한다. 몇몇 경우들에서는 유언자의 의사표시만으로 사망한 때에 효력이 온전히 발생하지 못한다. 유언으로 재단법인을 설립하는 경우 유언자가 사망한 때 바로 재단법인이 성립되는 것이 아니라 유언집행자나 상속인이 주무관청의 허가 아래 설립등기를 하여야 성립한다(제33조). 남편이나 아내가 유언으로 친생부인의 의사표시를 한 때에는 유언집행자가 친생부인의 소를 제기해야 한다(제850조). 유언으로 인지를 한 경우 유언집행자가 이를 신고해야 한다(제859조 제2항).

2 유증

(i) 유언을 통해 재산상 이익을 타인에게 무상으로 주는 행위를 유증(遺贈)이라 한다. 유언에 의한 것으로서 그 법적 성질은 단독행위이며, 이에 계약인 증여나 사인증여와 구별된다. 유언의 자유가 발현된 형태로서 유증 역시 원칙적으로 자유로이 이루어질 수 있으나, 후술하는 유류분에 의해 제한될 여지가 있다.

(ii) 민법상 유증은 특정유증과 포괄유증으로 나뉜다. 특정유증은 유증의 목적이 특정된 경우로서 유증의 객체가 특정되어 있을 때를 말한다. 그렇다고 특정물인 경우만을 가리키는 것은 아니고 종류물이나 금전인 경우도 포함한다. 포괄유증은 유증의 목적 범위를 상속재산 전체나 이에 대한 비율로 표시하는 경우를 뜻한다. 포괄유증의 수증자는 상속인과 동일한 권리·의무가 있다(제1078조). 특정유증은 당해 재산이 일단 상속인에게 먼저 귀속되고 수증자가 유증의무자에 대해 유증의 이행을 청구할 수 있는 채권만을 취득하게 된다. 이때 유증의무자는 원칙적으로 상속인이 유증의무자이지만, 포괄적 수증자, 상속인의 존부가 불분명할 때의 상속재산관리인(제1056조), 유언집행자도 유증의무자가 될 수 있다.

(iii) 유언자가 유증을 하면서 수증자에게 유언자 본인이나 상속인 또는 제3자를 위한 일정한 의무를 부담시키는 것을 부담부 유증이라고 한다. 판례에 따르면, 유언자가 부담부 유증을 하였는지는 유언에 사용한 문언 및 그 외 제반 사정을 종합적으로 고려하여 탐구된 유언자의 의사에 따라 결정되어야 하는데, 유언자가 임차권 또는 근저당권이 설정된 목적물을 특정유증하였다면 특별한 사정이 없는 한 유증을 받은 자가 그 임대보증금반환채무 또는 피담보채무를 인수할 것을 부담으로 정하여 유증하였다고 볼 수 있다고 한다(대법원 2022. 1. 27. 선고 2017다265884 판결).

[특정유증과 포괄유증]

유증이 포괄적 유증인가 특정유증인가는 유언에 사용한 문언 및 그 외 제반 사정을 종합적으로 고려하여 탐구된 유언자의 의사에 따라 결정되어야 하고, 통상은 상속재산에 대한 비율의 의미로 유증이 된 경우는 포괄적 유증, 그렇지 않은 경우는 특정유증이라고 할 수 있지만, 유언공정증서 등에 유증한 재산이 개별적으로 표시되었다는 사실만으로는 특정유증이라고 단정할 수는 없고 상속재산이 모두 얼마나 되는지를 심리하여 다른 재산이 없다고 인정되는 경우에는 이를 포괄적 유증이라고 볼 수도 있다(대법원 2003. 5. 27. 선고 2000다73445 판결).

Ⅳ 유언의 집행

유언자의 사망으로 유언의 효력 자체는 발생하지만 유언에 담긴 내용이 곧바로 다 실현되는 것은 아니다. 유언 중에 후견인의 지정이나 상속재산의 분할 금지와 같은 경우 유언의 효력 발생으로 그대로 실현되지만, 친생부인의 소나 인지 신고와 같은 경우 유언의 효력 발생 외에 따로 누군가에 의해 실현되어야 할 필요가 있다. 이때 유언의 효력 발생 후 그 내용의 실현을 위한 행위나 절차를 유언의 집행이라 한다. 이에 관한 구체적 규율은 제1091조 이하에 담겨 있다.

제6절 유류분

I 의의

(i) 민법상 법정상속 외에 피상속인이 그의 재산을 생전에 증여하거나 유증을 할 경우도 존재한다. 이러한 증여와 유증에 의해 법정상속인이 상속을 아예 받지 못할 가능성이 있다. 이에 피상속인의 유산처분의 자유를 인정하면서도 일정 범위 상속인의 생활보장 및 부양을 위해 상속재산에 대한 일정 비율이 상속인에게 귀속되도록 보장하는데, 그 일정 비율을 유류분(遺留分)이라고 하고, 이를 취득할 수 있는 지위를 유류분권이라 한다.

(ii) 유류분은 상속분을 전제로 한 것이다. 이에 상속포기가 적법하게 이루어지면 그 포기자의 유류분권도 더 이상 존재하지 않는다(대법원 2012. 4. 16. 자 2011스191, 192 결정). 상속이 개시되기 전에 유류분권을 포기할 수는 없다고 보는 것이 일반적이다.

Ⅱ 범위

1 유류분권자 및 유류분

(i) 제1112조는 유류분권자로 피상속인의 직계비속(제1호), 배우자(제2호), 직계존속(제3호), 형제자매(제4호)를 언급하면서, 유류분으로 직계비속과 배우자는 그 법정상속분의 1/2, 직계존속과 형제자매는 그 법정상속분의 1/3로 규정하고 있다.

(ii) 최근 제1112조의 위헌성에 대한 헌법재판소의 결정이 있었다. 즉 제1112조가 유류분권리자와 각 유류분을 획일적으로 정한 부분은 헌법에 위반되지 않지만, 유류분상실사유를 별도로 정하고 있지 않는 부분(제1호 내지 제3호)과 피상속인의 형제자매를 유류분권리자에 포함시키는 부분(제4호)은 불합리하고 자의적이어서 헌법 제37조 제2항의 기본권제한의 입법한계를 일탈하여 재산권을 침해하므로 헌법에 위반된다고 결정하였다. 즉 제1004조 소정의 상속인 결격사유에는 해당하지 않지만 피상속인을 장기간 유기하거나 정신적·신체적으로 학대하는 등의 패륜적인 행위를 일삼은 상속인의 유류분을 인정하는 것은 일반 국민의 법감정과 상식에 반하므로 제1112조에서 유류분상실사유를 별도로 규정하지 아니한 것은 불합리하다고 보았고, 피상속인의 형제자매는 상속재산형성에 대한 기여나 상속재산에 대한 기대 등이 거의 인정되지 않음에도 불구하고 피상속인의 의사를 제한하여 유류분권을 부여하는 것은 그 타당한 이유를 찾기 어렵고 판단하였다. 이에 제1112조 제1호 내지 제3호에 대해서는 2025. 12. 31.까지 입법자의 개선입법을 명하면서 이때까지 계속 적용을 명하는 헌법불합치결정을 선고하였고, 동조 제4호에 대해서는 위헌결정을 하였다(헌법재판소 2024. 4. 25. 자 2020헌가4 전원재판부결정).

2 구체적인 유류분 산정

(i) 제1113조에 따르면 유류분은 피상속인의 상속개시 당시에 가진 재산의 가액에 증여재산의 가액을 가산하고 채무의 전액을 공제하여 산정한다. 여기서 말하는 유류분 산정의 기초로서 상속개시시에 가진 재산은 적극재산만을 뜻한다. 이에 유증이나 사인증여한 재산은 상속개시시에 가진 재산으로 평가되며,

증여계약만 체결되었을 뿐 아직 이행되지 않은 경우에도 이 재산으로 평가된다.

[유류분 산정의 기초재산]

유류분 산정의 기초가 되는 재산의 범위에 관한 민법 제1113조 제1항에서의 '증여재산'이란 상속개시 전에 이미 증여계약이 이행되어 소유권이 수증자에게 이전된 재산을 가리키는 것이고, 아직 증여계약이 이행되지 아니하여 소유권이 피상속인에게 남아 있는 상태로 상속이 개시된 재산은 당연히 '피상속인의 상속개시시에 있어서 가진 재산'에 포함되는 것이므로, 수증자가 공동상속인이든 제3자이든 가리지 아니하고 모두 유류분 산정의 기초가 되는 재산을 구성한다(대법원 1996. 8. 20. 선고 96다13682 판결).

(ii) 위 재산에 피상속인이 상속개시 전 1년간 행한 증여의 가액을 산입하는데, 당사자 쌍방이 유류분권리자에 손해를 가할 것을 알고 증여를 한 때에는 1년 전의 것이라도 산입한다(제1114조).

(iii) 제1118조가 특별수익자의 상속분에 관한 제1008조를 준용하고 있는데, 이에 공동상속인 중 피상속인으로부터 생전증여로 특별수익을 받은 사람이 있으면 제1114조가 적용되지 않는다. 그러므로 증여가 상속개시 1년 전의 것인지 혹은 당사자 쌍방이 유류분권리자에게 손해를 가할 것을 알고서 하였는지를 불문하고 그 증여 받은 재산은 유류분 산정을 위한 기초재산에 산입된다.

[기초재산의 산입]

유류분에 관한 민법 제1118조는 민법 제1008조를 준용하고 있으므로, 공동상속인 중에 피상속인으로부터 재산의 생전 증여로 민법 제1008조의 특별수익을 받은 사람이 있으면 민법 제1114조가 적용되지 않고, 그 증여가 상속개시 1년 이전의 것인지 여부 또는 당사자 쌍방이 유류분권리자에 손해를 가할 것을 알고서 하였는지 여부와 관계없이 증여를 받은 재산이 유류분 산정을 위한 기초재산에 산입된다. 그러나 피상속인으로부터 특별수익인 생전 증여를 받은 공동상속인이 상속을 포기한 경우에는 민법 제1114조가 적용되므로, 그 증여가 상속개시 전 1년간에 행한 것이거나 당사자 쌍방이 유류분권리자에 손해를 가할 것을 알고 한 경우에만 유류분 산정을 위한 기초재산에 산입된다고 보아야 한다. 민법 제1008조에 따라 구체적인 상속분을 산정하는 것은 상속인이 피상속인으로부터 실제로 특별수익을 받은 경우에 한정되는데, 상속의 포기는 상속이 개시된 때에 소급하여 그 효력이 있고(민법 제1042조), 상속포기자는 처음부터 상속인이 아니었던 것이 되므로, 상속포기자에게는 민법 제1008조가 적용될 여지가 없기 때문이다(대법원 2022. 3. 17. 선고 2020다267620 판결).

(iv) 위와 같이 계산한 후 이제 채무 전액을 공제한다. 이러한 상속채무에 사법상의 채무뿐만 아니라 공법상의 채무, 예컨대 세금이나 벌금 등도 포함된다. 참고로 기여분을 공제하지는 않는다.

[유류분과 기여분]

민법 제1008조의2, 제1112조, 제1113조 제1항, 제1118조에 비추어 보면, 기여분은 상속재산분할의 전제 문제로서의 성격을 가지는 것으로서, 상속인들의 상속분을 일정 부분 보장하기 위하여 피상속인의 재산처분의 자유를 제한하는 유류분과는 서로 관계가 없다. 따라서 공동상속인 중에 상당한 기간 동거·간호 그 밖의 방법으로 피상속인을 특별히 부양하거나 피상속인의 재산의 유지 또는 증가에 특별히 기여한 사람이 있을지라도 공동상속인의 협의 또는 가정법원의 심판으로 기여분이 결정되지 않은 이상 유류분반환청구소송에서 기여분을 주장할 수 없음은 물론이거니와, 설령 공동상속인의 협의 또는 가정법원의 심판으로 기여분이 결정되었다고 하더라도 유류분을 산정함에 있어 기여분을 공제할 수 없고, 기여분으로 유류분에 부족이 생겼다고 하여 기여분에 대하여 반환을 청구할 수도 없다(대법원 2015. 10. 29. 선고 2013다60753 판결).

(v) 유류분은 일반적으로 다음과 같이 산정된다고 한다.

유류분 산정 기초재산 = ① 상속개시시의 재산인 적극재산 + ② 상속개시 전 1년간의 증여액 + ③ 1년 전의 증여라도 당사자 쌍방이 악의인 증여액 + ④ 공동상속인에 대한 증여액 모두 - ⑤ 상속채무
유류분율 = 해당 상속인의 법정상속분 × 그의 유류분 비율
유류분 = 유류분 산정 기초재산 × 유류분율

[유류분 산정 예시]

피상속인 甲이 배우자 없이 자녀 乙과 丙만을 남기고 사망하였는데, 이때 사망 당시 甲의 적극재산은 1억 8,000만 원이고 총 채무액은 6,000만 원이었다. 甲은 사망하기 8개월 전에 친구 丁에게 4억 원을 증여하였고, 사망하기 5년 전에 乙에게 8,000만 원을 증여하였다. 이때 乙, 丙의 유류분을 위 산정 방식에 대입하여 계산해 보면, ① 1억 8,000만 원 + ② 4억 원 + ④ 8,000만 원 - ⑤ 6,000만 원 = 6억 원이고, 이 6억 원에 유류분율 1/4(1/2 [법정상속분] × 1/2 [유류분 비율])을 계산하면 乙과 丙의 유류분은 각각 1억 5,000

만 원이 된다.

Ⅲ 유류분반환청구권

(i) 유류분을 침해하는 증여 또는 유증의 수증자에 대해 유류분이 부족해진 부분의 반환을 청구할 수 있는 권리를 유류분반환청구권이라 한다. 이를 행사하기 위해서 먼저 유류분 침해액을 계산하여야 한다. 유류분 침해액은 결국 유류분 부족분인데, 유류분액에서 상속인의 특별수익액(증여받거나 유증받은 액수)과 순상속분액을 공제한 액수이고, 이때 공제할 순상속분액은 당해 유류분권리자의 특별수익을 고려한 구체적인 상속분에 기초하여 산정하여야 한다.

[유류분침해액 산정]

유류분제도는 피상속인의 재산처분행위로부터 유족의 생존권을 보호하고 법정상속분의 일정 비율에 해당하는 부분을 유류분으로 산정하여 상속인의 상속재산형성에 대한 기여와 상속재산에 대한 기대를 보장하는 데 입법 취지가 있다. 유류분에 관한 민법 제1118조에 의하여 준용되는 민법 제1008조는 "공동상속인 중에 피상속인으로부터 재산의 증여 또는 유증을 받은 자가 있는 경우에 그 수증재산이 자기의 상속분에 달하지 못한 때에는 그 부족한 부분의 한도에서 상속분이 있다."라고 규정하고 있다. 이는 공동상속인 중 피상속인으로부터 재산의 증여 또는 유증을 받은 특별수익자가 있는 경우에 공동상속인들 사이의 공평을 기하기 위하여 그 수증재산을 상속분의 선급으로 다루어 구체적인 상속분을 산정함에 있어 이를 참작하도록 하려는 데 취지가 있다. 이러한 유류분제도의 입법 취지와 민법 제1008조의 내용 등에 비추어 보면, 공동상속인 중 특별수익을 받은 유류분권리자의 유류분 부족액을 산정할 때에는 유류분액에서 특별수익액과 순상속분액을 공제하여야 하고, 이때 공제할 순상속분액은 당해 유류분권리자의 특별수익을 고려한 구체적인 상속분에 기초하여 산정하여야 한다(대법원 2021. 8. 19. 선고 2017다235791 판결).

(ii) 유류분 부족액은 다음과 같이 산정한다.

유류분 부족액 = 유류분액 - 특별수익액 - 순상속분액

[유류분 부족액 산정 예시]

앞서 본 [유류분 산정 예시]를 기준으로 乙과 丙의 유류분 부족액을 계산해 본다. 먼저 乙의 특별수익액은 8,000만 원이고 丙의 특별수익액은 0원이다. 다음으로 순상속분액을 계산하면, 상속재산 가액으로서 적극재산 1억 8,000만 원에 특별수익 8,000만 원을 더한 다음 乙과 丙의 법정상속분을 계산하면 각각 1억 3,000만 원이 된다. 특별수익을 고려하여 乙과 丙이 취득할 구체적인 금액을 계산하면 乙은 5,000만 원, 丙은 1억 3,000만 원이다. 상속채무는 乙, 丙 각각 3,000만 원씩 부담한다. 그럼 순상속분액(상속받은 적극재산 - 상속채무 분담액)은 乙의 경우 2,000만 원, 丙의 경우 1억 원이다. 이를 기초로 유류분 부족액을 계산하면, 乙의 경우 유류분액 1억 5,000만 원 - 8,000만 원 - 2,000만 원 = 5,000만 원, 丙의 유류분 부족액은 1억 5,000만 원 - 1억 원 = 5,000만 원이 된다. 결국 乙과 丙 모두 각각 5,000만 원씩 유류분 부족액이 존재한다.

(iii) 이와 같은 유류분 부족액의 반환을 청구할 때 그 청구의 상대방은 그 반환청구의 대상으로 되는 증여 또는 유증의 수증자와 그 포괄승계인, 유언집행자이다. 증여 또는 유증을 받은 자가 수인인 경우 유증, 증여의 순서로 각자 가액의 비례로 반환하여야 한다(제1115조 제2항, 제1116조). 물론 공동상속에서 상속인들 중 1인 또는 수인이 증여 또는 유증을 많이 받게 되어 다른 상속인들의 유류분을 침해할 수 있고 이때에도 유류분권이 문제될 수 있다. 증여에 대하여는 유증을 반환받은 후가 아니면 이것을 청구할 수 없다(제1116조). 예를 들면, 甲의 유류분 부족액이 6,000만 원이고, 乙이 1억 원을 유증 받은 자이고, 丙이 5,000만 원을 유증 받았다면, 甲은 乙로부터 4,000만 원, 丙으로부터 2,000만 원을 반환받게 된다. 유류분권자가 반환청구를 할 때에 원칙은 증여 또는 유증된 원물 그 자체이고, 원물반환이 불가능한 경우 그 가액 상당액을 반환청구할 수 있다(대법원 2022. 2. 10. 선고 2020다250783 판결).

(iv) 제1117조는 유류분반환청구권의 소멸시효를 규정한다. 즉 반환의 청구권은 유류분권리자가 상속의 개시와 반환하여야 할 증여 또는 유증을 한 사실을 안 때로부터 1년내에 하지 아니하면 시효에 의하여 소멸한다. 상속이 개시한 때로부터 10년을 경과한 때도 같다.

[유류분반환청구권의 소멸시효]

민법 제1117조는 유류분반환청구권은 유류분권리자가 상속의 개시와 반환하여야 할 증여 또는 유증을 한 사실을 안 때로부터 1년 내에 하지 아니하면 시효에 의하여 소멸한다고 규정하고 있는바, 여기서 '반환하여야 할 증여 등을 한 사실을 안 때'라 함은 증여 등의 사실 및 이것이 반환하여야 할 것임을 안 때라고 해석하여야 하므로, 유류분권리자가 증여 등이 무효라고 믿고 소송상 항쟁하고 있는 경우에는 증여 등의 사실을 안 것만으로 곧바로 반환하여야 할 증여가 있었다는 것까지 알고 있다고 단정할 수는 없을 것이나, 민법이 유류분반환청구권에 관하여 특별히 단기소멸시효를 규정한 취지에 비추어 보면 유류분권리자가 소송상 무효를 주장하기만 하면 그것이 근거 없는 구실에 지나지 아니한 경우에도 시효는 진행하지 않는다 함은 부당하므로, 피상속인의 거의 전 재산이 증여되었고 유류분권리자가 위 사실을 인식하고 있는 경우에는, 무효의 주장에 관하여 일응 사실상 또는 법률상 근거가 있고 그 권리자가 위 무효를 믿고 있었기 때문에 유류분반환청구권을 행사하지 않았다는 점을 당연히 수긍할 수 있는 특별한 사정이 인정되지 않는 한, 위 증여가 반환될 수 있는 것임을 알고 있었다고 추인함이 상당하다(대법원 2001. 9. 14. 선고 2000다66430, 66447 판결).

제16장

민사소송절차와 민사집행절차

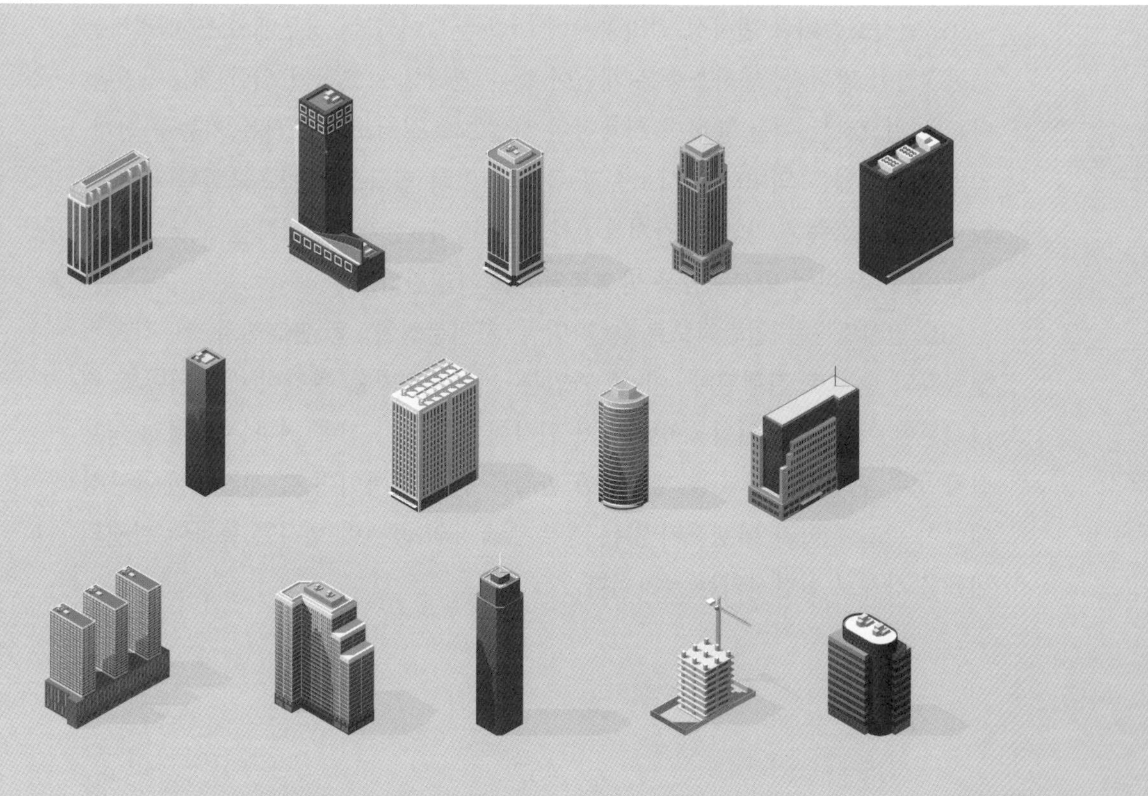

제1절 민사소송절차

I 서설

1 민사소송의 개념

(i) 민사소송이란 민사상 권리관계에 대한 분쟁이 있는 경우에 이를 해결하는 재판절차를 말한다. 민사소송은 개인이 갖는 권리를 보호하기 위한 제도이지만, 다른 한편으로는 이를 통하여 전체적인 사법(私法) 질서도 보호하는 기능을 한다. 일반적으로 넓은 의미의 민사소송과 좁은 의미의 민사소송으로 구별된다. 넓은 의미의 민사소송은 가압류·가처분절차, 판결절차, 강제집행절차를 모두 가리키지만, 좁은 의미의 민사소송은 판결절차만을 가리킨다.

(ii) 민사소송은 일반적으로 ① 가압류·가처분절차, ② 판결절차, ③ 강제집행절차의 순서로 진행된다. 이 중 가압류·가처분절차는 판결이 선고되어도 권리실현이 어렵게 될 위험을 방지하기 위하여 판결절차 전에 취하는 잠정적 처분절차이고, 판결절차는 소를 제기하여 판결을 받는 절차이며, 강제집행절차는 상대방이 판결에 따라 이행하지 않는 경우에 국가의 공권력 행사를 통하여 판결의 내용을 강제로 실현시키는 절차이다.

2 처분권주의와 변론주의

가. 처분권주의

처분권주의는 절차의 개시, 심판의 대상과 범위, 절차의 종결을 당사자의 처분에 맡기는 입장이다. 민사소송에는 처분권주의가 적용되므로 법원의 심판 대상과 범위는 원고가 소를 제기한 사항에 한정된다. 따라서 소를 제기하지 아니한 사항에 대해서는 판결할 수 없고, 소를 제기한 범위를 넘어서도 판결할 수 없다. 예를 들면 1,000만 원의 금전 지급을 구하는 소를 제기했는데, 법원이 2,000만 원의 금전 지급을 명하는 판결을 선고할 수는 없다.

나. 변론주의

변론주의는 사실과 증거의 수집·제출 책임을 당사자가 부담하고, 당사자가 변론에서 제출한 사실과 증거만을 재판의 기초로 삼아야 한다는 원리이다. 이와 달리 직권탐지주의란 사실과 증거의 수집·제출 책임을 법원이 부담하는 것을 말한다. 민사소송에서는 변론주의가 적용되므로 승소할 수 있는 사안이라고 하더라도 유리한 사실을 주장하지 않거나 그에 관한 증거를 제출하지 않으면 패소할 수도 있다. 또한 변론주의는 주요사실, 즉 법률효과를 발생시키는 법규의 요건사실에 대해서만 적용된다.

3 민사소송절차의 전반적인 흐름

가. 절차로서의 민사소송

(i) 사인(私人)은 자신의 생활을 둘러싸고 다른 사람과의 사이에 분쟁이 발생한 때에는 그러한 분쟁의 법적 해결을 법원에 구할 수 있다. 분쟁 해결을 구하는 자를 '원고'라고 하고, 상대방을 '피고'라고 하며, 원고와 피고를 합쳐서 '당사자'라고 한다. 원고는 피고와의 사이에 어떠한 분쟁이 있는지를 '소장'이라는 서면에 기재하고 이를 법원에 제출하여 분쟁의 해결을 구하는 것이 보통이다. 여기에서 원고의 이러한 분쟁 해결의 신청이 '소'이고 분쟁 해결을 신청하는 것을

‘소의 제기’라고 한다.

(ii) 소의 제기가 있으면 법원은 소장 부본을 피고에게 송달하여 원고가 피고에 대하여 소를 제기한 사실을 피고에게 알린다. 소송에 관한 서류를 보내는 것을 ‘송달’이라고 한다. 원고의 주장에 대하여 피고가 어떠한 태도를 펼칠 것인지를 ‘답변서’라는 서면에 기재하여 법원에 제출할 것을 요구한다. 이를 바탕으로 원칙적으로 ‘변론기일’이 열리게 된다.

(iii) 변론절차에서 당사자는 서로 법원에 대하여 자기의 변명이 옳다는 주장을 펼치면서 증거를 제출하는데, 이를 ‘변론’이라고 한다. 당사자는 이러한 변론을 일반인에게도 ‘공개’된 법정에서 ‘구술’, 즉 말로 한다. 법원은 당사자 사이의 다툼에 대하여 판결을 내릴 수 있는 상태에 이르면, 변론을 종결하고 분쟁에 대하여 ‘판결’로 결론을 맺는다.

(iv) 민사소송은 ‘사인 사이의 분쟁의 법적 해결’을 위하여 ‘소의 제기’로부터 ‘변론’을 거쳐서 ‘판결’에 이르기까지 원고, 피고 및 법원의 행위가 연속하여 이루어지면서 진행되는 ‘재판상의 절차’이다. 다만 민사소송법 법전의 구성은 반드시 절차의 흐름에 대응하여 편별되어 있지 않아서 조문을 찾기가 어렵다.

나. 민사소송절차의 흐름 개관

민사소송절차의 전체적 흐름은 대체로 다음과 같이 진행된다.

[민사소송절차의 전체적 흐름]

원고의 소 제기 → 재판장의 소장 심사 → 소장심사를 통과하면 소장부본은 피고에게 송달 → 피고의 답변서 제출 → 재판장의 변론기일 지정 → 변론절차에서 변론 및 증거조사 → 변론종결 → 법원의 판결 선고

Ⅱ 가압류와 가처분

1 가압류와 가처분의 의의

가. 가압류의 의의

가압류란 금전채권의 집행을 위하여 미리 채무자의 재산을 동결시켜 잠정적으로 그 처분권을 빼앗는 것을 말한다. 예를 들면 채권자 甲이 채무자 乙을 상대로 금전채권의 지급을 구하는 소를 제기한 경우, 소송이 진행되는 도중에 乙이 자신의 재산을 모두 처분해버리면 甲은 승소판결을 받더라도 그 판결을 집행할 수 없게 된다. 이러한 결과가 발생되는 사태를 막기 위하여 乙이 자신의 재산을 처분할 수 없도록 만드는 것이 가압류 제도이다.

나. 가처분의 의의

(i) 가처분은 두 가지 유형으로 나눌 수 있다. 다툼의 대상에 관한 가처분과 임시 지위를 정하기 위한 가처분이다.

(ii) '다툼의 대상에 관한 가처분'은 현재의 상황이 바뀌면 권리 실행이 곤란할 염려가 있는 경우에 현재 상황의 유지를 명하는 가처분이다. 예를 들어 甲이 자신의 물건을 가져간 乙을 상대로 그 물건의 인도를 구하는 소송을 제기한 경우, 만일 소송이 진행되는 도중에 乙이 물건을 丙에게 인도해버리면 甲이 乙을 상대로 한 판결에서 승소하더라도 이를 丙에게 집행할 수 없다. 이러한 결과가 발생하는 사태를 방지하기 위하여 乙이 점유를 이전할 수 없도록 가처분으로 금지할 수 있다. 이를 점유이전금지가처분이라고 한다.

(iii) '임시의 지위를 정하기 위한 가처분'은 다툼 있는 권리관계에 대하여 본안재판이 끝날 때까지 현저한 손해를 피하거나 급박한 위험을 막기 위하여 잠정적으로 발령하는 가처분이다. 예를 들면 직무집행정지가처분, 건축공사중지가처분, 업무방해금지가처분, 출판물판매금지가처분 등이 있다.

2 가압류와 가처분의 특성

가. 잠정성

가압류와 가처분은 권리 또는 법률관계를 잠정적으로 확보하거나 이에 대하여 임시적으로 규율하는 것이고, 권리 또는 법률관계를 확정적으로 결정하는 것이 아니다.

나. 밀행성

가압류와 가처분은 채무자의 집행 방해를 막기 위한 것이므로 채무자에게 알리지 않고 절차를 진행한다. 이를 밀행성이라고 한다. 그러나 '임시의 지위를 정하기 위한 가처분'의 경우에는 변론기일 또는 채무자가 참석할 수 있는 심문기일을 열도록 하고 있다(민사집행법 제304조).

3 가압류절차와 가처분절차

가. 가압류절차

(i) 채권자가 가압류명령신청서를 관할법원에 제출하면, 법원은 심리를 거쳐 가압류명령을 발령한다. 가압류신청을 받은 법원은 서면심리, 즉 채권자가 제출한 신청서나 소명자료만 보고 가압류명령을 발령할 수 있다. 부동산에 대한 가압류결정은 이를 그 부동산의 등기부에 기입한다. 물론 이것은 법원사무관 등이 직권으로 등기관에게 기입을 촉탁하여 이루어진다.

(ii) 채권에 대한 가압류결정은 제3채무자에게 송달되어야 효력이 발생한다. 예를 들면 채권자 甲이 채무자 乙의 재산을 물색하여 乙이 丙에 대하여 갖고 있는 채권을 가압류한 경우, 丙을 제3채무자라고 한다. 채권에 대한 가압류결정을 제3채무자에게 송달한다는 것은 乙이 丙에 대하여 갖고 있는 채권이 가압류되었다는 것을 丙에게 알려주는 의미가 있다.

나. 가처분절차

(i) 가처분절차도 가압류절차와 유사하다. 채권자가 가처분명령신청서를 관할 법원에 제출하면, 법원은 심리를 거쳐 가처분명령을 발령한다. 가처분명령도 서면 심리만으로 발령할 수 있지만, '임시의 지위를 정하기 위한 가처분'은 변론기일 또는 채무자가 참석할 수 있는 심문기일을 열어야 한다(민사집행법 第304條).

(ii) 점유이전금지가처분은 집행관이 그러한 내용이 기재된 공시서를 건물에 붙여 게시하는 방법으로 집행하며, 부동산처분금지가처분은 등기부에 기입하는 방법으로 집행한다. 그리고 직무집행정지가처분은 이를 고지하면 바로 효력이 발생한다.

Ⅲ 판결절차

1 판결절차 개관

좁은 의미의 민사소송인 판결절차는 사법상 권리관계를 판결에 의하여 확정하는 절차이다. 일반적인 판결절차는 ① 원고의 소장 제출, ② 소장 부본의 송달, ③ 피고의 답변서 제출, ④ 필요한 경우 변론준비절차, ⑤ 변론과 증거조사, ⑥ 판결 선고, ⑦ 판결에 불복하는 당사자의 상소의 순서로 진행된다.

2 소장 제출과 답변서 제출

가. 소의 제기

(1) 소장의 작성

(i) 민사소송을 제기하려면 원고는 소장을 작성해야 한다. 이러한 소장에는 당사자와 법정대리인, 청구취지, 청구원인을 기재하여야 한다(민사소송법 제249조 제1항). 여기에서 청구취지란 원고가 판결을 통하여 얻어내려는 결론이 기재된 부분을 말하

며, 청구원인이란 판결을 구하게 된 원인이 무엇인지가 구체적으로 기재된 부분을 말한다.

(ii) 원고의 소장에 잘못이 있으면 법원은 보정명령을 통하여 시정할 수 있다. 여기에서 보정명령이란 소장이나 소송상 행위의 불충분한 점 또는 잘못된 점을 보충하거나 고치게 하는 법원의 명령을 말한다. 보정명령 중에는 대체로 피고에게 송달이 되지 않은 경우에 하는 주소 보정명령이 많다. 그리고 소장을 제출하기 위해서는 '민사소송 등 인지법'에서 정한 인지를 붙이고, 송달비용도 납부하여야 한다. 피고의 수만큼 소장 부본도 첨부하여야 한다.

(2) 청구취지와 청구원인

(i) 청구취지는 원고가 어떠한 내용의 판결을 구하는지 특정하여 기재하는 부분이다. 민사소송에는 처분권주의가 적용되므로 법원은 청구취지의 범위 내에서만 판결을 할 수 있다. 예를 들면 원고가 피고에게 1,000만 원의 금전 지급을 구하는 경우, "피고는 원고에게 금 1,000만 원을 지급하라"고 기재한다.

(ii) 청구원인은 청구취지의 근거가 되는 사실관계라고 할 수 있다. 청구취지에서 주장하는 권리의 요건이 되는 사실은 반드시 기재하여야 한다. 예를 들면 원고가 피고에게 빌려준 1,000만 원의 지급을 구하는 소의 경우, 원고가 1,000만 원을 빌려주었다는 사실과 피고가 그 돈을 갚을 이행기가 도래하였다는 점이 반드시 기재되어야 한다.

(3) 소장의 제출

(i) 원고가 피고를 상대로 관할법원에 소장을 제출하면 소송은 시작된다. 관할은 일반적인 경우와 특별한 경우로 나누어진다. 이중 일반적으로 인정되는 소장 제출 법원은 피고가 자연인인지 법인, 기타 단체인지에 따라 다음과 같이 구분된다. 즉 피고가 자연인인 경우에 원고는 피고의 주소지 관할법원, 주소가 없거나 주소를 알 수 없을 때에는 현재 사실상 거주하는 곳인 '거소', 거소가 없거나 알 수 없는 때에는 최후의 주소지 관할법원에 소장을 제출해야 한다.

(ii) 피고가 법인 기타 단체인 경우에 원고는 피고의 주된 사무소 또는 본점인 영업소 소재지, 주된 영업소가 없는 때에는 주된 업무 담당자의 주소지 관할

법원에 소장을 제출해야 한다. 특별하게 인정되는 소장 제출 법원으로는 부동산에 관한 소의 경우 부동산 소재지, 불법행위에 관한 소의 경우 불법행위지 등이 있다.

나. 관할

관할이란 여러 법원 사이에서 어떤 법원이 어떤 사건을 담당하는지 정해놓은 것을 말한다. 원칙적으로는 피고의 주소지를 관할하는 법원에 소송을 제기하여야 하지만(민사소송법 제3조), 사건의 성격에 따라 다른 법원에도 관할권이 생길 수 있는데, 민사소송법은 이에 대하여 여러 규정을 두고 있다. 예를 들면 재산권에 관한 소를 제기하는 경우 의무이행지의 법원(동법 제8조), 불법행위에 관한 소송을 제기하는 경우 불법행위지의 법원(동법 제18조 제1항), 부동산에 관한 소를 제기하는 경우 부동산 소재지의 법원(동법 제20조) 등에도 관할권이 인정된다.

다. 소장 부본의 송달

(i) 원고가 소송을 제기하면 법원은 소장의 방식이 제대로 되어 있는지 심사한 후 문제가 없으면 소장의 부본을 피고에게 송달한다. 소장 부본을 피고에게 송달한 때에 법원은 피고에게 원고의 청구를 다투는 경우 소장 부본을 송달받은 날부터 30일 이내에 답변서를 제출하라고 안내하여야 한다(민사소송법 제256조 제1항, 제2항).

(ii) 소장 부본을 받을 사람이 없거나 문을 잠가 놓고 열어 주지 않는 경우, 주소가 명확하지 않거나 이사해 버리고 없는 경우 등에는 소장 부본을 다시 보내거나 공시송달을 하는 등 여러 가지 방법을 사용하게 된다. 공시송달은 원고가 일반적인 통상의 조사를 다했으나 피고의 주소, 거소, 영업소, 사무소와 근무장소, 기타 송달장소 중 어느 한 곳도 알지 못하여 송달이 불가능한 경우에 하는 송달 방법을 말한다.

라. 답변서의 제출

(i) 피고가 소장의 내용을 다투려면 소장 부본을 송달받은 날부터 30일 이내에 답변서를 제출하여야 한다(민사소송법 제256조 제1항). 다만 피고가 공시송달의 방법에 따라 소장의 부본을 송달받은 경우에는 그렇지 않다. 답변서에는 청구취지에 대한 답

변과 청구원인에 대한 답변을 기재하여야 한다. 청구원인에 대한 답변은 소장의 청구원인에 기재된 사실관계를 인정하는지 부정하는지, 청구원인에 기재된 사실관계를 인정하지만 달리 항변할 내용이 있는지 등을 기재한다.

(ii) 예를 들면 원고가 피고에게 빌려준 1,000만 원의 지급을 구하는 소송을 제기한 경우, 피고는 돈을 빌린 사실이 없다고 답변할 수도 있으며(부인), 돈을 빌린 것은 사실이지만 그 돈을 이미 갚았다고 답변할 수도 있다(항변). 피고가 원고의 주장에 대하여 이의를 제기하면서 그 주장을 다투는 내용의 답변서를 제출하면 소송절차가 진행된다.

마. 무변론판결

피고가 소장 부본을 송달받은 날부터 30일 이내에 답변서를 제출하지 않으면, 법원은 피고가 소장의 청구원인에 대하여 자백한 것으로 보고 변론 없이 판결할 수 있다(민사소송법 제257조 제1항). 이 경우에는 피고가 자백한 것으로 보므로, 보통 원고가 주장하는 내용대로 원고 승소판결이 선고된다. 다만 피고가 판결이 선고되기까지 원고의 청구를 다투는 취지의 답변서를 제출한 경우에는 변론 없이 판결을 선고할 수 없고, 이후에는 통상적인 절차로 소송이 진행된다.

3 변론과 증거조사

가. 소송대리

재판은 본인이 직접 출석하거나 대리인이 출석할 수 있다. 소송 대상의 가격이 1억 원을 넘는 경우에는 변호사, 지배인, 국가 소송 수행자 이외에는 소송대리를 할 수 없다. 소송대리를 하고자 하는 사람은 소송대리 허가 신청서 및 소송위임장을 작성하여 이를 법원에 미리 제출하여야 한다.

나. 변론의 의의

변론이란 법원의 공개법정에서 당사자들이 말로 판결의 기초가 되는 사실과 증거를 제출하는 방법으로 소송을 심리하는 절차를 말한다. 재판장은 피고가 답변서를 제출하면, 변론기일을 정하여 원고와 피고에게 기일을 통지한다. 변론기일 전에 사건의 쟁점을 확인하고 변론을 효율적으로 실시하기 위하여 쟁점정리기일 및 변론준비절차를 거칠 수도 있다.

다. 구술심리주의와 준비서면

구술심리주의란 변론 및 증거조사를 구술로 행하는 원칙을 말한다. 민사소송법은 구술심리주의를 원칙으로 하고, 최근의 실무에서는 점점 구술심리주의를 강화하고 있다. 당사자들이 변론 또는 변론준비절차에서 말하고자 하는 내용을 기재하여 제출하는 서면을 '준비서면'이라고 한다.

라. 변론의 내용

(1) 개요

변론기일은 법원, 당사자, 그 밖의 소송관계인이 모두 모이는 날이다. 변론기일에 원고는 "돈 1,000만 원을 빌려 주었다"는 사실을 주장하고 피고는 이에 대하여 "빌린 사실이 있다" 또는 "없다"는 자백이나 부인을 한다. 그 밖에 피고는 "돈을 빌린 사실이 있으나 그 후에 갚았다" 또는 "빚을 상계했다"라는 식으로 새로운 사실을 내놓을 수도 있는데, 이를 항변이라고 한다. 이러한 주장, 답변 등은 원고와 피고가 변론기일에 출석하여 구두로 하는 것이 원칙이지만, 서면으로 제출할 수도 있는데 이러한 서면을 준비서면이라고 한다.

(2) 부인과 자백

당사자 일방이 주장하는 사실에 대하여 상대방은 ① 그 주장사실이 사실과 다르다고 답변하거나(부인), ② 그 주장사실을 인정한다고 답변할 수 있다(자백). 그리고 상대방이 ③ 그 주장사실을 알지 못한다고 답변하면(부지) 이는 부인으로 추정하며(민사소송법 제150조 제2항), ④ 상대방이 명백하게 다투지 아니하면(침묵) 이는 자백한 것으로 간주한다(동법 동조 제1항).

(3) 항변

원고의 주장사실이 진실임을 전제로 이와 양립 가능한 별개의 사실을 피고가 주장하는 것을 항변이라고 한다. 예를 들면 원고가 피고에게 빌려준 돈의 지급을 구하는 소송을 제기한 경우, 피고가 돈을 빌린 사실이 없다고 주장하는 것은 '부인'에 해당되지만, 피고가 돈을 빌린 것은 맞는데 그 돈을 이미 갚았다고 주장하는 것은 '항변'에 해당된다. 부인의 경우에는 그 사실에 대한 증명책임이 원고에게 있지만, 항변의 경우에는 그 증명책임이 피고에게 있다는 점에서 중요한 차이가 있다.

(4) 증거신청

상대방이 자백하지 않고 다투는 사실에 대해서는 증거를 통하여 증명할 필요가 있다. 따라서 상대방이 부인 또는 부지로 답변한 사실에 대해서는 변론기일에 증거신청을 하여야 한다.

마. 증거와 증명책임

(1) 증거, 증거신청 및 조사

(가) 개요

증거조사절차는 ① 당사자들의 증거신청, ② 법원의 증거채택 여부 결정, ③ 증거조사 실시의 순서로 진행된다. 증거조사는 원칙적으로 당사자의 신청으로 이루어지며, 법원이 증거신청에 대한 결정을 한다. 증거조사는 보통 집중증거조사기일에 이루어지는데, 이는 당사자의 주장과 증거를 정리한 후 증인신문과 당사자신문이 집중적으로 이루어지는 기일을 말한다. 실무에서 증거로 가장 많이 활용되는 것은 서증과 증인신문이다. 서증은 문서를 열람하여 그에 기재된 내용을 증거자료로 하는 것이고, 증인신문은 증인의 증언으로부터 증거자료를 얻는 것이다.

(나) 서증신청

서증신청은 문서를 제출하는 방식 또는 문서를 가진 사람에게 그것을 제출하도록 명할 것을 신청하는 방식으로 한다. 서증의 인정 여부와 관련하여 증거로 서증이 제출되면 법원은 상대방에게 그것이 진정한 것인지 여부를 묻게 되는데, 이때 대답은 성립 인정, 부인, 부지 중 하나로 하여야 한다. 또한 문서소지자는 원칙적으로 일정한 사유가 있는 문서를 제외하고 모든 문서를 제출해야 할 의무가 있다. 다만 서증의 수가 방대하여 개별적으로 증명 취지를 확인하기 곤란한 경우, 서증의 내용을 이해하기 어렵거나 그 증명 취지가 불명확한 경우 또는 작성연월일 등이 불명확한 경우 등에는 서증의 작성자가 증거설명서를 제출하여야 한다.

(다) 문서송부촉탁신청

문서송부촉탁신청이란 당사자가 법령에 의해 문서의 정본 또는 등본을 청구할 수 없는 경우 법원이 직접 문서를 가지고 있는 사람에게 그 문서를 보내라는 촉탁을 하도록 요청하는 신청을 말한다. 이는 국가기관, 법인, 학교, 병원 등이 보관하고 있는 문서를 서증으로 제출하고자 할 경우에 흔히 이용되고 있다. 법원으로부터 문서송부촉탁의 증거가 채택되면 문서가 있는 장소와 그 문서의 번호 등을 확인하여 문서송부촉탁서를 빠른 시일 안에 해당 법원에 제출하여야 한다. 이는 이른바 '문서제출 협력의무'를 말하는데, 그 내용은 다음과 같다. 즉 법원으로부터 문서의 송부를 촉탁받은 사람 또는 증거조사의 대상인 문서를 가지고 있는 사람은 정당한 이유가 없는 한 이에 협력해야 할 의무가 있다. 만약 송부촉탁에 따를 수 없는 사정이 있는 때에는 그 사유를 통지해야 한다.

(라) 증인신문

증인신문을 요청할 때에는 증인신청서를 제출해야 한다. 증인신청서를 제출한 후에는 법원에서 정한 바에 따라 증인진술서를 제출하거나 증인신문 사항을 기재한 서면을 제출해야 한다. 증인을 신청한 당사자가 출석한 증인을 먼저 신문하는데, 이를 주신문(主訊問)이라고 한다. 그 다음에 상대방이 반대신문을 한다. 증인이 정당한 사유 없이 증인신문기일에 출석하지 않으면 500만 원 이하의 과태료가 부과된다.

(마) 감정신청

감정을 신청하는 때에는 감정을 구하는 사항을 기재한 서면을 함께 제출하여야 하며, 이때 상대방은 감정에 대한 의견서를 제출할 수 있다. 법원은 신청서와 의견서를 고려하여 감정사항을 정하는데, 필요한 때에는 감정인의 의견을 들을 수 있다. 재판장은 감정인으로 하여금 서면이나 말로써 의견을 진술하게 할 수 있으며, 감정인 신문에 대한 사항에는 증인신문 규정을 적용한다.

(바) 검증신청

검증이란 법관이 직접 다툼이 있는 사실을 판단하고자 사람의 신체 또는 현장 등 그 사실에 관계되는 물체를 조사하는 것을 말한다. 당사자가 검증을 신청할 경우에는 검증의 목적을 표시하여 신청해야 한다.

(사) 그 밖의 증거

도면·사진·녹음테이프·비디오테이프·컴퓨터용 자기디스크, 그 밖에 정보를 담기 위하여 만들어진 물건 등을 증거로 할 수 있다. 자기디스크 등에 기억된 문자정보를 증거로 하는 경우에 증거조사를 신청한 당사자는 법원이 명하거나 상대방이 요구한 때에는 자기디스크 등에 입력한 사람과 입력한 일시, 출력한 사람과 출력한 일시를 밝혀야 한다. 또한 녹음테이프 등을 신청하는 때에는 음성이나 영상에 녹음 등이 된 사람, 녹음 등을 한 사람 및 녹음 등을 한 일시·장소를 밝혀야 한다.

(2) 증명책임

(i) 증명책임이란 소송상 어떠한 사실의 진실 여부를 확정할 수 없는 경우에 그 사실이 존재하지 않는 것으로 취급되는 위험 또는 불이익을 말한다. 이는 당사자의 사실주장이 진실인지 아닌지 법관이 확신할 수 없는 경우에 누구에게 불이익을 줄 것인가의 문제이다. 따라서 증명책임을 누가 부담하는지에 따라 소송의 승패가 달라질 수도 있는데, 각 당사자는 자신에게 유리한 법률조항의 요건사실에 대하여 증명책임을 부담한다.

(ii) 원칙적으로 증명책임은 법률요건분류설에 따라 정해진다. 권리의 발생근거가 되는 사실은 그 권리의 존재를 주장하는 자인 원고가 증명하고 이러한 권리발생의 근거는 대체로 법률규정의 본문에 나타난다. 반면 발생된 권리의 존재를 부정하기 위한 사실은 이를 다투는 자인 피고가 증명해야 하는데, 이는 주로 법률규정의 단서에 나타난다. 권리의 존재를 부정하는 사실에는 비진의표시의 무효를 규정한 제107조 단서와 같은 권리장애사실, 변제나 소멸시효의 완성 등과 같은 권리소멸사실, 동시이행항변권이나 유치권과 같은 권리저지사실이 있다.

4 판결의 선고와 상소

가. 판결의 선고

(i) 변론과 증거조사가 완료되면, 법원은 변론을 종결하고 선고기일을 지정한 후 선고기일에 판결을 선고한다. 민사사건의 경우에 판결은 변론이 종결된 날부터 2주 이내에 선고해야 한다. 일반적으로 법정에서 판결을 선고할 때, 원고 또는 피고가 전부 승소한 경우에는 판사가 '원고 승소' 또는 '피고 승소'라고 간단하게 선고한다. 법원사무관 등은 판결서를 받은 날부터 2주 이내에 당사자에게 송달하여야 한다.

(ii) 판결서의 내용 중 원고의 소에 대한 결론부분을 '주문'(主文)이라고 하며, 당사자의 주장 등 공격방어방법에 대한 판단을 기재한 부분을 '이유'라고 한다. 판결이 확정되면 이제 다른 법원은 그 판결과 모순·저촉되는 판단을 할 수 없게 되는데, 확정판결의 판단에 부여되는 이러한 효력을 기판력이라고 한다. 다만 판결서의 모든 내용에 기판력이 발생하는 것은 아니고, 판결의 주문에 포함된 것에 한하여 기판력이 발생한다(민사소송법 제216조 제1항).

(iii) 판결문을 송달받으면 승소한 원고는 통상 붙여지는 가집행 선고에 근거하여 가집행을 할 수 있다. 가집행을 하려면 법원에서 판결 송달 증명원과 집행문을 발급받아 집행신청을 하면 된다. 이와 같이 가집행을 하면 가압류·가처분과 같은 집행보전에만 그치는 것이 아니라, 종국적 권리의 만족에까지 이를 수 있는 점에서 확정판결에 의한 본집행과 같다.

나. 상소

(i) 상소란 당사자가 선고된 판결에 불복하여 그 판결의 취소·변경을 상급 법원에 구하는 것을 말한다. 제1심 판결에 대한 불복신청을 '항소', 제2심 판결에 대한 불복신청을 '상고'라고 한다. 항소를 제기하려면 판결서가 송달된 날부터 2주 이내에(민사소송법 제396조) 항소장을 제1심 법원에 제출하여야 한다(동법 제397조 제1항). 상고를 제기하려면 판결서가 송달된 날부터 2주 이내에(동법 제396조, 제425조) 상고장을 2심 법원에 제출하여야 한다(동법 제425조).

(ii) 항소심 법원은 사실의 인정과 법률의 적용 양 측면에서 모두 심리를 하지만(사실심), 상고심 법원은 법률의 적용 측면에서만 심리를 한다(법률심). 그리고 상고심에는 심리불속행제도가 있는데, 이는 상고이유에 중대한 법령위반에 관한 사항 등의 사유가 포함되어 있지 않으면 더 이상 심리를 하지 않고 상고를 기각하는 것이다(상고심절차에 관한 특례법 제4조).

다. 판결의 확정

제1심 판결이 선고된 후 패소한 당사자가 항소 기간 내에 항소를 하지 않으면 판결이 확정된다. 패소한 당사자가 항소를 하고 또 상고까지 한 경우에는 대법원에서 판결을 선고할 때에 확정된다. 항소나 상고를 하였다가 취하하거나 항소권이나 상고권을 포기한 때에도 그 전 판결이 확정된다.

라. 재심

원고나 피고가 상소를 할 수 없게 된 확정판결에 중대한 오류가 있다고 판단될 경우에 재심을 청구할 수 있다. 여기에서 중대한 오류의 예로 판결의 증거가 위조되거나 변조된 것인 때, 판결에 영향을 미칠 중요한 사항에 관하여 판단을 누락한 때 등을 들 수 있다. 재심은 그 대상 판결을 선고한 법원이 관할하지만, 심급을 달리하는 법원이 같은 사건에 대하여 선고한 판결에 대한 재심은 상급법원이 관할한다.

5 특별절차

(i) 특정한 권리의무에 대해서는 그 권리의무의 특성을 고려하여 일반적인 재판절차인 민사소송과 다른 특별한 재판절차가 마련되어 있는데, 이러한 절차를 특별절차 또는 간이소송절차라고 한다. 특별절차에도 일반적으로 민사소송법을 준용하지만, 민사소송과 다른 특별한 소송으로서의 절차적 특징을 가지고 있다. 특별절차에는 독촉절차, 소액사건심판절차, 가사소송절차, 행정소송절차 등이 있다.

(ii) 특별절차 중 일상에서 빈번하게 이용되는 소액사건심판절차가 있다. 소액사건은 소송목적의 값, 즉 소가(訴價)가 3,000만 원 이하의 금전 기타 대체물 또는 유가증권의 일정 수량의 지급을 구하는 제1심의 민사사건이다(소액사건심판규칙 제1조의2). 다만 부동산과 같은 특정물에 관한 청구는 비록 소가가 3,000만 원 이하라고 하더라도 소액사건이 아니다. 이는 절차의 간이화, 저렴한 비용, 신속한 재판 등이 요구되고 법원의 후견적 개입이 필요하기 때문에 민사소송법 외의 절차상 특례를 규정한 소액사건심판법이 적용된다.

[소액사건심판절차]

소액사건심판법은 상고제한(사실상 2심제)에 관한 규정을 제외하고(제3조), 그 외의 규정은 소액사건의 제1심 절차에만 적용된다(제1조, 동 규칙 제1조의2). 구술에 의한 제소나 임의출석에 의한 제소를 할 수 있고(제4조, 제5조). 변호사대리의 원칙에 대한 특칙으로 변호사가 아닌 당사자의 가족 등도 법원의 허가 없이 소송대리인이 될 수 있으며(제8조), 필요할 때에는 직권으로 증거조사를 할 수 있다(제10조 제1항). 소액사건에서 원고가 소를 제기한 때에 법원은 특별한 사정이 없는 한, 결정으로 소장 부본 또는 제소조서등본을 첨부하여 피고에게 청구취지대로 이행할 것을 권고할 수 있다(제5조 의3). 이러한 이행권고결정제도는 독촉절차의 지급명령의 개념을 소액사건에 반영·도입한 제도이다. 이행권고결정에 대하여 피고가 2주 이내에 이의를 하지 않으면 확정판결과 동일한 효력을 가지게 되어(제5조의7) 변론절차를 거치지 않고 곧바로 집행력이 발생하여 원고는 신속하게 권리구제를 받을 수 있다. 다만 일반적인 견해는 이행권고결정에 기판력까지는 인정하지 않는다.

6 소송대체적 분쟁해결제도와 조정

민사분쟁의 해결을 반드시 소송으로만 해야 하는 것은 아니며, 실제로 분쟁이 발생하였을 때 민사소송을 하기 전에 당사자 사이에 합의를 시도하는 것이 보통이다. 당사자 사이에 합의를 통한 분쟁해결을 유도하기 위하여 고안된 것이 재판에 갈음하는 분쟁처리절차이다. 이를 소송 이외의 분쟁해결절차 또는 소송대체적 분쟁해결절차로서 ADR(Alternative Dispute Resolution)이라 한다. 우리나라도 화해, 조정, 중재와 같은 자주적 분쟁해결제도를 마련하였다.

제2절

민사집행절차

I 민사집행의 개념

1 채무자의 재산을 찾아내기 위한 절차

가. 개요

민사소송에서 승소 판결을 얻었더라도 집행을 하기 위해서는 채무자가 어디에 어떤 종류의 재산을 어느 정도 보유하고 있는지를 파악하고 있어야 한다. 이를 위하여 마련한 제도가 재산명시절차이다. 예를 들면 1억 원 대여금반환청구소송에서 채권자가 승소하여 "피고는 원고에게 금 1억 원을 지급하라"라는 판결이 확정된 경우, 채무자의 재산에 강제집행을 하기 위해서는 채권자가 집행의 대상이 되는 채무자의 재산을 지정하여 집행기관에 강제집행을 신청해야 한다.

나. 재산명시제도

(i) 재산명시제도란 채무를 이행하라는 법원의 판결에도 채무자가 여전히 금전채무를 이행하지 아니하는 경우에 채권자가 재산명시신청을 하면 법원이 해당 채무자로 하여금 강제집행의 대상이 되는 재산관계를 명시한 재산목록을 제

출하게 하고 그 진실성을 선서하게 하는 법적 절차를 말한다. 재산명시절차를 위반한 경우, 즉 채무자가 정당한 사유 없이 명시기일에 불출석하거나 선서를 거부한 때에는 20일 이내의 감치에 처할 수 있으며, 거짓의 재산목록을 제출한 때에는 3년 이하의 징역 또는 500만 원 이하의 벌금에 처할 수 있다(민사집행법 제68조).

(ii) 금전의 지급을 목적으로 하는 집행권원에 기초하여 강제집행을 개시할 수 있는 채권자는 집행력 있는 정본과 강제집행을 개시하는 데에 필요한 서류를 첨부하여 법원에 채무자의 재산명시를 요구하는 신청을 할 수 있다. 여기에서 집행권원이란 국가의 강제력에 의하여 실현될 청구권의 존재와 범위가 표시되고 집행력이 부여된 공적인 문서를 말한다. 이러한 집행권원에는 확정판결, 확정된 지급명령, 재판상의 화해조서, 민사조정조서 등이 있다.

(iii) 채무자는 법원의 명령이 있는 경우, 법원이 정한 기일에 현재의 재산과 1년 이내에 이루어진 일정한 거래행위, 2년 이내에 한 재산상 무상처분을 명시한 재산목록을 제출하여야 한다. 다만 채무자가 3개월 이내에 채무를 갚을 수 있음을 소명한 때에는 그 제출을 3개월의 범위 내에서 연기할 수 있으며, 연기된 기일까지 채무액의 2/3 이상을 갚은 경우에는 다시 1개월의 범위 내에서 연기할 수 있다(동법 제64조).

다. 재산조회제도

재산명시절차를 실시한 법원은 다음의 경우 그 재산명시를 신청한 채권자의 신청에 따라 개인의 재산 및 신용에 관한 전산망을 관리하는 공공기관이나 금융기관 등에 채무자 명의의 재산에 관하여 조회를 신청할 수 있다. 첫째, 재산명시명령이 채무자에게 송달불능으로 채권자가 주소보정명령을 받고도 채무자의 주소불명으로 이를 이행할 수 없었던 경우이다. 둘째, 재산명시절차에서 채무자가 제출한 재산목록의 재산만으로는 집행채권의 만족을 얻기에 부족한 경우이다. 셋째, 정당한 이유 없는 채무자의 명시기일 불출석, 재산목록제출거부 또는 선서거부, 채무자의 허위재산목록 제출의 경우이다.

라. 채무불이행자명부제도

채무자가 금전의 지급을 명한 판결 또는 지급명령이 확정되거나 화해조서·조정조서 등이 작성된 후 6개월 이내에 채무를 이행하지 아니하거나 법원의 명령에도 재산목록의 제출을 거부 또는 허위의 목록을 제출하는 등의 사유가 있는 때에 채권자는 채무자를 채무불이행자명단에 등재하도록 법원에 신청할 수 있다. 그 신청에 따라 법원이 채무불이행자명부에 등재하는 결정을 한 때에는 등재 후 그 명부를 법원에 비치함은 물론, 그 부본을 채무자가 자연인인 경우에는 채무자의 주소지, 채무자가 법인인 경우에는 주된 사무소의 소재지가 속하는 시·구·읍·면의 장에게 보내야 한다. 법원은 채무불이행자명부의 부본을 일정한 금융기관의 장이나 금융기관 관련 단체의 장에게 보내어 채무자에 대한 신용정보로 활용하게 할 수 있다. 채무불이행자명부는 인쇄물로 공표하지 아니하는 한 누구든지 열람·등사가 가능하며, 채무가 모두 소멸된 것이 증명되어 법원의 말소결정이 있기까지 비치·공개된다.

2 강제집행

가. 개요

강제집행이란 국가의 공권력을 행사하여 사법상의 권리를 강제적으로 실현시키는 절차를 말한다. 강제집행은 채무자의 재산을 압류하여 현금화하고 채권자에게 배당하는 3단계로 구성된다. 강제집행은 실현될 사법상의 권리를 기준으로 '금전채권에 기초한 강제집행'과 '금전채권 외의 채권에 기초한 강제집행'으로 나눌 수 있다. 여기에서 금전채권에 기초한 강제집행이란 금전채권의 만족을 얻기 위하여 채무자의 재산을 매각하고 그 매각대금으로부터 배당을 받는 것을 말한다. 그리고 금전채권 외의 채권에 기초한 강제집행의 예로는 물건의 인도를 구하는 청구권을 직접 실현하는 것을 들 수 있다.

나. 강제집행의 3단계

강제집행은 일반적으로 압류, 현금화, 배당의 순서로 이루어진다. 집행의 첫 번째 단계인 압류란 채무자의 일정한 재산을 눌러서(押) 꼼짝 못하게(留) 하는 조치를 말한다. 집행 대상에 따라서 압류의 방법은 각기 다르다. 예를 들면 유체동산은 압류 딱지를 붙이지만, 부동산은 등기부의 갑구란에 경매개시결정을 등기하고, 채권은 채권압류명령을 송달한다. 집행의 두 번째 단계는 압류된 재산을 팔아 현금화하는 절차이다. 유체동산은 현재 호가경매의 방법으로, 부동산의 경우에는 입찰의 방법으로 현금화한다. 집행의 세 번째 단계는 현금화를 통하여 생겨난 금전을 채권자들에게 나누어 주는 절차로서, 채권자가 1명인 경우에는 그에게 지급하고 나머지는 채무자에게 주면 되지만, 채권자가 다수인 경우에는 주로 우선변제권의 순서대로 배당하는 절차가 이어진다.

3 담보권의 실행

강제집행과 구별되는 것으로 '담보권 실행을 위한 경매'가 있는데, 이는 저당권 등 담보권을 실행하여 피담보채권의 만족을 얻는 절차이며, 임의경매라고 부르기도 한다. 저당권 등 담보권을 갖고 있는 채권자는 확정판결 없이 바로 경매신청을 할 수 있으며, 담보권 실행을 위한 경매에는 강제집행에 관한 규정이 준용된다.

Ⅱ 금전채권에 기초한 강제집행과 금전채권 외의 채권에 기초한 강제집행

(i) 금전채권에 기초한 강제집행은 압류, 현금화(경매), 만족(배당)의 순서로 진행되는 것이 일반적이다. 여기에서 압류는 대상재산에 대하여 채무자의 처분을 금지시키는 것이며, 현금화는 대상재산에 대한 경매절차를 진행하여 대상재산을 현금으로 전환시키는 것이고, 만족은 매각대금을 채권자들에게 분배하는 것이다.

(ii) 금전채권에 대한 집행은 채권자가 돈을 받아내기 위하여 채무자의 제3자에 대한 금전채권을 직접 자기 것으로 만들거나(전부) 그 제3자에 대하여 돈을 받아내는 것(추심)이 목적이다. 채무자의 은행에 대한 예금채권, 채무자가 어떤 주택을 임차하여 살고 있는 경우 채무자가 임대인에 대하여 가지는 임차보증금반환채권, 채무자가 어떤 회사에 근무하고 있는 경우 그 채무자의 회사에 대한 임금채권 등이 그 대상이 된다. 채권자가 집행법원에 압류명령신청을 하면 집행법원은 압류명령을 발령하여 채무자의 제3채무자에 대한 채권을 압류한 후, 다시 채권자의 신청에 의하여 추심명령 또는 전부명령을 발령하여 환가한다.

(iii) 추심명령을 받은 집행채권자는 절차에 참가한 다른 채권자가 없는 경우 추심한 금전으로 자기 채권의 변제에 충당함으로써 집행절차가 종료되지만, 다른 채권자가 있다면 배당절차가 실시된다. 이와 달리 전부명령을 받은 경우에는 압류한 금전채권이 압류 당시로 소급하여 그 액수만큼 채권자에게 이전되고, 원래 채무자에 대한 채권은 완전히 소멸되어 집행절차가 종료된다. 주의해야 할 것은 전부명령을 신청할 때 제3채무자의 경제력이나 자력 정도를 충분하게 고려해야 한다는 점이다.

(iv) 채권자가 금전채권 외의 채권을 갖고 있을 때 이를 집행하는 방법은 그 채권의 내용에 따라 달라진다. 예를 들어 물건의 인도청구권은 채무자의 목적물에 대한 점유를 빼앗아 채권자에게 인도하는 직접강제 방법에 의하여 집행한다. 건물철거청구권과 같은 '대체적 작위채권'은 채무자의 비용으로 채무자 이외의 자로 하여금 그 행위를 하도록 하는 대체집행 방법에 의해 집행하며, 정정보도문게재청구권과 같은 '부대체적 작위채권'은 채무자에게 압박을 주는 간접강제 방법에 의해 집행한다.

(v) 채무자가 권리관계의 성립을 인낙하거나 의사의 진술을 하여야 하는 채무는 성질상 부대체적 작위채무이지만, 그러한 인낙·화해 조서가 성립되거나 그 이행판결이 확정되거나 조건부채무인 경우에는 집행문이 부여됨으로써 의사가 진술된 것으로 보기 때문에(제389조 제2항, 민사집행법 제263조), 따로 집행절차가 필요하지 않다. 여기에서 민사집행법 제263조가 적용되는 채무는 법률행위의 성립에 필요한 의사표시를 할 채무뿐만 아니라 의사의 통지, 관념의 통지와 같은 준법률행위를 할 채무도 포함된다.

판례색인

대법원 2000. 12. 8. 선고 99다27856 판결..360

사항색인

ㄴ

ㄷ

ㄹ

ㅁ

ㅂ

ㅇ

ㅈ

ㅊ

ㅋ

ㅌ

ㅍ

ㅎ

A-Z

저자 약력

정상현(鄭相鉉, Sang-Hyun JUNG)

성균관대학교 법학전문대학원 교수

성균관대학교 법과대학, 동 대학원 졸업, 법학박사(성균관대학교)

한국민사법학회 부회장, 한국재산법학회 부회장, 변호사시험 출제위원

저서 불법원인급여, 계약법 외 다수

논문 계약금, 변제자대위, 대리권 남용, 무권대리인 책임 외 다수

박석일(朴碩一, Seok-Il PARK)

국립목포대학교 법학과·법경찰학부 조교수

성균관대학교 법과대학, 동 대학원 졸업, 법학박사(성균관대학교)

논문 대리권 남용, 명의신탁과 부당이득, 민법상 법정이율 외 다수

성덕근(成德根, Duk-Keun SUNG)

한국법학원 연구위원, 성균관대학교 초빙교수, 한국방송통신대학교 강사

성균관대학교 법과대학, 동 대학원 졸업, 법학박사(성균관대학교)

프랑스정부 장학생(Bourses Blaise Pascal)

논문 가상자산의 법적 성격, 자율주행자동차 민사책임 외 다수

손명지(孫明志, Myung-Ji SON)

성균관대학교 법학연구원 선임연구원, 성균관대학교 강사

성균관대학교 법과대학, 동 대학원 졸업, 법학박사(성균관대학교)

논문 해제요건론, 디지털제품 제공계약, 스마트계약 외 다수

이성범(李城範, Seong-Bum LEE)

서울대학교 법학전문대학원 조교수

성균관대학교 법과대학, 동 대학원 졸업, 법학박사(독일 브레멘대학교)

저서 Rechtsethische Auslegung im Schadensrecht (Duncker & Humblot, 2020)

논문 손해개념, 민법의 해석 외 다수

이승현(李承炫, Seung-Hyun LEE)

동국대학교 법과대학 조교수, 성균관대학교 객원교수

성균관대학교 법과대학, 동 대학원 졸업, 법학박사(성균관대학교)

대법원 재판연구관, 법무부 연구위원, 한국법학원 연구위원

논문 전용물소권, 사전구상, 소비자계약, 유류분 산정 외 다수

현대사회와 민법

초판발행 2025년 8월 15일

지은이 정상현·박석일·성덕근·손명지·이성범·이승현
펴낸이 안종만·안상준

편 집 이수연
기획/마케팅 정성혁
표지디자인 BEN STORY
제 작 고철민·김원표

펴낸곳 (주) 박영사
서울특별시 금천구 가산디지털2로 53, 210호(가산동, 한라시그마밸리)
등록 1959.3.11. 제300-1959-1호(倫)
전 화 02)733-6771
f a x 02)736-4818
e-mail pys@pybook.co.kr
homepage www.pybook.co.kr
ISBN 979-11-303-2453-1 93360

정 가 23,000원